The Complete English-Maori Dictionary

A pioneering work first published in 1981, this dictionary remains an essential reference work for all study of the Maori language. It was designed as a comprehensive finder-list and is still by far the most extensive available.

Over 15,000 headwords are given, each of which may have as many as several hundred Maori equivalents. For example, the English entry 'thousand' has just one Maori word, mano, entered against it, 'spurt' has 13 equivalents, and 'bird, a' has about 400 equivalents representing all the Maori names of bird species. All the Maori words contained in Williams's Maori Dictionary appear here under English equivalents, together with words recorded in Tregear's Maori-to-English Dictionary but not in Williams. Well-established Maori borrowings from English are also included.

Bruce Biggs (1921–2000) was a distinguished scholar of the Maori language and a world expert on Polynesian languages. Of Tainui descent, he was professor emeritus of Maori studies and Oceanic linguistics in the University of Auckland and the author of many books on Maori language and culture including *English-Maori Maori-English Dictionary* (1990), *Nga Iwi o Tainui: The Traditional History of the Tainui People* (Pei Te Hurinui Jones and Bruce Biggs, 1995) and *Let's Learn Maori* (3rd ed, 1998).

The Complete ENGLISH-MAORI DICTIONARY

Bruce Biggs

Auckland University Press

© Bruce Biggs 1981
First published 1981
Reprinted with corrections 1985
Reprinted 1987
Reprinted in paperback 1990
Reprinted 1992, 1995, 1999, 2001, 2003, 2005, 2010, 2013, 2015, 2016, 2025
Printed in China by 1010 Printing International Ltd
ISBN 978 1 86940 057 6

To the memory of
Ralph Piddington

INTRODUCTION

History

The first substantial English to Maori vocabulary appeared in the second (1852) edition of William Williams's *A Dictionary of the New Zealand Language*. It contained about 4,000 English headwords, many of them with several Maori equivalents. In a few cases the given Maori equivalent was a borrowing from English, e.g. *paraire* (bridle), *paipera* (Bible), *toa* (store).

The third (1871) edition of the Dictionary reprinted this vocabulary with 'very little alteration' but the fourth (1892) edition contained a new English-Maori vocabulary by W. L. Williams which was substantially different from the earlier version and contained a few hundred more entries. English borrowings were distinguished by a different type face. Subsequent editions were retitled *A Dictionary of the Maori Language* and contain no English to Maori section.

Edward Tregear's *The Maori-Polynesian Comparative Dictionary* contains a key to the Maori words, again numbering about 4,000 English headwords, but with many of them having a large number of Maori equivalents listed. The entry for weapon, for example, has thirty-one Maori names of types of weapon listed against it. The key contains the warning that meanings should be checked in the Maori-English section of the Dictionary if the exact meanings are to be ascertained.

No English-Maori Dictionary appeared during the first half of the twentieth century and as Tregear's work and the early editions of Williams's Dictionary had become rare books most students of Maori language were forced to rely on the restricted English to Maori vocabularies found in such tutors and grammar books as were available. Many of us must have compiled our own.

On appointment to a lectureship in Maori Studies at the University of Auckland I felt it incumbent upon me to produce something that would be readily available to students and in 1961 I turned out about a hundred copies in mimeo of an *English-Maori Finder List*, a copy of which came to the attention of the late A. W. Reed, resulting in the publication, in 1966, of a somewhat enlarged version as the first English-Maori dictionary. The number of English headwords hovered around the 4,000 of earlier vocabularies from which it was distinguished by the inclusion of contemporary borrowings from English in an attempt to indicate, for many of the Maori entries, their part of speech according to a classification of bases discussed in the introduction.

During 1967 and 1968 I was teaching at the University of Hawaii and engaged in some comparative Polynesian linguistic research which involved entering on a computer file all of the Maori headwords and their English meanings from the sixth edition of Williams's Dictionary. Someone suggested, I cannot recall who it was, that since the dictionary entries were all to be made available in this way it would be a simple task to have the computer re-order them as an English-Maori lexicon which would be a valuable spinoff from the main, comparative research.

It seemed a brilliant idea and eventually I had a first listing of all the English meanings, alphabetically ordered, and each with its Maori equivalents. It was immediately obvious that a great amount of editing would be needed. Some of it was easy. The fourteen repetitions of the headword *bird, sea* were reduced to one and the fourteen Maori meanings arranged in alphabetical order. The computer took this sort of thing in its stride. But there were also, in the first listing, six repetitions of *bird, a sea* that the computer, in its mechanical way, could only regard as separate and not to be integrated with *bird, sea*. There were a multitude of similar examples and many that were more subtle. Left to itself the computer would list the Maori equivalents of English homonyms together, producing some ludicrous equivalences such as *spit (expectorate)* being matched with a Maori word meaning to impale, as on a spit.

By this time I was back at the University of Auckland where Dr Alan Creak wrote the editing programmes that entered my emendations onto the dictionary file, now a magnetic tape known as MAODICT. Several editings later a listing of that tape's contents was accepted for publication by the Auckland University Press Committee and finally, twelve years after that bright, anonymous idea, the 'simple task' was completed.

Along the way other Maori dictionaries and vocabularies were searched for additional entries. These included Tregear's key to the Maori words in his Dictionary, my own *English-Maori Dictionary* and various other sources.

I am greatly indebted to many people for personal and professional assistance, and to a number of funding agencies for financial support. I am grateful for the help received from the National Science Foundation, the Auckland University Research Committee, and the Maori Purposes Fund Board. In thanking Dr Ann Peters and Dr Bob Hsu at the University of Hawaii, and Dr Alan Creak and Mr John Jensen at Auckland University for their unstinted help on the computing side I am mentioning only a few of those who have assisted and encouraged me in many ways.

The Future of the Maori Language

Dr Richard Benton, of the New Zealand Council for Educational Research, has recently completed a large-scale survey of the use of Maori and it is now clear that the language is in a state of rapid decline. In the early years of this century virtually all Maoris spoke Maori and as late as 1950 between one half and three-quarters of the Maori children attending Maori schools spoke or understood it. Since that time there has been a massive migration of Maoris from rural communities where they were often in a Maori-speaking community. Even those who have remained in the country are exposed to English, on television and radio, in a way unknown to earlier generations. The result has been a rapid fall-off in Maori speaking. Dr Benton's survey suggests that fewer than five per cent of Maori children today can speak Maori. This means, inevitably and at best, that fifty years from now there will be few native speakers among the parents of that day. Their children will learn only English as a mother tongue, and Maori, as a living language, will cease to exist.

In the interim the language, already greatly confined in its use, will be used increasingly only in formalised, non-casual situations. Greetings and farewells will continue to be in Maori, but conversations will tend, more and more, to be in English. Formal speeches will begin and end in Maori but the *kaupapa* or body of the speech will often be in English. In church, prayers and hymns may continue to be Maori but the sermons will tend to be in English. More and more Maoris will use the language as an identity card, shown for a moment to establish one's Maoritanga, then returned to an inner pocket.

One may confidently predict that as the natural learning of Maori declines its formal study will increase. A few years ago, in response to Maori opinion, the Education Department changed its longstanding policy of neglect or active opposition to the language, and introduced it in a number of schools, both primary and secondary. Following the example set by Auckland as long ago as 1951, all of the universities offer courses in Maori language. Scholarly study of Maori is not confined to New Zealand. Research at PhD level has been done at Harvard, at Indiana University, and at the Universities of California, Hawaii, and Auckland. It is pleasing to record that two of the PhD studies have been by Maoris who are themselves native speakers of the language.

The trend towards the formal study of the language will continue and this Dictionary should fill an important need in providing an entry from English to Maori. It is unlikely, however, that any measures likely to be taken could reverse the long-continued decline in the use of Maori as a living language.

Orthographic and other Conventions

It is hoped that the English headwords are self-explanatory but a few comments on the conventions I have adopted may be helpful. In general, material after a comma in the headword should be read first. Thus *spit for roasting, a two-pronged* should be read 'a two-pronged spit for roasting'. Parenthesised material is used to disambiguate English homonyms, thus *spit (expectorate), spit (impale)*. The indefinite article is used to distinguish specific from general terms. So while *manu* the general term for birds is found under *bird*, several hundred names for various kinds of bird are to be found under *bird, a.*

The few abbreviations used, such as *(Eng.)* to distinguish words derived from English are, I think, obvious.

The scope of this Dictionary does not include examples of the use of the Maori words. Williams's Maori to English dictionary remains an indispensable source for such information.

The phonemic distinction between long and short vowels in Maori is widely misunderstood. It is not a feature that applies only occasionally to differentiate a few otherwise identical words. Every vowel in Maori is either short or long, and no Maori word can be pronounced correctly unless the quantity of each vowel is known. An adequate orthography should distinguish long vowels from short. Some authorities have used a macron over long vowels, except where they cross morpheme boundaries, or where they occur in loanwords from English, when long vowels are written as geminate clusters. Thus: *ataahua* 'beautiful' (thought to be derived from *ata-ahua* 'carefully formed'), *kooti* 'court of law (from the English)'. In the present work, following the practice I have advocated for many years, all long vowels are doubled.

In the case of Maori compound words I have generally followed Williams, though there would be a good case, I believe, for making explicit the structure of such words as *piipiiwharauroa* 'shining cuckoo' by the use of hyphens, thus *piipii-wharau-roa*.

In this reprint a number of additions, deletions, and corrections have been made. I would like to thank the following for drawing my attention to errors and omissions in the first impression: Jenny King, Peter Ranby, Garry Tee, W. J. Winstanley.

Bruce Biggs
June 1984

A

a he, teetahi, teetehi.
a certain teetahi, teetehi.
aback, as sail of a boat koopio.
abalone karariwha, paaua.
abandon whakarere.
abandoned mahue, makere.
abased hauraro.
abasement whakamaa.
abashed koari, kopikopi, mehameha, parure, rikarika, whakamaa, whakaparure.
abate mauru, whakaiti haere.
abated iti haere, maahaki, maawhe, paanguu.
abated, somewhat ngarongaro.
abbreviate whakapoto.
abdomen puku, puuruuru, takapuu, tia
abdomen, lower part of kona.
abduct kahaki, kawhaki.
abduction of a woman kawe motu.
abide noho.
ability kaha, moohio.
able 'hei, aahei, kaha, tau, whii.
abode kaainga.
abolish peehi, whakahorohoro, whakakaahore, whakakore.
abominable moorihariha, moorikarika, weriweri, wetiweti.
aboriginal maaori, toi, toi whenua.
abortion kuka, matroto, tahe, whakatahe.
abound, abounding makuru, maruru, ngakoro, nui, tini, rari, whakamakuru.
about (approximately) tata ki.
above iho, runga.
above-board matanui.
abrade mohani, okoi, paakanikani, waku, wakuwaku.
abraded (of skin) kohore, pahore.
abrasion riwha.
abreast upane.
abroad raawaahi, taawaahi, tawhiti.

abrupt (precipitous) mote.
abruptly (suddenly) rere.
abscess kurupo, maiao, taapoa, tuma, wheewhee.
absence hooneatanga, kore, korenga, matangaro.
absent hoonea, kaitu, ngaro, tamoo, tokorau.
absent oneself takee.
absorbed (as a liquid) mimiti.
absorbed in another matter warea.
absorbed in some occupation taauteute.
abstain from papare, pare.
abundance harahara, hua, huhuatanga, humi, maha, mahi, nui, pari, pononga, rahinga, ranea, rangea, tie.
abundance of crops ngahiri.
abundance of fruit, bearing maapua.
abundant hangahanga, hira, huhua, humi, maatua, maatuatua, makuru, ngahoro, ngaruru, ngea, ngeangea, nui, oha, ohaoha, oi, pononga, pukahu, puurua, rahi, ranea, rangea, rarawe, rari, rawaka, roaka.
abundant, make whakahua.
abuse kanga, oraora, whakamania, whakamanioro, wharo, wharowharo, whawharo.
abuse, term of poro kainga, poro ngaua.
abusive ngutu momoho.
abut kaapiipiti.
abut, of flat surface against another karipapa.
abut on aaki.
abyss kouka, poka toorere, tomoau, toorere, waro.
Acaena anserinifolia huruhuru o Hine-nui-te-poo, hutiwai, kaiaa, kaiaarurerure, kaikaiaa, kaikaiaarure, pirikahu, piripiri, piriwhetau.
Acanthisitta chloris hooutuutu, kikimutu, kikirimutu, koohurehure, kootipatipa, kootitititi, momotawai, momoutu, mooutuutu, muhumuhu,

pihipihi, pipiriki, piripiri, tititipounamu, toirua, tokepiripiri.
Acanthisitta chloris, **female** koorurerure.
Acanthisitta chloris, **male** taapahipare.
Acanthoclinus quadridactylus taumaka.
accepting eagerly mauminamina.
accident aituaa, hauata, urupaa.
accidental koopeka.
accommodating ngaawari.
accomplished mate, pahure, pono, riwha, taaea, tareka.
according to e ai ki, mei.
accordingly heoi, heoti.
accost paa.
accost in a friendly way aropaa.
account, of no hangahanga, hanganoa, hauarea, hauwarea, pakuriha, ruuai, ruuwai.
account, one of no tupuna uia.
account (bill) kaute (**Eng.**), pire (**Eng.**).
account of, on mo, na, no.
accoutrements utauta.
accurate pono, tika.
accusation heitara, whakapae.
accuse whakapaa hee, whakapae, whakawaa.
accustomed umanga, waia, wainga.
ace (of cards) hai
ache koorangaranga, paakikini, paakinikini.
ache, of the head nanii, paaorooro.
ache from weariness raka.
aching aanina, aaninanina, aanini, maaioio, maatengatenga, tunga.
acid (of taste) hiimoemoe, kawa, moemoe.
Aciphylla **sp.** papai.
Aciphylla squarrosa karamea, kurikuri, papaii, taramea, tuumatakuru.
Ackama rosaefolia makamaka
acknowledge mihi, whakamihi.
acknowledge as right whaatika, whakaae, whakatika.
acknowledge authority whakamana.
acquainted with maatau.
acquainted with, become aahukahuka.
acquire kaitaonga, tango.
acquire glowing colour whakaura.
acquire information stealthily paahao.
acquire property without payment kaihau.
acquire wrongfully apo, hone.
acquired riro, whiwhi.

acquiring the shape of whai.
acquisition kaitaonga, tangohanga.
acre eka (**Eng.**).
acrid kakati, kikini, kini, mangeo, tangeao, tangeo.
across haangai, hiipae.
act mahi.
act as a Paul Pry ruku popoi.
act defiantly whaauraura, whakamirei.
act in a threatening manner wananga.
act in concert paa.
act in what way peehea, peewhea.
act irresponsibly maakahi.
act like that peenaa, peenaka, peemei, peeraa, peeraka, wheenaa, wheeraa.
act like this peenei.
act of, in the kei te.
act of becoming firm uuanga, uunga, uuranga.
act proudly whakatamarahi.
act slowly and deliberately whakaanewanewa.
act upon ngau.
act vigorously whakahohe.
Actinia tenebrosa kootore, kootoretore, toretore, tou.
active hohe, maakaa, maataatoa, manahau, manamanahau, ngangahau, ngohe, ngohengohe, taawariwari, tatara, tere.
activity mahi, ngohe, ngohengohe.
actual tinana, tonu.
actually tinana, tonu.
acute, of pain taaruu, taaruuruu.
acute angle taahapa.
Adam's apple kenakena, tane o te kakii.
add aapiti, hono, piti, taaparu, taapiri, taapuru.
add or put together hui, huihui.
additional piripiri, taapiri.
address, general term of polite hoa.
address, term of hika, kai, kare, taa, tai.
address in formal speech whakatau.
address some one koorero ki.
address to a man, Ngaapuhi term of mara.
address to an adult male, term of koro.
address to an aged person, term of pou.
address to an old woman, term of ngoi.
address to father, term of para.
adept kaiaka, raka, tautoohito, rawe, moohio, maatau.
adequate nui.

adhere

adhere piri, rapa.
Adiantum **spp.** huruhuru tapairu, makawe tapairu, tawatawa.
adjourn paauhu, hiki.
adjudicate on whakawaa.
adjust whakarite.
administer liquid food whaangongo.
admirable kairangatira, pai, rangatira.
admiral, red kaakahu kura, kahukura.
admiration or approval, expression of hakaa, ka mahi.
admire miiharo, monoa, monowa, pai, raahiri, whakamiha.
admire oneself whakataaupe.
admit (let in) tukua kia tomo.
admit (own up) whaakii.
ado utiuti.
adopt (a child) whaangai.
adopt a line of conduct poka.
adopted child tamaiti taurima, tamaiti whaangai.
adorn aatanga, haakari, nakonako, raakai, raakei, raawai, taatai, whakaniko, whakanikoniko, wahakapaipai, whakaraakai, whakatau.
adorn by sticking in feathers tia.
adorn with a bunch of anything puutoi.
adorn with a plume tiipare.
adorn with fine markings whakanako.
adorn with painting tuhi.
adorn with rings of shells tiwa, tiwha.
adorn with spirals makaurangi.
adorned taararo.
adornment, without more.
adrift koorewa, tere.
adult kaatua, kaiaka, kaumaatua, koeke, matua, paahake, paake, pakeke.
adult, become kaumaatua.
adulterate whakananu, whakaranu.
adultery hemahema, moe taahae, pororua, puuremu, tookohi, toukohi.
adultery, commit kaikairua, moe taahae, puuremu.
advance guard haapai, toroto, matakiirea.
advance in column kawau maaroo, poupoutahi.
advance in order rangatuu.
advance in stooping attitude awhipapa.
advance stealthily whakameto, whakamoke.
advantage huanga, huhuatanga, pai, pata, rawa.
adversary hoa ngangare, hoa riri.
adverse koaro, kowaro.

afterwards

advertise publicly paanui.
advice whakamaaherehere.
advise ako, tohutohu.
adze toki.
adze, a kind of he toki haangai, toki taarai.
adze, small stone paanekeneke, panehe.
adzing timber, method of ao maarama, heretua, miri, ponga, pongaponga, toki hemihemi, whakahekeheke.
affable wahawaha.
affairs (concerns) kaipakihi.
affect kawekawe, ngau.
affect by incantation taahoka, tara.
affect the senses paa.
affected by minamina.
affected emotionally paawera.
affection aaka, aroha, kanehe, konakona, konatu, matemate a one, matihere, matimati a one, pohane.
affection, expression of maimai aroha.
affection, object of maapihi, makau, takawairore, toorere, whakaeanga.
affection, object of intense unuora, whakahiangongo.
affection, term of taku ate.
affection for, show whakangaakau.
affection for absent friend kanokanoaa.
affection for or attachment to matatau.
affectionate remembrance maanakanaka, manaka.
affectionate yearning hukihuki.
affections, seat of ate, poho, puku, rangi.
affinal kin kai reperepe, kuuhaa, kuuwhaa, moumouranga, paakuuhaa, paakuuwhaa, wharetangata.
affirm whakakoia, whakakoikoia.
affix, to tautara.
afflict whakamamae, whakawhiu.
afflict, of an illness makimaki, paa-ngia.
affront aatete, muhani, muheni.
afloat maanu, morewa, rewa, taarewa, tere.
afraid mataku, paairiiri, paawera, pairi, puuihi, teatea, tunutunu, tuuiri, tuuwiri, uruwehi, wehi.
after muri.
after a time taaria.
afterbirth ewe, rehuwhaaereere, whenua.
afterbirth, some portion of eweewerau, parapara.
afterwards muri.

again anoo.
against ki.
against the wind tuumuu.
Agaricus adiposus harore.
Agaricus campestris whareatua.
Agathis australis kauri.
age (of person) pakeke, tau.
age, approaching old ahungarua.
aged taipaapaa.
aged (of man) koroua.
aged (of woman) kuia, taikuia.
agentive particle e.
agile raka.
agitate komingo, oi, onga, ori, ruu, ueue, whakakarekare, whakaoioi, whakatatutatu.
agitated irirangi, kakare, karekare, koomingomingo, koorawa.
agitated as a liquid pookare.
agitation huka, kakare, takawairore.
agnatic line ure taarewa.
Agonostomus forsteri aua, kaataha, makawhiti, marahea, maraua, mokohiti, mokowhiti.
Agonostomus forsteri, **half grown** matakaa.
Agonostomus forsteri, **young** poonaho.
agree aae, tatuu, whalaae.
agreeable aahuareka, koowatawata, maitai, manini, ngohe, ngohengohe, pai, purotu, reka.
agreeable (flavour) waireka.
agreeable with aronui.
agreed to rite.
agreement (legal) kirimini (**Eng.**).
agriculture ahu-whenua
Agropyron multiflorum tuutae kurii.
Agropyron scabrum paatiitii taranui.
aground, get eke.
ague kunaawhea.
ahead i mua, whakamua.
aid aawhina, whakauru.
ailing oke.
aim, take whakakeko.
aim a blow at panga, taa.
aim a blow at by throwing hoa, hoahoa.
aim at whai.
aimless aaniwa, pakoke.
air hau, rangi.
air of space hau o te takiwaa.
airs, give oneself whakatamatama.
airy pongipongi.

alarm ahaaha, anoano, whakahopo, whakaweri, whiti.
alarm, take puuoho.
alarmed moorearea, ohorere, oreore, paoho, tungehe, whiti.
alarmed at sudden danger mooariari.
alas auee, auwee, euee.
albatross huianui, toroa.
albatross, royal toroa ingoingo, toroa whakaingo.
albatross, sooty kooputu, toroa a ruru, toroa haunui, toroa pango, toroa ruru.
albino koorako, rako.
albino, an he kiri kootea.
Alcithoe arabica puupuu rore, taakupu, uere.
alcoholic drink waipiro.
Alectryon excelsum tapitapi, tiitoki, tiitongi, tokitoki, topitopi.
alert hiwa, korita, matawhiwhiu, paoho, tangatanga, tatanga, tauwhiro, tuutakarerewa.
alert, on the tuumatohi.
alga growing on rocks, red paapataura.
alight makere, tau, whakaeke.
alight, cause to whakatau.
alighting tautanga.
alike rite, taurite.
alike, all oropapa.
alive kaiao, mataora, ora.
all katoa.
all at once petapeta.
all come together ruupeke.
all dealt with ruupcke.
all gone peke, taweke.
all included peke.
allay taa, whakamauri.
allayed maariri, mauru.
alleyway within a paa tiiaaroa.
alliance haumi.
Allomycterus jaculiferus koopuutootara, koopuuwaitootara.
allow tuku.
allure paatari, paataritari.
allure by bait poa.
alluvial deposit, fresh parahua.
alluvial soil kotae, kotao, onehunga.
ally haumi, uku, whakauru.
ally oneself to whakauru.
almighty kaha-rawa.

almost

almost koi, maatua, me i kore, mekari, pito iti, pitopito iti, tootahi, waahi iti.
aloft motengi.
alone anahe, anake, kau, nahe, taratahi.
alone, standing tuuhaahaa.
aloof, keep tuu kee, whiwhiu.
aloofness tuurangahapa.
Aloias vulpinus mangoo ripi.
already kee, noa.
Alseuosmia linariifolia matukuroimata, pere.
Alseuosmia macrophylla horopi, horopito, karapapa, pere, toropapa.
Alseuosmia quercifolio toropapa.
also anoo, hoki.
Altair Poutuuterangi.
altar aata (**Eng.**).
alter kawe kee, whakaahua kee, whakaputa kee, whakarere kee.
altered poka kee, puta kee, rere kee.
Alternanthera denticulata maahuri.
Alternanthera sessilis denticulata nahui.
alternate hohoko, hokohoko.
alternating kiinakinaki.
although ahakoa, mai kore, mai raaia.
altogether katoa, moorukaruka, moruka, noa, rikiriki, tahi, toki, tokitoki, whenua.
always i ngaa waa katoa.
amazing whakamiiharo.
ambiguous rangirua.
amble (of horse) aamara (**Eng.**).
ambuscade, ambush haupapa, kauae, kauaeroa, kauwae, kokoti, kuratoopuni, pehipehi, puuniho, taahapa, taapae, tautaunga, tipa, torohee, urumaranga, whakamoe kokoti, whakamoke, whakatakoto, whakatoke.
ambush, lay an whakatakoto ngohi.
ambush, party lying in kauaeroa.
ambush, unmask an hurahura kokoti.
amen aamene (**Eng.**).
amenable ngaawari, ngawhere.
amiable huumaarika.
amorous advances, accept or make hemahema.
amount nui.
Amphibola crenata karahue, karahuu, koriakai, takarepo, tiitiko, weetiwha, wheetiko, wheetikotiko.
Amphidesma australe angarite, kaakahi, kookota, ngaingai, pipi, taiawa.

angry

Amphidesma subtriangulatum kahitua, kaitua, pipi tairaki, tairaki, taiwhatiwhati, tuatua.
Amphidesma ventricosum moeone, toheroa.
ample, be nui.
amuse paatari, paataritari, tinihanga, weekiki, whakangahau, whakangaoko, whakawai, whekiki.
amusement rehia.
an he, teetahi, teetehi.
Anaphobis habenata hao.
Anarhynchus frontalis ngutu pare.
Anas chlorotis paateke, tarawhatu, teetee, tei, tokitoki.
Anas gibberifrons pohoriki, teetee.
Anas superciliosa karakahia, maaunu, paarera, topatopa.
ancestor heringa, kahika, kau, kauwheke, kohika, puna, puutake, taaua, tipuna, tupuna, whaatua.
ancestry, main line of taahuhu, taahuu, taauhu.
ancestry, line of kauhau, kauhou, kauwhau.
Anchomasa similis paatiotio.
anchor haika (**Eng.**), punga.
anchor, come to tau.
anchorage taunga, tauranga.
anchovy kokowhawha, korowhaawhaa.
ancient aweko, taaukiuki, tahito, taketake, tawhito, tuauri.
ancient times nahe, namata, nehe, neheraa, paahake, tuauri, whakapata.
anciently noonamata.
and aa, hoki, me, maa.
and, used to connect numerals maa.
and then aa, aara.
and when aanoo.
anemone, red sea tou.
anemone, sea humenga.
angel anahera (**Eng.**).
Angelica montana naupiro.
Angelica rosaefolia kohepiro, koheriki, kuumarahou.
anger hiikaka, hiinawanawa, huuneinei, huungeingei, riri, tai.
angle koki, konae, konaenga, konaki, konakitanga, pehu, poti, tuke, whatiianga.
angle, external hau.
anglican mihingare (**Eng.**).
angry karatete, kororiko, manawa wera, nanatu, natu, naunau, pukuriri, riri,

angry

ririhau, rupahu, taangare, tupehu, uraura, whakananau, whakatakariri.
angry feelings whakariri.
angry talk ngutungutu, tiipeha, tuupeha.
angry without cause hauaa.
Anguilla australis matamoe, tuna.
Anguilla dieffenbachii oorea, tuna.
Anguilla **spp.** hao.
anguish kohuki, mamae.
Angulus edgari hohehohe.
Angulus gaimardi hohehohe, peraro.
animal kararehe.
animal, a mythical kaurehe.
animalcula which adheres to rocks piritoka.
animals, young of kuuao.
animate, to whakaora.
animosity, chafe with hotu.
Anisolabus littorea mataa.
Anisotome aromaticum kopoti.
Anisotome **sp.** pinakitere.
ankle pungapunga, whatiianga raparapa.
anklet tauri komore.
anklets or belts, ornamented hangaroa.
annihilate haepapa, whakakaahore.
annihilated kore, orooro.
annihilation kore, korehaahaa.
anniversary huritau.
announce paanui, whakaatu.
announce a decision whakatau.
announcement paanuitanga.
announces approach of fighting, one who autaua.
annoy hakirara, hakuhaku, hoihoi, kaiawherangi, maareherehe, paaengaenga, poorahu, poorahurahu, rangirangi, utiuti, weekiki, whakahaarangirangi, whakakuurakuraku, whakangari, whakaongaonga, whakatenetene, whakatete, whakatoi, whakatoitoi, whekiki.
annoy with frequent questions mamare.
annoyance hohoia, kuurakuraku, manioro, mooketekete, ngari, whanowhanoaa.
annoyance felt at noise matioke.
annoyed hoia, honohonoaa, koorangaranga, matarukuruku, mooteatea, takaritarita, whakarihariha.
annoying ngaringariaa, piori.
annull whakakaahore.
annulling tapu of enemy, method of makama.

anxious

Anobium domesticum taakituri.
anoint kautau, koukou, poopoo, poorae, too, whakawahi.
anoint the head kaukau.
anoint with red ochre and oil koorae.
another rau, teetahi, teetahi atu, teetehi
another day raurangi.
another kind kee.
another time raurangi.
answer whakahoki, whakautu.
answer a call whakaoo.
answer perversely or rudely whakatoi, whakatoitoi.
answer to a call oo.
ant pokopokorua, pokorua, poopokoriki, poopokorua, roororo, torotoro, upokorua.
antagonist hoa whawhai, hoariri.
antagonistic nihoniho.
Antarctic prion totorore.
Antares Poutuuterangi, Rehua.
antennae puuhihi, puuihi, reerehu.
Anthornis melanura kohimako, koohoimako, koohorimako, kookoomako, kookorihimako, kookorimako, kookorohimako, kookoromako, koomako, koomamako, koopaopao, koopara, korihako, korimako, koromako, kotaiahu, mako, makomako, para, rearea, tiitiimako, tiitoomako, tootooaireka, tukumako, tutumako.
Anthornis melanura, **male of** keekerematua, kerekeremataatu.
Anthus novaeseelandiae hiioi, kaataitai, piihoihoi, whaaioio, whioi.
anus ene, hene, kootore, korotore, kumu, nono, parahua, tero, toretore, tou, wenewene, whero.
anxiety auhi, enga, maaihi, maanuka, maanukanuka, makatea, manako, manawa paa, maniore, paahunu, tokopaa, tokopaha.
anxious anipaa, kainatu, kiwa, kookeko, koromaaungaunga, maaharahara, maanakanaka, maanatunatu, maanuka, mahara, manaka, manatu, manawa paa, manawa popore, manawaruu, matangareka, pohopaa, takawhita, takuate, tuarea, tuatea, tuumatatenga, uru, weherua, whakaririka, whakawiri.
anxious, grow whakatuatea.
anxious, make whakatuatea.
anxious thought nakonako.

any teenei.
anything aha.
anything whatever aha.
anything whatever, do aha.
aorta puutahi o te manawa.
apart meha, taauke.
apart, set mehameha.
ape (mammal) makimaki.
aperture puta.
aphorism peha, pepeha, whakatauaaki, whakataukii.
Apium prostratum tuutae koau.
apostle aapotoro (**Eng.**).
apparition poo maarikoriko, poo mariko.
apparition, as an whakahewa.
appeal (ask) inoi.
appeal for assistance in war tiwa, tiwha.
appeal (legal) piira (**Eng.**).
appear aranga, ariaa, hae, hahae, koowerowero, pahure, poka, puta, takitaki, whakakau.
appear above ground koohura.
appear above horizon uru.
appear above the surface whakaea.
appear as a spirit poke.
appear as the new moon koohiti, koowhiti.
appear dimly whakaehu.
appear in a vision whakaaranga.
appear in great numbers ngahua, ngahue.
appear indistinctly whakapuureehua.
appear like a speck in the distance whakanaonao.
appear suddenly kautorohii, marumaruaitu.
appear to be ngia.
appearance aahua, ari, ehu, kaahua, marau, putanga.
appearance of, having the form or enanga.
appearing above horizon whetuurangi.
appease taapore, whakamaarie, whakamauru.
appeased maarie, maarire, ngata.
append taapiri.
appendages, any long slender hihi.
appetising moomona.
appetite hiakai, matekai, moomona, puku, wakea.
appetite, having a large whakapakari.
applause umere.
apple aaporo (**Eng.**).
appliances taputapu.
applicable aronui.
apply as dressings to a wound taapi.
apply oneself to ngaki.
appoint kopou, pou, whakarite, whakatuu.
apportion tiritiri.
apprehended (understood) wheeiro, wheeiroiro.
apprehended by smell piro.
apprehension kooruru, maanukanuka, makatea, paahunu, pekerau, tumakuru, waimate.
apprehensive hopo, hopohopo, hoto, maanakanaka, manaka, manawa paa, manawakino, moorearea, mooteatea, nako, paawera, taahuhunu, teatea, tiioho, tuumatakuru, tuumatatenga, tuutakarerewa, whakapuuhana, whakarika, whakaririka.
approach aahukahuka, awhi, kauawhi, kauawhiawhi, whakatata.
approach stealthily whakaangi.
appropriate (suitable) pai, rawe, tau, tika.
appropriate to oneself haakere, nopenope.
approve ohia, pai, whakaae, whakapai.
approved haratau, paingia.
approximate aawhiiwhiwhi, kauaawhiiwhiwhi.
April Aaperira (**Eng.**).
apron maro, paki, papaki, taupaki.
apron or petticoat, short hiitau.
apt rawe, tau.
Apteryx kiwi.
Apteryx australis rowi, tokoeka, tokoweka.
Apteryx haasti kiwi karuwai, kiwi roa, kiwi roaroa, roa, roaroa.
Apteryx mantelli kiwi kura, kiwi nui, kiwi parure.
Apteryx oweni kiwi pukupuku.
Arachnocampa luminosa tiitiwai.
Arca novaezelandiae tuuroro.
arch piko aanau.
arch of clouds whakaare.
arch up whakatuapuku.
arched areare, tiriwhana.
Arctocephalus forsteri ihupiro, ihupuku, kakerangi, karewaka, kekeno, oioi.
Arctocephalus hookeri kake, kautakoa, kekeno, poutoko, raapoka, whakahao.
area takiwaa, waa.
areas, in small apure.

Argonauta

Argonauta tuberculata muheke, nguu, puupuu tarakihi.
Argosarchus horridus roo, whee.
argue tautohetohe, tautotohe.
arise oho, maranga.
aristocratic paraaoa, rangatira.
Aristotelia serrata mako, makomako.
arithmetic whika (**Eng.**).
ark aaka (**Eng.**).
arm ringa, ringaringa.
arm, upper part of the peke.
arm between shoulder and elbow, part of kikopuku.
arm in arm taupiripiri.
Armadillium vulgare paapapa.
armpit keekee, puukeekee.
arms (weapons) patu, raakau.
army rau maa whitu, taua, waitaua.
army, division of an matua.
army, main body of an hope, maatua, tukunui.
army in battle array rangamaro.
aromatic kakara.
arouse whakaara, whakahiwa, whakaoho.
arrange hoa, hoahoa, taatai, wehewehe, whaarite, whakarite.
arrange bird snares paepae, tatakii, whakatohe.
arrange in a line or row whakaraarange.
arrange the food in a haangii toro.
arranged, well nahanaha.
arrest (someone) whakamau.
Arripis trutta kahawai, koopuuhuri, kooukauka, koowaitau, koowerewere, kuungongingongi, puaawai.
Arripis trutta, fry of taahuri.
Arripis trutta, young koria, taapurupuru.
arrival haramai, haramaitanga, taenga.
arrival of guests whakaekeeke.
arrive haramai, kai, tae, tatuu, uru, wheta.
arrive by water uu.
arrive suddenly paaha.
arrogant pehu, whakahiihii, whakatarapii, whakatuanui.
arrow koopere, pere.
art (skill) toi.
artery uaua.
Arthropodium candidum repehinapapa.
Arthropodium cirrhatum maaikaika, rengarenga.
articulate sound ngoo.

artist tohunga.
Arundo conspicua kaakaho.
as aanoo, hei, kei.
as a koe, ko he.
as far as tae.
as high as too.
as if etia, me, me te mea.
as it were aanoo, e ai, etia, me, me te mea.
as soon as noa, oroko, roko, tahanga.
as though aanoo.
Ascarina lucida hutu.
ascend aupiki, kake, piki.
ascend, cause to whakairi, whakapiki.
ascent kakenga, pikinga, pikitanga, rapaki.
ascent, short sharp aupiki.
ascertain rapu.
Aseuosmia macrophylla kokotaiko.
ashamed emi, emiemi, huuhee, huunene, kopikopi, matangerengere, mehameha, numinumi, whakamaa.
ashes pokorehu, pungarehu.
ashore, driven aihetia.
aside rahaki, tahaki, whakaitu.
ask (question) paatai, ui, whakapaatai.
ask for inoi, mikoni, tono.
ask for cringingly minene.
askance kootaha, korotaha.
askance, look titiro pii.
askance, looking mata karapa.
askew tipihori.
asking again and again maanene.
asleep moe.
asleep, fast aumoe.
asleep, of a whipping top tuunewhanewha.
asleep, to fall suddenly kehu.
aspect anga, anganga, tirohanga.
Asplenium bulbiferum manamana, mauku, mouki, mouku.
Asplenium falcatum peretao.
Asplenium flaccidum ngaa makawe o raukatauri, petako, raukatauri.
Asplenium lucidum huruhuru whenua, parenako, paretao.
Asplenium obtusatum paanako, paranako, parenako, paretao.
ass kaaihe (**Eng.**).
assail uruhi, urutomo.

assault haupatu, huaki, ngau, paa, pahoro, taiapu, tomo, whakaeke.
assault force kookiri.
assemblage kaahui.
assemble amio, hiapo, ikapahi, kaputi, karahui, karapinepine, karawhiti, karawhiu, kerepinepine, mekemeke, pookai, raamemene, raapoi, ramene, rukuruku, rumene, ruuna, tiioko, tiirare, tuutuu, whaakao, whakamene, whakamine, whakaopeti, whakarauika, whakataka, whatiwhati, whiu.
assemble against whakamui.
assembled emi, emiemi, huumene, kao, kiato, kuuemi, mene, mine, raapopoto, taamene, taanga.
assembled in a body toopuu.
assembling place of kookoo or tuuii haapua kookoo.
assembly hono, hui, huihui, kaapunipuni, rauika, ruunanga.
assent aae, au, pai, whakakoia.
assent, phrase denoting aa hoki ra.
assessor (legal) ateha (**Eng.**).
assiduous hihiri.
assign papare, pare.
assist aawhina, piki, tautaawhi, tuaraa, whakahirihiri, whakamahiri, whakauru.
assistance, come to whakaaromahana.
assistant piki, piripiri, taapiri, taituaraa.
associate with uru, whakahoa.
assuage miri.
assume appearance of whakatupu.
Astelia banksii horahora, koowharawhara, puuwhara, puuwharawhara, wharawhara.
Astelia nervosa kakaha.
Astelia solandri koowharawhara.
Astelia **sp.** mauri, whara.
Asteracmea ngaakihi.
asthma huangoo, kume, ngoio, ngoro, tiimohu.
asthmatic person kume.
astonished mae.
astonishing whakamiiharo.
astonishment or displeasure, express whaiere.
astray, cause to go whakahee.
astray, go paihore.
astray, gone heehee.
astray, lead whakahiwa.
astride haangai.

at hei, i, kei, ki.
at a loss roorii.
at home in a place taunga.
at random noa.
at rest rautahi.
at the time that noo.
athwart toopeka.
Atrina zelandica hururoa, kuukuku, kuukukuroa, kuupaa, toretore, waharoa.
attach covering to walls of house tuuparu, tuuparuparu.
attached aropiri, piri, pirihonga, pirihonge, pirihongo, pirikatea.
attachment to or affection for matatau.
attack aapiti, auta, huaki, ngau, paaha, piri, ruru, tau, tuki, whakaeke, whakatorotoro.
attack, daylight, open umaraha.
attack, method of, leaders fall back kaikape.
attack by a taua, sudden tukipoto.
attack by stealth konihi, whakatoke.
attack foe without preconcerted plan manawa rere.
attack in close formation ruahine.
attack just before daybreak tuki ata.
attacking party, small whakatoke.
attainable rarawe.
attained taaea, tareka.
attempt tango, whakatau.
attend to aro, maatuutuu, whakarongo.
attendance, constantly in pikipiki.
attention, attract whakameremere.
attention, call to whakaatu, whakahahaki.
attentive puakaha, rahirahi.
attenuated eto, paparewa.
attract kawe, kumekume, tahu.
attract birds by imitating their cry pepe.
attractive aataahua, pai.
attractiveness aataahua, pai, rekareka.
Auchenoceros punctatus aahuru, aahuruhuru, rarahi.
auction maakete (**Eng.**).
auctioneer kaimaakete (**Eng.**).
audible, just hiirea, kihi.
auger wiri.
augur matatuhi.
August Akuhata (**Eng.**).
aunt matakeekee, matua keekee, whaea, whaene.

Auricularia

Auricularia auricula judea haakeekeke, haakekakeka, hakeka, hakeke, hookeke, keekeke, keka, paheke, taringa o tiakiwai.
Aurora australis tahu nui a rangi.
Australia Ahitereiria **(Eng.)**.
Austrofusus glans kaakara.
Austrolestes colensonis keekeewai.
***Austrosimulium* spp.** namu.
authoritative mana.
authority ihi, kanoi, mana, maru, tikanga.
authority, on good taketake.
authority, speaking with puukorero.
authority, vested with mana.
autumn ngahuru, tokerau.
auxiliary force whaitaua.
avenge ngaki, ranaki, rangaranga, takitaki, whakaea.
avenge death huki, ranga, pikitoto.
avenge oneself taaruke.
avenged ea, mana, puea.
avenger kairanaki, whakauru.
avenging ngaki.
avenging party, organise an oha.
averse to hoto, koto, mataku.
aversion to certain foods mookinokino.
avert kaupapare, kaupare.
Avicennia officinalis maanawa, paetai, waikure.

Azolla

avoid papare, pare.
avoid a blow kakaro, karo.
avoiding observation konihi.
await tatari, tauhanga, tauwhanga.
awake ara, oho, whakaara, whakaoho, whiti.
awake, be kept takarewa.
award n. paraaihe **(Eng.)**.
awash mapu.
away atu, whakaitu.
awe paawerawera, wehiwehi.
awe inspiring kaiora, kauanuanu, marutuna, wanawana.
awkward huhure, ninipa, paakehakcha, pakepakehaa, pekengohe, poorahu, poorahurahu, rapa, rorirori, tahangoi.
awry parori, taahapa, takee, tipitaha.
axe piau, toki.
axe, American poke.
axe, felling whakaheke.
axe, large stone aronui, arotahi.
axe used to cut timber under water hiwa.
Aythya novaeseelandiae kaiharopia, matamatapoouri, matapo, matapoouri, paapango, paarera matapouri, pookeke, puuakiaki, raipo, teetee, tiitiipoorangi.
Azolla rubra kaarerarera, retoreto, returetu.

B

babble hiiwawaa, kapekapetau, kapetau.
babbler komarero, ngutu pii.
baby koongahungahu, peepi (**Eng.**), tamaiti.
baby just able to turn over owhaowha.
back angaangamate, angamate, kookai, tua, tuaiwi, tuaraa.
back, lower part of the tiki.
back of interior of house angaangamate, angamate, tuarongo.
back of the head koopako, murikookai, murukookai.
back of the neck tuta.
back or poll of an axe koreke.
back part of a house tuaroa, tungaroa.
back stay of sail of canoe tukuroa.
back towards one kootua.
backbite kohimu, muhari, ngau tuaraa, oro.
backbone iwituararo, iwituaroa, tuaiwi, tuakoko, ua.
backbone, base of the murikookai, murukookai.
backlog (of fire) taangutu.
backwards koki muri, whakamuri, muri, whakatuaraa.
backwash miti.
backwater auhoki, muriwai.
bacon peekana (**Eng.**).
bad kino, reho, riha, toretore.
bad, pronounce whakakino, whakakinokino.
bad (evil) whiro.
bad (rotten) pirau.
bad luck in hunting or fishing maahoro.
bad tempered kiripiro.
bad weather kooripo marama, ori, paaroro.
badly behaved kino.
baffled ngaro, paraparau, parau, pari te ihu, rehea, tukaru.
baffling wind hau rutu, mumu.
bag peeke (**Eng.**).

bag, small ornamental koere.
bag for squeezing oil from tiitoki kopa whakawiri tiitoki.
bag for straining juice puututu.
bag held open by hoop for holding fish whakarino.
bag in which tiitoki berries pounded toorino.
bag net for lampreys puurangi.
bag of a fishing net wai.
bag or basket to collect paaua kaawhiu, kowhiu.
bag or receptacle tied at mouth pootete.
bag to contain bait for fish toorehe.
bag to hold stones forming net sinker koopua.
bag used for extracting juice kooheke, koowheke.
bail out water ehu, ipuipu, ope, taa, tataa, tiiheru.
bailer tataa, tiiheru.
bailing place in canoe riu taaingaawai.
bait kaaweru, maaunu, moounu, parangia, poa, poapoa.
bait for crayfish kaaweru.
baked paka, pakapaka.
Balaena australis kewa, tohoraa, tuutara kauika.
Balaenoptera rostrata pakakee.
balance by an equivalent whaarite, whakarite.
balance of numbers, leave a pae.
balanced by an equivalent rite.
bald (back of the head) porohewa.
bald (bare) hohore, hore, horehore, hura, maarakerake, marake, moremore, muurea, rake, taamore, taamoremore, tihetihe.
bald (top of the head) hewa.
bald headed paakira.
bald patch tiwa, tiwha.
baldhead (jocular term) tiihore.
baleen paahau tea.

11

baleful

baleful hee.
balked (baffled) rehea, tukaru.
ball poi, pooro (**Eng.**).
ball, make into a poi.
ball of string pookai.
ball or bundle, make into puu.
ballast peehi, tao waka.
ballast a canoe tauta.
balls, make up into poipoi.
balls or lumps, small poipoi.
band, small valiant kooiti o rangapu.
band (bond) ruruku, tauri.
band (group) hokowhitu, ika.
band for the hair pare, tiipare.
band (musical) peene (**Eng.**).
band of chiefs pookai tara.
band of people ope, tokomatua.
band of plaited flax lining oven koopaepae, koropae, pae umu.
band of warriors hokowhitu, pookai tara, uretoa.
band or ornament worn round the neck peru.
band or stripe of contrasting colour taahei.
banded taawakawaka.
bandy legged waewae hao.
banish pei, tuuhiti, tuuwhiti, whakapako.
bank (edge) raawaahi.
bank (financial) peeke (**Eng.**).
bank of a river akau, parenga, pareparenga, paretai, tarawaahi.
bank of earth tupehau.
banter whakatara.
baptise iriiri.
baptism iriiringa.
bar paepae, tuutaki.
barb, furnish with a whakakaaniwha, whakaniwha, whakataratara.
barb, without a ngongore.
barb of a hook kaaniwha, kaatara, keka, tito.
barb of fish hook or bird spear niwha.
barbarian mohoao, mohowao.
barbed taratara.
barbed point of a bird spear maakoi.
barbed spear kaaniwha.
bare eneene, hahake, hahore, hamore, hohore, hore, horehore, hura, maamore, maarakerake, marake, momore, momori, monemone, more, muurea, nuku taarake,

basket

rake, taamore, taamoremore, tihetihe, tiihore, tiimore.
bare, make huhu, tiiwani.
bare barren spot tuarake.
bare bones rera.
bare of branches ariari, haamonemone, haamoremore.
bared pahore.
barge boards on gable of house maahihi, maihi.
bark, as a dog ao, apuu, au, haru, pahu, pahupahu, pari, tau, tawetawee, whakaao, whakatau.
bark of male tree of tootara tuanui.
bark of tree hiako, kiri, peha, tangai, tapeha.
bark such as rimu, matai paapaakiri.
barley paarei (**Eng.**).
barnacle koromaaungaunga, tiotio, werewere.
barnacle attached to whales paatitotito.
barracouta mangaa.
barren, make whakamuuhore.
barren, of animals paarekereke.
barren, of soil, country hahore, paapaku, puukauri, puututu, rake, tiitoohea, tohetea, tuupaa.
barren, of trees muuhore, tuupaa.
barren, of women pukupaa.
barren (of seed not germinating) puhina.
barren (without offspring) matapaa, paakoko, pakoro.
barren land paakihi, rake.
barrier kati, kotikoti, pekerangi, tauaarai.
barter hoko.
Baryspira australis puupuu rore, tikoaka, uere.
base puu, puutake, taketake.
base of a hill take.
base of a wall karihi, karuhi.
base of the trunk of a tree takahi.
bashful konekone, numinumi, whakamaa.
basin kaaraha, kararaha, paaua, peihana (**Eng.**), riu.
bask ina, inaina, maainaina, matiti, paaina, paainaina, paarara.
basket hao, kete, peepepe, raurau, rawhi, taiaroa, tapakuri, tohake.
basket, a kind of kirikiri, maahitihiti, tiihaka, tiihake.
basket, ceremonial or ritual kete pure, maaika, paarootaniwha, pararaa kete, tootoowahi.

basket, coarsely plaited kete koowarawara.
basket, cylindrical tuukohu.
basket, large puukororoa, taukoro, whakatomo, whirirua.
basket, large square-bottomed poti whakauru.
basket, small honae, koonae, rohe, rukuruku.
basket for carrying gravel puukirikiri.
basket for catching eels punga.
basket for catching kookopu taaruke.
basket for cooked food kakapu, poti, rongoua, rourou, tiipoti.
basket for fern root taarai.
basket for fish paapaawai, puuwai, whakarapa.
basket for food konape, koowhaowhao.
basket for food, a rough popoti.
basket for food, covered taparua.
basket for food, large tokanga.
basket for food, small poohaa, poowhaa, tiipae, tipakina, toonae.
basket for holding karaka berries tienga, tiianga.
basket for seed, small haohao.
basket for serving food, small hanganoa, kono, mairehu, paaroo, poihewa, ponae, toorino.
basket fungus (see *Clathrus cibarius*)
basket in which cockles are gathered roorii.
basket in which eels are cooked hipora.
basket in which eels were kept alive punga whakatikotiko.
basket in which inanga are cooked taapora.
basket made of strips of flax naku.
basket net for catching fish paahao.
basket of fern root whakatihi.
basket of fine woven flax puutea, puutee.
basket of flax or kiekie, small hoopiro.
basket of seed potatoes auau, rumaki.
basket of toetoe for fish tapatahi.
basket of undressed flax rahu.
basket or net, kind of purerangi.
basket or net, small kori.
basket used to collect paaua kaawhiu, koowhiu.
bass moeone, ngutoro, panguru.
Bassaris gonerilla kaakahu-kura.
Bassina yatei puukauri.
bastard kookuhu, meamea, moenga hau, moenga rau kawa, pekanga na mimi, poonahanaha, pooriro, poroiro, raparere, tiiraumoko.
bat (mammal) pekapeka.
bathe kaukau.

bathe in water piipii.
bathing place kaukauranga.
batten kahokaho, paatene (**Eng.**).
batten laid horizontally on rafters kaho.
batten of roof of house, uppermost hiamo, hongi, kaho matangaro, kaho matapupuni.
batten over rauawa takaa.
battens of roof of house kaho patu.
batter tukituki.
battle kakari, kawe a riri, matawhaaura, parekura, puta, putakari, riri.
battle, first person slain in ika i te ati, mataaika.
battle, young man after his first ati a toa.
battlefield kauhanga riri, parekura, puta, taahuna.
battlefield covered with slain para kaakaariki.
bawl haaparangi, pararee, tiiwaha, whakapakari.
bay koko, kokoru, kokorutanga, koro, korutanga, kowhanenga, taawhangawhanga, whanga.
bay, small kokori.
bay between two headlands matatikerewhanga.
bay horse pei (**Eng.**).
bay or deep pool in a river aaria.
bayonet peeneti (**Eng.**).
be off tairoria.
beach one, taahuna, tauru, tuaone.
beach a canoe whakakukuu.
beak ngutu.
beam (wooden) kurupae, paepae.
beam at edge of whaariki in house paatakitaki.
beam in a building kauae, kauwae.
beam of a privy pehipehi, taikarekare, taikawa, tautara.
beam of light atarau, haeata, hunu, tira.
beams dividing alleyway of whare puni kopa, kopanga.
bear, sea karewaka.
bear (support) taupua, ukauka, wheuka.
bear a strain totoo.
bear away whakariua.
bear fruit or flowers hua.
bear in mind mahara.
beard kuau, kumikumi, paahau, paihau.
beardless pangare.
beat aaki, mokohiti, mokowhiti, paahi, paatootoo, pakuu, patu, taa, taapatu, taapatupatu, taarau, taiari, taieri, tuaki, tuki.

beat

beat about (tack) whakaripi, whakaripiripi.
beat against taupapatu.
beat down taataa.
beat one another papatu, taupatupatu.
beat the breast poorutu.
beat to windward kake, whakakake.
beat with a stick tuangau.
beaten (defeated) hinga, mate, ngaro, piiti (Eng.), poko.
beaten (pounded) ngonga, rengarenga.
beaten in a game mate, piro.
beater for pounding fern root, wooden paoi.
beautiful aataahua, aatanga, huumaarie, huumaarire, koea, maitai, makatika, paaruhiruhi, paruhi, piiwari, turua, turuturua, waiwaiaa.
beauty aataahua, pai, rerehua.
because hoki, mo te mea, no te mea, ta te mea.
beckon poohiri, poowhiri, taawhiri, tawhi, tungatunga, tuungou.
become haere, riro, whanatu.
becoming (attractive) rawe.
bed moenga.
bed in a garden awa, moa, rauaka, rauwaka, taahuna, taawaha, wakawaka.
bed of a river whaiawa, whakatakere.
bed of lake papa.
bed of mussels tumu.
bedeck raakai, raakei, whakahako, whakapiiwari.
bedewed haumaakuu, hautakuu.
bedim whakarehurehu.
bedimmed parekohutia, rehua.
bee pii (Eng.).
beech hutu, hututawai, tawai, tawhai.
beer pia (Eng.).
beetle howaka, kurikuri, paapaka, pepeke.
beetle, a mumutawa, mumuwharu, nguunguu-tawa.
beetle, a green paairu.
beetle, giraffe tuuwhaipapa, tuuwhaitara.
beetle, large green muumuu, tanguru.
beetle, larva of the tiger haapuku, muremure.
beetle, small brown papapapa.
beetle, small green keekerewai, kerewai, kiriwai, ngututawa, reporepowai, tuutae ruru.
beetle, tiger kuuii, paapapa.
beetle called huhu taataka.

bell

befall all alike paatahi.
befit tau.
befool hangahangarau, hangarau.
before (ahead of) i mua.
before (in front of) i te aroaro o.
before (sooner) keiwhaa, mua.
before mentioned aua, taua.
befriend aawhina, tauhoa.
beg inoi, korara, kunene, mikoni, minene, minono, mootero, mootiro, mootoi, paakiki, piinene, piinono, piitoto, unene, whakakuuene.
beg for food maatiro.
beget ahi, ai, moe.
beggar kootare, kootaretare.
begging maanene.
begin hoto, huataki, tiimata.
begin (arise from) tupu.
begin a song haapai.
begin a speech taki, whakataki.
begin a task maranga.
begin an attack tomo.
begin to move toko, totoko.
beginning ati, tiimatanga.
beginning (origin) take.
begrudge amu, amuamu.
beguile kohinu, maaminga, taaruru, taawai, tinihanga, weekiki, whakakonuka, whakatuuaho, whakawai, whakaware, whekiki.
behave like that peeraa, peeraka.
behaviour whanonga.
behind i muri, inoira.
behind, fall komutu.
behold (exclamation) nana.
Beilschmiedia tarairi taraire.
Beilschmiedia tawa tawa.
belch kuupaa, toko, tokopaa, tokopaha, tokopua, tokopuaha, tokopuuhaa, totoko.
belch out puha, puwha.
believe whakapono, whakapononga.
belittle aniani, piki, taanoa, whakahaawea, whakaparahako.
belittle oneself taaharahara.
bell pere (Eng.).
bell bird kohimako, koohoimako, koohorimako, kookoomako, kookorihimako, kookorimako, kookorohimako, kookoromako, koomako,

bell

koomamako, koopaopao, koopara, kooparapara, korihako, korimako, koromako, kotaiahu, mako, makomako, para, rearea, tiitiimako, tiitoomako, tukumako, tutumako.
bell bird, male of keekerematua, kerekeremataatu.
belly hoopara, koopuu, manawa, riu, takapuu.
belly fat of fish whatuaro, whauaro.
belly of a net kete, nake, pukehina.
belly of a shark repa.
belonging to a, na, no, o.
belonging to him or her naahana, naana, noona.
belonging to me naahaku, naaku, noohoku, nooku.
belonging to thee naahau, naau, noohou, noou.
beloved hokoi, muna.
beloved one ipo, kairoro, tau.
below, from ake, mai raro.
belt taatua, tautiti, whiitiki.
belt, narrow form of waist makawe.
belt folded longitudinally, plaited taatua puupara.
belt or girdle, woven koere.
belt or maro worn by the tohunga tuutara.
belts or anklets, ornamented hangaroa.
bemuse whakarare.
bend (noun) konae, konaenga, kono, noni, pehu, piko, tuke.
bend (sag) kowhane, roku, roroku, taaporepore, tapore, wheoro.
bend down in the middle taawharu.
bend near point of bone or fish hook kou.
bend of the arm (elbow) whatiianga.
bend or bow repeatedly tunotunou.
bend or turn suddenly whiu.
bend the body koiri.
bend the knees ngawaki, tuuturi.
bend the legs in running tuuturi.
bend the legs or arms huupeke.
bending piingore, pingawi, pingawingawi, pitawitawi, taaupe, whakawhana.
bending from side to side taawariwari.
beneath raro.
benefit (noun) huanga, rawa.
benefit (verb) aawhina.
benighted poongia.

bespeak

bent koorapa, makaka, manana, noni, pehu, piiwari, piko.
bent, as limbs hakoko, huupeke, kopa, pehu.
bent, having the knees turipeepeke.
bent (crooked) konuke, koonukenuke, kootuke, korotuke, korotuketuke.
bent (curved) makau, tiihake, tiikohu.
bent (hunchbacked) manau.
bent (stooped) ngunu.
bent (under tension) whana.
bent (warped) kopuu.
bent about riroi.
bent (as edge of axe) koongunu.
bent at an angle koki, whati.
bent concavely kohu, kokohu.
bent double by weakness rooiho.
bent inwards parehe.
bent like a bow taawhana, taawhanawhana.
bent round korohiti, korowhiti.
bent upon waweroka, waweruka.
benumbed huumeke, huumenge, huutoke, konehe, korongenge, maatengatenga, maatorutoru, manene, mangenge, matakerekere, matangerengere, matarekereke, matarukuruku, matoru, poopokorua, tengatenga, turiwaataitai, turiweetautau, uhu.
benzine penehini (**Eng.**).
berated waaua.
bereaved pani.
bereaved by war pani tauaa.
bereft tukaunga.
berries of the papauma tree huariki.
berry kaakano.
beseech inoi.
beset awhe, awhi, mui, whakataute.
beset in numbers ohu, poke, pokepoke, popoke, puurau.
beside i te taha.
beside the point hape.
besides haaunga, teetahi, teetehi.
besiege awhi, paahau, pakipaki, poorohe, whakapae.
besieged taka.
besmear pani, panipani.
bespattered paaraarikiriki.
bespeak papare, pare, taapui, tapatapa, taumau, taumou, taunaha, taupua.

bespoken awherangi, taumau, taumou.
best te pai rawa, te tino pai.
bestir oneself kori, korikori.
betake oneself huri.
betray kaikai waiuu.
betroth puhi, taamau, taipuu, whakaihi.
betrothal moumouranga, tangohanga, taumau.
betrothal, assembly for arranging aatahu, tomo, tono.
betrothed hapui, taimau, taumau, taumou.
better, it would be aea, engari, engaringari, erangi.
better (comparative degree of good) pai ake, pai atu.
bevel hema, heretua, peewara (**Eng.**), whakatipihori.
bewildered aanau, aaniwa, kaanaenae, papipapi, parau, pooauau, pooheehee, pookiikii, poongange, pooniti, poonitiniti, pooritarita, pororaru, umaraha.
bewitch aatahu, kana, maakutu, naku, poi, whaiaa, whaiwhaiaa, whiti, whitihoro.
bewitch birds to snare them tiiepa.
bewitched tuureikura.
bewitching charm turipuu.
beyond i tua.
bias (in weaving) poka.
bible paipera (**Eng.**).
bicker komekome, korokiikii, tarahae.
bid tono.
bid welcome taawhiri.
Bidens pilosa koheriki.
Bidens pilosa, **seeds of** kaamu.
bidibid piripiri.
bier amo, atamira, kauhoa.
big kaitaa, nui, rahi
big toe takonui.
bight kokorutanga, koru, korutanga, whanga.
bight or coil, form into a niko.
bilge of canoe paawai, riu.
bill (beak) ngutu manu.
bill (account) kaute (**Eng.**).
bill (political) pire (**Eng.**).
billet of wood tuuporo.
billiards piriota (**Eng.**).
billow apuu, puhitai, taarawa.
billowy taapokopoko, taawakawaka.

bind heihei, here, herehere, hohou, hou, houwere, piihere, rangitaamiro, rii, rona, roorii, tauhere, tauri, tootaha, whakarorerore, whiitiki.
bind by incantations ruruku.
bind on rirerire.
bind round mimire, mimiro.
bind securely tuupiki.
bind together ruruku.
bind together in a bundle paiere, paihere, tapiki, whakamekemeke.
bind with vines maiaka.
binding mana, mira.
bindweed akapoohue, panahi.
bird aotea, manu.
bird, a (see also **shag, seabird** etc.)
amokura, aroarotea, haakoakoa, haatoitoi, haaweru, hakoke, hakoko, hakoraa, hihi, hihipopokera, hiioi, hiirairaka, hiirorirori, hiitakataka, hiiwaiwaka, hiiwakawaka, hikuhiku, hiraka, hoaa, hoiho, hookako, hookio, hoomiromiro, hoongaa, hoongee, hoorirerire, hooutuutu, hore, horehore, huahou, huia, humuhumu, hurupounamu, huurepo, huuroto, iringatau, kaaeaea, kaahaa, kaahawai, kaahoho, kaahu, kaaiaia, kaaieie, kaakaa, kaakaapoo, kaakaariki, kaakaatarapoo, kaakaawaiariki, kaakaawairiki, kaakatai, kaakawariki, kaamana, kaarearea, kaareke, kaarewarewa, kaaruhiruhi, kaatoitoi, kaatuhituhi, kaauaua, kaiawa, kaihuropia, kakaha, kakao, kakarapiti, kakaruwai, kakii, kaoriki, karakahia, karake, karehaakoa, karetai, karikawa, karoro, karuai, karuwai, katatai, katatee, kautuku, kawariki, kawatere, kawau, kaweau, kawekaweaa, kawekaweau, kea, keerangi, keha, keorangi, kereruu, kia, kikimutu, kikirimutu, kikitori, kioriki, kiwi, kiwi karuwai, kiwi kura, kiwi nui, kiwi parure, kiwi pukupuku, kiwi roa, kiwi roaroa, koakoa, koehoperoa, koekoeaa, koekoeau, kohimako, kohutapu, koikoiareke, koitareke, kokoea, kooau, koohihi, koohoimako, koohoperoa, koohorimako, koohurehure, kookako, kookare, kookata, kookoo, kookoo mako,

bird

kookooreke, kookootaua, kookootea, kookoouri, kookorihimako, kookorimako, kookorohimako, kookoromako, koomako, koomamako, koomiromiro, koopaopao, koopara, kooparapara, kooputu, kooriki, koorire, koorirerire, kooriroriro, koorurerure, kootaataa, kootare, kootarepopo, kootaretare, kootihe, kootihetihe, kootipatipa, kootitititi, kootiutiu, kootuku, kootukungutupapa, koowhaawhaa, koreke, korihako, korimako, koroaatito, korohea, koroire, korokio, koromako, koropio, kororaa, korowaatito, kotai, kotaiahu, kotoreke, koukou, koutareke, kouwha, kuaka, kuekuea, kueto, kuhikuhiwaka, kuia, kuruhenga, kuruwhengi, kuruwhengu, kuukuruatu, kuukurutoki, kuukuu, kuuweto, maapo, maatirakahu, maatuhi, maatuhituhi, maatukutuku, maaui potiki, maaunu, makoraa, manapou, manukahaki, matamatapoouri, matapo, matapoouri matuku, mimiro, miromiro, mirumiru, moa, moakurarua, moeriki, moho, mohorangi, mohoriiriiwai, mohua, mokaakaaweka, mokoraa, momohua, momotawai, momoutu, moohuahua, mooioio, mooriorio, mootengitengi, mootihetihe, mootingitingi, mooutuutu, motarua, muhumuhu, muu, nakonako, ngako, nonoroheke, nonoroheko, oho, ohomauri, ooi, oongaa, oongee, paakura, paanguruguru, paapango, paarekareka, paarera, paarera matapouri, paarerarera, paataatai, paateketeke, pakara, pararaa, parera, patahoro, patake, penu, pepe, pie, piere, pihipihi, pihoriki, piihaua, piihere, piihoihoi, piingirunguru, piioioi, piipiiauroa, piipiiwharauroa, piipipi, piirairaka, piirakaraka, piirangirangi, piitakataka, piitoitoi, piitongatonga, piiwaiwaka, piiwakawaka, piiwauwau, piopio, pipirihika, pipiriki, pipiriwharauroa, pipitore, pipitori, pirairaka, piripiri, piripiriwharauroa, piropiro, poaka, pohoriki, pohotea, pohowera, pokotiwha, pookaakaa, pookeke, poopokotea, pooporoihewa, pooreterete, poowhaitere, popotai, popotea, porete, porihawa, poriporihewa, porotii, poupoutea,

bird

pukunui, puuakiaki, puueto, puuetoeto, puukeko, puuohotata, puurourou, puutoto, puuweto, puuwetoweto, raapunga, raipo, rakakao, rako, rakorakoa, rearea, reoreo, riiriiwaka, rirerire, riretoro, riroriro, roa, roaroa, rowi, taaiko, taakaha, taakahikahi, taakaikaha, taakapu, taakupu, taane te waiora, taapahipare, taarewa, taataaeko, taataaeto, taataahore, taataangaeko, taataawai, taataiato, taataihore, taataranaeko, taatarangaeko, taatariheko, taataruwai, taawaka, taihoropii, takahea, takahee, tangata tawhito, tapukoorako, taraho, taratimoho, tariwai, taruwai, tatakii, tatarihuka, tatarikuha, tawake, teetee, tei-waka, tiaki, tieaka, tiiaiaka, tiiakaaka, tiieke, tiieke rere, tiikaaka, tiirairaka, tiirakaraka, tiiraueke, tiiraureka, tiirauweke, tiiraweke, tiitakataka, tiitapu, tiitiirairaka, tiitiiwahanui, tiitirihika, tiititipoo, tiititipounamu, tiiwaiwaka, tiiwakawaka, tiotio, tirairaka, tiutiu, tiutiukata, tiwakawaka, toirua, toitoi, toitoireka, tokepiripiri, tokitoki, tokitokipia, tokitokipio, tokoeka, tokohea, tokoweka, tongitongipia, toorea, toorea pango, toorea tai, toorea, tootokipia, tootokipio, tootooaireka, tootooara, tootoowai, tootoowara, tootoroie, tootororire, toroa tatakii, toroa, totoi, totoipio, totorore, toutou, toutouwai, turituri pourewa, turiwhati, turiwhatu, turuatu, turuturu pourewa, turuturuwhatu, turuwhatu, tuturi pourewa, tuturu pourewa, tuuarahia, tuukararoa, tuuturiwhati, tuuturiwhatu, tuuturuatu, tuuturuwhatu, upokotea, wakawaka, weiweia, weweia, whaaioio, wheenakonako, whiroia, whirowhiro.

bird, a fabulous manumea, poorewakohu, pouaakai.
bird, an extinct haakuwai, hookioi, hookiwai, kororii, matapu, moakirua, ookioi, rauhamoa, tootoorori.
bird, fledgling hauturuki.
bird, unfledged young koorahoraho.
bird acting as sentry for flock manu taaiko, manu taki, manu teka.
bird heard at night but never seen tapoturangi.

birds aitanga-a-tiki-kapakapa, kauwhanga.
birds captured for food huahua.
birthplace koohanga, toi whenua.
biscuit piihikete (**Eng.**).
bishop piihopa (**Eng.**).
bit maramara.
bit (for horse) pita (**Eng.**).
bite haupa, kai, kakati, kati, komi, ngau, uu, wero.
bite, as vermin tiitope.
bite frequently katikati.
biting puukatokato.
bits, little moka.
bitter kawa, paahare, puukawa, puuraurau.
bitterly tarariki.
bittern huurepo, huuroto, kaaka, kautuku, matuku.
bittern, little kaoriki, kioriki.
bitterness paoa, paowa, pawa, waiaruhe.
bituminous substance found on beach kauri tawhiti, mimiha, pakakee, pakakuu.
black hiwahiwa, kikiwa, kiwa, kiwakiwa, koopuni, kororiko, maamangu, makauri, mangu, mangumangu, pango, pokere, pooporo, tawauri.
black, become wheko.
black, deep karatiwha, niwaniwa.
black, like clouds in stormy weather aaniwaniwa.
black pigment or charcoal ngaarahu, ngaarehu.
black skin hengia.
blackened by exposure to the sun pukupango.
blackened with smoke puukauri.
blackness of deep water aaniwatanga.
blacksmith parakimete (**Eng.**).
bladder tooaamimi, toongaamimi.
bladder of a fish kooputaputa.
blade of a paddle rapa.
blade of a weapon rau, uruuru.
blame whakatuaki.
blame another uapare.
blanket paraikete (**Eng.**).
blast, sudden uruhanga.
blasted kokotipuu, kotipuu.
blaze kongange, mura, tora, toro, totoro.
bleach whakatoki.
bleary eyed kirikiritona, mata kohore.

Blechnum capense horokio, kiokio, korokio, koropio, piupiu, rautao, tupari.
Blechnum discolor petipeti, piupiu, taaniwhaniwha, turukio.
Blechnum fluviatilis kawakawa, kiwakiwa, kiwikiwi.
Blechnum lanceolatum nini, rereti.
Blechnum patersoni peretao.
Blechnum vulcanicum korokio.
bleed toto.
bleed at the nose tatao.
blemish on the skin tonga, tongatonga.
bless whakamaanawa.
blight bird hiraka, iringatau, kanohi moowhiti, karu paatene, mootengitengi, pihipihi, piikaraihe, poporohe, tauhou, whiorangi.
blighted koaro, koomae, kowaro.
blind kaapoo, keekerepoo, kerepoo, matakene, matakerepoo, matamorari, matamoraru, matapoo, paarewha, papi, pohe, popohe, pura, whakapohe.
blind, window aarai, paraina (**Eng.**).
blinded pohepohe.
blindly matapookere.
blink kakamu, kemokemo, kero, kimo, koorewha, koorewharewha, taukamo, tuurehu, whakakikini, whakakini, whakamoe.
blink frequently kimokimo.
blister hoipuu, puuputa, puta.
blistered hoopuupuu, kooipuipu, kooputa, koopuupuu, kopuu, memeke, pakoo, papata, taangorongoro, tangoro.
block (obstruct) taaiha, tuutaki.
block (of wood) poro, tuuporo.
block (of land) poraka (**Eng.**).
block up aarai, kati, paa, pani, papani, tairi.
blockade paa.
blocked puni, tuutaki.
blockhead moho.
blood karukaru, momo, toto.
blood, clotted karukaru.
blood relation para, pito toto, uri, whanaunga.
bloody huutoto, puutoto.
bloom, to kotii, ngawhaa, pua.
bloom (blossom) pua, puanga.
bloom of the raataa kahika.

blossom

blossom pua, puanga.
blow ihi, maka, matararanga, pongipongi, puhawhe, pupuha, pupuhi, puuawhe, puukeru, tarawete.
blow, as a whale pupuhi.
blow, as the wind paa.
blow, of flies kurekure.
blow about pongipongi.
blow about forcibly puhawhe, puuawhe.
blow frequently puhipuhi.
blow gently haanene, hehengi, hengi, kikihi, maataahehe, maataahehengi, paahengihengi, puu, ranga, rangaranga, raranga.
blow gently upon papaki.
blow of the fist kuru, meke, moto.
blowfly ngaro, rango.
blowfly with a metallic sheen paairu nui.
blowhole, steam or water pehu.
blowhole of a whale taapihapiha.
blowing in whirls or eddies korowheowheo.
blown about by the wind puhawhe, puuawhe.
blubber pera.
bludgeon hauhau, timo.
blue puruu (**Eng.**).
blue fish karokaropounamu, korokoropounamu.
blue sky kikorangi.
blunt haapuupuu, kiporo, kootehe, kuruhuki, more, ngongore, nguture, paruhi, punuhuki, puruhia, purutu, puuhoi, puuhuki, puunguhi, puunguru, puunuki, tumuruki, tungure.
blunted tuunguru.
blush mumura, paahanahana.
blushing matahanahana.
bluster ngangana, ruutaa, tuupereruu, whaauraura, whakainati, whakataamaramara, whakatuanui, whakatuuaatea, whakatuupehupehu.
blustering haatata, nganangana, pehu, rupahu, ruruhau, ruukahu, ruutaki, taparahi, tupehu, tuupahupahu.
boar taariana (**Eng.**), tame poaka (**Eng.**).
boar with tusks rei puta.
board (plank) koopapa, papa.
board enclosing the porch paatakitaki, paepae kainga aawhaa.
board or door closing entrance kopani.

bones

board used for moving and working soil paretai.
boards in which flax fibre pressed taapapa.
boast muriroa, peha, pepeha, tamarahi, turetehe, whakainati, whakamaanunu, whakanuka, whakapakari, whakapehapeha, whakaputa, whakataawaahi.
boastful paakiwaha, whakapuukahu.
boasting rangiwhata, wahahuka, whakatoatoa.
boasting talkative person waha rera.
boat poti (**Eng.**).
boat, flat bottomed paneke.
bob up and down maarangaranga.
bodily tinana.
body kiko, kikokiko, ropi, tinana.
body of a calabash matua.
body of a canoe kaunaroa, koohiwi, tiiwai.
body of men ngare, ope.
bog oru, roto, tuakau.
boggy hapoko, koorengarenga, mawharu, oru, powharu, taooruoru, taapokopoko.
boil, draw a whakapee.
boil, to koohua, korohuhuu, koropupuu, paaera-tia (**Eng.**), pupuu.
boil (abscess) wheewhee.
boil by means of hot stones huahua, tohi.
boil up korowhiwhi.
boiler koohua, koohue.
boiling spring ngaawhaa, ngaawhaariki.
boisterous mumu, tarakaka, toa, totoa, tuuperepere.
bol or excrescence on trunk of tree pukuwhenewhene.
bold maaia, niwha, paakaha, piinanauhea, piinaunauhea.
bolt, as door tuutaki, whakarawa.
bolt, of food horopeta.
bombastic wahahuka.
bond heihei, hono, rii, roi, ruruku.
bond of connection whakataruna.
bone iwi, kooiwi, wheua.
bone, to kokoki, maakiri.
bone bodkin used in stringing fish auwai.
bone of the arm, small aapiti.
bone pin for fastening a cloak mania, toromoka.
bones of arm or leg, long puukaka.

19

book

book pukapuka.
boom of canoe sail kotokoto.
boorish tuuhourangi.
boot puutu (**Eng.**).
bootless muuhore.
booty paarurenga, parakete.
border taku.
border of a cape, chequered koekoeaa.
border of a cloak ngauraparapa, pakitaha, whiunga.
bore (drill) ore, poka, wiri.
bored hokehokeaa, hongehongeaa.
born puta, puta ki waho, rere, whaanau, whererei.
born with a caul noho kahu.
borne away riua.
borne up puuwhata.
bosom ateate, ateatenga, poho, uma.
boss paahi (**Eng.**).
Botaurus poiciloptilus huurepo, huuroto, kaaka, kautuku, matuku.
both rua.
both equally ruurua.
both together tautokorua.
bother whakapoonaanaa, whakataute.
bothered kuuraruraru, paahahu, pohepohe, pooraruraru, pooritarita, tuuraakaha.
Botrychium ternatum paatootara.
bottle paatara (**Eng.**), pounamu.
bottle made of seaweed kookihi, kookii.
bottom raro, takere.
bottom edge of rauawa of canoe arakauniho.
bottom of a channel whakatakere.
bottom of canoe, outer surface paapaawai.
bound, be hei.
boundaries, lay off kotikoti.
boundary kaha, kati, kotikoti, kotinga, paatakitaki, paatanga, paatuu, paenga, raina (**Eng.**), rarawe, rei, ripa, rohe, taupaa, tautika, tepe, tuakoi, whiwhinga.
boundary post pou raahui, pou taraawaho.
bounded taaparepare.
bounding range tauriparipa.
bountiful kaimarire, pono.
bow (weapon) koopere.
bow down koropiko, rumaki, whakatungou.
bow frequently tunotunou, tuupoupou.
bow knot koropewa.

brains

bow legged turi haka, wae haka.
bow of a canoe haumi, ihu, ihuwaka, ngongohau, punake, puneke, tauihu.
bow of a canoe, V-shaped piece forming aohamo.
bow of a war canoe aupounamu.
bow or loop, tie in a koromahanga.
bow shaped, anything pewa.
bow the head tuohu, tuupou.
Bowdleria punctata kootaataa, koroaatito, korowaatito, kuukurutoki, maataa, maataataa, maatuhi, nako, ngako, toetoe, wetito, whetito.
bowed korowhana, kowhana, manau, whana.
bowed down tapou.
bowels aro, manawa, ngaakau, wheekau.
bowl, a hake, kaaraha, kararaha, kumete, oko, paka.
bowl, as a hoop porotiti.
bowl, to piirori.
box, a papa, pouaka, pouwaka, powaka.
box, to momoto, moto, motomoto.
box for holding huia feathers, carved papa hou, papa huia.
box with a lid hinged with cords potipoti.
boy aki, karekata, poai (**Eng.**), tamaiti taane.
brace hookai, hoongai, hoongoi, kaumahaki, tauhookai, tauteka.
bracelet koomore, poroporo.
Brachycome radicata roniu.
Brachyglottis repanda koouaha, pukapuka, rangiora, rauraakau, raureekau, whaarangi.
bracken maarohi, manehu, raarahu, rahurahu, rarauhe, rauaruhe.
bracken, god of haumia-tiketike.
bracken, root of aruhe.
bracken, shoot of koonehu.
brackish kootaitai, kurutai, kurutaitai, maataitai.
bract at footstalk of a gourd emiemi.
brag muriroa, tamarahi, whakainati, whakanuka, whakataawaahi.
braggadocio piiho.
braggart paakiwaha, rangiwhata.
bragging rangiwhata.
brain-weary pooaatinitini.
brains karukaru, ngoto, roro, wairoro, waitakataka.

bramble

bramble taataraamoa, tairo, taraheke, taramoa.
branch, a kaapeka, kaupeka, kaupekapeka, manga, peka, pepeke.
branch, large ruuhaa.
branch, small raaraa.
branch of a tree, dry puanga.
branch road pekanga.
branched (forked) tokomanga.
branches, without hahore.
branches used in fencing wiitaa.
branching (separating) pirara.
brand parani-tia (**Eng.**).
brandish piioi, piioioi, rui, rurerure, ruuruu, whakakakapa, whakaoraora, whiioioi.
brass paraahi (**Eng.**).
Brassica campestris keha, kotami, nanii, poohata, poowhata.
Brassica oleracea haaria.
Brassica sp. niiko.
brave aumangea, aumangeo, maaia, maarohirohi, marohi, moorohirohi, ngana, taitoa, toa.
brave conduct toanga.
brave man kaitoa, kikopuku, toa.
bravery hautoa, maaia, niwha, para, toa.
bravery in battle au maaroo.
brawny pakaua.
brazen-faced woman wahine piharongo.
breach of tapu, result of parahuhu.
bread paraaoa (**Eng.**), rohi (**Eng.**), taro.
breadfruit kuru.
breadth hookai.
break, of a wave horo, puapua, whati.
break, of day hotu.
break (see also **break off, broken**) huukeri, koropehu, pao, patatee, patoo, waahi, waawaahi.
break a truce pekehaawani.
break as the sea on the shore poorutu.
break as weak fibre torete.
break by dashing on the ground taataa.
break by repeated strokes paopao.
break down twigs to mark the way kowata.
break forth paakaru, paakarukuru, pupuu.
break in disorder tauwhati.
break in pieces paakaru, paakarukuru, parehe, whatiwhati.
break of day maruata.

breeze

break off auru, kakato, kato.
break off a number of things whatiwhati.
break off anything rigid whawhati.
break off short kootihe, moowhaki, moowhakiwhaki.
break off suddenly or shortly papaa.
break on crest of wave tuuaatea.
break open waahi, waawaahi.
break through paakaru, paakarukuru, waahi, waawaahi.
break up ngawhere.
break up firewood tietie.
break wind hemo, hengo, keho, kokio, paatero, paatiitii, patii, piihau, putihi, rooria, whengo.
breaker puhitai.
breakfast parakuihi (**Eng.**).
breaking, of waves pua.
breaking, circumstance of waahanga.
breakwind paatakitaki, tiitopa, tirawa.
breast rei, uma.
breast of a female uu.
breastbone koouma, whaturei.
breastplate koouma, paatea.
breastwork in a fortification parepare.
breath haa, hau, hengihengi, manawa.
breath, catch haahaa.
breath, draw in, indicating pain or fear mote.
breath, long puumanawa.
breath, out of hee te manawa, heemanawa, ka naenae te manawa, pukaa.
breath, take ngaa, whakangaa, whakataka manawa.
breath of a dying man, last manawakiore.
breathe haa, ngaa, taa, whakahaa.
breathe gently aanene.
breathe heavily ngaangaa.
breathe with difficulty haahaa.
breathing, allow time for whakataa.
breathing, difficulty of huangoo.
breech (buttocks) papa.
breed momo.
breeze hengihengi, kaawai, kaawatawata, kooangiangi, koohengi, koohengihengi, kookoohau, kootangitangi, kootaotao hauwai, kootengitengi, matangi, muri, murimuri, pongipongi, rangaranga.

21

breeze

breeze, cool puuangi, puuangiangi.
breeze, gentle kookoouri, koomuri, koomurimuri, murihau.
breeze, land hauwhenua, tuuwhenua.
breeze, light angiangi, rarohau.
breeze, north-east sea maataariki, whakarua.
breeze, north-east sea, moderate whakarua maataariki.
breeze, north-east sea, strong hikanui, whakarua hikanui.
breeze, sea muritai.
breeze, south-east sea maawake, paatokatoka, piitaataa.
breeze at night, land puaawanga.
bribe taawai.
brick pereki (**Eng.**).
bridge arahanga, arawhata, arohata, piriti (**Eng.**).
bridge of the nose te kaka o te ihu.
bridge over, to kahupapa.
bridle paraire (**Eng.**).
brig pereki (**Eng.**).
bright ao, kanapa, kanapu, piiata, piiataata, purata, puuaho, puuahoaho, tiiahoaho, toari, towhari.
bright arch on horizon of overcast sky haeata.
brightly (of colours) kita.
brightness piiata, piiataata.
brilliant koea, tahutahu.
brim paarua.
brimful puurena.
brimstone ohaki, ngaawhaariki, whaanaariki.
bring apatari, hoomai, kawe, mau, ngita, piikau, rauhi, tari.
bring along taki.
bring out unu.
bring to land whakauu.
bring to pass whakahei.
bring to place connected with speaker hoake.
bring together, as edges of bag kukumu.
bring up (foster) whaangai.
brisk hau, hauhau, hihiko, hihiri, hiikaka, kaikama, manahau, manamanahau, ngahau, tara, whitawhita.
bristles huruhuru, perehina, tarakina, wanawana.
bristling puuraurau, taatarahake, tarakinakina.
brittle kootihetihe, moowhaki, moowhakiwhaki.

brother

brittle and dry, of timber waipawa.
brittle, of fibre of flax makuhane.
broach, to rara.
broad haunui, paraha, raunui, raununui, raurarahi, tiipaa, whaanui, whaarahi, whaararahi, wharanui, whararahi.
broad and flat rapa.
broad and shallow as a canoe paahakehake.
broad faced pahananui.
broad flat and hard papa.
broadbill paea.
broadside on hiipae, huapae, koopae, koronae, rara.
broil tunu.
broken hawa, hume, kore, mangungu, mawhaki, oruoru, paawhati, pakaru, pota, riwha, toongaangaa, tuarangaranga, waha, weha, whakanokenoke, whakatorouka, whatiwhati.
broken half through koongunu.
broken in pieces puurikiriki, rikiriki.
broken into separate masses, as clouds mawera.
broken, of clouds koera.
broken, of hilly country puukani, puukanikani.
broken off motu, poreke, poro, tawari, whati.
broken off short porokere, pororere, potarere, whati.
broken or cut off short motureie.
broken place korenga.
broken sleep moe aauta.
broken to pieces pakore, potapota.
broken water, stretch of kauere.
bronzewhaler shark horopekapeka, matawhaa, mau ngengero, tuatini.
brood paratau, punipuni, taapapa, whakapaeko, whakapuke, whakapupuke.
brood over wheenako, wheenakonako.
brooding kainatu, maanatunatu.
brook manga, puukaki.
broom puruuma (**Eng.**), tainoka, taunoka.
broth or gravy from cooked meat wai koohua, wairenga.
brother parata (**Eng.**).
brother, elder haamua.
brother, younger kootore.
brother of a male, older tuakana.

brother

brother of a male, younger taina.
brother of father or mother paapaa.
brother or male cousin of a female tungaane.
brother-in-law, man's taokete.
brother-in-law, woman's autaane.
brought riro.
brought down to the water tapotu.
brought forth whaanaua.
brought to a standstill urutuu.
Broussonetia papyrifera aute.
brow of a hill kaaniuniu, taumata.
brown haaura, hiiwera, kaakaka, kaakata, kehu, koka, paakaa, paakaakaa, paraaone (**Eng.**), rauwhero, ura.
brown, applied to leaves of flax kaakarawera.
brown, light paakaa koorito.
brown, pale mangaeka.
brown creeper tiitirihika.
brown or red, turn whakamaapau.
bruise, to kaku, kakukaku.
bruise (contusion) hautuutanga, uruhua.
bruised hume, maruu, mongamonga, wairau.
bruised (contused) wairau.
brush, a paraihe (**Eng.**).
brush, to taitai.
brush on tongue of tuuii puuhihi.
brush wood heu, heuheu, huru, hururua, mauwha, mooheuheu, ngaruru, taawhao, tete, ururua.
brush wood, covered with hururua, ururua.
brush wood, dense hangaruru.
bubble, a mirumiru.
bubble up huu, kamo, koropupuu, pupuu.
Buccinulum sp. huamutu.
bucket paakete (**Eng.**), peere (**Eng.**).
bud ao, raapupuku, toroihi, tupu, wana.
bud, be in, of trees matikao.
buds of a plant nihoniho, popona.
buffet koheri.
bugle piukera (**Eng.**).
build hanga, waihanga, whaihanga.
build an eel weir turu paa.
Bulbophyllum pygmaeum piripiri.
bull puuru (**Eng.**).
bull roarer huhuu, puurerehua, wheeorooro.
bullet mataa, pokepoke.
bullhead (a fish) hawai, pakoko.
bullock ookiha (**Eng.**).

burrow

bully (a fish) hawai, pakoko.
bulrush kaapuungaawhaaa, ngaawhaa, raupoo.
bulrush, kind of horokawa.
bulrush, large puuwaawaa.
bulwark paakai, papatuu.
bunch puu, puutoi.
bunch, anything tied in a herehere.
bunch of feathers on rapa of canoe kou.
bunch of worms for catching eels herehere-tuna.
bunched rakerake.
bunched up koopuni, puhipuhi.
bunches, in puhipuhi.
bunches, make into puhi.
bunches of fern to catch crayfish tahua rarauhe.
bundle aupatu, kaakati, mookihi, mookii, mooruru, paiere, paihere, puu, puuhanga, puupuu, puutiki, raahui, ruururu, tapiki, tau, tiiraha.
bundle, make into paihere, puu, tiiraha.
bundle of calabashes tied together ruururu tahaa.
bundles of raupoo on sides of a whare araparu.
bung puru.
buoy kaarewa.
buoy up whakatere.
buoyant puhau, puurewa, puwhau.
burden kawenga, piikau, utanga, wahanga.
burdened taute.
burial cave whara.
burial place hore, urupaa, waahi-tapu, whakauenuku.
burn kaa, korakora, ngiha, ngingiha, ngutungutu, paahunu, tahu, tora, tore, toro, tungi, tutungi, tuumata, tuungutu, wera.
burn leaves over mussels to open them koomura.
burning (very hot) kooriorio, tiikaakaa.
burning fiercely puukaakaa, puukauri.
burning stick koongotungotu.
burnt hiiwera, mahunu, pakapaka, piiwera, taawera, wera.
burnt by the sun tiikaakaa.
burnt-off land parawera.
burr sp. pirikahu, piripiri, piriwhetau.
burrow apu, tuurua.

23

burrow

burrow of a lizard unu.
burst pahuu, papaa.
burst forth kohera, kowhera.
burst inwards komeme.
burst open koowhaa, ngawhaa, ngawhewhe, tawhaa.
burst open, as flowers ngaora.
bury nehu, rumaki, taapuke, tanu.
bus pahi (**Eng.**).
bush, clump of mere, puia, rake.
bush, dense dark koukouoro.
bush (forest) ngahere, puihi (**Eng.**), weku.
bush felled for burning whakapapa.
bush lawyer taataraamoa, taraheke, taramoa.
bushes, small mauwha.
bushman waoko.
bushy pooruru.
bushy topped, of a tree hurunui.
busied with, be taunanapi.
business hanga, kaipakihi, umanga.
bustling takatuu, toritori.
busy raru, raweke, toritori.
busy oneself with waihanga, whaihanga.
busybody whawhewhawhe.
but engari, engaringari, erangi, heoi, heoti, ia, ngari, oti, otiia, otiraa.
but, on the contrary kaaore kee ia.
but as for this tanganei.
but at the same time otiraa.
but if kaapaatau, kaapaataua.
but indeed otiraa.
but now tanganei.
but rather engari, engaringari, erangi.

byword

but then teekaha.
butcher putia (**Eng.**).
butcher-knife oka.
butt, to tuki.
butt end poro, reke.
butt end of a bird spear hoehoe.
butt end of toki pooike.
butt of a jest omeke.
butter pata (**Eng.**).
butterfish kooeaea, mararii.
butterfly kaakahu kura, kahukura, mookarakara, peepepe.
buttock papa.
buttocks hua, kootore, kumu, kuruhope, papaihore, reherehe, reperepe, taareperepe.
button paatene (**Eng.**).
buttress kaumahaki, kaurapa.
buttress of building hirinaki.
buttress to trunk of tree kaurapa.
buy hoko.
buyer kaihoko.
buzz hohoo, huhuu, rorohuu, tamumu, tara, wheo, wheowheo.
buzzing tatara.
by (agent) e, naa.
by (beside) i, kei.
by and by karia, taaia, taakaro, taaria, taarua, taihoa, taro.
by means of ki, na.
by way of i, maa, raa.
byssus of mussels kumikumi.
byword muurau.

C

Cabalus modestus maatirakahu.
cabbage kaapeti (**Eng.**), puka.
cabbage, wild haaria, nanii, niiko.
cabbage tree kaauka, koouka, tii koouka.
cable taura.
cable for securing a canoe torotoro.
cackle kotokoto.
cadging patipati.
Caedicia simplex kikipounamu.
Caesioperca lepidoptera oia.
cajole ene, pati, taaware, whakapati, whakatangitangi.
cajolery patipati.
cake keke (**Eng.**).
cake of hiinau meal poohaa, poowhaa.
cake of pounded fern root koohere.
calabash hue, kaahaka, kaarahe, kia, kiiaka, kimi, koki, kooaka, paapapa, tahaa, tahee, tawaa, tawhaa.
calabash, globular kina.
calabash, large hooteo.
calabash, small karure.
calabash cut to form a bottle kotimutu.
calabash gourd wenewene, whaangai rangatira.
calabash gourd, variety of wharehinu.
calabash of medium size paahaka.
calabash used as a water bottle takawai.
calabash with a narrow mouth ipu, tahaa.
calabash with a wide mouth kaaraha, kararaha.
calabash with top cut off used as lid koomutu.
calamity aitu, aituaa, mate.
calculate tatau.
calendar maramataka.
calf kaawhe (**Eng.**).
calf of the leg ateate, ateatenga, hiikari, koopuu, takapuu, tapuhau, tupehau.
calf of whale miha pakake.
calico kareko (**Eng.**).

Calidris canutus huahou.
call karanga, kii, pie, tio, whakahoho.
call (inarticulate) huhuu.
call (name) hua, tapa.
call a bird by imitating cry iretoro.
call attention whakahoho.
call for a dog moi, peropero.
call frequently kaarangaranga.
call in question taupatupatu.
call leaf pehe manu, pehe.
call out karanga.
call out, make to whakangae.
call out with pain kareraa.
call together whakamene.
Callaeas cinerea hookako, hoongaa, hoongee, kookako, oongaa, oongee, pakara.
Callorhyncus milli reperepe.
callous on skin ueke, uutonga.
calloused uutongatia.
calm, make roki, whakangehe, whakarokiroki.
calm, of sea aae, aaio, maaio, maarinorino, maaroki, marino, mooai, moowai, rahopee, roohia, too marino, uha.
calm, settled aiopiipii.
calm, very marino too, tokitoki.
calm (peaceful) aaio, ngehe, taumauri.
calm (windless) aaroi, aupaki, maaruu, paaruhi, paaruhiruhi, punuku, roki, rokiroki, uha.
calm, of wind taahengihengi.
calm the sea by spell rorotu, rotu.
calmed down mate.
Calystegia sepium akapoohue, nahinahi, panahi, panake, poohue, poohuehue, poohuhe, poopoohue, rarotawake, rauparaha.
Calystegia soldanella panahi.
Calystegia tuguriorum poowhiwhi.
camel kaamera (**Eng.**).
camera kaamera (**Eng.**).

camp

camp hopuni, houpuni, keepa (**Eng.**), pahii.
camp fire ahi koopae, koopae.
camp followers taangaangaa.
camping place pahii, puninga, taupahii.
can (be able) aahei, whii.
can (container) keena (**Eng.**).
Canada Kaanata (**Eng.**).
Canadian fleabane inati, porerarua.
canary, bush hihipopokera.
candle kaanara (**Eng.**).
cannon puu repo.
canoe koorua, kooruarua, neke, porea, reti, waka.
canoe, double hourua, huhunu.
canoe, large sea-going pahii, pora.
canoe, part of tauihu of matutu.
canoe, small koki, koonia, koopapa, koopiri, koorea, kooreti, korehe.
canoe, some form of piihau.
canoe, some part of kaakaariki, koorere.
canoe, square sterned waka kooporo.
canoe, war toiera, toiere.
canoe adorned with plumes and carving taararo.
canoe formed of one piece kootore puni, waka kootore puni.
canoe prow, northern type tuere.
canoe side, above water paapaa-waka.
canoe stringer to which floor attached kaiahi.
canoe with a piitau figurehead piitau.
canoe with an outrigger amatiatia.
canoe with figurehead facing backwards koopako, whakaanga.
canoe with two sails pere rua.
canoe without attached sides paahua, paatua, taawai, tiiwai.
Canopus Aotahi, Atutahi, Autahi, Kauanga, Makahea, Paepaetoto, Tuutahi.
Cantharidus opalus matangongore.
Cantherines convexirostris kookiri.
Cantherines scaber kookiri.
Cantherines sp. kiririi.
cap (hat) pootae.
capable maaia, rawe, raweke.
capable of being contained oo.
capacious ngakengake.
cape, a black flax koonunu.
cape, all white hana, hihi-maa.

capture

cape, black dogskin koopuni.
cape, flax peka, toonakenake.
cape, rough flax hipora, kaku, kakukaku, puureku, tarakinakina, tiipapa, timu, tuapora.
cape, sealskin kahu kekeno.
cape, small flax taheha.
cape, striped dogskin paahekeheke.
cape, white dogskin reko.
cape (cloak) mangaeka, tooii, tupehau, tuupuni.
cape coloured with red ochre kahu kura.
cape covered with long hair of dogs kuriiawarua.
cape for the shoulders pekerere.
cape made of scrapings of flax haaronga.
cape made wholly of black dogskins kuupara.
cape of partially dressed flax puueru, puuweru.
cape of undressed flax koka, koura, mai, pookeka.
cape of undressed kiekie or flax paakee, taatara.
cape of white hair from dogs' tails maahiti.
cape or cloak made of leaves of kiekie tuahau.
cape ornamented with dogskin tahiuru.
cape to cover shoulders, small katekate.
cape with albatross down kahu toroa.
cape with dogs' tails kahu waero.
cape with kiwi feathers kahu kiwi.
cape with ornamented border pauku.
cape with pigeon feathers kahu kereruu, kahu kuukupa.
cape with red feathers kaakahu kura, kahu whero.
cape with thrums of flax hihi, hihihihi, koonekeneke.
cape worn by women tiihei.
Caprodon longimanus maataa, maataataa.
capsize tuupoki.
captain kaapene (**Eng.**).
captious ngutu momoho.
captious, carping person kanohi tore, tore kanohi.
captive herehere, mookai, paarau, pononga, whakarau.
captivity herehere, paarau, rarau, whakarau.
capture hui, pahoro, taeatanga, tomokanga, tomotomokanga, whakarau.
capture a fortress hao.

car

car motokaa (**Eng.**).
Carcharinus brachyurus horopekapeka, matawhaa, mau, ngengero, tuatini.
Carcharodon carcharias mangoo taniwha.
card kaari (**Eng.**).
Cardamine divaricata matangoa.
Cardamine heterophylla panapana.
care for maimoa, pena, penapena, tauwhiro, whakaute.
careful hakune, whakatonu.
carefully maarika, maarire, rawa.
careless maakuuare, maakuuware, pakihaha, pakirara, poorahu, poorahurahu, tiirere, ware, whakaaro kore.
carelessly done kookau.
caress mori, morimori, takamori, whakataakohekohe.
Carex comans maurea.
Carex diandra maataa, maataataa, makura, puukio, puurei, puureirei, puurekireki, toetoe maataa.
Carex lucida maania, maurea.
Carex secta maataa, maataataa.
Carex **sp.** maaruu.
Carex ternaria rautahi, toetoe rautahi.
cargo utanga.
Carmichaelia australis maukoro, tainoka, taunoka.
Carmichaelia **sp.** maakaka, neinei, tarangahape, tawao.
carp, to wene.
carp (fish) morihana (**Eng.**).
carpenter kaamura (**Eng.**).
carpentry mahi kaamura (**Eng.**).
carpet kaapeti (**Eng.**), whaariki.
carping toretore.
carping, captious person kanohi tore, tore kanohi.
Carpodetus serratus kai weetaa, piripiriwhata, punaweetaa, putaputaweetaa, putaweetaa.
carried away aromea, riro.
carried on the wind rere.
carrot kaareti (**Eng.**).
carry apatari, aupaki, haapai, hari, heri, hikawe, kawe, mau, ngita, rare, reti, tari.
carry a load with bands round shoulder pakihere.

case

carry about whakahaere.
carry between two persons tautito.
carry in a flood whakaparawhenua.
carry in the arms hiki, hikihiki, okooko, taiapo, tapuhi, tauapo, whakatapuhi.
carry in the closed hand kumu.
carry off auru, ikiiki, kaawhaki, kahaki, kawhaki.
carry off as captives arahi.
carry off in a body terepu.
carry on a litter amo, kauhoa, maatika.
carry on a loop of flax rangahau.
carry on a pole tauteka.
carry on back piikau, tiihei, tiikawe, waha.
carry on the shoulder amo, taakawe.
carry round the neck as clothes taaweka.
carry suspended from the shoulder paakawe.
cart kaata (**Eng.**).
cartridge kariri (**Eng.**).
carve taa, whakairo.
carve wood whaowhao.
carved pootete.
carved head on house gable koukou-aro, parata.
carved head with lengthened upper lip ngututaa.
carved head with long straight nose ngutuihe.
carved human face kaahia.
carved post in the palisading of fort maea.
carving, a spiral pattern in rauru.
carving, perforated spiral piitau.
carving, style of kaarearea.
carving and painting, bulbed motif in koru.
carving at stem and stern of canoe toiera, toiere.
carving on canoe whakarei.
carving pattern aahuahunui, arapata, kauae, kauwae, koroaha, korowaha, pahoreroa, purapura whetuu, rauponga, ritorito, taowaru, tapanui, unaunahi, whakakaka, whakaraupoo.
Casarca variegata puupuutangiaatama, puutangitangi, puutangitangiaatama, puutangitangiaatoa.
cascade huukere.
case (legal) keehi (**Eng.**).
case (sheath) puukoro.

cask

cask kaaho (**Eng.**).
Cassinia leptophylla tauhinu korokio, tauhinu koromiko.
Cassytha paniculata maawhai.
Cassytha paniculata, **fruit of** kooneenee.
cast epa, maka, makawhiu, tii, tiitere, whakaepa.
cast adrift tiemi.
cast ashore pae, paeaarau.
cast aside paetau.
cast away haki, rauiri, rauwiri, rui, whakarei, whakarere.
cast forth ruke.
cast off a rope huhu.
cast up ranga.
cast up by the sea, anything pakepaketai, paketai.
castanets maapara, tookere.
castaway rurenga.
Castor Whakaahu.
casual tuuao.
cat ngeru, poti (**Eng.**), tori (**Eng.**).
cataract rere, taaheke.
Cataracta antarctia lonnbergi haakoakoa.
catarrh hinamokimoki, kauanu, taewa, taewha, taiawa, taiwa, taiwha.
catch hopu, rauhi, tango.
catch a crab urupaa.
catch and hold firmly herepuu.
catch and kill vermin tia.
catch at kapo.
catch frequently hopuhopu.
catch hold of weku.
catch in a net hao, paahao, rau, tuku.
catch kaakaa by a decoy bird whakangee.
catch kehe fish by driving with pole kookoo.
catch mullet by making canoe rock whakakoki.
catch one after another hopuhopu.
catch the foot in anything hiirawea.
catch the wind puhau, puwhau.
catch up hopu.
catch with hook and line hii.
catcher, black oyster toorea, toorea pango, toorea tai.
catcher, pied oyster toorea.
catechism katikiihama (**Eng.**).
catechise paatai, uiui.

cease

caterpillar makokoorori, moko taawhana, muuharu, muuharuu, muuwharu, pukupuku, tootoronguu, toronguu, whee.
caterpillar, a koroitaka, mokamoka, tiikopa.
caterpillar, a hairy tuahuru, tuupeke.
caterpillar, a large aawhato, aawheto, anuhe, hootete, kauaa.
caterpillar, a leaf tying moka.
caterpillar, a looping makokoorori, taawhana, taawhanawhana, whangawhanga.
caterpillar, a small green taawhangawhanga.
cat's cradle huhu, huuhi, maaui, whai.
cat's cradle, figure of maanuka piko, mauwhane.
caught hiirau, mate, mau.
caught, of fish or birds mau.
caught by the point or end mauaatara.
caught in a snare rona.
caught in numbers matemate.
caul or some part of the placenta popoki.
cauliflower kareparaoa (**Eng.**).
caulk mono, monomono, tini.
caulking, material for herepuru, purupuru.
causative prefix whaa, whaka.
cause, to mea.
cause (origin) pata, puu, puunga, puutake, rawa, take.
cause not to be whaakorekore, whakakore, whakakorekore.
cause of discord papanga.
cause to go whakahaere.
cause to shrink tungongo.
causeless huakore, huhuakore, pakupaku.
caution whakatuupato.
cautious aatea, aawhiti, aawhitu, korita, koriti, matawhaaiti, mohito, ohiti, ohitu, pukumahara, tuupato, waatea, whakatonu.
cautiously aata.
cave ana.
cave as store pit rua pongere.
cave used as a dwelling place puuwhenua, whare puuwhenua.
cavernous areare.
cavil wene.
cavity pakohu.
Cavodiloma coracina maaihi.
cease hemo, kaati, maatia, mutu, nanape, paariiraa, rohe, taaoki.

cease

cease, of rain taahaohao.
cease running (of tears, blood, etc.) utu.
cease to be kore.
cedar, New Zealand kaikawaka, kawaka.
celebrated (famous) rongo nui.
celebrated (performed) nohoia, noohia.
Cellana sp. kaakihi, ngaakihi.
Celmisia coriacea tikumu.
Celmisia lindsayi tupere, tuperu.
Celmisia longifolia pekepeke.
Celmisia spectabilis puakaito, puuharetaaiko, puuwharetaaiko, tikumu.
cement raima (Eng.).
censure wenerau.
censure or criticism, object of rauwene.
cent heeneti (Eng.).
centipede peketua, wakapiihau, weri.
centipede, a large hara, hura.
central space in a house ihonui.
centre pokapuu, puu, waenganui.
centre of army when formed for rush kaunuku.
centre of line of battle takuahi.
centre of line of fortifications pukumaire.
centre of pathway worn by foot takere.
centre shoot of a plant such as flax rito.
Cephalorhynchus hectori hopuhopu, pehipehi, tutumairekurai, tuupoupou, upokohue, waiaua.
Cephaloscyilium isabellum pekapeka.
ceremonial ablutions ruku.
ceremonial restriction kura, tapu.
ceremonies connected with a new house kawa.
ceremonies connected with harvest amo.
ceremonies for acquiring lands whakauruwhenua.
ceremonies removing tapu from garden maahukihuki.
ceremony, a tupuna whenua.
ceremony at which bride is given away paakuuhaa, paakuuwhaa.
ceremony connected with harvesting kuumara whakaimuimu.
ceremony connected with pure tautane.
ceremony connected with the dead, some whakaihonga.
ceremony connected with whare waananga mereuha.

challenge

ceremony for confirming tapu pure.
ceremony for removing kuumara tapu maahu.
ceremony for removing tapu ruahine, uhu, whaainga.
ceremony for removing tapu from new house awhiawhi, whakaawhiawhi.
ceremony for treating sickness ihowaka.
ceremony of dedication hou.
ceremony of pure when crop gathered amohanga.
ceremony over cooked hearts of foe kaa mahunu.
ceremony over new born child hikahika.
ceremony over new born child, perform iriiri.
ceremony over the bones of the dead whakatookere.
ceremony performed with a dead body hurihuri ika.
ceremony to ward off incantation koremu i te murikookai.
ceremony whaangaihau, part of the hikihiki i te hau.
ceremony with sacred fire tapuiri.
certain, a teetahi.
certain, it is e ngaro ia.
certain of, be maatau, moohio tuuturu.
certainly aana koa, aana koia, aapaaia, aheiha, anao, anaoa, au.
certificate tiwhikete (Eng.).
cervical vertebrae tangai.
Cetorhinus maximus reremai.
chafe hikahika, moohanihani, paakanikani.
chafed pahore.
chaff (banter) whakatara.
chaff (husks) paapapa.
chagrined mooteatea.
chain mekameka, tiini (Eng.).
chair tuuru (Eng.).
chairman heamana (Eng.), tiamana (Eng.).
Chalcites lucidus nakonako, piipiiwharauroa, piripiriwharauroa, whakarauroa, wharauroa, wheenakonako.
Chalinolobus tuberculatus pekapeka.
chalk tioka (Eng.).
challenge maataataki, paatai, taki, tautapa, tuma, wero, whakahorohoro, whakapaatari, whakatara.

29

chamfer

chamfer hema, heretua, whakatipihori.
champ katikati.
champion papatuu, whakaihuwaka.
chance acquaintance tautauaamoa.
chance blow urupaa.
chance to hit tuupono.
change kawe kee, panoni, whakarerekee, whiti.
change, applied to wind or current toorua.
change, of the wind koorure, kootore.
change direction taka.
change mind kihirua.
change of moon, near tauwhirowhiro.
changeable taurangi.
changeable, of the wind koiri.
changed puta kee, rere kee, riro kee.
changing taurangi.
channel awa, hongere, kawa, kawakawa, korou, maero, roma, taiawa.
channel in stream hawai.
channel or depression koowakawaka.
channelled koipi, kooakaaka, taawakawaka, tawaka.
chant oriori, paatere, puha, rehu, tuupaa, waiata, whakaoriori.
chant sung to an accompaniment paakuru.
chant to keep the watch awake kookoo, whakaaraara.
chant with action ngari, ngeri.
chap (of skin) tiitupu.
chaplet kaulieke, tuupare.
chaplet of leaves worn in mourning kaaheru.
chapped kakata, kirirua, ngaatata, paatotoi, paawhatiwhati, raupaa, taapaa.
char huhunu.
character aahua.
Charadrius bicinctus piopio, pohowera, turiwhatu.
charcoal konga, waro.
charcoal embers kapokapowai, kapowai.
charcoal from burnt brush kota.
charge aapititu, amo, heitara, huaki, kookiri, taakiri, taupokina, whakangahoro, whana.
chariot hariata (Eng.).
charm aatahu, ihi, karakia, kii, mata, peha, pepeha, take, taputapu, whiti.
charm, a tuutaumaha, whakahokituu.
charm, restorative hoki.

charmed

charm, say a hirihiri, karakia.
charm and rite by fowlers and fishers motumotu.
charm carried on a canoe maawe.
charm for curing tumours hahau.
charm for depriving of power tupe.
charm for keeping people on guard tauwhiro.
charm for killing a taniwha maataawero.
charm for recovery from injury pakarara.
charm for snaring birds tiiepa.
charm for stanching blood huki.
charm for taking game karakia tui.
charm for weakening foe haumaruru, koangaumu, wetewete, whakaiho.
charm recited before a battle waniwani.
charm recited over new born infant hiwa, huki.
charm recited over spear before battle kii tao.
charm repeated before battle waitohi.
charm to aid in swimming whakakau.
charm to allay melancholy wero.
charm to cause a flood tukurangi.
charm to counteract witchcraft pikitoto, taararo, toko-ora.
charm to destroy an enemy taamoe.
charm to dispel the winds tokotoko.
charm to draw out of hole unu.
charm to effect concealment from a foe hunahuna.
charm to ensure the securing of game tuota.
charm to give ease in childbirth tuku.
charm to induce conception whakatoo.
charm to insure speed tapuae, tapuwae.
charm to keep wife chaste taupaa.
charm to make one invisible tuumatawarea, tuumatapoongia.
charm to make woman cleave to husband whakapiri wahine.
charm to repair broken things hono.
charm to restore to health mahihi-ora, titikura.
charm to ward off malign influences tute.
charm used in kite flying hauruna.
charm used in snaring birds tumutumu.
charm used to cure wounds, etc. haruru.
charm word to divert threatened danger kuruki.
charmed kawa.

charms, generic name for hoa.
charms to induce shame whakapahuhu.
charms used when fishing, snaring birds kaha.
Charonia capax awanui.
Charonia capax euclioides puutaatara, puutara, puutaratara, taatara.
charred huhunu, hunuhunu, parawera.
chase aruaru, whaiwhai.
chasm pakohu, tawhaa.
chaste urutapu.
chastise whakairo, whiu.
chastisement, expose to whakatari.
chat muna.
Chatham Island, people of Mooriori.
chattels pononga.
chatter haunene, hote, kapekapetau, kapetau, koorerorero, kotete, paatiihau, tarawhete, tetetete.
chatter, as a bird ketekete.
chatter, as teeth with cold kekekeke, papaa.
chatter of birds korokii.
chatterbox kohe.
chattering kooau, kootetetete.
chattering teeth kauae hanguru.
cheat tinihanga.
check flow of blood paapuni.
checked taataawhi, taawhi.
checkmate whakamiiere.
cheek paapaaringa, peka.
cheer manahau, manamanahau.
cheerful hihiko, manahau, manamanahau.
cheerfulness tuurangahakoa.
cheese tiihi (**Eng.**).
Cheilodactylus douglasi poorae.
Cheimarrichthys forsteri paanokonoko, paanonoko, panepane, panoko, panokoreia, papane, papangoko, papanoko, parikoi, parikou.
Chelidonichthys kumu kumukumu, puuwhaiau.
Chenopodium album huainanga.
Chenopodium allanii parahia, poipapa.
cherish awhi, maimoa, miiraa, raupii, tapuhi, whakaahuru, whakaipo, whakatupu.
chest (box) papa.
chest (thorax) poho, rei, riu, taaraauma, uma.
chick pii, piikari.
chick of black-billed gull toie.

chick of certain birds kukari.
chickweed kohukohu, puupuu taatara, puupuu tara, taatara.
chide koeka, riri, tapi, tapitapi, uruuru, whaawhai.
chief (including figurative terms) ahurei, amokapua, angaanga, ariki, haku, ihorei, kaahu, kaahu koorako, kaakahi, kahika, kairangi, kauati, kawau puu, kekeno, koromatua, korepe, kura, manu kura, matua, paraaoa, peka, poorohe, rangatira, rangi, take, takere, takupu, tangere, taniwha, teetee, teetee kura, uru, whakamarumaru, whakapakoko, whakataka.
chieftainess kahurangi, tapairu.
chilblain maangiongio.
child pootiki, taitamaiti, tama, tamaiti.
child, first born pekepoho.
child, foster tamaiti whaangai, taurima.
child, only hua tahi, para tahi.
child, youngest poohaa, pootiki, poowhaa, taamanga kootore.
child in arms piripoho.
child suckled longer than usual more uu.
child that will not leave its parents tamaiti pirihongo.
childbed, be in whaanau.
childhood hokoitinga, itinga, ohinga, oinga, taiohinga tamarikitanga, tuaititanga, whanaketanga.
childless huatea.
childless person kore kaupekapeka, rautahi.
children pangore, tamariki.
chill huunounou.
chill, sensation of haukooeoeo.
chilled huuwiniwini, tiitonga, tonga.
chimney tuumere (**Eng.**).
chin kauae, kauwae, puukauae, puukauwae.
chine henga.
chink haeatatanga, matata, piere, riwha.
Chione stutchburyi hinangi, huangi, huuai, huuangiangi, huungangi, huuwai, pipi, tanetane, tuangi.
chip kongakonga, maramara.
chip, to panihi, paopao, patoti, rehu.
chipped hawa, kororiwha, mangungu, riwha, waha, weha.

chips

chips kongakonga, kotakota, kuukaa, maramara.
Chironemus marmoratus hiwihiwi, paahiwihiwi, paaiwiiwi.
Chironemus spectabilis manua, maratea, nanua.
chirp kitaa, papaa, pekii, piipii, waiari.
chirping noise to allure birds whakapiipii.
chirrup korotii.
chisel purupuru, whao.
chisel out whao.
chiton papatua.
chiton, species of kaokaoroa.
Chlorochiton suturalis howaka, papahu, tanguru.
chocolate tiakarete (**Eng.**).
choice puuharu, puuwharu.
choice kind of food horotai.
choir koaea (**Eng.**), tira.
choke kane, koowaowao.
choked raaoa, raaowa, tanea.
choking sound whakaraaoa.
choleric whanewhane.
choose whiriwhiri.
chop arihi, hahau, hau, hauhau, tapahi, tiitoki, tokitoki.
chop down tope.
chop in pieces houhou.
chop repeatedly tuatua.
choppy whenewhene.
chosen one taupuhi.
charcoal ngaarahu, ngaarehu.
Christ te karaiti (**Eng.**).
Christmas kirihimete (**Eng.**).
Chrysophrys auratus kouarea, taamure.
Chrysophrys auratus, **fry of** paratete, pepe taamure.
Chrysophrys auratus, **young of** karatii, paratii.
church (house) whare karakia.
church (religion) haahi (**Eng.**).
churl atuapo, koowhatu parengorengo, pitokite.
churlish hookeke, okeke, popono, tookeke, toukeke.
cicada kihikiki, kiikihitara, kiikiitara, taatarakihi.
Cicada cingulata tarakihi.
Cicada muta tarakihi.
cicatriced mahu, raupapa, tungangi.
Cicindela tuberculata muremure, paapapa.

clay

Cicindela tuberculata, **larva of** haapuku, kuuii.
cinders ngaarahu, ngaarehu.
circinate frond of fern piitau.
circle porohita, porowhita, rino.
circle round amio.
circlet on the neck taahei.
circling round moari.
circuit rarawe, whiwhinga.
circuit, make a aamikumiku.
circuitous aawhiowhio, autaki, koopipio, taawhewheo, takaawhe, tawheo.
circuitous course, take a whakataka.
circuitous route akau roa, akaunga roa.
circular koopae, porohita, porowhita.
circular band for lining an oven koopaepae.
circumambulate porowhawhe.
circumference pae.
circumscribed area apure.
circumspect koriti.
circumstance aahuatanga, puninga.
Circus approximans kaahu, keerangi.
Cirsotrema zelebori totoro.
citadel of a paa tihi, toi, toitoi.
civil war kaiaakiri, riri tara whare.
claim on, have a whai takunga ki.
claim or take for oneself kokoraho.
clammy haapiapia, haawarewure, haumotu, kuupiapia.
clamour manioro.
clan ati, hapuu, matawaka.
clandestinely momote.
clap paki, pakipaki, papaki.
clapping noise paki, papaki.
clash papatu, rutu.
clasp whakakopa, whakakopakopa.
clasp tightly rarawe.
Clathrus cibarius kookirikiriwhetuu, koopurawhetuu, korokorowhetuu, matakupenga, paru whatitiri, pukurau, tikowhatitiri, tuutae keehua, tuutae whatitiri, wheterau.
Clavaria sp. tuututupo.
claw maikuku, mamanga, matihao, matikuku, taramamanga.
claw or scratch one another taurapirapi.
clay haamoamoa, kere, oneuku, tuatara, uku.

clay

clay, baked, used as stone for cooking matapaia.
clay, ball of poorakaraka.
clay, blue aumoana.
clay, heavy keretaa, keretuu.
clay, stiff kerematua.
clay, white kootore, paakeho, uku.
clay, worked and pressed kerepeti.
clay, yellow kerewhenua.
clay land, hard pangahu.
claystone, whitish mookehu.
clean maa.
clean off aaka.
clean sweep kaupapa haaro.
clean swept away papatakeo.
clean up a kuumara plantation whakarauiri.
cleanse aku, akuaku, horoi.
cleansing from tapu whakaputa.
clear aatea, ari, ariari, kohea, kooratarata, maaori, maarama, mahea, mahuki, mataaho, matatea, para, piari, piiata, piiataata, puata, purata, purotu, puuaho, puuahoaho, puuataata, ratarata, tea, tiiahoaho, tiihore, toari, towhari, waatea, whakahoro.
clear, as weather puata.
clear, of the sky tiraki.
clear away heuheu, wawae, whakaatea.
clear away clouds tiraki.
clear away darkness ketu.
clear by cutting down scrub or trees waere.
clear expanse taamoremore.
clear from weeds paahika.
clear of obstructions areare, whakatahe.
clear off iki, paaketu, taarake.
clear off brush wood heheu, heu.
clear off scrub or trees maanahanaha, manaha.
clear off trees whakarake.
clear off weeds or brush wood ngaki, perepere.
clear or cut undergrowth taawai.
clear sky rangi takoo.
clear space in middle of a whare riiroa, riuroa.
clear the throat wharo, wharowharo, whawharo.
clear up rauiri, rauwiri, tiihore.
cleared away mahea.
cleared of weeds muurea.
cleared of weeds, place hutinga.

climber

clearing ngakinga, paranga, waerenga.
clearing, make by removing all timber haapai tuu.
clearing up after bad weather parera whaki.
clearing with trees beginning to grow pariri.
clearly aata, kehokeho, maaori.
clearly seen ngangahu.
cleave (split) kari, maakahi, tiiwae, tiiwara, tiiwarawara.
cleft aapiti, kapiti, pakohu, piere, riwha, tararua.
cleft in a rock hakono.
Clematis hexasepala pikiarero, pooaananga, pootaetae, puatataua, puataua, puatautaua.
Clematis indivisa poopoko nui a hura.
Clematis paniculata pikiarero, puapua, puatataua, puataua, puatautaua, puawaananga, puuaananga.
Clematis parviflora ngaakau kiore, pokopoko, pokopoko nui a hura, poopoko nui a hura.
Clematis sp. akakaikuu, akakaikuukuu, akakuukuu, hokokuku, poohue, poohuehue, poopoohue, puatororaro, upoko o te ura, upokonui a ura.
clench kumu.
clenched kapiti, mau kita.
clenched, of hand kumu.
clenched, of teeth kakati.
clerk karaka (**Eng.**).
clever ihumanea, muurere, ngaio, punenga, rawe, uhumanea.
cleverness, intuitive puumanawa.
Clianthus puniceus koowhai ngutukaakaa.
clicking noise, make a ngotongoto.
clicking sound with the tongue ngetengete, whakatokara.
cliff aropari, matapari, pari, paripari, tuuparehua, tuuparengahua, tuupari.
cliff against which waves beat papaki.
climb eke, kake, kakekake, moa, piki, tuupiki.
climb a tree by a loop taapeke, tooeke, toopeke.
climb upon whakaeke.
climber (plant), a aka, akakaarena, akakaikiore, akakaikuu, akakaikuukuu, akakaimanu, akakiore, akakongohe, akakoowhai, akakopuka, akakura, akakuukuu, akapirita, akapuka, akataataraamoa, akatawhiwhi,

climber

akatea, akatootara, akatororaro, akawhero, amaru, hokokuku, kaahikahika, kaihua, kaikuu, kaiwhiria, kakareao, kakarewao, kareao, karewao, kekereao, kiekie, kohe, kooke, koro, kuupapa, ngaakau kiore, paraha, pikiarero, pirita, poapoa tautaua, poohue, poohuehue, poopoohue, poopoko nui a hura, pootaetae, poowhiwhi, puatataua, puataua, puatautaua, puatawhiwhi, puatororaro, puawaananga, puka, puuaananga, raataa piki, tawhiwhi, tootoroene, tootorowene, tororaro, torotoro, tuutae kereruu, upoko o te ura, upokonui a ura, whakapiopio.

climber used for lashing akatoki, akatorotoro, akaturihanga.

climbing down auheke.

climbing vine toi.

cling aropiri, piri.

cling tightly nanapi, napi, uuka.

cling to kauawhi, tauawhi.

cling together pipiri, whakaawhiawhi.

clinging close taupiri.

clipped tiimore.

clitoris atua piikoikoi, kou, taanoa, tiikou, tonetone, tonini, tukou.

cloak, a hanahana, koha, koohiku, koroheheke, neko, pakipakiwai, parinui, pukupuku, rahokoroheke, repa, ropi, roropi, tupehau, tuupuni, tuutata.

cloak, a black flax tiieke.

cloak, an ornamented neketaha, whakaewarangi.

cloak, black and yellow taupoo.

cloak, chequered border of a maeko.

cloak, closely woven koopuku, pukupuku.

cloak, coarse flax pata.

cloak, coarse rough pakapaka.

cloak, coarse shaggy pora, porapora.

cloak, dog-skin awarua, puuahi, taapahu, toopuni, tuupuni.

cloak, fine flax with border at bottom paatea.

cloak, finely woven, border one side only aronui.

cloak, kind of ngore.

cloak, large rough flax pahoho.

clod

cloak, ornamented border of korohunga, nekoneko.

cloak, ornamented flax kipakipa, whakakipa.

cloak, rough kind of ngeri, wero taringa.

cloak, rough rain wairaka.

cloak, side border of a kauko.

cloak, striped taahekeheke.

cloak, superior kind of flax parawai.

cloak, white dogskin huru, maahiti, maawhiti.

cloak covered with hair of dog's tails kahu waero.

cloak covered with dogs' tails waero.

cloak covered with short thrums pota.

cloak made of leaves of kiekie peeia.

cloak of closely woven flax puukoro.

cloak of dressed flax rangatuu.

cloak of fine make maiaorere.

cloak of flax tuputupu.

cloak of flax, thick closely woven pauku.

cloak of flax dyed black waihiinau.

cloak of flax fibre without thrums paraakiri.

cloak of kiekie leaves tarahau, tuahau.

cloak of mourning kahu mootea.

cloak of rough flax, large coarse hieki.

cloak resembling a korowai kororangi, miri, taahuka.

cloak with a cape to it uarua.

cloak with black, red and white stripes kahu wai a rangi.

cloak with black and white alternation iwirau.

cloak with black and white stripes taawakawaka.

cloak with black and white thrums korirangi.

cloak with black thrums here and there hori, horihori.

cloak with black twisted thrums korokorowai, korowai.

cloak with borders on two edges huaki.

cloak with ornamental border kahu taaniko, kaitaka, korohunga, paepaeroa, pukupuku paatea, pekerangi, whakapaki.

cloak with short thrums puuwhenua.

cloak with strips of dogskin paatuutuu.

clock karaka (Eng.).

clod of earth kerengeo, kerepei, kurupei, paioneone, peipei, poikurukuru, tuatara.

clog

clog kuukaa, kuutaa, taipuru.
clogged purutiti.
close, as a bag kukumu, taaroi.
close, as the eyes when drowsy nenewha, newha.
close, keep piri, pirihonga, pirihonge, pirihongo, pirikatea, whakapiri.
close (shut) kapi, kati, kokopi, koopani, ropi, roropi, ruunaa, tuutaki, whakakope, whakakopiti, whakapaa, whakarawe.
close and curly, of hair puru.
close by (near) maruatata, marutata, paatata, tata.
close construction puuputu.
close conversation koorero whakaawhiawhi.
close eye, indication of disbelief whakakewa.
close eyes kemo, konewha, koonewhanewha, moe, takanewhanewha, tunehe, tunewha, whakamoe.
close eyes tightly arohea.
close hand kamu, kapu, kuku, kumu, mekemeke.
close in akitu, kati, peho, pehopeho.
close mouth or hand kukuti, kuti.
close order henga toopuni, toipoto.
close quarters, come to pipiri.
close set puputa.
close to (almost) kainamu.
close together kurupe, paarekereke, paruru, pepe, pine, pineke, pipine, pooruru, putuputu, puunui, puuputu, puururu, puutaaruru, ruru, taaruru, toipoto, toopuni, urupuia.
close with a lid taupoki.
close-cropped, of hair haakerekere, puutihitihi, taihorehore.
closed huuhi, kati, kopi, kopiti, purutiti, tuukati, tuutaki.
closed, as mouth kumu.
closed, keep the eyes firmly whakakikiwa.
closed, of pattern in taaniko kamu.
closely knitted or woven mangungu.
closely woven putuputu, puuputu.
clot tepe.
clot of blood poketoto, tepetepe.
cloth made from bark of aute tree aute.

cluster

clothe taawharu, whakakaakahu.
clothed kaikahu.
clothes, pull off whakahahake.
clothes, put on kaakahu.
clothing kaakahu, kaka, mai, paki, papaki, puueru, puuweru, tiehe.
cloud ao, au, awe, ipu, kapua, paiao, puuao, puurehu.
cloud, Cirrus puurehurehu, puurerehu.
cloud, dark keekeeao, pookee, pookeeao, pookeekee, pookeekeeao, pookeekohu.
cloud, rain okewa.
cloud tinged with colour manawarangi.
cloud uniformly covering the sky papanui.
clouded pookino, taapuru.
cloudless tiihore.
clouds, Cirro-stratus piipipi, pipi.
clouds, dark bank of mamaru.
clouds, heavy passing koopuru.
clouds, long puutahi.
Clouds, the Magellan tiioreore.
clouds, threatening paaroro, paroro.
clouds in strata kupenga a tara mainuku.
clouds on horizon, threatening kaiwaka.
clouds threatening rain and wind atiru.
cloudy komaru, koonguu, kooruki, kooruku, kooruru, kooruruku, koruruki, paaroro, paroro, poohuuhuu, taamaru, tukumaru.
clove hitch heretaniwha.
club (weapon) patu.
club (association) karapu (Eng.).
club, to patu.
club, bone, with lobed blade whakaate.
club-footed rou, waerou, waewae hape.
club for killing sharks timo.
club thrown by hand tiitipi, tipi.
clue tiiwhiri.
clump paa, puia, rake.
clump of one species of tree aropaa.
clump of trees kari, motu, oro, roopuu, urupuia.
clumsily, do tupehau.
clumsy pakihawa, pekengohe, rorirori.
Clupea antipodum kupae, marakuha.
cluster ika, kaahui, pooii, puurei, puureirei, raapoi.
cluster of branches at top of tree kaapuhi, kaapuhipuhi.

cluster

cluster of stars taatai whetuu.
cluster or string of objects tautau.
clutch apu, aurara, kamu, kapokapo, kawa, rapi, rarapi, whakakopa, whakakopakopa.
coagulate tepe.
coal waro.
coal, live konga, ngoungou.
coals, burning waro.
Coalsack near Southern Cross Manako-uri, Naha, Te Paatiki, Te Whai-a-Titipa.
coarse kaitara.
coarse-grained, of stone matanui.
coast akau, taatahi, taatika, tahatai, tahatika, tai, takutai, tuku.
coast dweller karoro inutai.
coast, rocky akau.
coast where landing is difficult kaaroaroa.
coat koti (**Eng.**).
coax pati, whakaipo, whakapati.
cob of corn puku.
cobweb tukutuku, whare o puungawerewere.
cock bird piikaokao.
cockle anutai, hinangi, huangi, huuai, huuangiangi, huungangi, huuwai, karoro, pipi, poro, tanetane, tuangi.
cockle shell kota, kotakota, papa pipi.
cockles removed from shell koowhaa, koowhiti.
cockroach papata.
cocoon of *Oeceticus omnivorus* raukatauri.
cod, blue kopukopu, paakirikiri.
cod, red hoka.
cod, red rock matuawhaapuku, rarai.
cod, rock paakirikiri, paatutuki, raawaru.
coffin atamiro, atamiru, kaawhena (**Eng.**), puraku.
cohabit with moe.
coil pookai.
coil or bight, form into a niko.
coil or loop up whakakoromeke.
coiled koru.
coils, in koromeke.
coils, lying in loose koomekemeke.
coincide aahukahuka, orua.
cold anu, anuanu, anuanutanga, haku, hauanu, haumotu, hootoke, hoto, hou, houhou, huka, huunonoi, huutoke, kauanu, koeke, kooanu, koopeke, koowanu, kuanu, kuiki, kunaawhea, kuuii, kuutao, maaeke, maatao, maataotao,

combat

maatoke, makariri, motu, pieke, pitawai, puuanu, puuhuka, puumaatao, toke, toroeke.
cold, contracted by komeme.
cold, extreme hinamokimoki, hookiwai.
cold, piercing maakinakina, maataratara, naku.
cold, pinched with anuhea, hauaitu, hauhauaitu, huuiki, koopiri.
cold (virus) rewharewha, taiawa, tarutawhiti.
cold and wet taritari.
Colensoa physaloides koru, oru.
colic haku, koongarangara, kuku, pohopiri.
collar bone aa kakii, aahei, hei, paawai, paemanu, paewai, taahei.
collect aa, aamene, aami, aamine, amio, apoapo, karahui, kohi, kohikohi, rauhi, rumene, takahui, tiikohi, tiirare, whaakao, whakakakao, whakakapiti, whakapeti, whakaraamemene, whakaropeti, whatiwhati, whiu.
collect gravel for taro cultivation ao taro.
collect into heaps taka.
collected ropeti.
collected together kao, pae.
collection of articles rokiroki.
collection of things of one kind taaruru.
college kaareti (**Eng.**).
Collospermum hastatum kahakaha, kookaha, taakahakaha.
Colocasia taro.
colonel kaanara (**Eng.**).
colour kakano, kano, kara (**Eng.**), tae.
colour, show a brilliant mumura.
colour, with patches of oopure.
coloured with ochre kaakaramea.
column of an army poupoutahi.
comb heru, kaarau, maakoi.
comb, to heru, wani.
comb for dressing the hair of a corpse raho koroheke.
comb for sticking in the hair titi.
comb indicating rank titireia.
comb made of fish bones kahi.
comb made of hard wood kaapara.
comb made of kaponga kaponga.
comb made of resinous wood maapara.
combat riri.
combat, close riri tuungutu.
combat, engage in single taakaro.

combine

combine paahekoheko, paheko.
come haere mai, haramai, maa, makara, nau, nau mai, tae, tautimai, wetoki, whana, whatiwhati, whetoki.
come, as in a dream tuutoro.
come, without exception peke.
come about riro.
come and go, as light clouds paapunipuni.
come and go frequently kapewhiti.
come and go irregularly tiipao.
come close piri mai.
come down to a lower level tapatu.
come for haramaitia.
come forth puaki, puta.
come forth, cause to pana, whakaputa.
come gradually into view whakakau.
come in crowds rere.
come into sight poka, puta, takitaki.
come one at a time kotiri.
come out maunu, puta.
come over (of feelings) tau.
come quickly whati.
come round taka, hawhe, whawhe.
come stealthily upon ninihi, whakamoho.
come suddenly into mind wheriko.
come to an end hurumutu.
come to close quarters piri.
come to land eke.
come to nothing takahee.
come to the rescue of piki.
come together hui, huihui, whatiwhati.
come up manana.
come up, as a crop ea.
come upon pono, roko.
come upon one, of feelings rere.
comely huatau, huumaarie, huumaarire, tau.
comet marau, puaroa, unahiroa, whetuu-rere.
comet or meteor tuunui a rangi, tuunui a te ika, tuunui ki te poo, tuunui me te poo.
comfort oranga ngaakau.
comfortable aahuru, aumoe, haaneanea, tangatanga.
Cominella adspersa kawari.
coming from a distance paerangi.
command taataku, tapa, tono, whakahau.
command, take though outranked peketua.
commander ngaarahu, ngaarehu.
commence tiimata.

compressed

commend whakamihi.
commit to whakarato.
committee komiti (**Eng.**).
common, make haaparu, whakanoa.
compact kiato, panepane, paruru, piihangaiti, puuhangaiti, raungaiti, tuuhonohono, urupuia, whaaiti.
companion hoa, takahoa.
companion of, make a whakahoa.
companion of the same sex takataapui.
company hokowhitu, hono, kau, maru, matua, raangai, rahinga, rangapuu, taanga, taatai, tokamatua, tokomatua, tuuwaewae, uepuu, whana.
company of fighting men ngohi.
company of persons apaarangi, hunga, puni, ranga, roopuu, taka.
company of travellers pahii, tere, teretere, tira, wharaunga.
company of volunteer workers ohu.
company of workers apuu, mahi.
company or division of army matua, tohu.
compare hoorite, ine, whaarite, whakarite.
compass kaapehu (**Eng.**).
compassion aroha.
compel aa.
compensate utu.
compete taataawhaainga, whakataetae.
compete with one another taumaahekeheke, taupatupatu.
complain amu, amuamu, haku.
complete, to whakaoti.
completed kopi, mate, mutu, muu, oti, peke, rite, tutuki.
completed, of weaving taami, taataami.
completely katoa, penu, whakatepe.
completely covered toopuni.
completion, carry to whakatutuki.
completion of an action hemo.
compliment whakamihi.
compose tito.
comprehend moohio.
comprehended aroaa, arowaa, mau.
compress koopeke, kooramuramu, kurutee, kuruteetete, paapaa, paiere, paihere, whakawhaaiti.
compressed hiinohi, hiinohinohi, pineke, raungaiti.

compressed, easily komeme.
concave areare, hakoko, kohu, kohukohu, kokohu, koopapa, pakonga, pokonao, taawharu, whaarua, whaaruarua, wheerua.
concave cover, having a pokipoki.
concave surface downwards poki, pokipoki, popoki.
concavity arenga.
conceal huna, kuhu, numinumi, taarehu, whakamoe, whakangaro, whakapeke.
concealed huna, hunahuna, koropuku.
conceited whakahiihii, whakapehapeha, whakatiieke.
conceive tinaku, whakaira, whakaira tangata.
conceive, cause to whakatoo.
conceived hapuu, too.
concerns kaipakihi.
concert koonohete (**Eng.**).
conch shells taatara.
conciliate here, taapore, whakaepa, whakaepaepa.
conciliate with a present whakahere.
conclude rohe, whakamutu, whakaoti.
concluded pahi.
concluding mutunga, whakamutunga.
conclusion mutunga, whakamutunga.
condemn (convict) whakawaa.
condemn (pronounce bad) whakahee.
condense (abbreviate) whakapoto.
condense (liquefy) tootaa.
condensed vapour tootaa.
condition or state, be in a takoto.
condom puukoro.
conduct arahi, arataki, piikau, whakahaaereere, whakahaere, whakataki, whanonga.
conduct any business whakahaere.
confederacy haumi.
confess whaakii.
confidence, want of ahaaha.
confine whakatiki, whakatina.
confine by means of a plug puru.
confine with cords rona.
confined aapiti, apiapi, hamaruru, kapiti, kikii, koopipiri, kuiti, matakikii, mau.
confirm whakaturuma.
confirmed tuuturu.
conflicting news rongorua.

confluence of streams puuau.
confound whakaheehee.
confounded hane, hanepii, tekateka.
confronting haangai.
confuse rika, whakaheehee, whakananu, whakarau.
confused huukiki, kooroiroi, kutekute, manganga, nanu, paahao, pakoki, papipapi, parure, poau, pohewa, pooauau, poohauhau, pookaikaha, pookaku, pookiikii, poongange, poorararu, poorauraha, pootaitaka, porotaitaka, rarerare, rau, rewharewha, riroriroi, tiineinei, whakaparure.
confused sound of voices tiihau.
confusing manganga.
confusion, state of kaumingomingo.
congeal papaku, tepe, whakatotoka.
congealed koopaa, totoka.
conger eel koiero, kooiro.
Congiopodus leucopoecilus purumorua.
congregate hui, huihui, whakaika.
conjure tuhi.
connect hono.
connected taruna, uhono.
connected by relationship taruna, taweke.
connection hononga, paakanga, takapiri.
connection between families taunga.
conquer raupatu.
conquest raupatu.
consanguineous koopuutahi.
consent tatuu, tuutohi, tuutohu, whakaae.
consider huritao, huritau, kohuki, maatuutuu, taute, whakaaro, whakaaroaro.
consider anything to be kii.
consider at length whakarau kakai.
considerate manawa popore.
consolation tupoho.
conspicuous hae, hahae, koohure, piirata, tiori, tiwa, tiwha, wana.
conspiracy kara.
conspire kakai.
constable piriihimana (**Eng.**).
constant aumou, puumau, taimau, tuumau, tuumou.
constantly on move, be piitakataka.
constellation taatai whetuu.

constellation, a Hirautu, Koohii, Kookootea, Kookoouri, Korotakataka, Paatari, Paateri, Paatiki, Paeroa o Whaanui, Panako te ao, Piiaawai, Puurangi.
constellation Hyades Matakaheru.
constellation near Orion Hao o rua.
consternation, show tuumatakuru.
constipated tina.
constipation kooreke.
constitute whakauu.
constrained mau.
constricted apiapi, nanati, natinati, nope.
construct hanga, waihanga, whaihanga.
consult whakatara.
consult by divination toro.
consult together akoako.
consume hohoni, honi, iki, kai, ngonge, none, pongakawa, whakahemo, whakapau.
consumed ango, hama, hemo, mahiti, monimoni, mootii, ngaro, paateha, paatehe, pareho, pareko, pau, peto, porehe, pou, takeke, tangetange, toorohe, whakahemo, whenumi.
consumed, entirely eneene, orotaa, pokopoko, ukupapa.
consumption, pulmonary kohi, kohituu.
contact (see **touch**).
container (see **vessel, box**, etc.).
contaminate with tapu taahawahawa.
contempt, hold in whakahariharitae.
contempt, put out the lips in koo.
contempt, show atamai.
contempt, treat with whakakino, whakakinokino, whakamanioro, whakamanumanu, whakareko.
contemptuous rejection of an offer maau toou ene, toou ene.
contend (dispute) taukaikai, tautohe, tauwhaainga, tauwhawhai, totohe, whakataetae.
contend for kairapu, kairapurapu, taukumekume.
contented maaha, maaoriori, naa, tatuu, tina, toka, uruhau, waireka.
contention, subject to kuuraruraru.
contest tautohe, tauwhawhai.
contiguous whaatata.
continually tonu.
continuation roanga.
continuing mau, moroki.
continuous roonaki, taahuhu, taahuu, taauhu, tuu, tuumau, tuumou, ukiuki.
continuously, of motion huurokuroku.
contort body and features whakapii.
contort the face memene, mene, menemene.
contorted wekoki, whakapiki, whekoki.
contract (shorten) huru, kukuti, kuti, maanihi, nanati, nati, nonoti, noti.
contract suddenly as the muscles parerori.
contracted hiinohi, hiinohinohi, kaatoatoa, koopiri, raungaiti, tiango, tiiangoango.
contracted with cold peke.
contraction of muscles timu.
contraction of the limbs whakakorokoropeke.
contradict hoihoi, taataa, whakahee, whakahorihori.
contrariwise kee.
contrary, of the wind tukipoho, tuumuu.
contrary, on the engari, engaringari, erangi, kaahore.
contribute hoatu, hoomai.
contribution of food at a feast whakapoha.
contrivance for turning over heavy log kauwhiti.
control mana, tikanga.
convalescent maatuutuu, tumahu.
convenient aataahua, haratau.
converge uungutu, uungutungutu.
conversation koorero, reoreo.
converse (talk) koorero, koorerorero, koowetewete.
convex koropuku.
convex or rounded end poroharore.
convex side of a toki uma.
convey hari, hiki, kawe, reti.
convey across whakawhiti.
convey by canoe hoe.
convey in a vessel tiiheru.
conveyance, means of ara, waka.
convolvulus panake, paraha, poohue, raparaha.
convulsions hukihuki.
convulsive movement, make a hoto.
convulsive twitching hukihuki, taakiri, tamaki.
convulsively taakirikiri.
coo tumu.

cook, to paka, tahu, tahutahu, tapii, whakamaoa.
cook a second time taamahana, taawhanarua.
cook by boiling koohua.
cook food wrapped up in leaves kuki (**Eng.**), tuumau, tuumou.
cook for a long time taamoe, taawhakamoe, taopaka.
cook in a small oven toopiipii, topii.
cook in a vessel kohu, kokohu.
cook in earth oven tao, toopaa.
cook in small baskets taapora.
cook in vessel in haangii kohupara, tuukohu.
cook n. kuki (**Eng.**).
cooked maoa, maoka, maonga, maruu, taamaoa, taamaoka.
cooked, well ngoungou.
cooked soft taangoongoo, taangorungoru.
Cookia sulcata kaakara, kaeo, karaka, karekawa, karikawa, ngaaruru, ngaeo, puupuu karikawa, rerekaakara, toitoi.
cooking pit hapii.
cooking shed hereimu, hereumu, kaamuri, kaauta, kuhu, whare kaunga.
cool hauangi, hauhau, kooangi, kooangiangi, kootao, maataotao, pongi, pongipongi, puuangi, puuangiangi, puuanu.
cool, to whakakoopeke, whakamaatao.
cool air hauhau, kootaotao hauwai.
coolness hauhau.
cooperate paahekoheko, paheko.
cooperation, without tautauaamoa.
copious humi, nanea, nui.
copper kapa (**Eng.**).
Coprosma acerosa tarakupenga.
Coprosma australis kaakawariki, kaanonono, kanono, kapukiore, karamuu kueo, kawariki, manono, paapaauma, patutiketike, rauraakau, raureekau, tapatapauma, toheraaoa.
Coprosma australis, **berries of** kueo.
Coprosma foetidissima huupirau ririki, kaakaramu, kaaramuramu, karamuu, naupiro, pipiro.
Coprosma lucida patutiketike.
Coprosma propinqua mingi, mingimingi.
Coprosma repens angiangi, maamaangi, naupata, taupata.
Coprosma robusta kaakaramuu, kaaramuramu, kakaramuu, karamuu, karanguu.

Coprosma tenuicaulis hukihuki.
copse oro.
copulate ai, hika, karihika, mahimahi, oni, onioni, onoi, ori, tauonioni, tookai.
copulation, movement of kootiritiri, onioni.
copy taaura, tauira.
cord au, nape, pona, taura.
cord, flat paaharahara, paaraharaha.
cord for tying up a kete taihere.
cord on which articles are strung kaui.
cord on which fish strung takiaho.
cord or rope of two strands taawai.
cord or string to tie with here.
cord plaited with four or more strands taamaka.
cord plaited with four strands, round tuapuku.
cord plaited with three strands, flat whiri paaraharaha, whiri papa.
cord to lash bait on hook taawekoweko, takatakai.
cord to which snares are attached kaarewa.
cord tying pooria to perch maaikaika.
Cordiceps robertsii aawhato, horuhoru, mokoroa.
Cordyline, **taproot of** koopura.
Cordyline, **variety of** tii para, tii eiei, tii tahanui, tii tawhiti.
Cordyline australis kaauka, kiokio, koouka, whanake.
Cordyline banksii hauora.
Cordyline indivisa tooii.
Cordyline pumilio korokio, mauku.
core of a boil nape, nganga, whatu.
core on which a covering is formed toopuku, toropuku.
corf or fish trap korotete.
Coriaria arborea puuhou, taaweku, tutu, tuupaakihi.
Coriaria thymifolia tutu heuheu, tutu papa.
Coridodax pullus kooeaea, mararii, rarii.
cork puru.
Cormocephalus rubriceps hara, hura.
cormorant kaaruhiruhi, kawau reoreo, kawau, kooau, maapunga, paapua.
corn (callus) tona, tonatona.
corn (fermented) kaanga koopiro, kaanga wai.
corn (maize) kaanga (**Eng.**).
corn pudding kaanga waru.

cornelian

cornelian tahakura.
corner hau, koki, koko, kokonga, kona, konaki, konakitanga, konanga, piko, poti.
corner, external ngao.
corner of the eye or mouth pii.
corner posts of a house poukopu.
Corokia buddleoides korokio, korokio taaranga, whakataka.
Corokia macrocarpa whakataka.
Coronula diadema paatitotito.
corpse ika takoto a tiki, koohiwi, kooiwi, tuupaapaku, tuuroro.
corpse of enemy intended to be eaten haapopo.
correct, be haepapa, tiitere, tika, tikanga, tootika.
correct, to whaatika, whakatika.
correspond (equate) whakarite.
correspondence (agreement) ritenga.
corresponding rite.
corrugation ngaru.
Corynocarpus, **dwarf variety of** karaka huarua, karaka ooturu.
Corynocarpus laevigata karaka, koopii.
cost utu.
cosy kauawhiawhi.
Coturnix novaeseelandiae kareke, koikoiareke, koitareke, kookooreke, koreke, koutareke, koweka, taareke, taawaka, tuupereeruu.
couch grass herewhenua.
cough mare, maremare, wharo, wharowharo, whawharo.
cough, have a slight haamaremare.
cough in which phlegm comes away mare motu.
council kaunihera (**Eng.**), ruunanga.
counsel, give or take akoako.
counsel, take kakai, ngaarahu, ngaarehu.
count tatau.
counter attack taupaepae.
counter charge kokoreke puoho tata, whana whakairi.
counterfeit sickness whakangehengehe.
counterpart haangaitanga.
country kaainga, taiao, whenua.
country, open grass paakihi.
couple toopuu.
courage hautoa, maaia, tara, toa.
course, in due naawai.
court (woo) whai, whakaipo.

cowardly

court favour of whakaporepore.
court of law kooti (**Eng.**).
courtesan kairau.
courtyard marae, tahua.
cousin (in English sense) kaihana (**Eng.**).
cousin of a female, male tungaane.
cousin of a male, female tuahine.
cove koro.
covenant kaawenata (**Eng.**).
cover apu, huripoki, hurupoki, huuhi, huupoki, kaupani, kaupoki, peehi, poki, pokipoki, poorukuruku, popoki, poreku, raupii, ropi, roropi, taapatu, taarehu, taarenga, taauhi, taauwhi, taupoki, taupokipoki, tuupoki, uhi, uwhi, uwhiuwhi, whakauwhi.
cover, as with a garment hiipoki, whakapuungenengene.
cover a corpse poreku, poorukuruku.
cover a fire kaanoti, kaapui, whakanoti, whakapopoo.
cover a roof haupatu, taapatu.
cover a surface hoopara.
cover oneself from the cold tuururu.
cover roof with coating of raupoo tuahuri.
cover with earth taapuke.
cover with fine dust rehu.
cover with hot embers ngutungututahi.
cover with hot stones in oven paranohi.
cover with mats whaariki.
cover with ornamentation whakanakonako.
cover with overlapping layers or rows inaki.
covered kapi, puni.
covered, of a surface papauku.
covered with sores tuuwhenua, tuwheke.
covering hiipoki, takai, tuupoki, tuupuni, uhi, uwhi.
covering completely tukipuu, tukupuu.
covering for the head pootae, poureku.
covet kaiapa, kaiapo, koohaehae, pitokite, popono, taiapo.
covetous kaiapa, kaiapo, kukumomo, tuumatarau.
cow kau (**Eng.**).
coward hamo pango, hukehuke, ihi, pirorehe, tautauaa, whiore hume.
cowardice koopiipii, kopii, taawiri.
cowardly hauaa, hauarea, hauhauaa, hauwarea, huungoingoi, huungongoi, kuiwi, kuuii, rooraa, tautauhea, tautauwhea.

cower piri, tuohu, whakaririka.
crab paapaka, waerau.
crab, hermit kaaunga.
crab, small kind of kairau, potikete, reerere, rerepari.
crab, species of ngaahorohoro.
crab-lice kutu papa.
crack kee, kotaa, matiti, matoe, matore, ngaeke, pakee, pao, patatee, patoo, piere, tawhaa, tee.
crack lice with the fingernails harapaki, taapaki, tiipaki, tiipakipaki.
cracked maatatatata, maatititi, maatoetoe, maawaawaa, ngaataatata, ngaatatatata, paatotoi, paawhatiwhati.
crackle ngatete, paahuuhuu, paakeekee, pakepakee.
cradle cap paatito.
cradle for infants pouraka.
craftiness maaminga.
crafty maaminga, nanakia.
crake, marsh kareke, koitareke, kookooreke, kooriki, koreke, kotoreke.
crake, spotless kueto, kuuweto, puutoto.
cram opuru, puru, whakapuru.
cram into the mouth apu, haapuku.
crammed apuapu, puru.
crammed full kii puru.
cramp hakoko, kohukohu, uhu.
Crassostrea glomerata (see *Saxostrea glomerata*).
crawl ngaoki, ngoi, ngooki.
crayfish (freshwater) keewai, kooura.
crayfish (sea) kooura.
crazy poorangi.
creak kekee.
cream kiriimi (**Eng.**).
creek awa.
creep ngaoki, ngooki.
crevice kapiti.
cricket (insect) pihareinga.
cricket (game) kirikiti (**Eng.**).
crime hara.
criminal tangata hara.
cripple hauaa.
criticise whakahee.
crooked nuke, nukenuke.

crop (cut) kutikuti.
cross, to whakawhiti.
cross (noun) riipeka.
crossroads ara riipeka.
crouch noho koromeke.
crow (bird) kookako.
crowbar koropaa (**Eng.**).
crowd (noun) huihuinga, whakaminenga.
crowded apiapi, kikii, opeti, paarekereke, pororua, puputa, puururu, puutaaruru, turuki.
crowded together koopipiri, whaaiti.
crowds, in poohuuhuu.
crown karaaone (**Eng.**), karauna (**Eng.**).
crown of the head tipuaki, tumuaki.
crucify riipeka.
cruel whakawiriwiri.
crumb kongakonga, pahunga.
crumble ngawhara, ngawhere.
crumble away taaorooro.
crumble down horo, tanuku, whenuku.
crumble down, cause to horo, taahoro, taaoro, whakahoro.
crumbled to pieces kongakonga, ngakonga.
crumbling moohungahunga.
crumple koopenupenu, kopenu.
crumpled aamengemenge, huukere, huumekemeke, huumengemenge, kaawhewhe, kauere, koromemenge, koromengemenge.
crunch karihi.
crupper karapa (**Eng.**).
crush koohari, koopenupenu, koowari, kopenu, korotee, kotee, kurutee, kuruteetete, kuteetee, paru, romi, roromi, taiari, taieri, whakapee, wheeke.
crushed hume, koohungahunga, kooparu, koorengarenga, maahungahunga, mangungu, maruu, mohunga, mongamonga, nakunaku, ngatu, ngonga, nguha, paruparu, pee, peepee, rengarenga.
crushed, easily pee, peepee.
crustacean, a marine maawhitiwhiti, mawhiti.
cry auee, auwee, euee, huhuu, kareraa, ngoo, tangi, tio, wee.
cry, as a bird koe, koee, koekoe.
cry, as a child tangiweto, tawetawee, whakakurepe.

cry

cry, raise a ngau.
cry for tangi.
cry like a seagull kuuree.
cry of a bird huu, kata.
cry of a kaakaa, rat, etc. tooreterete, torete.
cry of a puukeko or paakura keho.
cry of distress ngangii, tarawee.
cry of female kiwi poaai.
cry of the cicada kiikiitara.
cry of the toorea keria.
cry of welcome tahuti mai.
cry out auare, pararee, tarakeha.
cry out with pain auare, auere.
cry over uhunga.
crybaby tangi weto.
cuckoo, long tailed kaweau, kawekaweaa, kawekaweau, koehoperoa, koekoeaa, koekoeau, koohoperoa, kuekuea.
cuckoo, shining nakonako, piipiiauroa, piipiiwharauroa, pipiriwharauroa, piripiriwharauroa, whakarauroa, wharauroa, wheenakonako.
culm of the toetoe kaakaho.
cultivate ahu whenua, ngaki, paapako, pako, taamata.
cultivated ground tinaku.
cultivates, one who paruauru.
cultivation, a new taamata.
cultivation, abandoned paatohe.
cultivation, plot of ground under maara.
cumbersome hiirawerawe.
cunning muurere, rauhanga.
cunning rascal katuarehe.
cup kapu (**Eng.**).
cupboard kaapata (**Eng.**).
cur waerohume.
curdled as milk kurukuruwhatu.
curdled milk waiuu pupuru.
cure whakaora.
cured ora.
cured or healed, not quite maatuutuu.
curiosity, consumed with whakamatemate.
curl koorino, koromingomingo, ripo.
curl, as a wave kapukapu, koropuu.
curl up huumene, koropeke.
curled aamengemenge, huukere, mingo, taramengemenge.

cut

curled, slightly kapu mahora.
curled, closely piki.
curled up koromemenge, koromengemenge.
curling riporipo.
curls, distinct kapu maawhatu.
curls, hanging in maawhatu.
curly huumenge, kapu, koorino, maawhai, maawhatu, makaka, mingo, pirikahu, pootete, tete.
curly and close, of hair puru.
curly and short puuteetete, puutetetete.
current au, ia, roma.
current, side autaha.
current, strong toiremi.
current, without whakaroto.
curse aapiti, kai angaanga, kai upoko, kanga, kohukohu, oraora.
cursing kaioraora.
cursing song kai oraora.
curtail totope.
curtain aarai.
curtain, of fortification kauae, kauwae.
curve aanau, kono, niko, piko.
curve from keel to gunwale henga.
curve in tattooing on face matau.
curved aanau, hakoko, kokeu, makau, piko, taawhana, taawhanawhana, tiihake, tiikohu, tiiwhana, tiriwhana.
cushion or pad under load aupuru.
custom ritenga, tikanga, umanga.
cut aahiwahiwa, arihi, haapara, haaparapara, hae, hahae, haratua, hooripi, hooripiripi, hori, karipi, kookoo, kooripi, matu, motu, pihi, poroporo, ripi, taa, tapa, tapahi, tohi, tookari, tope, tore, tori, totohi.
cut a notch or furrow patoti.
cut across path of kokoti, koti.
cut asunder haatepe, haatope, hauporo, hautepe, hautope.
cut capers pooteeteke, pooteketeke.
cut close pootarotaro.
cut down haatope, hautepe, hautope, tiitope, tope, tua.
cut down bush para.
cut firewood taataa wahie.
cut in notches whakatookarikari.
cut in two kokoti, koti.

43

cut into portions tuutangatanga.
cut off haaporo, haatepe, haatope, hauporo, hautepe, hautope, kokoti, kokotipuu, koti, kotipuu, poouto, pororere, tope, totope.
cut off abruptly kooporo, tookari.
cut off stragglers tiipao.
cut off the tips of anything kaikawau.
cut open haaparangi, ripiripi.
cut out poka.
cut piece out of hori.
cut short auporo, keremutu, kokotipuu, kotipuu, moturere, mutu, muu, poro, taparere, tauporo, tiiporo.
cut short a speaker inaki.
cut the hair tarotaro, waru, whakaiho.
cut the hair short parekuhi.
cut to pieces kotikoti, maahurehure, matu, tapatapahi, toritori, whakangawhi.
cut undergrowth taawai.
cut up haehae, topetope.
cut up in an uncooked state haemata.
cut with scissors kutikuti.
cutaneous disease hakihaki, hare, harehare, mahaki, makimaki, paipai, pukupuku, tarakura, waihakihaki.
cutting ratarata, totope.
cutting instrument haratua, maaripi, piiauau, ripi.
cutting of hair waikotikoti, whakaihonga.
cuttlefish wheke.
cutty grass tatangi, toetoe
cutwater, a toy koororohuu, puurorohuu.
cutwater of a canoe ngongo.
Cyanoramphus novaezelandiae kaakaariki, kaakawariki, kawariki, kawatere, pooreterete, poowhaitere, porete, tooreterete, torete.
Cyathea cunninghamii puunui.
Cyathea dealbata kaponga, ponga.
Cyathea medullaris koorau, mamaku.
Cyathea smithii whee.
Cyathodes juniperina hukihuki, hukihukiraho, inakapooriro, inanga pooriro, kuukuku, miki, mikimiki, mingi, mingimingi, ngohungohu, paatootara, taumingi, tuumingi.
Cyperus eragrostis puketangata.

D

dabchick taihoropii, taratimoho, tokitoki, weiweia, weweia, whirowhiro.
Dacrydium colensoi manoao.
Dacrydium cupressinum puaka, rimu.
Dacrydium cupressinum, **fruit of** huarangi.
Dacrydium kirkii manoao.
Dactylanthus taylori pua reinga.
Dactylopagrus macropterus tarakihi.
daddy long legs pekepeke haratua.
dagger oka.
daily i ia raa.
dainty morsel whakapuuwharu.
daisy, a native papa taaniwhaniwha, parani.
dally with whakarunaruna.
dam matatara, paa.
dam (mother) karawa, tiaka, whaaereere.
dam a stream aukati.
dam up water paapuni, whakamate.
damaged kino, mate, pakaru.
damp haukuu, haumotu, hauwai, hauwhenua, manoku, monoku, piipiiwai, puupa, puuwai, tokakawa, tokokawa, toohau.
dance haka, hari, kani, kanikani, koowhitiwhiti, ngahau, tuapa.
dance, a motiha.
dance, indecent pooteeteke.
dance a war dance tuutuu ngarehu, tuutuu waewae, whakakite waewae.
dance accompanied by song pekerangi, peruperu.
dance of triumph kootaratara.
dance to welcome guests at tangi maimai.
dancing and other amusements harakoa.
dandelion tawao, tohetaka, tohetake, tohetea.
dandle hikihiki, morimori, oriori, rapoi, rapou.
dandruff inaho, maaihiihi, maaungaunga, maihi, pakitea.
danger mate.

danger, exposed to great moorearea.
dangle taaewa, taawheta.
dangling rehareha.
dank huunounou, tuupoo.
Danthonia cunninghamii hunangaamoho, toetoe hunangaamoho.
Danthonia raoulii wii kura.
dappled, as mackerel sky koopukupuku.
daring manawa kai tuutae.
dark haakiwakiwa, hiwa, hiwahiwa, kaakarauri, kerekere, keretewha, kikiwa, kiwa, kiwakiwa, koopuni, koorerehu, kororiko, kunikuni, manauri, matarehu, mookinokino, niwaniwa, paapango, pakarea, pango, parauri, pariko, pokere, pongere, pookee, pookeekee, poongerengere, pooporo, poouri, puurerehua, riki, ruki, tawauri, titiwha, tiwhatiwha, tuupakarearea, uri, uriuri, waitutu, wheetuma, wheuri.
dark, become kengo.
dark, in the matapookere, pokere.
dark, intensely hinapoouri, kaahiwahiwa, keneuri, kengokengo, pootango, pootangotango, poouri ngihangiha, tuauriuri, wheekere, wheekerekere.
dark, of deep hole in river kaaniwhaniwha.
dark, of human hair or skin kenehuru.
dark, quite hiinakipoouri.
dark, somewhat paarikoriko, poouriuri, pouruuru, tariko.
dark colour, as potatoes spoiled by sun kupango.
dark coloured, of kuumara and potato koomahi.
dark skinned kiri waitutu.
darken whakapoo.
darkened (in colour) parakiwai, poroporo.
darkened (of light) taapouri.

darkness

darkness hinapoouri, kookoouri, pookee, pookeekee, pooruru, taipuri, wheeuriuri.
darkness, intense poo kutikuti, pootango, pootangotango, poouriuri.
darling ipo, kahurangi, kairangi, kare, koomata, kura, muna, paaruhiruhi, paruhi, tahu, tau, taupuhi, tongarerewa, tongarewa, toorere.
dart koopere, pehu, pere, taarerarera, teka, tiimata.
dart, play with pahu.
dart, toy hoomata, pahu.
dart about kookirikiri.
dart along koohihi, tookihi.
dart forward kohema.
dart or swerve as a kite kootiu, kootiutiu.
dash aaki, haupatu, huukeri, koopere, paatootoo, taa, taitai, tukituki.
dash down rutu, taataa.
dash upon rure.
dash water out of a canoe ehu, taa.
Dasyatis brevicaudatus oru, paakaurua, roha, whai.
daub pani.
Daucus brachiatus piinaki.
daughter tamaahine, kootiro.
daughter (term of address) hine.
daughter-in-law hinaonga, hunaonga, hunoonga.
dawdle haamure, whakaeneene, whakananawe, whakatairuhi, whakatakohe, whakatoorekerekc, whakatoreke.
dawdling aweke, taparuru.
dawn ao, haapai, haapara, haeata, hii, hii te ata, hiko, hiko te ata, huakanga, huaki, huaki te ata, hukahuka, hura te ata, ihi, kapuranga, maahina, mariao, maruao, maruata, ngahae, ngahae te ata, puata, puuao, taakiri, taakiri te ata, taitaiao, toe, totoe.
dawn, before ata poo.
dawn, begin to hura.
dawn, early ata iti, ata puao.
dawn, red glow of ata tuhi.
dawn, the ata haapara, ata pongipongi.
Dawsonia superba paahau kaakaapoo.
day maruao, raa, rangi.
day, light of aotuuroa.
day, middle of the awatea.

death

day, next ao ake, aoake, aoinaake, i te aonga ake.
day, very next auina rawa ake.
day after tomorrow aatahiraa, aawake, aoakenui, karehaa, tahiraa.
day before aoake.
day before yesterday inaoake, inatahiraa, inawake, karehaa, noonaoake, noonatahiraa, raainaoake, raaitahiraa, raaitarihaa, taaikarehaa, taainakarehaa, taainaoake, taaitarihaa, tahiraa.
day with threatening rain rangi takawai.
daybreak aoatea, ata pongipongi.
daydreaming wawata.
daylight maruao, whaiao.
daylight, broad awatea, maruawatea.
days ago, several inaoakewake.
days ago, three inaoakenui.
days hence, four aawakewake.
days hence, several aoakewake.
days hence, three aoake nui atu.
daytime as opposed to night ao.
dazed pooro.
dazzled koorakorako, kooreko, koorekoreko, pohepohe, rekoreko, riko, wheekite.
dazzling light koonakonako.
deacon riikona (**Eng.**).
dead hemo, kero, mate, pohe, popohe.
dead branch hiwi.
dead calm aaio piropiro.
dead in great numbers taaruke.
deaf hoi, matahori, pihoi, pooturi, puuwharawhara, taahorehore, taringa, turi.
deafened keakea, turikere.
deal deceitfully whakateke.
deal out in small quantities tooronga.
deal with mea, waihanga, whaihanga.
death kouka, mate, muri, pirau, poautinitini, pohe, popohe.
death, be at the point of whakahemohemo.
death, natural mate koeo.
death, of old age mate-whirinaki.
death, put to whakamate.
death by violence mate kiatu.
death from disease mate kongenge, mate tuuroro.
death watch beetle moko taa, taakituri, tokerangi, tookere.

debase

debase whakaiti, whakakino, whakakinokino.
debate taupatupatu.
debate fully whakarau kakai.
debilitated kaarorirori, waimaero.
debt nama (**Eng.**).
Decapterus koheru kooheriheri, kooheru, kootaratara.
decay hanehane, koero, pirau, poopopo, popo, popopopo, taimate, waitau.
decay in stored kuumara moonaa.
decayed hinamoa, hunga, koropungapunga, pipirau, pirapirau, poopopo, popo, popopopo, puanga, tunga, weroku.
decayed, partly puuwhaawhaa.
decayed tooth tunga, tunga raupapa.
deceit parau.
deceitful rauhanga, raureka, rore, tiitipa.
deceive hangareka, koopeka, maakoi, nuka, nukaparau, nukarau, rore, rorerau, taawai, taaware, tinihanga, tuapeka, whakahiwa, whakairoiro, whakatuuaho, whakawareware.
deceiving patipati, rupahu.
December Tiihema (**Eng.**).
deception hiianga.
deceptive talk pari kaarangaranga.
decide whakarite, whakatakoto whakaaro, whakatau.
decimate by picking off one by one whakawhiri.
deck raho, rahoroha.
deck house of a large canoe pakokori.
declare kauhau, kauwhau, kii, koorero, mea, whakapuaki.
decline rehurehu, roku, roroku, tauheke, wharara, wheroku.
decline, as the sun nekuneku, tauhinga, tiitaha.
decline (refuse) whakapeka.
declining, of sun taarewa, taawharara.
decoction of ash and bark for rashes puureke.
decolourised haatea.
decomposed hinamoa, hunga, koropungapunga, pipirau, pirapirau, poopopo, popo, popopopo, puanga, tunga, weroku.
decorate whakaraakai, whakaraakei.
decoy maimoa, onga, ongaonga.
decoy bird manu taupunga, manu tiioriori, papaki, puarere, tiimori.

delay

decoy for an ambush huhunu, hunuhunu.
decoy parrot mookai, moutii, pakipaki, peerua, tiirore, tionga.
decrease ero, heke haere, hoki haere, paaitiiti.
dedicate hou, whakaihi.
dedicate new house kawa.
dedicated to an atua tuutawake.
deep aaniwaniwa, honu, honuhonu, hoohonu, koopua, kooroto, matomato, ngoto, paru, reetoo, rire, tatao, whakareetoo, wheuri.
deep and narrow, of a vessel konokono.
deep, dark hole in river koopua kaanaenae.
deep in colour uri, uriuri.
deep toned ponguru, tanguru.
deep water between two shoals aaria.
deeply laden toopaaparu.
deer tia (**Eng.**).
defame kehi, kekehi, kohimu, ngau tuaraa, oro, taiaroa, tuutara, wani.
defeat mate, matenga.
defeated mate, piro, poko, riwha, tinga.
defecate paru, tiko.
defect kino, koha, mate, toorookiri.
defence parahau.
defence, means of waonga.
defend wawao, whakangungu.
defend with a shield matataa.
defensive charm parepare.
defensive work at entrance to paa pukoro.
deference kauanuanu.
deference, treat with whakamiramira.
defiant words wananga.
deficient hohore, hore, pahara, takarepa.
deficient in measurement huka.
define tautuhi.
deformed haka, ngunu, piiari.
deft maarehe, rehe.
defy whakapakari, whakatoorea, whakatumatuma.
degenerate, to heke te tupu, puuwhenua, tipuheke.
degraded parangetungetu.
Deinacrida heteracantha weetaa punga.
Deinacrida **spp.** weetaa.
dejected auwhi, tapou.
delay aku, akuaku, akutootanga, roa, roanga, takaware, taruna, tawhitawhi, tinaku, whakahoro, whakaroa, whakaupa, whakaupaupa, whakawheeauau, wheoro.

47

delayed

delayed rangitaro.
delaying takaroa.
deliberate hakune, ngaarahu, ngaarehu, ngaio, poorohe.
deliberately aata, maarika, maarire.
deliberation taumauri.
delicacy for dying person, special oo matenga.
delicate marore, whakatarapii.
delighted aahuareka, hari, manaruu, manawaruu, rekareka, wehe i te rekareka.
delineate tuhi.
delirious haawata, poorangi.
delirium kuawa, kutukutu ahi, ngutungutuahi.
Delphinus delphis aihe.
delta mouth puuwaiwaha.
deluded haurangi, hewa, hewahewa, kaihewa, paahewahewa, paakirakira, pahewa, pooheehee.
delusive huurori.
demand tono.
Demigretta matook kaakatai, matuku, tiikaaka.
demolish tukituki, whakahinga.
demolished pae.
demon aitu, atua-kikokiko, atua-ngau, atua, tipua, tupua.
demon of earthquakes ruuaumoko, ruuwaimoko.
denounce as false whakahorihori.
dense apiapi, whakaapi.
dense, of foliage pururua.
Dentalium nanum koomore, pipi komore, pipi taiari.
dented koipi, patoti.
deny patu, whaakorekore, whakakaahore, whakakore, whakakorekore, whakatito, whawhati.
depart haere, maiki, paratii, riro, tutuku, whakakopa.
depend on whakawhirinaki.
dependants pararau, pori.
deport terepu.
depress (emotionally) raawakiwaki, whakapaahi.
depressed (emotionally) maaha, poouri.
depressed (lowered) haapua, taaporepore, taawharu, tamomo, tapore, whaarua, whaaruarua, wheerua.

desire

depressed like a cup or trough hoopua.
depression, extreme emotional taimaha haarukiruki.
depression (in ground) haarua, huu, kawakawa, koowakawaka, paarua, tairua, whaawhaarua.
depression in which taro planted ipurangi.
depressions, full of paopao, taawharuwharu.
deprive of outer covering huhu.
deprive of power tupe, whakaeo.
deranged keka, poau, pooauau.
derision, present the posteriors in whakaene.
descend heke, hookio, hoorua, koo, matiko, panau, taaheke, taiheke, tuku.
descend, cause to whakaheke.
descend suddenly tapakoo.
descend upon whakahakahaka.
descendant aitanga, ati, ino, kooiwi, mangainga, mokopuna, momo, tuwhanga, uri.
descendant, distant miha.
descendants, having no huamutu.
descent, branch line of oka.
descent, direct line of hikahika matua.
descent, line of hikahika, hiwi.
descent, male line of ure puukaka.
descent, short auheke.
descent, trace a line of kanoi, whakaparu.
descent (downhill slope) heketanga.
descent through female line only whakaparu wahine.
descent through two lines kikorua, karanga rua.
describe whakaatu i te aahua.
desecrate haaparu.
desert (barren land) kooraha.
desert (leave) waiho.
deserted haahaa, mahue, mangamutu, rohai, tuuhea.
deserted hut in the forest whare piitoitoi.
desiccated maroke, puutii.
designate kii, tautapa.
desire aamene, aamine, aro, aronui, atawhai, awata, awhero, hia, hiahia, hinengaro, hookaka, huene, hurikiko, huu, ingo, ingoingo, kaiwhiri, kanehe, konau, koopana, koro, koroingo, korou, kuata, kuika, kumama, kuuwata, mamina, matainaina,

desire matanaa, matawara, mate, mina, minaka, minamina, monoa, monowa, moomona, ngaakau, piirangi, pohane, popore, pore, puku, taapara, tameme, tare, toomina, tuhira, tukorou, turou, tutoko, uara, wara, warawara, wawara, whakakoro, whakangaakau.
desire, burning with aarita, aaritarita.
desire, devoid of huukore.
desire, intense moehewa.
desire, object of hemonga, watanga.
desire ardently kare, toorere.
desire desperately whakamomori, whakangoto.
desire eagerly hihiri, hotu, taamina.
desire earnestly kohae, matenui, nako, pie, pohane, wawata.
desired, of food hiakaitia.
desirous korotuu.
desist, beg one to whakakaati.
Desmoschoenus spiralis piinao, piingao.
desolate haahaa, mooai, moowai, rohai, tuuhea.
despair, a person in a state of kiri wera.
desperation, act of whakamomori.
despise whakahaawea, whakaiti, whakaparahako, whakatakao.
destitute rawa-kore.
destroy auru, hoepapa, huna, kaiauru, nanati, natinati, tinei, tukituki, whakamootii, whakangaro, whakangawhi.
destroy completely kihi, urupatu.
destroyed kore, maroro, ngaro, ngaromia, rengarenga, tiipoko, ukuuku.
destructive person orotaa.
detach ripi, wehe, wehewehe, whakakaewa.
detached (isolated) puurei, puureirei.
detached piece tuuaaporo.
detain pupuri, puri, puru, tautaawhi.
detect hopu, kite.
deteriorate heke te tupu.
determination hiringa, kaha, manawa-nui.
determine hua, tango mahara, whakatakoto whakaaro.
determined puukeke.
detest whakahouhou, whakarihariha.
devastate aatete, huna, iki.
devastated anea.
deviate whakataka.
deviate from perpendicular taa.

devil reewera **(Eng.)**.
devise whakangaarahu.
devoid of ornament tookau, tootookau.
devour hohoni, honi, horomi, horomiti, iki, kai, whaaoo.
dew hau, haukoopata, haukuu, haunui, haurahi, haurangi, haurutu, hautaorua, hautoomai, hautoorua, hauwhenua, koopata, taituri, toohau, toomairangi, toomaiwhenua.
dexterity, acquire whakaharatau.
dextrous haratau.
Deyeuxia billardieri perehia.
Deyeuxia filiformis perehia, repehia, repehina, toheraaoa, turikookaa.
diagonal hookai.
diagonals of a rectangle hauroki.
dialect reo.
diamond taimana **(Eng.)**.
Dianella intermedia piopio, reeua, tuurutu.
diarrhoea hakio, huhuu, kohii, koiangi, kooangi, koonao, koorere, kooripi, kopaunga, kotere, rere, tarahii, tararee, tararere, tikotiko, tohirere, torohii, torohiihii, tororee, tororere.
diarrhoea, affected with hihii, hii.
Dicksonia antarctica katute.
Dicksonia fibrosa kuranuipaakaa, kuriipaakaa, puunui, tuukirunga.
Dicksonia lanata tuuaakura, tuuookura.
Dicksonia squarrosa atewhekii, pakue, peehiakura, tio, tirawa, tuuaakura, tuuookura, whakauruwhenua, whekii.
die hemo, hurumutu, kekero, makere, marere, mate, moe, moonehu, taawhati.
die of old age mate hirinaki.
die out and blaze up again koowhekowheko.
differ horo, puta kee.
difference rerenga keetanga.
different kee, puta kee, rere kee.
different lengths or heights whakahipahipa.
different tendency, have a tiitaha.
difficult kaiuaua, pakeke, papatoiake, papatoieke, uakaha, uaua, uekaha, wheeuaua.
difficult parturition taunahua, whakatina.
difficult to swallow pukutenga.
difficulties, to be confronted with aupiki.

difficulty hee, mea uaua, rararu, raru, ruraruru.
difficulty, an expression for extreme piere nuku.
difficulty, in hee, paahao, poonee.
diffuse tuurererere, tuuringiringi.
diffused haere, ingo, kona.
diffused, of odour paoa, patoo, ripo.
diffused glow huruhuru.
dig kari, karikari, kauhuri, keri, kunaki, naku, nanaku, ngaki, puukari, puukeri, puukerikeri.
dig and throw up into hillocks tuukari.
dig deep karituangi.
dig for kari.
dig for fern root paakihi.
dig or plant with a hangohango hangohango.
dig or plant with a koo koo, kookoo.
dig or scoop things out tiikaku, tiikakukaku.
dig out poka.
dig over huripoki, hurupoki, piiwai, piiwaiwai.
dig superficially whakapaakihi.
dig up hauhake, houhou, huke, kari, keri, kookoo, tiipoka.
dig up repeatedly kerikeri.
digging implement, a hangohango, matakahikaatoa, penu, tuukoo.
digging stick koo.
dignified aspect amaru.
dignity aahua rangatira, tuu rangatira.
digressing kaawekaweka, tiiweka.
dilatoriness in springing to arms hawaiki pepeke.
dilatory autoo, haamure, pakungaroa, pakuroa, taaweweke, too kumu, tume, whakataruna.
dilemma, in a matawaenga.
diligent mamahi, urupuu, puku mahi.
diluted waimeha.
dim kaurehu, kaurerehu, keha, kurehu, maahinahina, moonenehu, moutiwa, pongipongi, puurehurehu, puurerehu, puurerehua, rokuroku, whakanawenawe.
dim, grow parewaikohu.
dim light hina, maahina.
dim sighted atarua, kahurua, matakene, paarewha, poonakonako.
diminish maataki, taamoomoo, whakaero, whakaiti, whakatoooririki.

diminish gradually in size kaawetoweto.
diminished ahuahu, harahara, kohakoha, ririo, taaharahara, taiharahara.
diminished, cause to be whakaharahara.
diminished vigour taarure.
diminution ero.
diminutive iti, muimui, nahonaho, namunamu, nepi, nepinepi, ngihongiho, ngorangora, ngote, ngotengote, orotangi, pakupaku, poonaho, tiiharahara, tuaiti, whengowhengo.
dimly luminous kaatoretore, katore.
dimly visible kaakarauri, makaro, taarekoreko, wheekaro, wheriko.
dimmed poorehurehu, porehu.
dimmed of sight matatoua.
dimness wheekite.
dimness of sight hinapoo, koonakonako.
dimness of sight, inflict whakahinapo.
dimple ngongo.
Dinornis spp. moa.
Diomedea epomophora toroa ingoingo, toroa whakaingo.
Diomedea exulans toroa.
Dioscorea sp. uhi, uwhi, uwhikaaho.
dip frequently rukuruku, toutou.
dip in a ridge kakari, taawhatitanga.
dip into a liquid ruku, tou.
dip up liquid in a container kootutu, koooutuutu, utu.
dipper paaua.
direct, of bird flight hakohako.
direct (manage) whakahaere tikanga, whakahauhau.
direct (point, point out) pou, tohutohu, tuutohi, tuutohu, whakangoto.
direct (straight) arorangi, horipuu, puukaka, ripa, taarewa, tauaro, tautika, tika, tohituu, tukutata.
direct course tika.
direct line he toro tika.
direct line of descent puukaka, taakerekere.
direct line of descent, not in taahapa.
direct route ara puukaka.
direct route, by a poka puu, poka tata.
direction aronga, pae, paihau, raranga.
direction (order) taataku, whakatakoto.
direction, move in a certain ahu.

direction

direction connected with speaker ake.
direction of, in the whaka.
direction or motion away from speaker atu.
directions at the time of departure porokii.
director kaiwhakahaere, rangatira, whakataka.
Diretmus argenteus maomao.
dirge apakura, keka, matatangitangi, pihe, poohangahanga, tangi, tuukeka.
dirge with extravagant gestures hikitoorea.
dirt paru, paruparu, repo, riko, weta.
dirty kuuparu, kuuparuparu, maahorehore, paranokenoke, paru, paruparu, poke.
disable by means of incantations momono, mono.
disagree wenewene, whakarau kakai, whakahee.
disagreeable atua, auau, hou, houhou, matangerengere.
disagreeable taste kuutaitai.
disagreeable to the eye haruharu.
disagreement whakatete.
disappear hemo, kekero, kopa, ngaropoko, nunumi, paremo, rehu, ririu, tarori, toremi, torengi, whakaero, whatungarongaro.
disappear, cause to whakahenumi.
disappear behind henumi, koonumi, tanumi.
disappear below horizon rumaki, rumakina.
disappearance numanga.
disappeared mimiti, ngaro.
disappearing, verge of whakamoonenehu.
disappointed matangurunguru, matekiri, nere, ngere, tukaru.
disarrange tarihahohaho.
disarranged hahohaho, pakepakehaa, tiirangaranga, toohenehene, tooroherohe.
disaster aituaa, maiki, maikiroa, matenga.
disbelieve whakahaawea, whakahori, whakamanu, whakanano, whakaparau, whakateka, whakatito.
disc porotiititi, porotiti.
discard whakarere.
Discaria toumatou tuumatakuru, tuuturi.
discern kite.
discharge ruke.
discharge exuding from navel of child nanu.
discharge from the eyes piharou, piikari, piikaru.

disease

discharge from the nose huupee.
disciple aakonga.
disclose puaki, tuhiri, tuuhura, tuwhiri, waahi, waawaahi, whaakii, whakaatu, whakakakau, whakakite, whakapuaki, whakapuare.
disclosed makoha, makowha, whaa.
disclosure puakanga.
discoloration poapoa.
discoloured koehu, paraa, paruparu, renga, wairau.
discoloured as streams in flood kootuhi.
discoloured by smoke minamina auahi.
discoloured sea tuutae a matuarua.
discomfiture huuhi.
disconcerted paraparau, parau.
disconnected (of thoughts, speech) nakunaku, tupurangi.
disconsolate kaimoohuu, rohai.
discontented matangurunguru, muhumuhu, muu.
discontinuous taamutumutu.
discord, causing ahitere.
discordant maioro.
discourage whakapaahunu.
discouraged iwingohe.
discourtesy aahua atua.
discover hura, kite, toro, tuuhura, whakatoomene.
discredit whakanano.
discs (agricultural) kiiwha.
discuss koorerorero, matapaki, waawau, wau.
discuss continuously kiringutu.
discuss in an assembly ruunanga.
discussed waaua.
discussion koorero.
discussion, formal whaiwhaikoorero.
disdain whakatoa, whakatoatoa.
disease tahumaero, mate.
disease, a skin kewa, kirimaho, kirirua, matunu, puhikura.
disease, a venereal kootureture, mate kiko, paipai.
disease, hereditary waimate.
disease, imported taru tawhiti.
disease, wasting haurakiraki.
disease affecting children, skin haawaniwani.
disease producing rough sores paakewakewa.

51

disease

disease similar to leprosy tuuwhenua.
disease which causes spots on the skin purepure.
disease with swellings on limbs puhipuhi.
diseased wheori.
diseased in the eyes papahewa.
disembowel tuaki.
disembowel fish huke.
disengage ui.
disengaged heuea, hiieweewe.
disengaged as fleshy matter from fibre pahuhu.
disentangle ui, wewete.
disfigure whakakino, whakakinokino.
disfigured nonoi.
disgorge whakaruaki.
disguise whakakino, whakakinokino.
disgust aaniwatanga.
disgust, feel whakahouhou, whakarihariha.
disgust, feeling of paipairuaki, whakapairua, whakapairuaki.
disgust, treat with tamatama.
disgusted anuanu, maakinokino, maatengatenga, maninohea, weriweri.
disgusting anuanu, auau, etieti, kiriwetiweti, mookinokino, moorihariha, mootekoteko, weriweri, wetiweti, whakarihariha, whakarikarika.
dish paepae, riihi (**Eng.**).
dish of slice of skull or gourd ipu pararaki.
dishearten whakapaahunu, whakatuuoi.
disheartened heemanawa, para kore.
dishevelled hiiwanawana, pirara, pohepohe, puuaweawe, puuihiihi.
dishevelled, of hair huutoi, huutoitoi, huutoki, huutotoi, mirara, pootihitihi, poutihitihi, puhirua, puuihiihi, tiiwanawana, tuukirakira, tuutiratira.
dishonest hiianga, tinihanga.
disinclined ngaakau kore.
disinter ehu.
disinter the bones of the dead hahu.
disinterment huakanga, hahunga.
disjointed (of speech) nakunaku.
dislike hae, hahae, hoto, huru, kino, kiripiro, matakawa, ngaaruru, wene.
dislike of certain kinds of food wainamu.

dissimulate

dislocated kounu, pakoki.
dismiss tono atu.
disobedient manini kee, tiihoihoi, turi.
disobey takahi kupu.
disorder kaumingomingo.
disorder, in pookiikii, tiirango, tiirangorango.
disordered hahohaho, koohangaweka, pakepakehaa, puuaweawe, tiineinei, tiiwekaweka.
disorderly hukihuki.
disorganised kuuwawa.
disparage aniani, hahani, hani, hanihani, kanone, whakanano, whakarooriki, whakatoihara.
disperse korara, tiirari, tiirarirari, tiitari, tiitaritari, tohatoha, whakaehu.
dispersed heuheu, kaupaapari, kaupararii, marara.
Disphyma australe horokaka, ngarangara, ruerueke.
dispirited maarohirohi, ngaakau kore.
displaced katote, kotiti.
display hora, horahora, tiitohu, whakakite, whakamenomeno.
display of the choicest food kokomo, whakatomo.
display the head or heart of victim pua.
displayed hora, puuareare.
displeased whakaahu.
displeasure or astonishment, express whaiere.
dispose forces whakatakoto.
dispose in several places whakataakotokoto.
disposed to aro.
dispute ngangare, taapetupetu, tautohetohe, wenewene.
disputed kuuraruraru.
disquieted aawangawanga, paahi, paairiiri, pairi.
disquieted with fear koorapa.
disregard piki.
disreputable maniheko, manuheko.
disrespect tiikai, tootooaa.
dissatisfaction nanu.
dissatisfied whakaahu.
dissemble whakangaio.
dissembling papahu, parau.
disseminated through hoorapa.
dissension pakanga, waitete.
dissimulate tuapeka, whakatuapeka.

dissolve

dissolve (as mist or frost) memeha.
distance nehe, nuku, puumamao, tahiti, tawhiti, tiriwaa, tuakaihau, tuuaarangi.
distance, at a aakikoo, kaitu, tokorau.
distance, pass at a haeparangi.
distant aweawe, hoi, hou, kookeei, mamao, matara, nanihi, nawa, paamamao, rangitawhiti, reta, tahiti, taitua, tatara, tawhiti, tiriwaa, tuakaihau, whaamamao.
distant, remain haeparangi.
distant locality tahiti, tawhiti.
distant point of time koo.
distant relatives toronga.
distaste aaniwatanga, ongaonga.
distaste for food waakawa, wahakawa.
distasteful kawa, matakawa, paahare, puukawa, waimeha.
distend whakatetere.
distended koeke, ngakengake, tenga.
distension of stomach rerena.
distil maaturu, maaturuturu.
distinction, acquire ingoa, whai ingoa.
distinguish with a mark whaitohu.
distinguished kahurangi, taiea.
distort tahupera, whakahawe, whakapeka, whakapekapeka, whakarare.
distort the face ngangahu, puukana, taapahi, whaaita, whaaitaita.
distorted kotiti, ngangahu, pakoki, rori.
distorted, of limb of animal heru.
distract one's attention wawao, whakawarea.
distracted kanu, kanukanu, manawa rau, pohepohe, pookiikii, poorangi, pootatu, pootatututu, pororaru.
distracted by longing for a lover rauha, rauhea.
distraction piiroiroi.
distress aawangawanga, ahotea, auhi, huuhi, kaiawherangi, kohuki, maateatea, mamae, nonope, paamamae.
distressed auhi, maangi, mamate, ngaro, pookeka, poouri, raupeka, tuatea, tuukino.
distribute taauteute, tiirari, tiirarirari, tiitari, tiitaritari, tiri, tohatoha, tuha, tuwha, whakarato.
distribute food into baskets whakaraurau.
distribute lavishly hora.
distributed rato, wawaa.

divided

district taiao, taiwhenua, takiwaa, tapere, tarawaha, tiriwaa.
distrustful matakana.
disturb awhe, kaitorohi, koonatunatu, nanape, oi, raweke, rorohuu, tara, tiritiri, ueue, whakahaarangi, whakahiioi, whakakaarangi, whakakekeu, whakakeukeu, whakakuurakuraku, whakangaateriteri, whakawheoi, whawhe.
disturb surface of a liquid whakapookarekare.
disturbance aaheihei, heihei, manioro, ngangau, ngari, rarii, rawehoi, raweoi, taute.
disturbance, make a ngangana, ngau.
disturbed aawangawanga, kaahuirangi, karekare, komingo, pohepohe, rangaranga, rena, toohenehene.
ditch awakari, awakeri, awamate, awarua, manga, waikari, waikeri, waitahenga.
ditch inside the palisading of a paa whakaawarua.
ditty ruri, ruriruri.
dive ruku, rukuruku, too, tuupou.
dive, short pureure.
dive for ruku.
dive up and down toremutu.
diverge tangongi, tihoi.
divergence tangongitanga.
divergent tihoi.
divergent stream from main channel maataahae.
diverging tuhanga, tuuwhangawhanga, tuwhanga.
divert kawe kee, papare, pare, ripa, whakapeau.
divert (attention) whakawai.
diverted, be aurara, hawe.
diverted, of attention warea.
divide ihi, kokoti, koowae, koowaewae, koti, kotikoti, taawae, tauehe, tauwehe, tiitore, tiiwae, tiiwara, tiiwarawara, toe, tohi, topetope, totoe, totohi, tuakoi, tuutangatanga, wawae, wehe, wehewehe.
divide by a stripe or crease taahei.
divide into portions taauteute, whakainati.
divided auwahi, hiieweewe, pirara, ritua, weherua.
divided, finely hungahunga, waawata.
divided as a stream puukani, puukanikani.

53

divided

divided into isolated portions motumotu.
divided out maatohatoha.
dividing weherua.
dividing fence kotikoti.
dividing into two parts tararua.
dividing line waenga.
dividing line in garden puukiore.
divination kite, niu, rata.
divination, practise huri kaupapa, matakite, puumanawa.
division paatakitaki, taanga, tuakoi, tuutanga, waenga.
division (portion) paranga, waahanga, wakawaka, whiti.
division in a kuumara field puuihi, waiwaha.
division in a store pit hono, paatakitaki.
division or company of army ngohi, tohu.
divorce toko, tokorau.
dizziness ninihi, puano.
dizzy amai, pooaatinitini, rorohuri, takaaanini.
do mahi, mea, waihanga, whaihanga.
do by night tuuaapoo.
do like that peenaa, peeraa.
do like this peenei.
docile kooratarata, kootungatunga.
dock (a weed) paenehua, paewhenua, runa.
doctor rata, taakuta (**Eng.**).
dodge wheta, whetau.
Dodonaea viscosa ake, akeake, akerautangi.
doff unu.
dog kararehe, kiirehe, kurii, nane, pero, peropero.
dog, variety of native mohorangi.
dog with short bristly hair mame.
dogfish kapetaa, mangoo, oke, okeoke.
dogfish, spined mangoo hapuu, mangoo pekepeke, mangoo tara, okeoke, piioke.
dogskin cape, dark ihupuni.
dogskin woven into a garment uawhatu.
Dogstar Takurua.
doing anything, set about anga.
dole out tohungarua.
doll taare (**Eng.**).
dollar taara (**Eng.**).
dolphin (sea mammal) aihe, paapahu (**Eng.**), tuupoupou, upokohue.
domesticated taunga.

dove

domineer tiikai, whakatopatopa.
donkey kaaihe (**Eng.**).
don't auaka, kauaka, kauraka, kei.
Doodia caudata mukimuki.
Doodia media pukupuku.
door tatau.
door, outer facing of lintel of koorupe, kororupe.
door or board closing entrance kopani.
door post tokotoko.
door sill paepae.
doorknob poorori.
doorway puuaha, whaitoka, whatitoka, kuuwaha, kuuaha.
dorsal fin of a fish urutira.
Dosinia subrosea haakari, harihari.
dotterel kuukuruatu, pukunui, rako, taakahikahi, taakaikaha.
dotterel, banded piopio, pohowera, turiwhatu.
dotterel, New Zealand turiwhati, turiwhatu, turuatu, turuturuwhatu, turuwhatu, tuuturiwhati, tuuturuatu, tuuturuwhatu.
double huarua, kikorua, koonumi, koropuu, paparua, pirirua, puu, rererua, taapara (**Eng.**), taurua, wheetui.
double canoe unua, unuku.
double-minded koopuurua.
double, of a garment aparua.
double, of teeth koopua, puuraakau.
double-ply apa rua.
double-pointed matarua.
double the fist mekemeke.
double thickness toorua.
double together two parts of anything kokopi.
double tooth niho puu.
double up hui, huihui, huirua, koropeke, kuku, pooruku, whakapeke.
doubled over tapiki.
doubled together kopi.
doubled up taakopa.
doubt, doubtful hokirua, kaarangirangi, kumukumu, pookaikaha, pookaku, rangirua, raparapa, rapurapu, rarua, raupeka, ruarua, taupetupetu, weherua, whakamaapuna, whakaraupeka.
doubtless kaaore e kore.
dove prion pekehaa, pepekehaa, whiroia.

down

down hunga, hungahunga, kerehunga, tawhe.
down (not up) iho, raro.
down, white albatross pungatoroa.
down from belly of bird as ornament koopuu.
down of birds hune.
down of thistles puarere.
downcast haakerekere, tapou, tuururu.
downwards iho, raro.
downwards, force hou.
downy substance, any taahuna, taahune, taahunga.
dowry reperepe.
doze haamoemoe, kaanewha, kaanewhanewha, koorewharewha, kurehu, neha, nenewha, newha, tuurehu.
dozy, of timber kakapoo.
Dracophyllum latifolium emiemi, neinei, taritari aawhaa.
Dracophyllum longifolium inanga.
Dracophyllum subulatum monoao.
Dracophyllum urvilleanum wharekohu.
drag hautoo, kume, kumekume, tautoo, too.
drag, of a song awai.
drag net kaharoa.
drag net or seine, small kaka.
drag net, end section of a hawhe.
drag out autoo.
dragonfly kakapowai, kapokapowai, kapowai, tiiemiemi, uruururoroa.
dragonfly, blue-bodied keekeewai.
dragonfly, small red-bodied kihitara.
draughts muu.
draughty kauanu.
draw (delineate) tuhi, tuhituhi.
draw (pull) hautoo, kumekume.
draw a garment over head puutoi.
draw a net round anything hao.
draw a sliding door tatau.
draw anything round something whaakau.
draw away suddenly taakiri.
draw back memeke.
draw breath whakaea.
draw canoe sideways with paddle tiirau.
draw closer together ruru.
draw in (contract) huru, kaututu.
draw in mouth of a bag kaapui.

dress

draw out paunu, unu, whakapuureo, whakapuurero.
draw out by stratagem kahaki, kawhaki.
draw out contents rou.
draw tight a noose or slip knot parakuku.
draw tightly together kukuti, kuti.
draw to an end urupaa.
draw together kuku, taaroi.
draw together by twisting a cord taamiro.
draw together with a cord raupine, ruruku, ruuna, whakanoti.
draw up hihi, hii, whakaraarangi.
draw up clothes as for wading puutoi.
draw up limbs with convulsive movement whakapeepeke.
draw up the knees tuuturi.
draw up the legs or arms peepeke.
drawn between legs, of tail of dog whakahume.
drawn from belt, as a weapon maunu.
drawn up, of the legs or arms huupeke.
dread ihiihi, paawerawera, tuutawake, waimate, whakarika, winiwini, wiwini.
dread or respect, inspiring maruwehi.
dreadful kiriwetiweti.
dream maruaapoo, marupoo, moe, moehewa, moemoeaa, tuurua poo, whakarehu.
dream, appear in a tahakura.
dream, in a pohewa.
dream, see in a tahakura.
dream involving appearance of one dead moe tahakura, tahakura.
dream of whakarika, whakaririka.
dream of person floating in air pekerangi.
dream that one is with absent friend moe tahurangi.
dreams, indulge in confident moetoa.
dreamy tiitoro, tuutoro.
dreary moorearea.
dredge, a kaarau, maarau, taarau.
dredge, to rou.
dredge for kaakahi, a manga, mangakino.
dredge for mussels, a heheki, heki, heki kapu.
dregs nganga, ota, waipara, whaipara.
drench koopiro.
drenching rain ua koopiro.
dress, to kaakahu, whakakaakahu.

55

dress

dress hair in a knot tikitiki.
dress hair in roll on top of head piki.
dress the hair haakari, heru.
dress timber mamaku, ngao, niu, raweke, ruuna, taarai, taarei, tahi, taratarai, tiitipi, tiiwani, tipi, tukou.
dress timber longitudinally with adze haratua.
dried kooioio, paka, pakoko, paku, puanga, tauraki.
dried fish maraki.
dried human head pakipaki.
dried up katakata, mimiti, paapuni, pakihi, pakohea, pakoko, puanga, puutii, raki, raupapa, rio, roiroi, taahuna, tiipaa, tiipoka, toomiti, tuupaa.
drift kere, maero, rangi, tere, whaatino.
drift about koorewa, maaeroero.
drift backwards and forwards pooteretere.
drift with anchor down teki.
drifting aihe, maangi.
driftwood aihe, paewai, pakawai, pakepaketai, paketai, puuwai.
driftwood cast up by the sea taawhaowhao.
drill, a hoorete, koiri, puureehua, wiri.
drill for greenstone tuuiri, tuuwiri.
drink inu, unu.
drink, give whaaunu, whakainu.
drink any liquid other than water kai.
drink frequently inuinu.
drink out of the hand kapu, koronae.
drink strong drink kai waipiro.
drip heke, pata, patapata, rurutu, rutu, turu, turuturu, tuturi, tuturu.
drip, cause to whakaheke, whakaturu.
dripping hawa, hawahawa, maatahetahe, tewetewe, wheku.
dripping wet paatere, pooteretere.
drippings tatahe.
drive aa, puhawhe, puuawhe, uruhi, whiu.
drive, of a storm kahaki, kawhaki.
drive (a vehicle) taraiwa (**Eng.**).
drive along karawhiu.
drive ashore whakapae.
drive away atiati, pana, tono, whakamatara.
drive back taiari, taieri.
drive forward teka.
drive home ngahu.

dry

drive in tia.
drive in a wedge matakahi.
drive in stakes with a maul maatia.
drive kehe fish into net using feet takitaki.
drive out pei.
drive together taawhiu.
drive upokororo into net tuki upokororo.
drivelling haawareware.
driven, thing aainga, aanga.
driven broadside on shore papae.
driving force aainga, aanga.
drizzle kaikahu, koonehu, koonehunehu.
drizzling rain ua koonenehu, ua nehu, ua puukohukohu, ua taataariki.
droning noise rooria.
droop hoo, raupeka, tatao.
drooping kupakupa, mahora, mohemohe, momohe, parohea, taangange, taarewa, whakanewa.
drop hohoo, kotokoto, makere, marere, patapata, riaki, tahe, taumarere.
drop, as liquid taaheke.
drop, cause to whakahoro.
drop of water, etc. koopata, pata.
drop off in great numbers maarui.
drop off or out horo, ngahoro, ngakuru, papahoro.
dropsical koopuurua.
dropsy puku, koowhao.
Drosera **spp.** wahu.
drought tauraki.
drown huriwai, rumaki, toremi, toromi, torongi, tukupunga.
drowned paremo.
drowsiness hiamoe.
drowsy harotu, hiamoe, poouruuru, tunehe, tunewha.
drowsy habit, of a momoe.
drum of the ear toorino.
drunken haurangi.
dry huunonoi, kaimaaoa, kaimaaoka, kauwharangi, koopaka, maroke, mauka, ngata, pakapaka, paki, pakoko, pakupaku, papaku, paro, paroparo, puaka, pungata, puukahukahu, puukatakata, puungatangata, raki, raumaroke, taahuna.
dry, applied to leaves kuka.

dry *Dysoxylum*

dry, to paina, paainaina, raaraa, rangirangi, whakamaroke, whakapaka, whakapakoko.
dry, very maroke hangehange, maroke hengahenga, pakapaka taioreore, pakupaku oreore.
dry and brittle, of timber waipawa.
dry and tasteless koowhau.
dry by fire whakapaki.
dry by sun tauraki.
dry epidermis of flax leaf kukakuka.
dry fish by splitting them open koiha.
dry or shallow pakoa.
dry or small, make whakapaku.
dry twigs kooetoeto.
dry up katakata, whakatarehe.
dryads aitanga-a-nukumaitore.
dryness of throat caused by fear miti aituaa.
Dryopteris pennigera paakauroharoha, piupiu.
duck, a species of hurukiwi, korotai, korotau, paateke, papaunguungu, pooreterete, puutaitai.
duck, blue korowhio, whio, whiorau.
duck, brown paateke, patake, tarawhatu, tokitoki.
duck, domestic rakiraki (**Eng.**).
duck, extinct species of toroire, koroire.
duck, grey karakahia, maaunu, paarera, parera, taawaka, topatopa.
duck, paradise puupuutangiaatama, puutangitangi, puutangitangiaatama, puutangitangiaatoa.
duck, small species of tahora.
duck in water, to koopiro, rumaki.
duck one another in water taurumarumaki.
ducklings when they first take water kaawaiwai.
ducks and drakes ripi, tiitipi, tipi.
duckweed kaarearea.
duel, fight a tuku maataatahi.
dull (blunt) puuhoi, puuhuki.
dull (stupid) pohe, pohepohe, pongipongi, popohe, rare.
dull (weather) paaruu, paaruuruu.

dull heavy noise ngahoa.
dull of hearing maatotoru.
dumb haangu, muu, nguu, wahanguu.
dumbfounded hanepii.
dung haumuti, tuutae, hamuti.
dung, piece of parakaeto, paratutae.
dungarees taangari (**Eng.**).
dupe nuka, taaware.
duped pooheehee.
duplicated puurua.
durable ora roa.
during i, i te waa, no te waa.
Durvillea antarctica kooauau, rimurapa.
dusk kaakarauri, mapouriki, poorehurehu, porehu, rikoriko.
dust heihei, koonehu, nehu, para, puehu, puunehu, puunehunehu, puunenehu, rehu, repo.
dust, deposited as puehu.
dust, fine hungahunga.
dust, resembling koonenehu.
dust, turned to paraa.
dusty puaheri, puunehu, puunehunehu, puunenehu.
dutch tatimana (**Eng.**).
dwarf puuwhenua, puwhe, roiroi, whee, whena, whito.
dwarfish tauhena, tauwhena.
dwell noho.
dwell on, of the thoughts rauroha.
dwell or sit, cause to whakanoho.
dwelling place kaainga, tuohunga.
dwindle iti haere, kawiti, whakaero.
dye tae.
dye from karo trees, black karo.
dye from sap of trees wairaakau.
dying gasp tuamatangi.
dying speech oha, oha a kii, ohaoha, whakatau oha.
dyke ahuriri.
dysentery kooea, tikuku.
Dysoxylum spectabile kohe, kohekohe, maaota.

E

each ia, teenaa…teenaa, teenei…teenei, teeraa…teeraa.
each for himself tautauaamoa.
eager aarita, aaritarita, hao, hau, hauhau, ihupiro, ihupuku, kaikaa, kaikaha, kaikama, kama, karekare, kookeko, kowheta, ngaakau nui, okaka, oke, porou, pukaa, puunganangana, puutohe, rika, taakare, taareka, taawheta, takawawe, takawhita, taoi, tuukari, tuukawikawi, whakatare, whakataretare, whitawhita.
eager, over makitatanga.
eagerly intent ngana.
ear pokotaringa, taringa.
ear, shell of the harore.
ear pendant hei taringa, mau taringa.
Earina mucronata peka a waka.
Earina suaveolens raupeka.
early toomua, tuata.
earth, a ferruginous taupoo.
earth, loose taahoru.
earth, lump of kerengeo, kerepei.
earth, red volcanic tapere.
earth, white keho, keo, taioma.
earth (dirt) kere, oneone, papa, pei.
earth (world) ao.
earth oven imu, tapii, umu, haangii.
earth oven, small taapiipii.
earth sodden with water kerepuru.
earth up ahuahu, kaapui, tokitoki, tupuke, whakaeke.
earth used as pigment, dark blue pukepoto.
earthquake ruu.
earthquake wave parawhenua.
earthworks of a fort maioro, manioro, paakaiahi.
earthworm kuharu, ngoru, noke, noke tarao, toke.

earthworm, large kuharu, kuwharu.
earthworm, large but short mumutu.
earthworm, phosphorescent piritaua.
earthworm, species of kurekure, noke waiuu, pokotca, tipa, wharu, whiti.
earwax hoi, taa turi, taeturi.
earwig mataa.
ease, at aumoe, tatuu, whakatakupe.
ease pain whakaeaea.
eased maauruuru, mauru.
east kokerau, marangai, raawhiti, tamawahine, whiti.
east wind with rain pieke.
easy (comfortable) maaruu, tangatanga.
easy (not difficult) ngaawari, waingoohia.
easy to understand maarama.
eat haupa, kai, kakati, kame, kami, kamu, kome, komi, ngonge, tame.
eat at irregular times kaaramuramu, koomuramura, kooramuramu.
eat food passed over something tapu kai raarunga.
eat frequently kakai.
eat greedily haaupaupa, horohororee, kai haaporo, kaihoro, nguunguu.
eat making noise with lips katamu.
eat one kind of food with another kiinaki.
eat ravenously horomiti.
eat raw kaiota, ota.
eat scraps of food hamuhamu.
eat to excess puuponga.
eat voraciously taaparu, whaupa.
eat with visitors without invitation takahi manuhiri.
eat without using the hands kaipiko.
eating food from lands under tapu kai parapara.

eating

eating portions of food while cooking tunutunu maakai, tunutunu maakaikai.
eaves heu, hiku, hikuhiku, ikuiku, peru, whakamaroke.
eaves, without herengutu.
ebb heke, keketu, koorihirihi, manatu, maunu, taawhati, tiiremi, timu, tookari, whati.
ebb, at lowest makau, pakihi.
ebb, begin to ketu.
ebb, lowest makoa.
ebb tide tai mimiti, tai timu.
Echinorhinus brucus mangoo tara.
Echinus sp. puurau.
echo paoro, pari kaarangaranga.
echoing ani.
echoing cliff pari kaarangaranga.
eclipse aaraitanga.
eclipse, solar raa kuutia.
eclipsed whenumi.
economise koha, whakamoamoa.
eddy auhoki, autaha, komingo, koorinorino, kooripo, kororipo, rino, ripo, ririno.
eddy, as wind hawe.
eddy in a stream okori.
eddying kooriporipo, popoki, ripo, riporipo.
eddying wind haumumu, mumuhau.
edge kaha, paatuu, ripa, taha, taitapa, taku, tapa, tuku.
edge, outer, of kuumara plantation paenga.
edge, set teeth on monia, mooniania.
edge, turned, of a blade ngore.
edge, upper tahatuu.
edge of a blade koinga, mata.
edge of a container paarua.
edge of a sail tirara.
edge of a tool or weapon niao, niho.
eel matamoe, tuna.
eel, a light coloured variety of paapaka.
eel, a small species of moepapa.
eel, a salt water taataakareao.
eel, adult papakura.
eel, a black tuna paranui.
eel, black thick skinned arokehe, kirirua.
eel, blind napia, pia, tuere.
eel, blue black, with blue eyes puutaiore, tuna rere, tuna riri.
eel, conger kooiro, kooriro, ngooiro.
eel, dark coloured kukahika.

eel

eel, kind of fresh water takariwha, takarua, takaruha, takaruwha.
eel, kind of aopori, arawaru, haumate, heke, horopuukeko, horowai, ingoingo, kaapoo, kaaraerae, karapa, kauaetea, kirikoopuni, kiritoopuni, koaro, koohua, kooioio, koongehe, koopaopao, koopure, koopurepure, kootaretare, kowaro, kupakupa, kuuwharuwharu, maatoro, maatuatua, mairehe, matakaa, matarehe, ngeangea, ngohiwe, ngooetoeto, paaraharaha, paewai, pango, pangore, papawhenua, paranui, pikitara, puuhanga, puuwhara, puuwharaeka, puuwharawhara, raunui, reko, rewharewha, ringo, ruahine, taakiekie, taataaraakau, taiaka, takarehe, takotowhenua, tangaroa, tapaharakeke, taringapokipoki, tiikorukoru, tirehe, tuna kuia, tuna paa, tuna tuoro, tuwerewere, urewa, whakaau, whakatarehe, whiitiki, whiu.
eel, kind of conger totoke.
eel, large black tahimaro.
eel, large headed tuna pou.
eel, large kind of hoohoo, horewai, kookopu, paewaru, pakarara, paratawai, puhi, puutake harakeke, riko, rino, tararahia, tararawhia.
eel, light coloured taarehe, toorehe, tuna reko.
eel, long finned oorea.
eel, migrating tuna heke.
eel, mud hao, koohau, tuna kohau.
eel, salt water tuna kaingara, tuna puharakeke.
eel, silver koopakopako, paakehaa, putu.
eel, small tuutuna.
eel, small black ngoringori.
eel, small kind of hikumutu, kaiherehere, mohu, mouanui, piiwekeweke, taataa.
eel, swamp ngehe.
eel, very large huuwhaa piko rua, kookoputuna.
eel, very small matairaira.
eel, white bellied horepara.
eel, yellow salt water kaingaaraa, puhikorokoro, puuharakeke.
eel, yellowfish tuna kaingara, tuna puharakeke.
eel, young ngaaeroero, ngooiro, ngorengore.
eel found in stagnant pools, species of whakaea.
eel pot hiinaki.

59

eel pot, entrance to akura, paamarangai, puuarero.
eel pot, large network puurohu.
eel pot, wicker hiinaki.
eel trap, South Island form of koohau.
eel weir rauiri, rauwiri.
eel weir, part of an parakai.
eel with large blue and gold eyes tuna ngahuru.
eels, young of poorohe.
efface horoi, uukui.
effect (noun) ariaa, rara.
effect (verb) whakamana.
effect by means of a spell whakaihi.
effect with accompanying kawa ceremony kawa.
effected pono, tae.
effecting a union whakarawe.
effective mana.
effective force niho.
effectual mana.
effort kaha, koha, kohakoha.
egg heeki (**Eng.**), hua.
egg case of paper nautilus nguu.
egress puakanga.
Egretta alba modesta kootuku.
Egretta sacra (see *Demigretta matook*)
eight waru.
eighteen tekau maa waru.
eighty waru tekau.
ejaculate, of speech tupere, tuperu.
eject pana ki waho, pei.
Elaeocarpus dentatus hangehange, hiinau, pookaakaa, whiinau.
Elaeocarpus hookerianus mahimahi, pookaakaa, whiinau puka.
elated hari, koa, manahau, manamanahau.
Elatostemma rugosum parataaniwhaniwha, parataniwha.
elbow tuke, tuketuke, whatiianga.
elder (adjective) maataamua, muanga.
elder (noun) kauheke, kaumaatua.
elder brother of a male tuakana.
elder child muanga.
elder sister of a female tuakana.
elderly, of a female kuia.
elderly, of a male koroua.
elders maataapuputu.
eldest brother or sister kauaemua.
electric eel tuuoro.

elegant huatau.
elevate huaki, mairanga, paaikeike, whakairi, whakakaurera, whakanoi, whakarewa, whakatairanga, whakatairangaranga, whata.
elevate upon poles pou.
elevated hiamo, iri, mooiri, noi, raangai, raangaingai, rewa, riaki, tairangaranga.
eleven tekau maa tahi.
Eliotris radiata kurahina, kuraihana.
eloquent wahapuu.
elsewhere ki hea raanei, ki teetahi waahi.
elucidate whakamaaori, whakamaarama.
elves, forest hakuturi.
Elytranthe colensoi **when in flower** korukoru.
Elytranthe **spp.** pirinoa, pirita.
Elytranthe tetrapetala pikirangi, pirirangi.
emaciate kohi.
emaciated ero, huhu, kiko kore, kohia, korotuuangaanga, maero, maiaka, mataero, paahehaheha, paiori, pakoko, poho kore, poroiwi, puanga, tuuai, tuupuhi, tuuwai, whiiroki.
emaciation, cause kaikohi.
embalm whakapakoko.
embankment maioro.
embark eke, iri.
embarrassed poorahu, poorahurahu, rau, roorii, taute, whakamaa.
embellish maihi.
embers of a fire ngaarehu, waro.
emblem of an atua amorangi.
emblem of atua carried by war party iorangi.
embrace awhi, awhiawhi, kauawhi, kauawhiawhi, keekeke, tauawhi, whakahiapo.
emerge ea, maea, puaki, puta, puureo, puurero.
emetic rongoaa whakaruaki.
emigrants, party of heke.
emigrate heke, maunu.
emit breath whakahaa.
emotion, strong panapana.
emotions, seat of the mahamaha.
emptied kohakoha.
empty hema, hemahema, iri, kautahanga, kooaha, piako, piango, puango, tahanga, takoto kau, tiiare, tiiareare.
empty headed hohore, hore.
empty out whakangita, whakapiako.
empty space hemanga.

enable whakakaha, whakamana.
enamoured wewehe.
encamp puni.
encampment kaainga, puni, puupahi.
encircle awhe, paakorokoro, rona, taiaawhio, tarawhiti, whawhe.
encircle with a binding tootaha.
encircled taka.
encircling pootae.
enclose hao, kopani, meri, poorohe, rohe, ruru, ruururu.
enclose in a fence ato, taaepa, taiapa, taiepa.
enclosed haupunu, taaparepare, taawhawhe.
enclosure paataka, raaihe.
enclosure for a trap paakaka.
encompass rarawhi, rawhi.
encounter (meet) tuutaki ki.
encourage tena, toi, toitoi, whakahauhau, whakamanawa, whakangahau, whakatenatena, whakatiitina.
encouragement manawa.
encroach aurara.
encroach upon auta.
encumber taipuru, whakarorerore, whakawheruu.
encumbered puuheki, puuwheki, raruraru, raru, raruraru, rorerore.
encumbrance kuukaa, kuutaa, taaweka, whakararu.
end, bring to an tauporo.
end, come to an porotukituki, porotutuki, pupau.
end (conclusion) hurumutu, mutunga.
end (extremity) akitu, koohiku, koomata, kou, moka, moremorenga, pito, poronga, timu, toopito.
end abruptly keremutu.
end on, be tohituu.
endeavour koha, puta te uaua, whakakoro.
ended mutu, pahi.
endurance, having great manawa tiitii.
endurance, man of taaiki ngapara.
enduring matatuu, taaroa, taimau.
enemy hoa ngangare, hoa riri, hoa whawhai, ito, whakaara, wheinga, whewheia
enemy, sworn uto.
enemy, treat as an whakataraweti.
enemy killed in battle ika-tapu.

energetic hihiri, hooriri, maataatoa, porou, toritori, tuu.
energetically, act hahau, hau, hauhau.
energise whakahohe.
energy hiringa, korou, ngao, ngoi, riaka.
enervate whakaruhi.
enervated hoonene, paaroherohe, parohe, poongenge, tuuruuruhi.
enervating hoonene, rorerore.
enfeeble whakaiwikore, whakangoikore.
enfold koopaki, ruruku.
engage rau, tuu.
engagement, general kakari.
England Ingarangi (**Eng.**).
Englishman Ingarihi (**Eng.**).
Engraulis antipodum kokowhawha, korowhaawhaa.
Engraulis australis (see *Engraulis antipodum*).
engrossed taauteute.
engulf punga, romi, roromi.
engulfed taamomi.
enjoy oneself haakinakina.
enjoyable rehia.
enjoyment rehia.
enlarge whakanui.
enmity mauaahara, pukuriri, whaainga.
ennui rohea, rowhea.
enough ka nui, kaati, rawe.
enough, it is heoi anoo, heoti anoo, paatai.
enquire ui.
enquire into by divination toro.
enraptured kohara, manawaruu, wehe.
enshrouded in mist taakohu.
ensnare kaareti, maahanga, paweke, piihere, reti, rore, taahere, taarore, tari, toherere, torohere, toromaahanga, whakahei.
entangle aarau, apoapo, heihei, hiirau, porowhiiwhiwhi, porowhiwhiwhiwhi, raraka, rau, rore.
entangled aarau, hei, hiirau, mau, piiroiroi, raka, rapa, rau, riroriroi, roorii, rorerore, taarorerore, taawhiwhi, takawhiiwhiwhi, takawhiwhiwhiwhi, tapiki, tauwhiwhi, whiiwhiwhi, whiwhi.
entanglement heihei.
Entelea arborescens hauama, houama, whau, whauama.

enter hou, pokopoko, tapoko, tomo, uru, urutomo, whao.
enter, cause to whakatapoko, whakatomo.
entering, act of urunga.
enterprising whakahiihii.
entertain manaaki, taurima, tuku, whakangahau, whakauwhi.
entertain as a guest whakamanuhiri.
entertaining aahuareka.
entertainment mahi whakangahau.
entice ngore, paatari, paataritari, paatoi, patou, poa, poapoa, taaruru, taki, whakapuku, whakawai.
entire katoa.
entrails kaapiro, ngaakau, puku, wheekau.
entrails of fish taapiki.
entrance kuuaha, kuuwaha, ngutu, taawaha, tarawaha, tomokanga, tomotomokanga, waha.
entrance of a cave ihi.
entrance of an eel pot rea.
entrance to a fortified paa waharoa.
entrap taarore.
entreaty inoi.
entwined taapeka, taawhiwhi.
envelop koopaki.
envelop food with leaves rautao.
envelop in mist taawaikohu.
envelope koopaki.
enveloping pootae.
envious harawene, mahira, puuhaehae.
envy hae, hahae, koohaehae, puuhaehae, puungaengae, tarahae, wene.
envy, exciting haetara.
enwrap ruruku.
Epacris alpina nehenehe.
Epacris pauciflora tamingi, tuumingi.
ephemeral rangitahi.
epidemic urutaa.
epidermis kiri tai, kiritahi, kiritai.
Epilobium microphyllum paapapa koura, papakoura.
equal hoorite, rite, tae.
equal to ineine.
equalise hoorite.
equipped with whai.
equivalent haangaitanga.
eradicate haepapa, hoepapa.
Erechtites quadridentata pekapeka.
erect, of penis mokiki, tora.

erect (adjective) hako, takotako, tuumatohi.
erect (verb) riariaki, tuu, whakatuu.
erect a stake pou.
erect position, assume an matika.
erected noi.
Erigeron canadensis haaka, kaingarua, porerarua, pouhawaiki.
err in repeating a chant pape, pepa.
erratic hikimoke, horehore, ikimoke.
erratic disposition haarakiraki.
erring hee.
erring, occasion of heeanga, heenga.
erroneous taapeka.
error hee.
error, be in pooheehee.
eructate puukanekane, puupaa, puutanetane, tane, tokopua, tokopuaha, tokopuuhaa.
eructation tokopuhake.
eruption of the skin paea.
eruption on the head paatito.
escape honea, hora, horo, kounu, mawhiti, mokohiti, mokowhiti, oma, ora, paheno, pahure, puta, puurere, rere, tipa, tupa, whakahore.
escape, place or means of rerenga.
escape from disaster puta te ihu.
escape narrowly mooariari.
escaped motu, pahika.
escaping, barely ora iti, ora noa, ora pito.
escort (noun) maru.
escort (verb) aarahi.
escort and meet visitors taupaepae.
escorted maru.
essence iho, waiwai.
essential waiwai.
essentiality tino, waiwai.
establish paraakiri, pou, ruruku, whakanoho, whakapuumau, whakaturuma, whakauu.
established mau, tuaukiuki, tuuroa, tuu, whakamau.
established peace rongo taketake.
estimation, anything held in high kairangi.
estranged mooriroriro.
eternal mutunga kore.
Eudynamis taitensis kaweau, kawekaweaa, kawekaweu, koehoperoa, koekoeaa, koekoeau, kokoea, koohoperoa, kuekuea.

Eudyptes **exhausted**

Eudyptes pachyrhynchus pokotiwha, tawaki, tawhaki.
Eudyptula minor kororaa.
Eugenia maire kaiwaka, maire tawake, puka, tuhuhi, whaawhaakou.
Euphorbia glauca waiuu atua, waiuu o kahukura.
Euphrasia cuneata tutae kiore, tuutuumako.
evacuate the bowels tiko.
evade a blow tuku.
evanescent memeha.
evaporate whakaeto.
evaporated toomiti.
evasive whakaperori.
Evechinus kina.
even (uniform) paparoonaki, roonaki, tautika.
even-grained ngako.
even surface papatairite.
evening ahiahi, ahiahitanga, aiahi, maruahiahi, maruke.
event mahi, mea.
ever ake tonu atu.
every katoa.
evident maarama.
evil kino, poautinitini, whiro.
evil deed maahie, mahi kino.
evil omen aituaa, kaupapa tahuri.
evil smelling piro, puuhaunga.
Evolantia microptera maroro.
exact (accurate) tika tonu.
exact (precise) tino.
exalt whakanui.
exalted hiamo, tiitike, tiketike.
examination (inspection) maatakitanga.
examination (test) whakamaatautau.
examine aarohi, maatai, tiro, titiro, torohee, whakatau.
example tauira.
exasperated haurangi.
excavate huke, whakakoorua.
excavated areare.
exceed hau, nui atu.
exceed in length hipa.
exceeding in length pahika.
exceedingly maarika, puu, rikiriki, whakarere.
excellence hiranga, huhuatanga, pai, rawe.

excellent huarangi, kairangatira, mounga, pai, rawe.
except (not including) haaunga.
exception rerenga.
exception, leave no whakapau.
exception, without oropapa.
excess hau, taawere.
excess, be in hau.
excess over a certain number hara, hemihemi.
excessive inati, kutikuti, rikarika, toroihi.
exchange hohoko, hoko, hokohoko, kurutete, whakawhiti.
excite hawene, taunanawe, whakaongaonga.
excite one's affections tokomauri.
excited hiamo, koorawa, manawa wera, wairangi.
excited or kindled, as feelings nanawe, nawe.
excited or ridiculous manner, act in an whakapohane, whakapoohanehane.
exclaim peha, pepeha.
exclaim in astonishment ngongoro, whakapaaha.
exclamation at noise hoihoi, ongaongatahi, turituri.
exclamation of contempt tou parahua.
exclamation of surprise aawaiaa.
excluding aua ake, haaunga.
excoriated paea.
excrement hamuti, haumuti, hawa, hawahawa, kurakura, parakaingaki, parakoiweta, paranga, parapara, paraweta, paru, roke, taa, tae, tuutae, weta.
excrement, human hamiti, hamuti.
excrescence tona, tonatona.
excrescence or bol on trunk of tree pukuwhenewhene.
excreta karaweta.
excreta of wood boring insects kota.
excuse (pretext) takunga, takutakunga.
execrate kanga.
exert oneself tetee, whaawhai, whakatiieke, whakauaua, whakawheenanau.
exertion kohakoha, titina.
exhaled, be puaki.
exhaust whakapau, whakaporo.
exhausted horotete, huuhee, koongenge, kupa, kuu, mahiti, maninohea, marore, miiere,

exhausted

ngawhewhe, ngawhingawhi, pau, pukaa, pupau, rokiroki, ruhi, taiaroa, tangetange, tawari, tina, tuurohi, whakaruhi.
exhausted, of land huuiki, puuwhenua.
exhausted by cultivation tohetea.
exhausted by frequent cultivation huuiki, kiirea, tiitoohea.
exhaustion ngenge, taangaengae, titina.
exhaustive whakapau.
exhaustive character of an action poto.
exhibit unu, whakaatu.
exhume ehu.
expand (cause to enlarge) whakanui.
expand (cause to open out) whakamakoha.
expand (enlarge) nui haere.
expand (open out) taawhaki, tiiwhaki, tiiwhera, tiiwherawhera.
expand on all sides tautorotoro.
expanded horahora, makoha, makowha, rauraha, roha.
expansive raurarahi.
expect (await) tatari.
expect (hope) tuumanako.
expectorate tuha, wharo, wharowharo, whawharo.
expectoration wharo, wharowharo, whawharo.
expedition pahii, waitaua.
expedition for attack taiapu.
expedition to avenge hikutoto, taua toto.
expel pana, pei, tuuhiti, tuuwhiti, unga.
experience, person of tautoohito.
experienced maatanga, puukekotia, tahito, tawhito.
expert, an tohunga.
expert, be maakohakoha, ngaio, pou, puu, raka, rehe.
expire mate, moonehu.
explain whakamaaori, whakamaarama, whakamahuki.
explanation maaoritanga, maaramatanga.
explode pahuu, papaa, pehu.
explode in succession tiripapaa.
explore hoopara, toro, torohee.
explored, thoroughly toomene.
explosion pahuu, rengapapaa.
explosive sound huu.
expose huke, hura, rakorako, tauaki.

extract

expose oneself to danger whakaraerae.
expose the person whakapohane, whakapoohanehane.
expose to the wind whakapuuangiangi.
expose to view kohura, tiari, whakaari.
exposed hoorakerake, pahore, puare, tiiraha.
exposed to dew whakatoki.
exposed to view maarakerake, marake, pahora, rakerake.
express, as liquid tatau.
express affection mihi.
extend hokahokai, kurahorahora, mamanga, nuku, pakuu, rau, tautoro, tiikei, toro, tutuki, whakaea, whakaineine, whakakurepe, whakamaaroo.
extend and retract alternately hookaikai.
extend oneself tautoro.
extend the limbs tauhookai.
extend to tae.
extend towards whakarourou.
extended auroa, hookai, korahi, maaroha, maraha, mikiki, mooiri, patetea, raha, rapa, roraha, takiraha, takotako, tiipaa, umaraha, whangawhanga.
extended, as the arms rauroha.
extended on either side like wings paakauroha.
extended sideways kahurapa.
extension of space paapara.
extension or increase roko.
extensive korahi, whaanui, whaarahi, whakatikotiko, wharaurarahi.
extent korahi.
exterminate tipihauraro.
exterminated mate a moa, mimiti, orotaa.
extinction korehaahaa, meto.
extinguish pio, poko, tinei, tinetinei.
extinguished keto, kewa, kewakewa, mate, meto, ngio, pio, pirau, piro, piroku, poko, pokopoko, tenga, tiipoko, weko, weroku, weto, wheko.
extinguished, of feelings maataotao.
extirpate whakamootii.
extirpated mootaataa, mootiitii.
extol whakahirahira, whakanui, whakarangaranga.
extort apo.
extract hiikaro, kohika, whakapuureo, whakapuurero.

extraordinary   **eyes**

extraordinary atua, autaia, haraki, inati, korokee, rere kee, whakaharahara.
extravagant with food nihowera.
extremity koomata, matamata, moka, more, moremorenga, pito, toopito, tuku.
exudation koware, tatahe.
exude tahe, tooii.
exult whakamanamana.
exultation whaawhaapuu.
exulting manahau, manamanahau.
eye kaikamo, kamo, kanohi, karu, konohi, mata, nohi, pii, puukanohi, puukonohi, whakangita, whatu.
eye, as in potato puukanohi, puukonohi.
eye of the wind kootore.

eye socket kape.
eye tooth niho rei.
eye with upper lid turned inside out karu koowhiti.
eyebrow kape, nana, peruperu, pewa, rewha, tukemata.
eyebrows, having no mata hewa.
eyebrows, raise manana, whakanana.
eyelash huri kaikamo, huru kaikamo, kamo, kamonga.
eyelid kamo, rewha.
eyelid, double back the maahoe, piitore, tiitore.
eyelid, lower paeraro.
eyelid, upper paerunga.
eyes closed, keeping the momoe.

F

fable koorero tara, korero parau, pakiwaitara, puuraakau.
fabric hanga.
fabrication he koorero tito.
face kanohi, konohi, mata, nohi, whakangita.
face, cause to, in a certain direction whakaanga.
face about huritaitua.
face directly towards anganui.
face in different direction, cause to papare, pare.
face of a cliff pohonga.
face towards anga, aro, tauaroaki.
face upwards, lie tiiraha.
facing boards of house gable maihi.
facing towards one hakehakeaa, tauaro.
fact mea.
factory wheketere (**Eng.**).
fade from sight rerehu.
faded haamaa, haatea, horeta, koorae, maa, maarari, maawhe, muhani, ngio.
fading away taaromaroma.
faggot kaaunga, motunga, peka.
fail hee, makere, paheke.
fail, of breath naenae, ngaengae.
fail of fulfilment taka.
fail to catch fish or acquire property kuurapa.
faint (indistinct) muhani, tooriki, toorikiriki, tooririki.
faint (swoon) hauaitu, hauhauaitu, taaporepore, tapore, tirehe.
faint (weak) hemo, maiangi, takarangi, waitau.
faint from hunger maiengi, porepore.
faint hearted harotu, hoopiipii, hopii, koopipiri, mooteatea, taiatea, tunutunu.
faint sound kikihi.
faintly perceptible maaheahea.
fair kiritea, koorakoraco.

fair, of hair kakaho, pawhero.
fair, of weather matatea, paki, tuupaki.
fair (just) tika.
fair fight riri awatea.
fair in complexion kirikotea.
fairy heketoro, karitehe, koorakorako, paiarehe, parehe, patupaiarehe, patuparehe, rangipokohu, tahurangi, tuurehu.
faith whakapono.
faithful pirihonga, pirihonge, pirihongo.
Falco novaeseelandiae kaaeaea, kaaiaia, kaaieie, kaarearea, kaarewarewa, kaauaua, kaiawa, kakarapiti, taawaka.
fall makahinga, marere, ngahoro, taihinga, taumarere, whenuku.
fall, as a fortress horo, paahoro.
fall, let oneself ruku.
fall, of blows tau.
fall, of rain rere.
fall abundantly huatau.
fall away taka.
fall back upon forces in the rear inaki.
fall flat porohaa, porowhaa.
fall frequently or in numbers hingahinga.
fall from a height makere.
fall from an erect position hinga.
fall from an erect position, cause to whakahinga.
fall headlong tuupou.
fall heavily hapuru.
fall in drops koopatapata, pata, rui, rurutu, rutu.
fall in fragments horo.
fall in numbers hihinga, taataka, takataka.
fall in one's way pono.
fall off, cause to whakataka.
fall off bit by bit ngaahorohoro.
fall off something horo, taka.
fall or drop out papahoro.

fall out riaki.
fall through the air whakaangi.
fall to one's lot taka.
fallen trunk of tree puuwai.
fallen upon hingaia, horoa.
fallow paatohe.
false haawatewate, hori, horihori, keeaa, maakiri, meho, ngutu tere, papahu, papepape, parau, patee, ruukahu, ruupahu, tahupera, tapeha, tapeka, teka, tipatipa, warahoe.
false impression, under a hewa, hewahewa.
false step, make a tapape.
false stroke, make a hara.
false stroke with the paddle nape.
falsehood koorero tito, pape, parau.
falsify aweke, tahupera, whakatapeha.
falter tapatu, tapepa.
fame rongo, rongonui.
familiar rata, takapui.
familiar spirit haurakiraki, taapui.
familiarised taunga, waia, wainga.
family hapori, ngare, puninga, puutoi, whaamere (**Eng.**), whaanau.
family encumbrances huunuku.
family group whaanau.
family in which offspring are all male ure paakaha.
family with many scions taro puia nui.
famine kuuii, waa kaikore.
famished pakaroa.
famous hau, rongonui.
famous, become aranga.
fan kooheuheu, koowhiuwhiu.
fan, to poowaiwai, poowhiriwhiri, toowhiri, toowhiriwhiri.
fan a fire taawhiri.
fan to keep flies away paatiki, patungaro.
fancy pohewa.
fantail hiirairaka, hiitakataka, hiiwai, hiiwaiwaka, hiiwakawaka, kootiutiu, piirairaka, piirangirangi, piitakataka, piiwaiwaka, piiwakawaka, tiiaiaka, tieaka, tiiakaaka, tiirairaka, tiirakaraka, tiiraureka, tiitakataka, tiitiirairaka, tiiwaiwaka, tiiwakawaka, wakawaka.
far apart hookai.
far away mamao, whaamamao.

farewell e noho, e noho ra, haere ra, hei konaa, hei konaka, hei konei.
farm paamu (**Eng.**).
farmer kaimahi-paamu (**Eng.**).
farther side koo atu.
farther side of a solid body taitua, tua.
fascinated manaruu.
fashion ahu, ahuahu, auaha, hanga, hangahanga, raweke, taa, taarai, taarei, taratarai, whakaahua.
fast, make whakangita, whakawhirinaki.
fast, to nohopuku.
fast (quick) hohoro, kakama, kookiikii, tere.
fast (secure) ita, itaita, kita, ngita, tina, whita.
fast with a line, make pona.
fasten taamau, tautara, whakamau, whakananawe, whakapiri, whakatina, whakawhiwhi, whiwhi, whiwhita.
fasten a fish hook to a line takaa.
fasten a net to a hoop whakatutu.
fasten bow piece to canoe mimira.
fasten by lacing kootui.
fasten or sew with a pin or needle toromoka.
fasten round the wrist tiipona.
fasten thatch on roof nanati, nati.
fasten to a stake pou.
fasten together side by side karapiti.
fasten two canoes together unua.
fasten up renarena, tuitui, whakarawe.
fasten up a kete peho, pehopeho, tauwhiwhi.
fasten with a knot tiipona.
fasten with a peg karatiti, maatiti, makatiti, titi.
fasten with a slip knot mokowaha.
fasten with a spike taratiti.
fasten with cord here, hootiki.
fastened, securely katete.
fastened to piri.
fastidious manaia, mookinokino, warahoe, whakatarapii.
fasting puku.
fat koohuehue, kupere, maaretireti, matuu, metimeti, moomona, motuu, nene, ngako, ngene, ngenge.
fat (grease) hinu.
fat bird, a he manu tuatea.
fat covering entrails matakupenga, paa, taupaa, whiwhi.
fat covering kidneys aro.

67

fat-hen

fat-hen huainanga.
father haakoro, kohake, koro, matua, paa, paapaa, uretuu.
father, true paapara.
father-in-law hunarei, hunarere, hungarei, hungawai, huungoi, poupou.
fathom maaroo.
fatigue huuhi, maakinokino.
fatigued ngenge, tihohe, tuungarangara, tuuranga, tuurangaranga, whakangehengehe.
fault hee.
fault, be at nanawe, nawe.
fault-finding toretore.
fault in reciting a spell whakapuru.
fault with, find haku, kairiri, whakahee, whakakoha.
faulty, of carving muhu.
favour aro, popore.
favourable arotau, rorotu, rotu.
favourably disposed towards mariu.
favourite makau, paaruhiruhi, paruhi.
fear hae, hahae, ihiihi, kuku, kumu, mataku, mooniania, toera, tumakuru, uruwehi, wanawana, wehi.
fear (be afraid of) kuku, kumu, uruwehi.
fear, crouching in huuiki.
fear, disquieted with koorapa.
fear, overcome with hinga.
fear, paralysed with mae.
fearful hopo, hopohopo, koera, matakaa, matakakaa, mataku, mooteatea, taahuhunu, taitea.
fearless maataatoa.
fearsome hautupua, kaiora, wanawana.
feast haakari, haukai, whakatihi.
feast, return paremata.
feast, tribal kaihaukai.
feast connected with aristocratic marriage kai kootore, umu kootore.
feather hau, huru, huruhuru, rau, raukura, taa, whaa.
feather, tail hou.
feather of wing, primary large quill kiira.
feather streamer on canoe, lower puhimoana ariki.
feather streamer on canoe, upper puhiariki.
feathers, bunch of puhi.
feathers, decorate with puhi, puhipuhi.

female

feathers, long tail, of cuckoo maeko.
feathers, red kura.
feathers, secondary wing waitiripapaa.
feathers from wing of albatross kaiwharawhara.
feathers of albatross or heron, white awe.
feathers of parson bird, white throat kumikumi.
feathers of the huia huia.
feathers of the parson bird, white throat peruperu.
feathers of the white heron kootuku, taatara.
feathers of wings of a bird matakiirea.
feathers thrust through septum of nose pooniania.
feathers worn in the ear, bunch of poohoi.
February Pepuere (Eng.).
feeble iwikore, kaarorirori, koongehe, koongongengonge, mooioio, ngohungohu, taangenge, takurutu, wairuhi.
feeble in growth, of plants weetara.
feebleness kahakoretanga.
feed whaangai.
feel rongo.
feel (touch) whaawhaa.
feel a longing okaka.
feel after muhu.
feel for with the hand haarau.
feel indistinctly hakiri.
feel love or pity aroha.
feel with hand nanao, nao, whaawhaa.
feeler weri.
feelers of crayfish hihi.
feeling ariaa, kohengi, koohengihengi.
feelings, seat of aro.
feign maaminga, whakaheke, whakakikoika, whakatau.
feign flight manukaahaki, manukaawhaki.
feigned whakakiko, whakakikokiko.
feigned retreat hawaiki pepeke, kaakahu haehae, ohiti, ohitu.
feint hoka, tauteetete, whakahopo, whakarehu, whakateeteka, wheta.
fell rutu, tope, tua.
fellow kooiwi, korokee, maaia, nauhea, nauwhea, tawhiti, tuatangata.
female wahine.
female, generally of animals uha, uwha.

female

female ancestor whaawhaarua.
female cousin or sister of a male tuahine.
female of animals and trees kouwha.
fence ari, kawata taiepa, maaihe, taaepa, taatara, taiapa, taiepa, takitaki, tiiwata, tiiwatawata, waawaa.
fence, makeshift paahikohiko.
fence interlaced with twigs rauiri, rauwiri.
fence of a fort, innermost paraakiri.
fence of a fort, long side kaungaroa.
fence of a fort, main kaatua.
fence of a fort, outer kereteki, pekerangi, teki, wiitaa.
fence of horizontal poles between stakes kaarapi.
fence of sticks, light rude whitiwhiti.
fence round a grave urupaa.
fenced enclosure paakoro, raaihe.
fend piki, whakangungu.
fend off paarai.
fender (of fire) aarai ahi.
fermented ii, karapeepee, maahii, maaii, moii, toroii.
fermented cockles paruparu.
fermented juice of tutu tewe.
fern, a heruheru, horokio, huruhuru o nga waewae o Paoa, huruhuru tapairu, huruhuru whenua, irirangi, katute, kawakawa, kiokio, kiwakiwa, kiwikiwi, kootara, koowaowao, korokio, koropio, maaereere, maakaka, maataa, maataataa, mahuika, maikuku moa, maikuku o Taawhaki, makamaka, makawe tapairu, makehu, manamana, maratata, mauku, mouki, mouku, mounga, mukimuki, ngaa makawe o Raukataurei, ngutu kaakaariki, ngutungutu, nini, paahau kookako, paakauroharoha, paanako, paaraharaha, pananehu, paranako, parenako, paretao, peretao, petako, petipeti, pikopiko, pirikawa, piripiri, piupiu, pouata, puakarimu, pukupuku, puuniu, puunui, rarauhe mahuika, raukataurei, raumanga, raurenga, rautuku, rereti, taakaka, taaniwhaniwha, tapuwae kotuku, tarawera, tawatawa, teetee, teetee kura, tii-taranaki, tupari, turukio, tutoke, waewae kaakaa, waewae kootuku, waewae matuku.
fern, a creeping hiawe.

fertile

fern, a large uhi para, uwhi para.
fern, a tree kaatote, kaponga, katote, peehiakura, tio, tirawa, tuukirunga, whakauruwhenua, whee, whekii.
fern, climbing mangemange.
fern, drooping epiphytic whenuku.
fern, edible uwhi-para.
fern, horseshoe parareka.
fern, kidney kopakopa.
fern, king para.
fern, tree, hard black stem of a kaatote.
fern, umbrella waekura.
fern, young fronds of koorau, miha, mookehu.
fern bird kootaataa, koroaatito, korowaatito, kuukurutoki, maataa, maataataa, maatuhi, nako, ngako, wetito, whetito.
fern bird, call of the koretii.
fern cultivated for edible rhizome paratawhiti.
fern freshly grown after being burnt tope.
fern land, inferior tuaeke.
fern land in the forest koopure aruhe, koowao.
fern or brush used in taking elvers koere.
fern root aruhe, koowauwau, maakaka, maarohi, mohani, peka a Haumia, putuputu, roi.
fern root, a variety of paapaawai, paapaka, paawhati, parahou, puahou.
fern root, badly roasted katiwera.
fern root, cake of pounded meke.
fern root, choice kooauau, para, tukurenga.
fern root, figuratively Haumia roa, Haumia tiketike.
fern root, flesh brownish in colour maapara.
fern root, hairy on top, smooth below koohuruhuru.
fern root, inferior arero parera, kakanui, paarara, pakakohi, pehapeha, tuakau.
fern root, place where dug paakihi, taawaha.
fern root, pounded komeke.
fern root, stack of katihi.
fern root, thick moheke.
fern root, young rotari.
fern root of a particular quality huirau.
fern root prepared for a journey omeke.
fern root with coarse fibres paitu, paranui.
fern sunk in water to catch crayfish whakaweku.
fertile haumako, moomona.

fescue

fescue, seaside pouaka.
fester pahupahu, tongako, whaaraki.
Festuca littoralis maatiatia, maatihetihe.
fetch tiki, toki.
fetid haaruru, piro.
fever kiri kaa.
fever, low karawaka.
feverish cold kauanu.
few kootahitahi, moku, ngoouruuru, okotahi, okuoku, oruoru, ouou, pota, riki, ruarua, torutoru.
fibre kaka, weu.
fibre, as of fern root or timber aukaha.
fibre of flax, prepared muka, whiitau.
fibres, full of hard kaakoa.
fibres in fern root taakaka.
fibula kapiti.
fiction pakimaero, pakiwaitara.
fidgety maikutu, manawaruu, oreore.
field paatiki (Eng.), taiapa.
field of battle tumu.
field of operation kainga.
fierce aungarea, horepatatai, horetaataa, horetiitii, muha, niwha, rootari, taataahau, tainanakia, tarakaka, taratutuu, totoa, uraura, wawana, whaaura.
fierce looks rootari, tukemata.
fierce or savage, look ngeri.
fifteen tekau maa rima.
fifth tuarima.
fifty rima tekau.
fig piki (Eng.).
fight akitu, kakari, kekeri, raupatu, riri, taatai raakau, whawhai.
fight, method of conducting hiwi maire.
fight, thick of the haputa.
fight at close quarters aapiti, aapitituu, riri aupaki.
fight between two persons kaakari.
fight fiercely nguha.
fight in the open riri maanahanaha.
fight with tuu.
fight with loss on both sides haupaarua.
fighting man ika.
fighting men of a tribe arero whero.
figure ropi, whika (Eng.).
figure in native carving wheku.
figure of speech peha, pepeha.

fine

figure on gable of house tekoteko.
figure placed on the gable of a house koruru.
figurehead, lower portion of canoe whakaparata.
figurehead of a canoe koneke, paakurukuru, pakoko, piitau, tauihu, tekoteko.
figurehead of canoe without arm or leg teetee.
file (implement) whaiuru (Eng.).
file of an army kaha.
file of men tira, tuutira.
fill whakakii, whakakikii, whao.
fill up, as a spring renga.
fill up a space kakapi, whakakapi.
fill up gaps where plants have failed kookuhu.
filled tomo.
filled, partly takere.
filled out taukoru.
filled out to roundness kukune, kune.
filled up kopuu, puni.
fillet (headband) kauheke, pare, tauri.
fillip koropana, pana, tupana, turapana.
fillip with finger and thumb toropana.
fillip with the finger maapere.
film (movie) pikitia (Eng.).
filth hawa, hawahawa, karaweta, kerakera, parakaingaki, parakoiweta, parapara, paraweta, taahae, tae.
filthy maniheko, manuheko.
fin pakihau, pakikau, pakipaki.
fin of a fish puureehua, tira.
fin of a fish, soft popoia.
fin of a fish, throat pakihawa.
fin of flying fish paihau.
final whakamutu, whakaoti.
final or parting instructions koha, poroaki.
find kite.
find fault with tapi, tapitapi.
fine, as thread tarapii.
fine, of texture angiangi.
fine (handsome) ranginamu, toorire, toorirerire, wana.
fine (not coarse) puaheri, rauangi, rauiti.
fine (weather) aupaki, kaakaamaroke, marino, paaruhiruhi, paki, paruhi.
fine day in winter raa mokopuna, raa moomoohanga.
fine grained, of grinding stone matarehu.

fine   **fish**

fine weather, settled pakiwaru.
fine weather after rain tiihore.
finger koikara, kooiti, kooroa, korokoro, kotakota, kotikara, maihao, matihao, matikara, matimati, mikao, morimori, toi, too.
finger, especially on carved figures haohao.
finger, index kooroa, kororoa, takonui, takoroa.
finger, ring maanawa.
finger, second koomaatuatua.
fingor, third kootama.
finger nail kotikara.
finger or toe, little kooiti, koroiti, tooiti.
finger or toe, middle maanawa, maapere.
fingering on a flute pokipoki.
finish (cease) hurumutu, whakamutu.
finish (complete) whakaoti.
finish (use up) whakapau.
finished mate, mutu, poro, porotuu.
finished (completed) oti, tutuki.
finished (used up) pau.
fins of a fish, side hoehoe.
fins of a sting ray, side hopehope.
Finschia novaeseelandiae piipipi, pipirihika, tiitirihika, toitoi.
fire ahi, hatete, kaapura, kanaku, kora, mapura, maute, ngiha, paahunu.
fire, cover with ashes to smoulder koomau, koomou, kuumou.
fire, covered ahi koomau.
fire, make by friction hika ahi, waniwani.
fire, sacred tiirehurehu.
fire, set on tahu.
fire a gun pupuhi.
fire a volley at taipara.
fire-arms koopere tupua.
fire connected with rites for dead ahi paahikahika.
fire for purifying purposes ahi kerakera.
fire with rack or grid for roasting ahi matiti.
firebrand koongotungotu, kounga, moomotu, moounga, motumotu, ngoongotu, ngotungotu, pepeke moomotu.
fireplace on a canoe ahipua, paakaiahi.
fireplough kaikoohure, kauhure, kaurimarima, koohure, wani.
fireplough, bed of kauahi, kauati, kaueti, kaunati, kaunoti, kauoti.

fireside, keeping to the kiriahi.
fireside, one who stays by the piri ahi.
firewood koohure, peka, piirahu, piiraka, piirakaraka, piiraku, wahia, wahie.
firewood, dry pioe.
firewood in cone shaped pile kootutu wahie.
firewood that will not blaze wahie takurutu.
firm akuaku, au, hurumanu, kukuu, mou, nawenawe, ngita, paakaha, papawheki, taketake, tina, toka, uka, uu, whena, wheuka, whita.
firm, make turuturu, whakauu.
firmly ngoto.
firmly rooted taamore.
firmness uaua.
first aatua, maataamua, matatua, mataati, mua, pekepoho, te tahi, tuatahi.
first, at i te pito, i te tuatahi.
first born maataamua, muanga.
first born female tapairu.
first born male or female ariki.
first fish caught, returned to water ika whakataki.
first fish caught in a new net ika a Tangaroa.
first fish caught in new canoe ika waka.
first fruits mata, taitai, tuuaapora.
first fruits of kuumara maomaoa, tamaahu.
first fruits offered to the ariki kaimua.
first person slain in battle ika i te ati, maataaika, maataangohi, mataati.
first planting in new cultivation koaru.
first procured or produced mataati.
first time, for the oroko.
fish ika, ngohi.
fish, a aahuru, aahuruhuru, aho, ahoaho, angengi, araara, arorua, atihaakona, atirere, atuhaakona, aturere, atutai, haapuku, haapukupuku, haareeree, haature, hahau, haku, hakuraa, hangenge, hauhau, hauhauaitu, hauture, hawai, hiku, hinamoki, hiwihiwi, hoka, hokahoka, hokarari, hoki, hopuhopu, horopekapeka, huamutu, hue, hui, ihe, kaahorehore, kaataha, kaawhia, kahawai, kakawai, kakere, kanae, kanakana, kapua, karahi, karainanga, karangaungau, karari piri koowhatu, karari, karatii, karekopu, karokaropounamu, katirimu, kauaeroa, kauparapara, kaupararaa,

71

fish kawikawi, kehe, kiriri, koara, koarea, koeae, kohikohi, kokowhaawhaa, kooauau, kooawheawhe, kooeaea, kooheriheri, kooheru, kookiri, kookopu tootarawhare, kookopuruao, koomutumutu, koongutungutu, koopakopako, kooputaputa, koopuuhuri, koopuutea, koopuutootara, koopuuwai, koopuuwaitootara, kooraerae, kooraki, kooriwhariwha, kootaratara, kooukauka, koowaitau, koowarowaro, koowerewere, koowhiti, kopiipiro, kopukopu, korae, koria, koroama, koroamo, korokoro, korokoropounamu, koropepe, koropuupuu, korowhaawhaa, kotakota, kouarea, koukoupara, kourea, kuumata, kumukumu, kupae, kuparu, kurahina, kuraihana, kuraituhi, kuruhunga, kutikuti, kuungongingongi, maahuruhuru, maaireire, maanihira, maarearea, maaruru, maataa, maataataa, maire, makawhiti, makumaku, makuta, mangaa, mangaa kati ao, mangaa tuutara, manguaawai, manua, maomao, marakuha, mararii, maratea, maraua, maroro, mataahura, matahina, matakaa, matamata, matamataraupoo, matuawhaapuku, moeanu, moeone, mohi, mohiaru, mohiwai, moho, mohoao, moki, moohakihaki, moowhakiwhaki, mounutoto, muritea, mutumutu, muu, nanu, nanua, ngaakoikoi, ngaaoheohe, ngaatatara, ngaiore, ngaore, ngehe, ngehi, ngei, ngorengore, ngutoro, nihoriki, oia, oru, paahiwihiwi, paaiwiiwi, paakaurua, paakirikiri, paakohikohi, paakoikoi, paakurakura, paangarangara, paangoengoe, paangohengohe, paangoungou, paaniwhaniwha, paanokonoko, paanonoko, paao, paapaa, paapaauma, paapaka, paapane, paara, paarake, paarera, paariikoi, paariikou, paarikiriki, paataitai, paatangaroa, paatangatanga, paatiki, paatiki mohoao, paatiki rori, paatiki totara, paatootara, paatutuki, paawerawera, paea, pahuhu, paihau, pakahara, pakeke, pakoko, panoko, panokoreia, papahu, papaki, papangoko, papanoko, parahoe, parakau, parakoka, paratete, paratohe, pariwhakatau, parore, patati, pau, pauri, peke, pepeke, piiokeoke, pioke, poaruu, pohuiakaroa, pokororo, poonaho, poorae, puaawai, pukai whakarua, pukeru, punihorua, punipuni, purumorua, puurahurahu, puuwaiwhakarua, puuwhaiau, raataahuihui, raawaru, rangiriri, rarahi, rarai, rarii, raukura, rehe, reperepe, roha, rota, rua, taahurihuri, taarnure, taangaangaa, taangahangaha, taapora, taapurupuru, taaroto, taataraamoa, taataraawhare, taawauwau, taharangi, taiharakeke, taiwaru, takawaru, takeke, tangiharuru, taraawa, tarakihi, tarao, tarore, taumaka, tawatawa, terehu, tewetewe, tiikati, tikihemi, toa, toitoi, toke, toreanu, tukipuu, tukuperu, tukupuu, uku, upokohue, upokokawa, uturi, waiari, waiehu, waikeo, warahoe, warehenga, warehou, wariwari, whaangai mokopuna, whaapuku, whai, whakatupua, whakawaiata.
fish, edible, small striped kueo.
fish, fresh water ara, arero kurii, kaarengorengo, kaore, karawaka, karawaka maa, karawaka puutore, koara, koaro, kokopara, kookopu, koowharowharo, kowaro, maehe, matiwhitu, miroiti, mohimohi, mohitarakau, more, moruru, nauhuri, nehe, ngohongoho, paapakiuma, paarare, paariri, paateetee, pahore, pakewharu, panepane, paneroro, papane, paraki, parauri, patorongu, pokotohe, puhi, puupuuraupoo, rakahore, raumahehe, reereetawa, roorooai, rooroowai, roowai, ruao, ruwao, taataraakura, taiwharu, tiipokopoko, tiitarakura, titikura, tohitohi, tooruhi, tootoronguu, upokororo.
fish, string of pona.
fish, to hii ika.
fish, young of poto.
fish, young of fresh water poorohe.
fish basket tauremu.
fish by placing net in tidewater paapua.
fish cooked longer time than usual pakarara.
fish for eel with bob toi, toitoi.
fish in poor condition hiwi.
fish like a minnow paarikoriko, pariko.
fish like moki, small pokoteke.
fish opened and dried paawhara.
fish or reptile, sea tarakumukumu.

fish

fish resembling maomao paapapa.
fish resembling paakirikiri paruu.
fish resembling tuatara pepeke.
fish similar to *Coridodax pullus* takakaha.
fish similar to inanga mata.
fish similar to kaupararaa nguture, upokotuutakirua.
fish similar to kookopu para.
fish similar to mohi tohitohi.
fish trap or corf korotete.
fish which buries itself in the sand kuutoro.
fish which hides under stones, small papawharu.
fish with a line hii, huhuti, huti, makamaka.
fish with a line from the shore maangoingoi.
fish with a rod matira.
fish with bones removed koohaha.
fish with poisonous spines nohu.
fish with prominent teeth paatangatanga.
fish-hook maka, matau, matika, noni, okooko, piihuka (**Eng.**), reke.
fish-hook inlaid with haliotis shell paaua, pakirori.
fishing bob kaitau.
fishing ground ranga, taunga, tauranga.
fishing line aho, nape.
fishing line, detachable portion of a toro.
fishing line, lower portion of a whakamira.
fishing net kupenga, rangatahi, toorehe.
fishing net, first part in water tuu.
fishing net, form of tuurangaapa.
fishing rod kaatira, kotire, manana, matira.
fissure piere.
fissure, small matore.
fissured maatatatata, maatoetoe, ngaataatata, ngaatatatata, paawhatiwhati, piiereere.
fist sized ringatahi.
fit (physically) ora, whiti (**Eng.**).
fitful wind puurekereke.
fitting ao, whakarawe.
five rima.
fix ngahu, pou, whakamau, whakanoho, whakatina.
fix a strip on gunwale of canoe iriiri.
fix knowledge in mind of pupil pou.
fix the attention on whakamau.
fix with an anchor punga.

flat

fixed maahoi, mau, mou, puumau, tina, tuumau, tuumou, tuuturu, uka, upa, uu.
fixed, firmly tupu.
fixed, not katote.
flabby koowariwari, kuureherehe, ngehengehe, ngohungohu, piipii.
flaccid koopiipii, kopii, kupakupa, momohe, ngongohe, ngore, parure, piikawikawi, piingohengohe, pingohe, taakohekohe, taroma, tiihoo, tiihoohoo, tiimohea, whakanewa, whakaparure.
flail karawhiu.
flake whaa.
flake of stone paara.
flakes of cloud or mist tae.
flame hahana, hana, mura, ngutungutu.
flame, burst into papahuu.
flange at the back of the maihi parawai.
flanking angle puukoro.
flap arohaki, arowhaki, tiirepa, tiireparepa, whakawai.
flap or shake in the wind kapakapa, kopekope.
flap the wings aroarowhaki, takarure.
flapping haangengangenga, pohepohe, whitirua.
flash huki, kapo, karamu, kohiko, kookirikiri, koopura, koorapu, maapura, muramura, namunamu, nanamu, rapa, rarapa, riiraparapa, uira, wheriko.
flash, as lightning hiko, kohera, koohaa, koowhaa, kowhera.
flash frequently kootamu, kootamutamu, koowhakiwhaki.
flash repeatedly hikohiko, kapakapatuu, koowhaawhaa, pura, raparapa.
flash upon one wheriko.
flashing kaaraparapa, tamutamu.
flat paaraharaha, paparite, papatahi, paraha, pararahi, rapa, rihi, takiraha, tiirara, tuupaa.
flat, of land papatika.
flat and broad rapa.
flat and hard papa.
flat cake of meal from fern root parehe.
flat fish, species of paatiki, raututu, whaiwhai.
flat ground raupapa.
flat nose ihu parehe.
flat nosed kenu.
flat rock huaapapa, papa, tuuaapapa.

73

flat

flat roofed kaupaaparu, kurapaapaa, paaparu, pora.
flat surface haupapa.
flatten out takapapa, tuuhangai.
flattened parehe.
flatter ene, whakapati.
flattering patipati.
flattery patipati.
flattery, endeavour to obtain by eneene.
flavour haa, kakara, taawara, taawhara, whakarehu.
flavour imparted to food by contact namunamuaa.
flavoured, well puukarakara.
flaw toorookiri.
flaw in greenstone tuutae kookaa.
flax harakeke, kohunga, koorari, ngai, pare kawariki, taapoto, tiikaa.
flax, a fine variety of huiroa, kauhangaamoa, kohuinga, raumoa, ruatapu.
flax, a striped variety of aohanga.
flax, a variety of huruhuru-hika, karuaamoa, karumanu, katiraukawa, koorari tuauru, kooritawa, ngutupaarera, oue, piikookoo, pootanga, raataaroa, rongo-tainui, rukutia, taamure, taaneaawai, taaroa, taiore, tii tuuao, titoonewai, toitoi, tuawhitu, tuutae wheke, wharaeki, wharanui, whararahi.
flax, an inferior variety of motuoruhi, tuutae manu, wharariki.
flax, dressed hiitau, muka, whiitau.
flax, fine rau o paapoua.
flax dyed in mud whitau parapara.
flax in strips for weaving maataatara.
flax leaf, fleshy side of a puureke.
flax leaf, refuse portion of puukaha.
flax placed in water for dyeing karawai.
flax plant harakeke.
flax with dark edges, variety of huuhi.
flax with purple edge wini.
flax with very dark edges maomao.
flaxen, of hair koorito.
flea keha, mooorohuu, paakehaa, puruhi, tuiau.
fledged, almost piirahoraho, whakapiirahoraho.
fledgling, of ducks turuki.
fledgling which has left the nest piirere.

flock

flee hora, horo, kairere, oma, papahoro, puuihi, puurere, rere, tauwhati, tuurere, whakaarorangi, whati.
fleece pirihoo (**Eng.**).
fleeing taurewa.
fleet kahupapa, kaupapa, taaruru.
fleet, be (see **swift**).
fleeting maangina.
flesh kiko, kikokiko, tooroopuku.
flesh wound kaiaakiri.
fleshy tuawhiti.
flexible hangore, piikawikawi, piingore.
flicker koopura.
flickering puureehua.
flight rere.
flight (flock) waka.
flight (retreat) taui, whatinga.
flight, put to pakaru.
flight, take off in haarewa.
flight, take to whati.
flinch koemi, koorapa, wiiwii.
fling taahoa, whiu.
flint kiripaka, mataa, rehu.
flint, dark in colour with reddish vein paruhi.
flint embedded in hinewaiapu motuoruhi.
flintlock gun kauamo.
flinty stone kapua.
flitting of birds, etc. kairerere.
float, as oil on water poorena.
float, make to whakateretere.
float (fishing) kaarewa.
float (on water) kere, maanu, poranga, puurere, rewa, tau, taupua, tere.
float about freely kautere.
float along tauhookai.
float for a net kaarewa, koorewa, pooito, poouto.
float in the air angi, maero, opeope, taakawe, whakaangi.
float of the outrigger of a canoe koorewa.
floating maangi, maangina, paaho, rehareha.
flock kaahui, kaawai, paa, raahui, raangai, tiipapa, waka.
flock of birds pookai.
flock of certain birds taa, whiri.
flock of kookoo, kaakaa, etc. wiri.
flock of *Mohoua albicilla* taki.
flock or crowd, move or be in a apuu.

flood

flood parawhenua, roma, waipuke.
flood, of the tide kato, mapu, pari.
flood waters pukenga.
flooded maanu, puke, pukea, pupuke.
flooded, of a house, camp ea.
flooding before birth aara.
floor kaupapa, raho, rahoraho, whoroa (**Eng.**).
floor in a canoe kaaraho, kaiwae.
floor-plate of a paataka paakaiwai.
floor space on left on entering house tara iti, tara o tawheo.
floor space on right on entering house tara nui.
florid in complexion kiriwhero.
flotsam and jetsam kookiikii, punipuni.
flounder, black mohoao, paatiki mohoao.
flounder, sand paatiki.
flounder, small parahoe.
flounder, to kowheta, taakaru, taawheta.
flounder, variety of parahai.
flounder, yellow paatiki tootara, paatootara.
flounder, young paaraakau.
flour paraoa (**Eng.**).
flourish whakakakapa.
flourish luxuriantly paahau tea.
flourishing ngaruru.
floury, of vegetables, fern root motuhanga.
flout tiitoi, tinihanga, whakatoi, whakatoitoi.
flow huhura, kotii, mapi, maringi, paheke, pahii, puna, puuheke, rere, tahe, tere, teretere, whati.
flow, begin to, of the tide heru, hura, maataauru.
flow, make to whakatetere.
flow, of the tide kato, maataatuu, paakato, papara, pari, patiinga, pii, tiiepa.
flow copiously taarere.
flow down tapatu.
flow freely huatau, mapu, paatere.
flow in driblets paahiihii.
flow over, of the tide pari, paripari.
flow swiftly kupere.
flow together kuutere.
flower pua, puaawai, puaka, putiputi.
flower of *Cordyline* puhina.
flower of kohekohe kohepu.
flower stem koorari.
flowing or gliding smoothly toorino.

fold

flowing rapidly aupiki.
fluff kerehunga, perehunga.
fluid kuutere.
flurried poonaanaa, pooniti, poonitiniti, pooraaraa.
flushed uraura.
flute kooauau, poorutu, puu, puutoorino, rehu, toorino.
flute, short pororua.
fluted kooawaawa, koowakawaka.
fluting awa.
flutter kaka, kakapa, kapekapetaa, kapetaa, karapetapetau, karapetau, maawewe, pepe, roharoha, tiionioni.
fluttering noise pereruu.
fly hoka, huurangi, koko, kopa, maapere, omaki, puuihi, rere, tauwhaiwhai, topa.
fly, a red paairu.
fly, red and yellow stinging wiiwii.
fly (insect) ngaro, rango.
fly a kite turu.
fly about kopakopa.
fly as a kite whakaangi.
fly away kopa, whakakopa.
fly back, as a spring huupana, taakiri.
fly flap papaki ngaro, papaki rango.
fly headlong kookirikiri, whakateka.
flying fish maroro.
foam huka, hukahuka, hukanga, kohuka, puupuutai, puutai, tuuaatea, ware, whakahuka.
foam, sea pua, puatai.
foam, to huhuka, pua.
foam driven by the wind hukarere.
foam lying on the beach, sea kooputunga ngaru.
foam showing limit of a fresh paaha.
foe hoa ngangare, hoa riri, hoa whawhai.
fog au, kohu, koorehu, puukohu, tuarehu, tuukoorehu, waikohu.
foil whakaheehee.
foiled nere, rahua.
fold apa, koonumi, koru, kurehe, ngene, numi, pori, whawhati, wheetui.
fold a garment pukoru, whaatui.
fold double taanumi.
fold hands behind back whakawhiri.
fold in the skin rehe.

75

fold

fold up taakaupu, whakakopa, whakakopakopa, whakapeke.
folded kopa, koru, taakopa.
folded twice over taamirua.
folded up huumene.
folds, full of ngenengene.
folds, hanging in haangorungoru.
foliage raurau.
folk lore pakiwaitara.
follow aru, tauaru, turuki, whai.
follow in quick succession whakaekeeke.
follow in sequence haatepe, haatope.
follow on whakahiku.
following apataki, hono.
fond kanehe, mateoha.
fond of matareka.
fondle mirimiri, mori, takamori, whakairo, whakataakohekohe.
fondling maimoa.
fontanel waahi tamomo.
food aotea, haupa, kai, kame, kamukamu, kome, komi, oranga, pararee, poa, poumatua, tahu, tame, tami, tamitami, tawhi, wene.
food, preparation of mashed paahia.
food, some vegetable pukutaeore.
food for a working party henga.
food for an invalid whaangongo.
food for spirits of the dead pure kooiwi.
food for spirit of dead relative kumangakai.
food in connection with ceremonies popoki.
food in the ceremony of pure koropaa.
food of indifferent quality kokinga waru.
food prepared on a spit mataahi.
food presented to visitors tahua roa.
food products mau.
food reserved for the tohunga or ariki popoa.
food sent by hosts to guests pongaaihu.
food set apart for an atua matanaa.
food tasting smoky puia.
food (birds and rats only) umanga.
fool haakawa, hukehuke, kaaeaea, kiikiki, ngoungoua.
foolish haarangi, heahea, manuare, manuware, mookai, nenekara, rori, rorohuri, ruuai, ruuruuwai, ruuwai, wairangi, wau, wawau.
foolishness manuare, manuware.
foot wae, waewae.
foot loop kaupeka.

forelimbs

foot of a mountain puu, take.
foot (measure) puutu (Eng.).
football hutupooro (Eng.), whutupoaro.
footfall tapuae, tapuwae.
footmark tapuae, tapuwae.
footprint paparahi, takahi, tapore, tapuae, tapuwae, whaarua, wheerua.
footrest kaupeka.
footrest of a koo takahi.
footsore kooipuipu.
footstep aahiki.
for hei, ina, ina hoki, ki, ma, mo.
for ever mo ake tonu.
for her maahana, maana, moona.
for him maahana, maana, moona.
for me maaku, moohoku, mooku, maahaku.
for thee moohou, moou, maahau, maau.
forage toro.
forbearing manawa nui.
forbidding appearance paraheahea.
force, driving aainga.
force, to uruhi.
force (military) hokowhitu.
force downwards hou.
force of example ngahau.
force of wind tuukeri.
force one's way whakaete.
force open koara.
force or push to a distance toko.
force out pakete, whakawhetee.
force way into ground apu.
forced, of growth of vegetation huawai.
forced out wheeteetee, whetee.
forced up maahuahua.
forceful hikareia.
ford, a kauanga wai, kauanga, whakawhitinga.
fore takamua.
forearm kikowhiti, taahau o te ringa, takakaha.
fore-end of body of canoe punake, puneke.
forefinger (see **finger, index**).
forefront of battle haputa.
forehead rae.
foreign paakehaa, pora, tahiti, tawhiti.
foreign race tauiwi.
foreign substance in eye pura.
foreigner paakehaa, taewa, taewha, taiawa, taiwa, taiwha, tauiwi, tipua, tupua.
forelimbs maataamua.

forelock

forelock puahau.
forelock of hair painted with ochre tapi.
forepart mua.
forepart of a canoe papatai.
forequarter peke.
forerunner maataarere.
foreskin kiri mata, pahuhu.
forest nehenehe, ngaaherehere, ngahengahe, ngahere, ngarehe, wao.
forest, dense waoku.
forest land hangaruru, ngaruru, paarae.
forestall whakataunahua.
forestay of canoe tama whakaara, taura whakaara.
forgetful wareware.
forgive muru.
forgotten ngaro, wareware.
fork maarau, paaoka (**Eng.**), puurau, puurou.
fork, pointed stick used as tiirou.
fork of a tree tarahanga, torohanga.
forked tokomanga, tokorera, tokorerarera.
forked spear for catching fish matarau.
forlorn paakatokato, puukatokato.
forlorn hope kooiti o rangapu, whakakaa.
form aahua, ata, auaha, ehu, kaahua, whakaahua.
form, acquire whakaahua.
form, as opposed to substance aahua.
form up (assemble) karawhiti.
formal or set speech whakatuu, whaikoorero.
formation in column for attack takitakituu, takituu.
formation in single file haukaiwahine.
formed aahuatia.
formed, be, as a scheme takoto.
formed into a troop whakaika.
formerly inamata, iramata, i mua.
fornication kaikaiaatara, moe taahae.
forsake whakarere.
forsaken mahue, toreke.
fort koohanga, paa.
fort, defensive projection from whakaarero.
forthwith ake, tangetange.
fortification maioro.
fortifications, part of ngerengere.
fortified place paa.
fortitude, bear with koromaki, koromamaki, whakakoromaki.
fortitude, endure pain with whakarongo uka.

free

fortunate maangari, maari, maarie, maringanui, momoho.
forty whaa tekau.
forward ki mua.
forward (presumptuous) whakametometo.
foster ahu, ahuahu, atawhai, awhi, kumanu, rauhi, whaangai.
foul kerakera.
foul smelling haaruru, piro.
foulness riko.
found, be kitea, rokohanga.
foundation puu, tumu, tuu, tuuaapapa.
fountainhead maataawai.
four whaa.
four sided porohaa, porowhaa, tapa whaa.
fourth tuawhaa, whaa.
fowl (domestic) heihei (**mod.**), piikaokao (**mod.**), tiikaokao (**mod.**).
fracture, as a bone whawhati.
fractured, as a bone whati, whatiia.
fractured, as a solid object pakaru.
fragile and slender shoots on kuumara kooauau.
fragment kongakonga, kuha, kuhakuha, kuru, moorohe, mootete, ngota, porohanga, pota, tiimaramara, tiimokamoka, tuuaaporo.
fragment, small kora, para.
fragmentary tuuaaporoporo.
fragmented maahurehure.
fragments, distribute in small whakakorakora.
fragments, in small rikiriki.
fragments, reduce to nakunaku, whakamatariki.
fragments of food para kai, paraparahanga, taawhao.
fragrant kakara, puukarakara.
fragrant smell aangi.
frail koopiipii, kopii, tuuoi.
frame for hanging things tiirewa.
frame or stage for fish kauwhata.
framework for supporting fern root tiitara, tiitara aruhe.
framework on which food was placed haakari.
France, French Wiiwii (**mod.**)
frayed taawekoweko.
freckle ira, iraira.
freckled koopatapata, koorakorako, kootiwhatiwha.
free, to set tuku kia haere, whakatangatanga.

77

free

free (without restraint) angi, maahorahora, waatea.
free from anxiety maaoriori.
free from burdens paatea.
free from business takakau.
free from distractions or trouble hema, hemahema.
free from fear or suspicion takoha.
free from obstruction aatea, mahea, taamoremore, whakahoro.
free from pain tangatanga.
free from tapu huhu, kokiro, maa, mama, noa, taakiri.
free from tapu, to whakanoa.
freely maaori.
freezing works whare patu **(mod.)**.
freight utanga.
frenzy hookeka.
frequent maha, nui, putuputu, puuputu.
frequent a place hoongoingoi, hoongongoi.
frequented nohoia, noohia.
frequently auau.
fresh hauora, hoou, kaimata, kaiota, koohungahunga, mata, moohou.
fresh, as water mata.
fresh grown maaota.
fresh growth of plants hurupii, rearea.
fresh growth of trees on cleared land hurupaa, tarupii.
fret, as a child tangiweto.
fret for konau, kooingo, whakangaakau.
Freycinetia banksii kiekic, peeia, piirori.
Freycinetia banksii, **flower bracts of** taawhara.
Freycinetia banksii, **fruit of** paatangatanga, ureure.
friable ngahoro, pookurukuru.
Friday Paraire **(Eng.)**.
friend aapiti, hoa.
friendly rata.
fright, take tumeke.
fright at a ghost motenga keehua.
frighten whakapereruu, whakamataku.
frighten away whakaataata.
frighten by shouting at whakatuupee.
frightened koera, turaha, mataku.
fringe hukahuka, kihukihu.
fringe on a mat kawekawe.

fruit

fringe or plaited hem on edge of cloak kurupatu.
frisk pepe.
frivolity hauarea, hauwarea.
frivolous aweke, hangahanga, ngahangaha.
frizzled huumenge, mingomingo, piki, puuteetete, puutetetete.
frog pepeke, pepeketua, poroka **(Eng.)**.
frolic pepe, toa, tuapa.
from i, mai, no.
from afar no tuuaarangi, tuuaarangi.
from ancient times nonamata.
from that circumstance no konaa, no konaka, no konei.
from what time nonahea, nonawhea.
from within i roto i.
frond teetee.
fronds of *Pteridium aquilinum* rauarune.
front aro, aroaro, mua, takamua.
front lock left long when hair is cut tope, tope kura.
front of a house ihi, kooihi, mataihi, roro, utu, whaitoka.
front portion of canoe taumua.
front rank aroaakapa.
front wall of a house apai, kopai, kopainga.
frost aihunga, haihunga, hauhunga, haupapa, huka, hukapapa, hukatuu, keho, keo, koopaka, makariri.
frost, hard hukapuri.
frost fish hiku, paara, taharangi, tiikati.
froth huka, hukahuka, kohuka, paraki.
frozen tonga, totoka.
frozen ground upokomaaroo.
frozen over paatiotio.
fructify ahe.
frugal ihupiro, ihupuku.
fruit hua, pata.
fruit, small kakano.
fruit, as of tawa, karaka etc. ponguru.
fruit of *Dacrydium cupressinum* huarangi.
fruit of gourds, young kotawa.
fruit of kiekie teeure, tiirori, tiore, ureure.
fruit of pooporo hoouto, kaoho.
fruit of poroporo, ripe hareto, hooreto.
fruit of potato taakuru.
fruit of *Pseudowintera axillaris* matou.
fruit of the fuchsia tree hoonaa.

fruit	**future**

fruit of the tawa pokerehuu.
fruit of white pine koroii.
fruitful huaakumu, makuru, oho.
fruitless karore, muuhore, parau.
fruitlessly noa.
fruits, first huamata.
frustrate hua.
fry (cook) parai **(Eng.)**.
fry (young fish) poto.
fry of aua marahea, maraua.
fry of kooheru kootaratara.
fry of snapper paratete, paratohe, pepe taamure.
Fuchsia excorticata koohutuhutu, kootukutuku.
Fuchsia excorticata, **fruit of** hoonaa, konini, maati, taakawa.
fuel kora.
fugitive rerenga, taurewa.
fugleman kaituki, pooteeteke.
fugleman, act as a kaakaariki.
fulfil whaarite, whakahei, whakarite.
fulfilled maiea, rite.
full kii, koohure, kopuu, pangoro, poha, renarena, renga, tiiepa, turuki.
full, half hangere.
full, more than half hangere.
full, not hamanga.
full moon ooturu, raakau-nui, turu.
full, of the tide aronui, maanunu, tuutuu, whakaparu.
full grown, of animal or bird kaatua.
full length, at whaaroo, whaarooroo.
full moon ooturu, turu.
full of interstices or open spaces piiwatawata.
full to overflowing puha, puhake, puhapuha, puuhakehake.
fullback whurupeeke **(Eng.)**.
fullness in a cloak, to fit over shoulder hoi.
fullness of eyes and lips when angry peru.
fully committed toongakengake, toongakingaki.
Funaria hygrometrica wairua.
function mahi.
fund tahua.
fungi, *Cordiceps* **species** aawhato, aawheto.
fungus, a koaru, koopurawhetuu, poohata, poowhata, popoia, popowhatitiri, pourangi, puuhekaheka, roke atua, tarawhata, taringa raakau, tiki, tikoatua, toi, tuutae atua, tuututupo, wae-ruru, wheterau.
fungus, a coarse white edible tehetehe.
fungus, a large species of tawaka.
fungus, a poisonous puapua a Atutahi.
fungus, ear taringa o tiakiwai.
fungus, edible kapua, keekeke, wairuru.
fungus, Jew's ear haakeekeke, haakekakeka, hakeka, hakeke, hookeke, paheke.
fungus, like a whakaharore.
fungus, net-like kookirikiri-whetuu, korokoro-whetuu, matakupenga, paru whatitiri, pukurau, tiko whatitiri, tuutae keehua, tuutae whatitiri.
fungus, soft inedible terrestrial manauhea.
fungus, white edible tiipaa, tuupaa.
fungus, woody kapurangi, puutawa.
fungus growing on trees porotawa.
fungus growing on trees, edible hawai.
fungus in food poohekaheka.
fungus of commerce, edible keka.
fungus on dead trees karekawa.
fungus on dead trees, edible harore, ngaawari.
fungus on insects horuhoru.
fungus on trunks of trees pekepeke kiore, punga.
fungus on trunks of trees, hard woody kupa.
fungus or toadstool, species of maiheru.
funnel koorere.
funnel, use the hand as a tiipae.
funnel for feeding person when tapu kapu.
funny-bone tuketuke.
furious haurangi, riri, ruutaki.
furnished with a knob puurekereke.
furnishing whakarawe.
furrow awa, ripa, whakaawa.
furrow and ridge wakawaka.
furrow dividing plantings in a field kawaka.
furrowed rai, rarai.
furthermore waihoki.
fury nguha, riri.
fuse wiki **(Eng.)**.
fuss utiuti.
fusty koopuru, koopurupuru, kurikuri, puru.
future aamua, aamuri, mua, muri, tua, waa kei te haere mai, waa e heke mai nei.

G

gable of a house hihi, maihi.
gad about kaihanu.
gag koromookaa.
Gahnia lacera tarangaarara, tatangi, toetoe kiwi, toetoe maataa, toetoe ngaungau.
Gahnia setifolia maapere.
Gahnia sp. maru, taakahikahi, toetoe tara ngaarara.
gain whiwhi.
gait tuuaaoma.
Galaxias, **spotted variety of** inanga tuutuna.
Galaxias alepidotus hawai.
Galaxias attenuatus atutahi, inanga, kaaraha, karahi, kararaha.
Galaxias brevipinnis mohimohi, ngohongoho, taiwharu, tohitohi.
Galaxias fasciatus kookopu, kookopu ruao, kookopu taiwhara, kooriwhariwha, moruru, ruao, ruwao.
Galaxias fasciatus, **large varieties of** kookopu ruao, kookopu taiwhara.
Galaxias huttoni kooaro, koowaro.
Galaxias huttoni, **young of** miroiti.
Galaxias sp. kokopara, maehe.
gale aawhaa, kawaru, paraawa, tuupuhi.
Galeocerdo cuvier tooiki.
Galium umbrosum maawe.
gall au, ngau, paoa, paowa, pawa.
gall bladder kouawai.
galled toii.
Gallinago huegeli tutukiwi.
galling maakatikati.
Gallirallus australis hoaa, weka.
gallows from which food was suspended kautawa.
game, a henga, kaimakamaka, kaiwhakataapaepae, kakere, kaupeka, kootiritiri, kurawiniwini, kurupaakara, kuu, paanokonoko, paanonoko, piioi, ponga, pongara, poroteeteke, punipuni, rapatahuri, repetahuri, ripi, rore kiore, tara koekoe, tii raakau, tii ringaringa, tiipao, tiititouretua, tiitouretua.
game, hand hikawai, hipi toi (**mod.**), komekome, kopikopi, matimati, pokirua, tii ringaringa, upokotiti, whakaropiropi.
game of, make whakangako.
game of guessing panga.
game of ruru, fifth part or act of poipoi.
game played by clapping hands papaki.
game played by opening, shutting hands kopikopi.
game played with small pebbles kooruru, tutukai.
game played with string paatokotoko, whai.
game resembling hide and seek piripiri.
game with *Cordyline* **leaf** matakookirikiri.
game with darts neneti, neti, para, toro teka.
gangrene kikohunga.
gannet karake, takapu, takupu, tatakii, toroa huoika, toroa huroika, toroa taataakii, toroa tatakii.
gap aaputa, angotanga, maanawanawa, mokotawhaa.
gape ango, kohera, kotaa, kowhera, matata, tiihoihoi.
gape, as a wound piere.
gaping haamama, pirara, poohara, poowhara, taarera, tawhera.
gapped kororiwha, maakini.
garden kaari (**Eng.**), maara, tinaku.
garden, small bed in a kaawa.
garden bed karawa.
garfish hangenge, ihe, takeke, wariwari.
gargle whakararaa.
Gari lineolata takarape, takarepo.

Gari

Gari stangeri kuharu, kuwharu, ururoa, wahawaha.
garland tuupare.
garment ahu, kaakahu, kahu, kahukura, kaka, koowhekawheka, kowheka, mai, manaeka, mangaeka, pakikau, puueru, puurehu, puuweru, tarapouahi, tiehe, weru, weruweru, weweru, whekawheka.
garment, inner koopuu.
garment, kind of aorere, arapaki, kaha, kahakaha, kahu kupenga, korotoi, maahitihiti, mataiawa, patutiikoka, puukiore, taawaru, taaweru, tarapouahi, torotoro.
garment, old tawhetawhe.
garment, red kurawhero, paakurakura.
garment, worn out ngetangeta, ruha, ruharuha, ruwha.
garment for the shoulders hikurere.
garment for the waist pihipihi.
garment for the waist, black pokere.
garment for use in rain, rough hautai.
garment for women, waist patatahi.
garment like the ngeri komeke.
garment like the piupiu ngaaeheehe, puuihiihi.
garment made of puukaha puukaha.
garment of dyed flax whakatupu.
garment of flax, rough outer kahu koka.
garment of flax smeared with red ochre hahana, hana.
garment of fur, hair or feathers kuaira.
garment of undressed flax puureke, tihetihe.
garment reaching from waist to knee aahumehume, pepepora.
garment with heavy fringe piupiu.
garment worn from the waist taatata, tata.
garment worn round arm as protection puapua.
garments, put on kahu.
Garrodia nereis reoreo.
garrulous tewha.
gash aahiwahiwa, haratua, karipi, ripi.
gasoline penehiini (**Eng.**).
gasp kiha, kihakiha, kihekihe, kuha, kuupaa, puha.
gasp for breath huatare, pupuha, tare.
Gastrodia cunninghamii huuperei, maaukuuku, para, perei, uhi perei.

gate keeti (**Eng.**), putanga.
gateway kuuaha, kuuwaha, tomokanga, tomotomokanga.
gather aamene, aami, aamine, aarau, muru, takahui, whakapeti.
gather cockles roorii.
gather fruit taawhaki, whakiwhaki, whawhaki.
gather fruit off a tree taahora.
gather into a basket rau.
gather into a heap awhe.
gather into small compass kopi, rukuruku.
gather into the hands apu.
gather things thinly scattered hamu.
gather together apo, kaputi, karahui, karapinepine, kauopeope, kerepinepine, kohi, kohikohi, pootete, raapoi, ruku, taiope, tiikohi, whakaemi, whakahiato, whakakakao, whakaraamemene, whakarauika, whakaropeti.
gather together in a bundle pootoketoke.
gather up hume.
gather up, as the skirts pooruku.
gather up a line whaatimotimo.
gather up in a bunch kaapui.
gather up in folds puukorukoru.
gather up in loops poorohe.
gather up litter kaapuipui.
gather up without omitting any aamiki, aamiku.
gathered in maea.
gathered together emi, emiemi, hiapo, hiato, piihangaiti, puuhangaiti, ropeti, whiu.
gathered up huumene.
gathering place kaapunipuni.
gauche taahapa.
gauge for mesh of a net kaarau, kaupapa.
Gaultheria antipoda koropuka, paapapa, taawiniwini, takapo, taupuku.
Gaultheria oppositifolia kama, niniwa, waiuu atua.
Gaultheria sp. toroputa, tuumingi.
gay (pretty) tooingo.
gaze kekeho, mootoi.
gaze at maataataki.
gaze at intently maatai.
gaze intently whaatai, whaataitai, whaatatai.
gaze on taumata.

gecko kaakaariki, kaakawariki, kawariki, maamaa, moko tapiri.
gecko, brown mania, moko paapaa, moko piriraakau, moko taapiri, ngaarara paapaa, teretere.
gecko, green moko kaakaariki.
genealogical table whakapapa.
genealogy whakapapa.
genealogy assigning wives to males whakamoe.
genealogy in single line taotahi.
general (military) tianara (**Eng.**).
general (widespread) tukipuu, tukupuu.
generation ahunga, whakapaparanga, whakatupuranga.
generosity oha, ohaoha.
generous marae, marere, oha, ohaoha, tahiti, tawhiti, wahawaha.
Geniostoma ligustrifolium hangehange, hengahenga, paahengahenga, paapaa, paapaahenga.
genitals of either sex taihemahema.
gentle huumaarika, maahuu, maarire, maariri, maaruu, momohe, mooai, moowai, paarore, rangaranga, uha, uwha.
gentle, of the wind kaawatawata.
gentle slope piinakitanga.
gently aata, maarire.
genuine horopuu, houtupu, motuheehee, motuhenga, pononga, tupu.
Genypterus blacodes hoka, hokarari.
Geotria australis kanakana, korokoro, nganangana, pihapiharau, piharau, pipiharau, puhikorokoro, tuna korokoro.
Geranium dissectum pinakitere.
Geranium molle namunamu.
Germany Tiamana (**Eng.**).
germinate kahu, tinaku.
germinate, cause to whakarau.
Gerygone igata hiirorirori, hoorirerire, koorire, koorirerire, kooriroriro, nonoroheke, nonoroheko, rirerire, riretoro, riroriro, tootoroie, tootororire, whiringa a tau.
gesticulate huukari.
gesticulate while making a speech tuone.
get down heke, rere.
get in oo.
get out of the way porai ake.

get together as an army puutiki.
get under way rewa, unu.
get up ara, hiki.
get upon the back of another piikau.
getting weaker taaromaroma.
Geum urbanum koohai, koopatapata, koowhai.
ghost atua, keehua, nguu, tuurehu.
giant stride moorere, poureerere, taarere.
gibe at whakahariharitae.
giddiness aarohirohi, aewa, anoano, paahoahoa, pooniti, poonitiniti, rangiroro.
giddy aamiomio, aanewanewa, aanina, aaninanina, aanini, amai, aniroro, kehu, pooaanini, pooaatinitini, poorewarewa, poorewharewha, pootaitaka, rori, rorohii, rorohuri, takaamiomio, takaanini, takarangi, tato.
gift haakari, koha, takoha.
gift of food sent to visitors tuumahana.
gift with equivalent return expected taonga tauware.
giggling tihohe.
gills of a fish hawa, hawahawa, papahawa, piha, pihapiha, puha, taapihapiha, wheko.
gimlet wiri.
gird on hume, huru, whawhe, whiitiki.
gird oneself whiitiki.
gird tightly tohapuru.
gird up raapaki.
girdle iitau, pihepihe, pitao, pongi, raapaki, ruruku, taatua, tapore maro, tautiti, tikitiki, tuu, whiitiki.
girdle, ceremonial tuuhau.
girdle of dressed flax huhu.
girdle of tutu leaves puuhou.
girdle or belt, woven koere.
girdle or loin cloth for women paatai.
Girella cyanea karokaropounamu, korokoropounamu.
Girella tricuspidata kopiipiro, muritea, ngaaoheohe, parakoka, parore.
girl hengahenga, hika, hine, koohaia, koohine, kootiro, tamaahine.
girl, used only in addressing koo.
girl not of marriageable age tore pia.
girlhood hinenga.
girlish tamaahine.
gist matuu.

give

give hoatu, hoomai, whakawhiwhi.
give a name to a child tuuaa.
give a relish to towhiro.
give all to one person tuurangatahi.
give back whakahoki.
give forth hoatu.
give in marriage whakanoho.
give the lie to whakatapeha.
give to place connected with speaker hoake.
give to the person speaking hoomai.
give up tuku.
give way maroro, ngaeki, ngawhere, taua, tautuku.
give with niggardly hand kaihaakere.
give word for action tautapa.
given freely marere.
given up mahue.
giving in to difficulties auheke.
glacis tahitahi.
glad hari, koa, kurekure.
glairy piapia, tatakii.
glance karapa, karihi, karipi, koopura, makamaka, rapa, rarapa.
glance from side to side whakaraparapa.
glance off ngungu, pahu, ripi.
glance quickly kaperua, mawhiti.
glance restlessly side to side kaaripiripi.
glance sideways whakakikiwi, whakakiwi.
glance suddenly huki.
gland repe.
glare koonakonako.
glass karaahi (**Eng.**), karaehe (**Eng.**).
gleam hae, hahae, hahana, hana, kapukapu, kawata, kohae, kohara, koowatawata, kora, kowera, ramarama, rarama, titiwha, tuhi, uira.
gleaming ariari, kaakanapa, kaanapanapa, kanapa, taauira.
gleaming red hiiwerawera.
glean hamu, paahao, paapako, pako, piiwai, piiwaiwai, puuhua, rautami, tiipakopako.
gleanings pakopako, wairau.
Gleichenia cunninghamii tapuwae kootuku, waekura.
Gleichenia microphylla waewae kaakaa, waewae kootuku, waewae matuku.
glide heru, koke, naki, niu, pakuku, tauhookai, tiitipi, tipi, whaatino.

gnaw

glide by nihinihi, whakatipi.
glide in the air tauihi.
glide smoothly along manehe.
gliding waniwani.
gliding easily roonaki.
gliding smoothly or flowing toorino.
glimmering kaatoretore, katore.
glimpse wheriko.
glisten kapukapu, kawata, korakora, whakaira.
glistening kooratarata, moohinuhinu.
glistening in the dark puuraatoke.
glitter ira, iraira, kooritorito, namunamu, nanamu, rikoriko, whakaira, wheriko.
globular koopio.
gloom hiawe.
gloom caused by smoke kookoouri.
gloomy haakerekere, kaurehu, kaurerehu, kiwakiwa, matapoouri, paahi, pakarea, pookee, pookeekee, poouriuri, poururu, rikiriki, taupuru, whakapoururu, whakarikiriki.
gloomy in mind tiwhatiwha.
glory koroooria (**Eng.**).
glossy moohinuhinu, whakahinuhinu.
glow ahurei, hahana, hana, huru, kakaa, kowera, mumura, ngangana, paaura, paauraura, poonini, puuhana, tuhi, tuututupo, uira, ukura, ura, uranga, whakarapa.
glow, as coals tuuwhaa.
glow, sunset kokomea.
glow at dawn whakahaehae.
glow in the heavens maru.
glow preceding dawn kootuhi.
glow with an unsteady light hiinaatore.
glowing kura, maakurakura, matahanahana, nganangana, nini, pakakina, tahutahu, ura.
glow-worm puuraatoke, titiwai.
glut apu.
glutton houmea, papanui a hawea.
gluttonous homanga, honekai, pukukai.
Glycymeris laticostata kuhakuha.
Gnaphalium keriense puatea.
Gnaphalium luteo album pukatea, puketea.
gnash the teeth tetee, teteeaa, whakateteeaa.
Gnathophis habenata koopakopako, putu.
gnaw kakati, ngau, nguunguu, uu, whakakunaawheke.

go

go ake, auraki, awhe, haere, hawhe, hiemi, hora, maa, makara, manatu, nau, ngawii, numia, pere, raka, rangatuu, ripoi, roo, rooroo, tae, wetoki, whana, whanatu, whanau, whano, whetoki.
go about hoopara, ngau.
go about (jibe) waihape.
go arm in arm haere kootui.
go astray ngau kee, tipatipa, titi.
go away whanatu.
go between kai whakaaweawe, takawaenga.
go briskly hookai.
go by hipa, taha.
go direct tiipoka.
go down paremo, taiheke.
go forth maunu, taawhai.
go in tapoko, tomo.
go in a body puutere.
go in an oblique direction tiitaha.
go in different directions korara.
go in search of whakataki.
go into whao.
go on hono.
go on foot haere aa waewae, haere maa raro, haere pakituri.
go on one side tapanihi.
go on one's own account makihaere.
go on to place connected with speaker hoake.
go one at a time kotiri.
go one close behind another whakapinepine.
go or come makara.
go out, as a flame pio, piro, piroku, poko, wheko.
go over carefully hihira.
go quickly tiitipi, tipi.
go round taawhe, taka, umiki, whawhe.
go round about aamiki, aamiku, aawhio, aewa, amio, niko, taiaawhio, takaaamio, takaamio, takaawhio, tawhio.
go stealthily tapanihi, whakamookihi.
go to a distance tihoi.
go to meet whaitaki, whakataki, whakatau.
go to see toro.
go wrong takahee.
goad whakaongaonga.
goat koati (**Eng.**), nanenane (**Eng.**).
Gobicephala melaena tukuperu, upokohue, whaangai mokopuna.

gorged

Gobiomorphus gobioides hawai, kookopu, koopuutea, maaruru, pakoko, tiipokopoko, tiitarakura, titikura, toitoi.
goblin kaakarepoo, taipo, tipua, tupua, whakahaehae.
god atua.
god, most high te runga rawa.
god, the supreme Io.
god of fire Mahuika.
god of the west auru.
godwit tara kakao.
godwit, bar tailed hakakao, kuaka, kuhikuhiwaka, kuuaka, rakakao, riiriiwaka.
godwit in certain state of plumage karoro.
godwit when not adult paarerarera.
going about in company takapui.
goitre tenga.
gold koura (**Eng.**).
gone nunumi, riua.
gone away hemo, riro, toke.
gone by hapa, hori, mahori.
gone by, nearly whakapahure.
gone by, of time mahue.
gone leaving none behind tapeke.
gone out, of a flame pirau.
gone over or for haerea.
gong pahuu, pakuu.
good aataahua, koi, kou, maitai, pai.
good condition momo, moomona.
good fortune maaringanui, maringanui, waimarie.
good health tuuhauora.
good looking pai.
good luck waimarie.
good omen maari, maarie.
good spirits, in hauora.
goodness huhuatanga.
goods hautaonga, kame, ngerengere, rawa, taonga, taputapu.
goose kuihi (**Eng.**).
gooseberry kuihipere (**Eng.**), kuupere (**Eng.**).
gooseflesh mimiko, pukupuku, tutuu te hiinawanawa, wawana.
gorge (ravine) aapiti, awa, kapiti, kopi, kopia, taawhaarua.
gorge food apu.
gorged tenga.

gossip

gossip kapekapetau, kapetau, kauhimu, muna, ngutu, paki, pakitara, paopao, taiaroa, tara, tarawau, tuutara.
gossip, irritating pootinitini.
gossip, subject of pakiwaitara.
gossiping koahi, pakitara.
got riro.
gourd hue, kookakoware, omoomo.
gourd, fruit of the kamokamo.
gourd, kind of arero uru, pahaua, puuteehue, upokotaipuu, upokotaupo, whakahaumatua.
gourd, large variety of paretarakihi.
gourd of a particular shape ikaroa.
gourd shaped like a carafe hue kautu.
gourd used as a water vessel hue kiato.
gourd used as container puuau.
gourd used for bowls maanukaroa.
govern whakahaere tikanga.
grab mamau.
grain kakano, pata, kaakano.
grandchild mokopuna.
grandchildren, poetical expression for whakahina.
grandfather koroua, pooua, tupuna taane.
grandmother kuia, tupuna wahine.
grandparent taaua, tipuna, tupuna.
granny karani (**Eng.**).
grant a request whakahei.
grape kerepi (**Eng.**).
grapnel kaaru, taarau.
grasp apo, aurara, kawa, mamau, rarau, rarawhi, rawhi, romi, roromi, whakakikii.
grasp greedily hao.
grasp in vain matahiapo.
grasping huirapa, ihupiro, ihupuku, touapo.
grass karaaihe (**Eng.**).
grass, a hunangaamoho, maatiatia, maatihetihe, paatiitii, pihi, pouaka, repehia, repehina, taramaaroo, taranui, taritari, toetoe taahae, toheraaoa.
grass, a coarse hinarepe, miki, mikimiki.
grass, sea karepoo.
grass, seaside turikaakoa.
grass, spear karamea, taramea, tuumatakuru.
grass, sweet scented kaaretu.
grass, tussock wii.
grass tree inanga.

green

grasshopper kauwhitiwhiti, koeke, koowhitiwhiti, maawhitiwhiti, whitiwhiti.
grasshopper, large rangataua.
grasshopper, small mamawhiti.
grasshopper, winged paakaurere, paakauroharoha.
grate kukuu, kuoro, paakeekee, pakepakee, waruwaru.
grate into a pulp roroi.
grated kuumara roroi.
gratification maanawa.
gratification, express whakamoemiti.
gratified maaha, manawa reka, paarekareka, rehia, waireka.
gratify whakamanamana, whakawaireka.
grating maanguungungu, mania, paheke.
grating sound, make a ngakeke.
grave rua.
gravel kirikiri, kiripoohatu, matakirikiri, tuakirikiri.
gravel, some form of kirikiri kookopu.
gravelly soil onehanahana, onekookopu, onepaakirikiri.
gravy wairanu, wairaraua, whaaranu, whakaranu.
gravy or broth from cooked meat wairenga.
grayling kutikuti, paneroro, pokororo, tiirango, upokororo.
grayling, young nehe.
graze haarau, hani, hohoni, honi, konihi, miri, tahitahi, teki, wani.
grease hinu, pera.
great hira, metarahi, metararahi, mokorahi, nui, rahi, rangiahua, whakahirahira.
great, how kaatae.
greatness ngari, nui.
grebe, crested kaaha, kaamana, manapou, paateketeke.
grebe, little tokitoki, tokitokipia, tokitokipio, tongitongipia, tootokipia, tootokipio, totoipio.
greedily momote.
greediness kaipuku.
greedy homanga, mahira, mahuki, nguu, pukukai, pukunui, pukurua, puukino, touapo, whakakakao.
green, as deep water kaakanapa, kaanapanapa.

85

green, dark pounamu, uri, uriuri.
green, light horepara, karera.
green, of fruit hangongi, mata, ota.
green (colour) kaakaariki, paapango.
green (not dry) kaarearea, maaota, matomato, torouka, whakarae.
greens korare, manga, poke, pona, rearea.
greens, cooked kora.
greenstone ika a Ngahue, pounamu, waipounamu.
greenstone, a kind of hauhunga, kahotea, koorito, piipiiwharauroa, pungapunga, raukaraka, totowera, waituturu.
greenstone, dark variety of karaka, kawakawa.
greenstone, finest variety of kairangi.
greenstone, light coloured variety of kahurangi.
greenstone, pale variety of auuhunga.
greenstone, semitransparent variety of tongarerewa, tongarewa.
greenstone, speckled variety of kutukutu.
greenstone, streaked variety of tootooeka.
greenstone, transparent variety of tangiwai.
greenstone, whitish variety of inanga.
greenstone eardrop with end curved kapeu.
greenstone ornament wero, wero kutu.
greenstone pendant with the end curved awhe.
greet aumihi, komihi, mihi, oha, owha.
greet affectionately maioha.
greeting waioha.
grey hina, kiwikiwi, kororaa, maahinahina, puuhina, puuhinahina, puumaa, taarekoreko.
grey hair hina.
grey hairs ruutawa.
grey mullet kanae.
greybeard mourea.
grid or rack for roasting as huahua maatiti.
grief auhi, awata, paamamae.
grief, beside oneself with keka.
grief, hopeless raawakiwaki.
grief, overcome with puukatokato, tuumatatenga.
grief, violent auraki.
grieve harapuka, hea, huamo, kooingo, koonohi, koonohinohi, koononohi, maapuna, mooteatea, muri, murimuri, raahiri, takuate, taurangi, whakapoo.
grieved matangerengere, paamamae.
grimace moteko, whaakana, whakamenemene, whakamoteko, whakatoretore.
grimaces pooteetee, taarera.
grimaces, make whakahamero, whakatekoteko.
Grimothea gregaria kooura rangi, uraura.
grin pakiri, taapahi, whaaita, whaaitaita.
grind hunga, huri, kanioro, kauoro, kuoro, oro.
grindstone huri, ureonetea.
grip kaakati.
grip in wrestling rou.
Griselinia littoralis kaapuka, maaihiihi, paapaauma, paraparauma, tapatapauma.
Griselinia lucida akakoopuka, akapuka, puka.
gritty maangeengenge, maanguungungu.
grizzled taarekoreko.
groan auee, aurere, auwee, euee, haaware, nguu, wheo, wheowheo.
groan, suppressed ngunguru, nguru.
groin tapa o te kuuhaa, tapatapa.
groove awa, whakaawa, whakakooaka.
grooved kooakaaka, kooawaawa, koowakawaka, tawaka.
grooves haehae.
grope haarau, muhu, whaawhaa haere.
groper haapuku, hakuraa, paarikiriki, whaapuku.
ground whenua.
ground bait for fish taaruru.
ground of dispute papa.
ground of quarrel rawa.
ground set apart for atua maara tautane.
groundlark manukahaki.
groundless pakupaku.
groundsel, American haaka.
group hui, huihui, paa.
groups, in detached koopure, koopurepure.
grove of trees oro, uru.
grow kahu, konaki, koonakinaki, kukune, kune, matoko, ohi, oi, pariri, rea, tupu, whanake.
grow, as a foetus whakatoohua.
grow, as hair mihamiha.
grow, as seedlings whakaparahia.
grow, begin to kikiri, kookihi, pihi, pookihi, whakakahukahu.
grow, cause to whakatupu.
grow along the ground toropaa.
grow old tauheke.

grow   *Gymnothorax*

grow spontaneously tauhere.
grow up kaumaatua.
grow up, as sucker of tree turuki.
grow weak roku, roroku.
growing out of place tuuwaa.
growing up, period of whanaketanga.
growing vigorously matomato.
growing weakly huutoi, huutoitoi, huutoki, huutotoi.
growl ngengere.
grown up matua, pakeke.
growth tupu.
growth, fresh ururua.
growth, strong hiwa, ngaruru.
growth of young shoots hurihuri.
grub, a kuutoro, moeone, muremure, toronguu, tuiau.
grub, large white mokoroa, papahu.
grub, small ngaio.
grub, some earth pukurua.
grub formerly eaten by maoris kuharu, kuwharu.
grub found in decayed wood pepe, tunga, tunga haere, tunga raakau.
grub found in trees ngutara.
grub of vegetable caterpillar ngutara.
grudge haakere.
grudging manawa paa.
gruesome tuupoo.
gruff panguru, ponguru, tanguru.
grumble amu, amuamu, haameme, hakuhaku, hanguru, harawene, kotete, tarawene, wauwau, wene, wenerau, whakangutungutu, whakanonenone.
grumbled at amuamutia.
grumbling hangurunguru, huhunu, hunuhunu, kiriwetiweti.
grumbling, incessant kutukutu ahi.
grunt horu, kumukumu, ngengere, ngengeri, ngoo, ngunguru, nguru, tumu, wheenanau.
Gryllotalpa vulgaris honi.
Gryllusus sp. areinga.
guard tautiiaki, tiaki.
guard, on aawhiti, aawhitu, matawhiwhiu, moohio, ohiti, ohitu, tauwhiro.
guard or stroke with *tokotoko* kootuku.
guard with *taiaha* huanui, orua marangai, popotahi.

guarded kapi.
gudgeon taiwharu.
guest manuhiri, manuwhiri, nau mai, ruranga, whakaeke.
guest house whare puni.
guide aarahi, pou, tohutohu.
guides paihau.
guile maaminga.
guise ari.
gull, black backed karoro, raapunga.
gull, red billed akiaki, karehaakoa, katatee, makoraa, taketake, tara punga, taraa punga.
gull, small species of tarawhata.
gull, young *karoro* kooiro, ngooiro.
gully awa, koopia, pakohu, parari.
gully, dry open kowaka.
gully, narrow kooawaawa.
gulp karapetau, whaupa.
gum, kauri kaapia.
gum of *Pittosporum tenuifolium* taawhiri.
gum of tree fern heka ponga.
gum of trees or similar exudation pia.
gumboot kamupuutu (**Eng.**).
gummy ngingita, ngitangita.
gums pae, puuniho, tako.
gun puu.
gun, old single barrelled flintlock puu titi, puu toko, puu toriri.
gun (shotgun) puu hoota (**Eng.**).
gunpowder paura (**Eng.**).
gunwale kaapuku, koopuku, niao, oa, owa, raumutu, taku.
gurgle tatangi.
gurgling or rumbling noise kokoo.
gurnard kumukumu, puuwhaiau.
gush hiirere, kapukapu, kuhii, totoo.
gush forth, cause to whakatotoo.
gust apuu.
gust of wind roopu.
gust of wind, sudden and violent pararaa.
gusty (of wind) tiititipaarerarera, titipaarera, titipaarerarera.
gutter koorere.
Gymnothorax prasinus kaingaaraa, puhikorokoro, puuharakeke, tuna kaingara, tuna puharakeke.

87

H

haapuku, young of kopukopu.
habit hanga, ritenga, tikanga.
habitat or representation of *atua* kooiwi.
habitation whare.
habitation, having no settled taurewa.
habitual matatau.
habituated umanga.
Haematopus longirostris toorea, toorea pango, toorea tai.
Haematopus ostralegus toorea, toorea pango, toorea tai.
Haematopus unicolor toorea, toorea pango, toorea tai.
haemorrhage ikura.
haggard korotuuangaanga.
hail hoata, huka kapo, hukaakapu, hukaatara, hukaawhatu, hukawaitara, koopaka, nganga, ua a whatu, ua tara, ua whatu, waitara.
hail (call) karanga.
hailstone whatu.
hair, body huru, huruhuru.
hair, coarse huruhuru.
hair, grey puaawai.
hair, lank upoko mahora.
hair, lock of iho, poi.
hair, method of wearing the arakiore, ngoi.
hair, short scanty torohiihihi.
hair, single kaka, weu.
hair hanging straight down torokaka waero kiore.
hair in horns, method of dressing the hihi.
hair in plumed bunch on top of head pare koukou.
hair left long, front lock of kootare, kootaretare.
hair of a dog's tail waero.
hair of the head maahunga, makawe, rauuru, uru.

hair of the head about the fontanelles awe.
hair split at ends tatarakina, torokaka taratarakina.
hair standing on end mootihetihe, torokaka mootihetihe.
hair tied up in knot at forehead ngoungou.
hair worn long on one side of head pakipaki.
hairs from tail and rump of native dog awe.
hairy paahura, puuhuruhuru, tuahuru.
haka, figure in a pua.
haka, vigorous ceremonial taparahi.
haka performed by men only matohi.
hake tiikati, uturi.
Halcyon sanctus kootare, kootarepopo, kootaretare.
half haawhe (**Eng.**), haawhe-tia (**Eng.**).
half of a tree which has been split para.
halfcaste haawhe kaaehe (**Eng.**).
half-cock of a gun kaketuu.
half-grown piipii.
Haliotis, **species of** mahewa.
Haliotis australis hauwai, hihiwa, kaahiwahiwa, karahiwa, karariwha, koeo, korohiwa, kororiwha, marariwha, paaua korohiwa.
Haliotis iris, **young of** kararuri.
Haliotis **of several species** paaua.
Haliotis **roe** huatea, huauri.
Haliotis virginea koio, marapeka.
halo aawheo, amaia, puukoro.
halo round the moon imu tuupaapaku, umu tuupaapaku.
halo surrounding any heavenly body aaniwaniwa.
Haloragis erecta toatoa.
Haloragis incana piripiri.
Haloragis micrantha piripiri.
halt toti, totitoti.
halt suddenly tumu.

halting

halting kokekoke, paaremoremo.
Hamilton Haamutana (**Eng.**).
hammer hama (**Eng.**).
hammer, stone paakuru.
hampered auhi, taute.
hand ngirangira, ringa, ringaringa.
hand, hollow of the kapu.
hand, on the other teenaa ko teenei.
hand down whakahoro.
hand net toemi.
handful kamunga, kapunga, kapuranga, kutanga.
handkerchief aikiha (**Eng.**), paakete (**Eng.**).
handle, a puritanga.
handle, to huurau, kakau, nanao, nao, rahurahu, rarau, taunanapi.
handle carelessly haukeke, morimori.
handle for greenstone chisel karera.
handle for holding flints kautete.
handle gently whakahangahanga.
handle of a basket kaawai, kawe, kiiwai, kiiwei, popoia.
handle of a tool kakau.
handle of eel pot taupopoia.
handle of kaaheru kawau.
handle roughly mamanga, rarahu, tuukarikari.
handle used for spinning a top huhu.
handsome pai, purotu, ranginamu.
handspike hua.
hang iri, rere, taakawe, tare, tauhere, tautau, were, werewere, whata.
hang back memeke, tawhitawhi, toomuri.
hang by the neck taarona.
hang down haawere, hauwere, taaepa, taaepaepa, whakataaweru.
hang down a short distance hikupeke.
hang in a cluster raapoi.
hang in a loop kowhane.
hang in clusters tauweru, whakatauweweru.
hang in clusters or folds tautau.
hang in festoons taaheihei.
hang in festoons or loops taakeke.
hang in folds taakoru, tiikoru.
hang in folds or loops koorurururu.
hang in loops ngoru.
hang in shreds huhuka, hukahuka.

harvested

hang in tatters tarepa.
hang loose taaepa, taaepaepa, taaewa, taareparepa, taaweewee, tarepa, tiiepa.
hang oneself taahere.
hang up houtaawere, taahere, whakahiiweka, whakairi, whakanoi, whakataairi, whakawhata.
hang upon a line or rail taarawa.
hanger-on parakuukaa.
hanging hiiweka, taarewa.
hanging by skin tawari.
hanging free taawerewere.
hank koorino.
haphazard koopeka.
Haplodactylus meandratus katirimu, kawikawi, kehe, koeae.
happen riro.
happy haakoakoa, hari, koa, takaahuareka, uruhau.
harassing inonoti.
harbinger kawainga, maataarere.
hard io, ioio, maangonge, maarohirohi, maaroo, marohi, moorohirohi, paamaaroo, pakari, pakeke, papahueke, papamaaroo, puuioio, tina, tuapaka, tuumaaroo, tuupaa, uka, utoka, uutonga.
hard-case haatakeehi (**Eng.**).
hard ground papatipu, papatupu.
hard surface papatau.
harden whakauka.
hardened kooioio, uutonga.
hardly pitoiti, pitopitoiti.
hardworking mamahi, pukumahi.
hare hea (**Eng.**).
harelip ngutu riwha.
harp haapa (**Eng.**).
harping on some subject kutukutu ahi.
harping stupidly on a subject kunanu.
harpoon haeana (**Eng.**), raati (**Eng.**).
harrier kaahu.
harrow haro (**Eng.**), karawhaea (**Eng.**), rakaraka.
harrow, disc kiiwha (**Eng.**), kiiwhi (**Eng.**).
harsh kakawa, matangerengere, ngaangaa, tuanui.
harsh grating sound kakuu, pakakuu.
harvest time ngahuru.
harvested, as a root crop maea.

haste

haste, in patiko, whaawhai.
haste, make aahiki, aahikihiki.
hasten aahua, auraki, hotahota, houhou, pahohoro, peo, pepeke, rere, tahuti, takaniti, tauwhaiwhai, tioma, tootata, tukupoto, tuoma, uruuru, wakewake, whakahauhau, whakahohoro, whakaoma.
hasty naho, remurere, tere, tunuhuruhuru, tuukaha.
hat pootae.
hatch, of eggs pao.
hatchet paanekeneke, paatiitii, piharoa.
hatchet or adze, small stone panehe.
hate kino, mauaahara.
hating matakeekee, puu.
hatred ahikauri, maahie, mauaahara, wene.
haul too.
haul in a rope or line kohi, kohikohi.
haul up huhuti, huti.
haunt kuku, poke.
haunts ripoinga.
have much in one's thoughts maaharahara.
haven, sheltered aahuru moowai.
hawk, act like a kaaeaea.
hawk, an old, with light plumage kaahu kooroko.
hawk, bush kaaeaea, kaaiaia, kaaieie, kaarearea, kaarewarewa, kaauaua, kaiawa, taawaka.
hawk, harrier kaahu, keerangi.
hawk, male of bush kakarapiti.
hawser torotoro.
haystack taake hei (Eng.).
haze kauruki, kookoouri, kookorouri, koorehu, koorehurehu, poorehurehu, porehu, rehu, tawau, wheekite.
hazy koorerehu, kootuhi, maahinahina, makohu, mataauahi, moutiwa, nehunehu, pua.
he ia.
head angaanga, kane, karaua, karu, kaupane, maahunga, maakara, maakere, maatenga, maruaia, mokomoko, ngoto, pane, panepane, pooike, rangi, takataka, toihau, tumuaki, upoko, uru, whakahipa.
head, as of a nail peru.
head, back of hamo, hamu, hemihemi, koohamo, maihamo, paahoahoa.

heap

head, dried human maakiri, mokamokai, mookaikai.
head, of fish pero.
head-first tuupou.
head of a river or valley hiku, hikuawa, hikunga, hikutau, hikuwai, hukinga, koouru, pii.
head of a tree hanga.
head of a weapon or tool kiko, kikokiko.
head of axe helve, back part of the amai.
head of seed puku.
head of tree kaauru.
headache kotiuru, moongurunguru, ngaahoahoa, paahoahoa.
headache, affected with aanini, ngaaruru.
head-dress fillet with feathers kootaha.
head-dress of red feathers hutukawa.
headland koi, koraenga, kuumore, kuumuu, kuurae, kuuraenga, maataarae, mata, matakuurae, matamata, more, ponaihu, poraenga, pukerae, rae, torouka, tuumuu, whakaihu.
headless body tumu.
headlong patiko, taawhangawhanga, tuupou, whakahora.
heads of branches of a family ngare.
headstrong maaroo, matauaua, poorangi, tuukaha.
heal whakareka.
healed mahu, raupapa, tumahu.
healed or cured, not quite maatuutuu.
health hauora, hauoratanga, ora, waiora.
health, restore to haumanu.
healthy hauora.
heap ahu, apaapa, apaapatuu, haupuu, ika, kauika, kawa, kooputu, maataa, peehanga, purawhetuu, putu, puu, puuhanga, puukai, puukainga, puukei, puuranga, rauika, ripanga, roopuu, taipuu, taka, taupuu, toohiianga, tuataka, whaarona, whakapipi, whakapuu, whakarae.
heap, lay in a apoapo, haupuu, whakaahu, whakamoa.
heap, lie in a haupuu, tihi.
heap of fallen trees taaiha.
heap of food at a feast tahua.
heap of stones haapapa.

heap   *Hemitelia*

heap up ahu, ahuahu, apo, peti, puuranga, taka, takihakohako, whakaahu, whakaika, whakamaataa, whakapae, whakarauika, whakataipuu.
heap upon apu.
heaped up ahu, hakohako, paenga, pookiikii, rawhaki, taipuu, taupuu, whakaputu, whakatumutumu.
heaping up ahunga.
heaps, make into kauapa, kooputuputu.
hear oko, rongo.
hear indistinctly haaraurau, hakiri.
heard hau, iri, paa.
heard indistinctly haarearea, hakiri, whakaororua.
heard vaguely haarau.
heard with attention weri.
heart manawa, ngaakau, puu.
heart (card suit) haate (**Eng.**).
heart of a man used sacrificially kohaka.
heart of a tree koiki, taaiho, tahiwi, taraiho, tarauho, uho.
heart of endogenous plants parito.
heart of tootara taikura.
heart or trunk of a tree kahiwi.
heart strings tau o te ate.
heart wood karei, koohiwi, paiore, taikaakaa, tooiki.
heart wood of tootara or matai whatutoto.
heartburn koeha, pohongawhaa, taratarawai, tokopaa, tokopaha.
hearth takuahi.
hearth, stones of a paarua.
heartiness ngahau.
hearty ngaakau nui, ngahau.
heat pookaakaa, wera.
heat, give forth hahana, hana.
heat an oven taarahu, whakatao.
heat mussels, to open them kaamura.
heated rerehuu, wera.
heave, as swell of sea hotu.
heaven rangi.
heaven, eighth Aukumea, Rangi-matawai.
heaven, eleventh Tiritiri-o-matangi.
heaven, fifth Rangi-tauru-nui.
heaven, first Kikorangi, Rangi-nui-a-tamaku.
heaven, fourth Hauora, Rangi-maire-kura.
heaven, ninth Rangi-te-wawana.
heaven, second Rangi-tamaku.
heaven, seventh, Rangi-mataura.
heaven, tenth Rangi-naonao-ariki.
heaven, third Rangi-paurauri.
heaven, twelfth Te Toi-o-ngaa-rangi.
heavy awai, rorotu, rotu, taimaha, taumaha, toimaha.
heavy, extremely taimaha haarukiruki.
heavy, of the eyes takaroro.
heavy browed kape taiaha.
heavy footed waewae maatotoru.
Hebe parviflora kookoomuka taaranga, koromiko taaranga.
Hebe salicifolia kookoomuka, kookoromiko, kookoromuka, korokio, koromiko, koromuka.
Hebe speciosa napuka, tiitiirangi.
Hebe spp. korohiko.
hedge in karapoi.
Hedycarya arborea kaiwhiri, kaiwhiria, pooporokaiwhiri, pooporokaiwhiria, poporokaiwhiri, porokaiwhiri, porokaiwhiria, poroporokaiwhiria.
Hedycarya dentata kooporokauwhiri.
heedless hautaaruru, maatotoru, poorahu, poorahurahu.
heel ngaengae, rekereke.
height hauroa, tiitike, tiketike.
Heimerliodendron brunonianum parapara, puuhaaureroa, puuwhaaureroa.
heir kawa.
held by the point mautarakini, tarakini.
Helichrysum glomeratum niniao.
Helicolenus percoides pohuiakaroa.
helper piki, uruora.
helpless paraheahea.
hem, plaited or fringe on edge of cloak kurupatu.
hem in awhe, paakaka, paakorokoro.
hem of a garment, lower puuremu, remu.
Hemerocoetes acanthorhynchus kohikohi.
Hemideina megacephala puutangatanga, tokoriro, weetaa.
Hemiphaga novaeseelandiae kereruu, kuukupa, kuukuu, parea, rupe.
Hemirhamphus intermedius hangenge, ihe, takeke, wariwari.
Hemitelia smithii kaatote, katote, neinei kura.

hen

hen, swamp paakura, puukeko.
hen, water mokaakaaweka.
hen, wood weka.
hence no konei.
henceforth aa mua.
henceforward anaianei.
Hepialis virescens anuhe.
Heptatretus cirrhatus napia, pia, tuere.
her, for maahana, moona, maana.
her (personal pronoun) ia.
her (possessive adjective) aana, aahana, oohona, oona, taana, toohona, toona.
herb, a kuumarahou, maa-akoako, reeua, taawaro.
herb, an aromatic naupiro.
herbage raureekau, taru, tarutaru.
herbs in general otaota.
herd raahui, raangai, whakataka.
here anei, koinei, koineki, konei, koneki, teenei.
hereafter aamuri ake nei, anamata, hei aamua, moo aamua, tukua atu.
hernia whaturama.
hero of a story tuahangata.
heroine of a story tuawahine.
heron, blue kaakatai, maatukutuku, matuku, tiikaaka.
heron, white kootuku.
heron, white faced matuku.
herpes paapaka.
herring aua, kaataha, mokohiti.
herring bone pattern in reed work whakaiwituna.
hers naahana, naana, noona.
hesitate koorapa, maanenei, manei, pepe, tawhitawhi, whakaroa.
hesitate in speaking haa.
hesitating ihupiro, ihupuku, maunawenawe, moaananga, mooteatea, paaremoremo, rikarika, tahangoi, tikumu.
hesitating in speech paremo.
Heteralocha acutirostris huia.
hew hahau, hau, hauhau.
hew out taataa.
hiccough tokohana, tokomauri, tokopuhake.
hidden ngaro, punanga.
hide hiako, whakamoke, whakatarapeke.
hide oneself piri, whakapeke, whakapupuni.
hiding place piringa.

hip

Hierochloe antarctica kaaretu.
high ekieki, ike, ikeike, kaurera, noi, teitei, tiitike, tiketike, whakarera, wheeteitei.
high, of heavenly bodies poutuu.
high, of sun poutuumaaroo, tuuhoa, tuuhoe.
high, of the sea tuu.
high, of the tide koko, pari, tumu.
high, of very high spring tides toko, totoko.
high, on moorunga.
high pitched, of a roof haeoratuu.
high rank nui, puuwhero, puuwhewhero.
high up paratuu, rewa.
high up in the sky tiikoke, tiikokekoke.
high water uunga tai.
high water line tahakupu.
highway huanui, huarahi.
hiinau berries te whatu o poutini.
hiinau berries, cake of mashed komeke.
hilarious pukukata.
hill huu, puke, pukepuke, rangaranga, toroii.
hillock karapuke, puke, pukepuke, taapuke, taapuupuu, toropuke, tuapuke.
hillocks, throw up into tuuahu.
hillocks in which weeds are buried hawahawai.
hills, main range of matuaiwi.
hillside puketai, rapaki.
hilltop kehokeho, tautara.
hilly pukepuke.
him ia.
him, for maahana, maana, moona.
Himantopus leucocephalus poaka, toorea, turituri pourewa, turuturu pourewa, tuturi pourewa, tuturu pourewa.
Himantopus novaezealandiae kakii, poaka, toorea pango, tuuarahia.
hind takamuri.
hind part muri.
hinder aarai, kaiwaenga, punga, tinaku, whakaepaepa, whakakooroiroi, whakaupaupa, whakawarea.
hinder with unnecessary trifles whakakoopekapeka.
hindered auhi, raruraru, raru, raruraru, taitu.
hindrance epa, taaweka, taero, whakararu.
hindrance, without angi.
hint whakamoohio.
hip bone himu, humu, poorori.

hip   **hoof**

hip joint huakuru.
Hippocampus abdominalis hinamoki, kiore, kiore moana, kiore waitai, manaia.
Hirneola polytricha tarawhata.
his (pronoun) aahana, aana, naahana, naana, noona, oohona, oona.
his (possessive adjective) aana, oona, taana, toona.
hiss hihii, hii, huhuu, huu.
hiss, cause to whakahihii.
hissing or rushing noise ihi.
Histiopteris incisa maataa, maataataa.
hit tuu.
hit accidentally whara.
hitch, kind of single pona taniwha.
hitch on, as rope tanoia.
hither mai.
hitting exactly heipuu.
hoarse ngaangaa, whango.
hoax by means of spell rawehoi, raweoi.
hoe, adze shaped pere, toki hengahenga.
hoe (draw) karaone (**Eng.**).
hoe (push) tipitipi (**Eng.**).
Hoheria angustifolia houhi puruhi, huungere.
Hoheria glabrata hoihere, houhere, houhi, houii, whauwhau, whauwhi.
Hoheria populnea hoihere, houhere, houhi ongaonga, houhi, houii, ongaonga, whauwhi, wheuhi.
Hoheria sexstylosa houhi ongaonga.
hoist huhuti, huti.
hold rauhi, taataawhi, taawhi, taumau, taumou, whiitiki.
hold back puri, puru, taataawhi, taawhi.
hold close aupaki.
hold communication with paa.
hold fast taamaua, whakaita, whakataamau.
hold firmly keekeke, rarawhi, rawhi.
hold in the hand puri, puru.
hold of, lay tango, whaawhaa, whai.
hold of a ship riu.
hold on affections, that which has a kuku o te manawa.
hold open a basket whakatutu.
hold or grip in wrestling, a awhiawhi.
hold the breath kuku, kumu, pepa.
hold up tiari.

hold up the clothes puurohu.
hold up to view tiori.
hold up weapon in defiance whakahana.
hold without breaking totoo.
hole koohao, koorua, kooruarua, koowhao, koroputa, kororua, poka, pokere, poko, puna, puta, rua, tuurua, waro.
hole, deep oru.
hole dug for purposes of witchcraft rua haeroa, rua toorino, toorino.
hole dug to serve as landmark whakaumu.
hole in which taro is planted whakarua kawau.
hole to skin potatoes in by trampling koorua huukari kai.
holes, full of kooputaputa, koroputaputa, putaputa, puuataata, waawata.
holes, full of worm pookarakara.
holes for lashing of haumi to canoe koowhao matapupuni.
holes in a native flute wenewene.
holiday hararei (**Eng.**).
hollow arenga, hahao, ipuipu, kaaipuipu, kaiwaka, kohu, kohukohu, kokohu, paaohe, pakonga, piako, puuaha, taawharu, taku, tamomo, tiiare, tiiareare, wharemoa.
hollow, a maarua, paarua, pokopokorua, pokorua, poopokorua, whaawhaarua, whakarua.
hollow in ground huu.
hollow like a valley haapua.
hollow of the hand paaroo.
hollow out haakaro, waimanu, whakaawa, whakakaiwaka, whakakoooaka, whakakoorua, whakangao.
hollowed out tiikohu.
holy tapu.
home haukaainga, kaainga, kaainga tupu, toi whenua, waa kaainga.
home, away from aakikoo.
home, make a whakakaainga.
homesick manatu.
hominy corn kaanga pungarehu (**Eng.**).
honey honi (**Eng.**), miere (**Fr.**), ngongo.
honour hoonore (**Eng.**), whakahoonore (**Eng.**), whakamaanawa.
honourable kahurangi.
hoodwink whakanewhanewha, whakarare.
hoof maikuku, matikuku.

93

hook

hook matau, piihuka (Eng.).
hook attached to paaua lure kawiti.
hook for taking barracouta pohau.
hook of a bird snare koopaapaa, koorera, pekapeka, tokorera, tokorerarera.
hoop moowhiti, taawhiti, tarawhiti, whiti.
hoop, like a korohiti, korowhiti.
hoop for holding open hand net tutu.
hoop-iron or anything similar paaraharaha.
hoot koukou, peho, pehopeho, terekou, whero.
hop hiikeikei, hiiteki, hiitengi, hiitoki, hiitokitoki, hiitoko.
hop, as a bird pekepeke.
hop about peruperu, tarapekepeke, tuupekepeke.
hope awhero, tuumanako.
hopes and desires, murmur kaikoohau.
Hoplodactylus pacificus koeka, maamaa, mania, moko paapaa, moko piriraakau, moko taapiri, moko tapiri, paapaa, teretere.
horde manomano.
horizon huapae, pae, pae huakai, paihau, ripa, taaepaepatanga o te rangi, taharangi, tahatuu, tauriparipa, tuuaapae.
horizon, water paewai o te rangi.
horizontal ridges of hills pae.
horn haaona (Eng.).
horn blown to signal puuhaaureroa, puuwhaaureroa.
horn for sounding puutoto.
horn of the moon tara.
horns of cattle maire.
horse hooiho (Eng.).
hospitable marae, pono, tahiti, tawhiti, whakamanuhiri.
hospital hoohipera (Eng.), hoohipere (Eng.).
hospitality manaaki, taurima.
hospitality, show whakauwhi.
host tangata whenua.
host (multitude) ikanga, mano, pookai tara, tini.
hostile kairiri, taraweti, toheriri.
hostile demonstration, make a whakakau.
hostile feelings, cherish kaikiri.
hostile party taua, whakaara.
hostility pakanga, pukuriri, riri, whaainga, whakariri.

hull

hot paakinakina, paawera, pakakinakina, pookaakaa, puukaakaa, tiikaakaa, wera.
hot, of the sun paka.
hot, red kakaa, ratarata.
hot (sultry) paaruu, paaruuruu.
hot spring puia, waiariki.
hot tempered kiriweti.
hot to the taste puuhahana.
hotel hootera (Eng.), paaparakaauta (Eng.).
hour haaora (Eng.).
house karuhi, whare.
house, circular koopae.
house, public meeting whare ruunanga.
house, small koopuha.
house, steep-roofed whare aapiti.
house, temporary, used for a feast atorua.
house for amusement whare tapere.
house for general social intercourse whare maatoro.
house for instruction in occult lore whare waananga.
house having no verandah whare paikea.
house of mourning whare pootae.
house used by tohunga whare makatea.
house where sorcery was taught whare maire.
house with a lean-to roof whare tiitopa.
house with conical roof, round huki.
house with door at end whare tohituu.
house with door in the side whare pokapuu, whare taapae, whare tuku.
house with pole in centre, round whare koopae.
hover aarohirohi, topaki, whakaparo.
how pea, pehea, pewhea.
how far? aahea atu.
how great! aatae.
how many? hia, whia.
however heoi, heoti.
howl au, ngawee, ngawii, paroro, tarawee, tautau, whakaparoro.
howl, as a dog whakapuu.
hubbub huu.
huddled together torohuu.
huddled up taapapahu.
hue tae.
hug haumiri, tauapo.
hull koohiwi, matua, rongokere, tahiwi, takere, tiiwai.

hull

hull of canoe, main part of kaunoti.
hum mapu, tamumu, wheo, wheowheo.
hum of conversation taawara.
human being tangata, tangata maaori.
human figures in carving of canoe pootikitiki.
human image tiki.
human sacrifice ika paremo.
human victim buried under new house ika purapura.
humerus peke.
humid piipiiwai, takawai.
hummocks or ridges taapukepuke.
hump tuapuku.
humped hake, nuke, nukenuke.
humus paraumu.
hunchback manau, ngunu, piiari, taaupe.
hunched up puuponga.
hundred rau.
hundred and forty hokowhitu.
hundredweight haanarete (**Eng.**).
hunger hemokai, hiakai, mate kai.
hungry hemokai, hiakai, hookaka, iri, piikoko.
hunt whaiwhai.
hunt out hura.
hunt up taawhiu.
hunt with dogs whakangangahu, whakangau.
hurl oneself ruku, whakaangi.
hurricane haumaatakataka, huripari, taupoki.
hurried poonaanaa, poorangi, pootatu, pootatutatu, puuaaritarita, takatuu, whaawhai.
hurriedly kino, rere, tahuti.
hurriedly, do auraki, kaihoro, takakino.
hurry pahohoro, rarahu, taaruke, takaniti, takawhiti, wakewake, whakahohoro, whakatatutatu, whakatuukawikawi, whakauru.

Hyridella

hurry, in a pooaaritarita, puuaaritarita, takahee.
hurry on in confusion taataakino.
hurry unnecessarily makihohoro, ngaki hohoro.
hurt ngau, paamamae, tui, tuitui, uruhua, whakamamae.
hurt, feel aawhiti, aawhitu.
husband, a hoa, makau, taane, tahu.
husband, to koha, matapopore, pena, penapena, rokiroki, tiwa, tiwha, whaaomoomo, whakamoamoa, whakaomoomo.
husband of wife's sister hoahoa.
hush poopoo, whakarongoa.
husk anga, horehore, koopaki, nganga, peha.
husk, as of maize pakawhaa.
husk, such as chaff or bran paapapa.
hustle aatute, tutetute, whakatuukawikawi.
hut mahau, paakorokoro, whare puurokuroku.
hut, makeshift koropuu.
hut, small circular puurori.
Hydnum coralloides pekepeke kiore.
Hydroprogne caspia kaahawai, taraa nui, taraa punga.
Hydrurga leptonyx popoia ngore.
hymen katitohe, kiritapu, takini, taupaa.
Hymenolaimus malacorhynchus korowhio, whio, whiorau.
Hymenophyllum mauku.
Hymenophyllum demissum irirangi, piripiri.
Hymenophyllum dilatatum irirangi.
Hymenophyllum sanguinolentum piripiri.
hymn hiimene (**Eng.**).
Hypnum clandestinum kohukohu, wheuwheu.
Hyridella menziesi kaakahi, koaru.
Hyridella spp. kaeo, ngaeo.

I

I ahau, au, awahau, awau, wau.
ice haupapa, hukapapa, keho, keo, koopaka, tio.
ice-cream aihikiriimi (**Eng.**).
ice plant horokaka.
idea ariaa.
idiot kiikiki, oo, pouaawai, poorangi.
idle aarangirangi, karioi, makihoi, oma, paeko, pateko, whakapaeko, whakatairuhi.
idle fellow tooiwi.
idler karioi.
idling hakirara, kaweka, kuurapa, tihitihi.
idly, sitting moteko.
if e ka, kaapaatau, kaapaataua, ki te, ki te mea, me, meemea, mehemea.
if not mai kore, mai raaia, me i kore.
if the case were so peenaa, peenaka, peenei, peeraa.
if the case were that me he mea, mehemea.
if the case were thus peenei, peenaa, peeraa.
Ignis fatuus auku, inatore, tuututupoo, unahiroa.
ignited tuu.
ignorance maakuuare, maakuuware.
ignorant kuuare, kuuware, ware.
ignore provocation whakaririka.
ill mahaki, mate, oke, wheori.
ill and weak ngaatoro.
ill at ease wheruu.
ill-dressed kino.
ill feeling hae, hahae, nanatu, natu.
ill feeling, bearing matakeekee.
ill grown tunawhea.
ill health manauhea.
ill-looking kino.
ill luck brought upon canoe's nets whakaeo.
ill omen aituaa, tuupoo.
ill omen in weaving aroaakapa.
ill-tempered aweke.

ill-treat kaikino, kino, muhani, muheni, tunuhuruhuru, tuukino, whakawiri.
ill-treat grievously koohuru.
ill-treat in any way patu.
ill will kino, mauaahara, puuhaehae.
illness, serious tuupoupou.
illness, slow lingering mate whakapiioi roa.
illness accompanied with shivering kinawhia.
ills from infringing tapu tuumatarehurehu.
illuminate whakamaarama.
illuminated tuurama.
illustrious hau.
image pakoko, whakapakoko.
image of human figure of post of fort kaahia.
imagination, in pohewa.
imagine pohewa, tuakoi.
imitate taawhai, whakatau.
imitate the cry of a bird pakoire.
imitative gestures, use ohaoha.
immature kaanewha, koopiipii, kopii, pangore, piipii, waitau.
immature fruit kooriri.
immediately inamata, mea kau ake, tonu.
immerse rumaki.
immersion rumakanga.
imminent raraka.
immodest mootekoteko.
immoral karihika.
immovable pahoho, rawetutuku, whakawhenua.
immovable, render pou.
impale koihoka, koohiku.
impartial tookeke.
impassive whakaririka.
impatience, expression of hoohaa kii, hoohaa tahi, kaatirawhe.
impatient hiikaikai, kaikaa, kaikaha, pootatu, pootatutatu, pukaa, rika, taakare, takahee, takakino, takawawe.

impatient

impatient of kiriweti.
impatient of restraint tuunana.
impede rore, whakataute.
impel kohuki, torohaki, ueue, whakawhana, whana.
impel endways toro.
impending raraka.
imperative particle e.
imperfect pokapoka, takarepa.
imperfection takarepa.
imperious whakatopatopa.
impervious piitongatonga.
impetuous kowheta, manawa rere, taikaha, takahorohoro, totoa.
implacable kaikiko.
implement for cultivating tiihou, tima, taapara, tokitoki.
implement for digging or planting koo.
implement for weeding ketu.
implement or weapon of greenstone pounamu.
implement or weapon of okewa stone okewa.
implement to scratch with rakuraku.
implement used as a scuffle hoe paaketu.
implement used for curling flax fibre miroi.
importance nui.
importance, person of kauati, maataarae.
important hira, maatua, maatuatua, matua, nui, puuwhero, puuwhewhero, tiitike, tiketike, whakahirahira.
importunate kaakari, maanene, poorearea, tene, toowenewene.
importune maakiri, patete.
impose upon maaminga, whakaware.
imposed upon hiiangatia.
imposing marutuna.
impossible (used with negative) tae.
impress whakangoto.
impression haaraunga.
imprisoned mau herehere.
impromptu tene.
impudent piinanauhea, piinaunauhea, tahataha.
impulse hiahia.
impurity para.
impute whakairi.
in hei, i, i roto, kei.
in that case peenaa, peenaka.
in that way peenaa, peenaka, peeraa, peeraka.

incantation

in the case that ki te mea.
in this case peenei.
in this way peenei.
in vain noa, parau.
inaccessible e kore e taea, tapu.
inactive hoongoingoi, hoongongoi, houtete, makuku, taharangi, turikore, tuupuhi, whakapahoho, wheruu.
inactivity tautauaa.
inarticulate nanu, ngau, pakoki, tapepe, whango.
inarticulate sound huu, kotokoto, paroro.
inasmuch as ina, inahoki.
inattentive taringa kooroiroi, muhukai, pihoi, pohepohe, taringa morimori, taringa muhukai, taringa turi.
incantation amotai, aukukume, aukume, ihi, karakia, kii, maakutu, maikiroa, matahi, matakihi, moanauri, poa, puni, take, tapatapa, taputapu, tuumaangai, whakararau, whiti.
incantation, affect by an ue.
incantation, defensive ripa.
incantation and rite to cause death umu pongipongi.
incantation by rejected suitor papaki.
incantation connected with marriage ngunguru, nguru.
incantation for destruction of enemy umanga.
incantation for kuumara culture mangungu.
incantation for moving canoe tauparapara.
incantation for raising anything up whakamaiangi.
incantation for rendering permanent maanawa.
incantation in which a kete was used kete.
incantation over weapons before battle huru, hurupiki.
incantation to blind eyes of pursuer kopani.
incantation to disable an enemy momono, mono, whakaumu.
incantation to drive out atua tiri.
incantation to escape from enemy whakakahurua.
incantation to free from tapu aauriuri.
incantation to render land infertile papahaaro.
incantation to still a storm awa.

incantation

incantation used for certain maladies poutama.
incantation used in war puhi.
incantation used when planting kuumara whakatopatopa.
incantations, affect by tiitipi, tipi.
incantations, utter karakia, maataapou, oha.
incensed hiikaka.
inceptive verbal particle ka.
incest irawaru, kai whiore, ngau whiore.
inch inihi (Eng.).
incise kookoo.
incise a pattern paakati.
incisor tooth niho tapahi.
incite akiaki, eneene, hiikaka, koopana, oreore, paatari, paataritari, piitari, piitaritari, tari, tautoko, toi, toitoi, tuketuke, tuuhana, tuuwhana, ueue, whakakaa, whakakoikoi, whakapaataritari, whakatari.
incitement wero.
inclement katopoo, maakato, ruru.
inclement weather taritari.
inclination aro, aronui, ngaakau.
incline auroro, riitaha, uataha, whanau.
incline with a gentle slope paanaki, paanaanaki.
inclined haahaa, hootiu.
inclined to (disposed to) aro, arotau, atawhai.
incoherent parure, whakaparure.
incompatible mataku.
incompetent heehee.
incomplete hukihuki, pahara, tarepa, taurangi.
inconsiderable meroiti, meromeroiti.
inconstancy haarakiraki.
incorporate komokomo.
incorporation kaaporeihana (Eng.).
incorrect muhu.
increase nui haere, putu, roko, tupu, whakanui, whakarawa.
increase in bulk toko, totoko.
increase in numbers ngaringari.
increase in size whaangai.
incubate peehi.
indecent mootekoteko, pohane.
indecent gestures showing contempt whakapuwheto.
indeed anoo, ati hoki, koa, koa nge, koia anoo, pea, raapaa, raapea, rawa.

infantile

indefinite noa.
indentation tarahanga.
indentation of the coast kokoru, kokorutanga.
India Iinia (Eng.).
indicate tautuhi, tohu, tuutohi, tuutohu, waitohu, whakahahaki.
indication tuutohi, tuutohu.
indifference haumaruru.
indifference, show whakahoe.
indifferent in quantity or quality rooraa.
indigestion kunaawhea, taratarawai, tokopaa, tokopaha.
indignant whakatakariri.
indignation whakatakariri.
indignity, treat with whakaheke tupu.
indirect line of descent kaweka.
indisposition maiarohea, maiorohea.
indistinct aakahukahu, hiirea, kauruku, maarearea, moonehunehu, moonenehu, nanu, ngau, puurehurehu, puurerehu, tooriki, toorikiriki, tooririki, wainehu, whakamoonenehu, whakanawenawe, whekowheko.
indistinct, become rerehu.
indistinct, of sound hiirea, kihi.
indistinct sound hiirearea.
indistinct sound, make an haamumumumu.
indistinct view titiro taawhi.
indistinctly makaro, wara, wawara.
indistinctly seen kurehu.
indolence rare.
indolent hakorea, makuku, waimori, whakatoorekereke, whakatoreke.
induce kawe, paatai, poapoa, whakapakepake, whakawhere, whakawherewhere.
induce by means of gifts whakapati.
industrious ahunui, ahuwhenua, houhare, houhere, ihupiro, ihupuku, mamahi, pukumahi.
industry mahi.
ineffective (of people) hauware.
inestimable kaamehameha.
inexperienced ihupiro, ihupuku.
inexpert rapa.
infant koohungahunga, koongahungahu, peepi (Eng.), pootiki.
infantile paralysis mate whakarori tamariki.

infatuate whaatiitipa.
infatuated toorere, wairangi.
infertile korekore.
infest mui.
infirm taarutu.
inflame (emotions) whakakaa, whakakoikoi.
inflamed kaarawarawa.
inflamed, as the skin puuhahana.
inflamed, of the eyes tore.
inflammation pauku.
inflammation of the eyes toretore.
inflammation of the lips marupo.
inflexible whakaioio.
influence awe, kawe, kawekawe, mana.
influence by means of a spell tuuaa.
influenza rewharewha, tarutawhiti, whuruu (**Eng.**).
inform paanui, whakarongo.
informal haaramuramu, hiiramuramu.
inhabited, be nohoia, noohia.
injure takakino, tunuhuruhuru.
injure by spells whaiaa, whaiwhaiaa.
injured mate, tuu, whara.
injury kino, mate.
ink mangumangu.
inland roto, uta.
inlay korotiwha.
inner man tamaroto.
innumerable makehua, mano tini, manomano, rea, tini maaioio.
inquire paatai, pakirehua, ui.
inquisitive mahira.
insect muu, peepeke.
insect, an kakapowai, kapakapa, kapokapowai, kapowai, kihikihi, kihikihi kai, kihikihi wawaa, kiikihitara, kiikiitara, kikihi, kikipounamu, kiriwai, kupakupa, kuuii, mataa, ngaarara, nihinihi, paakaurere, paakauroharoha, paapapa, papakura, pekepeke haratua, pepeke, pohotapu, pokotapu, puutangatanga, rakorakorere, roo, taakituri, tarapake, tokerangi, tokoriro, tookere, toropakihi, tuatara noke, tukurere, upokotapu, weetaa, weetaa punga, whee.
insect, stick roo.
insect (grublike) ngaarara.
insect family aitanga-a-peepeke, aitanga-a-punga.
insect that attacks kuumara ngurengure.
insecure paanekeneke, tiitengi.
insert kokomo, komo, kookuhu, koouru, kuhi, kuhu, piingongo, whakatoo, whakauru.
insert threads in garment to make full whakahoi.
inside roto.
inside out koaro, kowaro.
inside out, turn huri koaro.
insignificant hauarea, hauwarea, tangatakimoorii, tatakimoorii, whetowheto.
insincere koopuungahuru, koopuurau, rupahu.
insipid maakihakiha, makiha, waimeha.
insistent nonoi.
insolent toroihi.
inspect maataataki, maatai, maataki, maatakitaki.
inspire with fear tunu.
instalments, by harangotengote.
instigate whakakiikii, whakatuu.
instruct ako, tohutohu, whakaako, whakamoohio.
instructions at departing poroaki, poroporoaki.
instructor kaiwhakaako, kura maahita (**Eng.**), maahita (**Eng.**), tauira, waananga.
instrument, a musical pakakau.
instrument, stringed, played by tapping kuu.
insubordinate haututuu, tutuu.
insult aatete, hakirara, muhani, muheni, piopio, pohane, tiikai, whakamanioro, whakatakao.
insult by passing food over taapena.
insulting haakiki.
insulting gesture, make an piitore.
insulting proverb takao.
intelligent atamai, maatau, moohio, punenga.
intelligible maaori, maarama.
intend koro, mea, takune, whakakoro.
intense au, kakati, kita, nui, tiiwerawera.
intense, of darkness kenekene, kerekere, kurikuri, weetangotango.
intense, of emotions ngoto.
intense, of laziness hoonia.
intensity nui, kaha.
intensive haarukiruki, hengahenga, ianei, iara, kau, kere, maarika, ngihangiha, riro, rukiruki, rukuruku, whakaharahara.
intensive, used with maaroo hiitararii, hiitenga.

intensive, used with tootika haawerewere.
intensive, used with tuumaaroo hoehoe.
intensive particle anoo, koa, rawa, tonu.
intent on koromaki, koromamaki, tare, waweroka, waweruka, whakaarorangi, whakakoromaki, whakamau, whakatare, whakataretare.
intention whakaaro.
intention, express an kapatau.
intentionally maarire.
intercept haukoti, hautoki, kokotipuu, komutu, kotipuu, rorehape.
intercepting party haukoti, kokoti.
interest (usury) hua o te moni (**Eng.**), itarete (**Eng.**).
interfere auwaha.
interfere with raweke, whawhe.
interfering mahira, muurere.
interior roto.
interior of country mano whenua, tuawhenua, uta.
interjection, how great etahi, etia.
interjection, serves you right aia.
interjection, so then ehi.
interjection, what are, ha.
interjection calling attention anaa, arara, eetee, iaua.
interjection of admiration anana, eai.
interjection of assent eaoia.
interjection of astonishment or distress auee, auwee, euee, koae.
interjection of contempt aeha, hii.
interjection of disgust ataa, haki.
interjection of mockery aha.
interjection of remonstrance aha.
interjection of satisfaction or assent anao, anaoa.
interjection of surprise ai, ara, auarere, eaa, eehe, ehee, hakaa, hia.
interjection of vexation aeha.
interjection of warning aha.
interjection of wonder aeha.
interlace kootui, pawero.
interlace with twigs rauiri, rauwiri.
interlaced poowhiiwhiwhi, poowhiwhi, poowhiwhiwhiwhi, takawhiiwhiwhi, takawhiwhiwhiwhi.
intermission paariiraatanga.

intermittent taamutumutu, taratahi.
internal organs, one of the hinengaro.
internal organs of the body wheekau.
internecine war kaiaakiri.
interpret whakamaaori, whakapaakehaa.
interpreter kaiwhakamaaori, kaiwhakapaakehaa.
interrogate uiui.
interrogative inei, raanei.
interrogative affirmative nee.
interrupt aruaru, inaki, kaiwaenga, kohiko, kokoti, koti, whakapoonaanaa.
interrupt anyone's speech tiitere.
interrupted whati.
interstices or spaces, full of puuwatawata.
intertwine rauiri.
interval aaputa, kauhanga, kauwhanga, mokoaa, mokowaa, tarawaha, tau, waa.
intervals putuputu, puuputu.
intervals, at aaputa, kauteatea, pokapoka.
intervening space waenganui, waengarahi.
intestinal fat poowhiwhi.
intestines koopiro, piro.
intestines, some portion of the mahara.
intimate takapui, taunga, taupiri.
intimate companion taapui.
into ki, ki roto ki.
intoxicated haurangi, rore, rou.
intoxicated with juice of tutu kaaka.
introduce into kookuhu, whakatoo.
introduce oneself into kuhu.
intrude kookuhu, maoho.
intruding muurere.
inundate whakaparwhenua.
invade ruru, urutomo, whakaekeeke.
invading army whakaariki.
invalid haaura, mahaki, maki, ngongo, oke, paioke, tuupaapaku, tuuroro.
invective kaioraora.
invent impromptu tito.
invented tene.
invert huri koaro, kaupoki.
inverted koaro, kowaro, whiti ra runga.
invest taapae.
invested (besieged) taka.
investigate tirotiro, whakawaa.
invigorate whakahohe.
invoke tuhi, whaangai, whakatara.

involuntary

involuntary start or twitch kahuki.
Ipomoea batatas kuumara, kuumera.
Ipomoea palmata panahi, poowhiwhi.
irascible aarita, aaritarita, pukuriri, whanewhane.
Irish Airihi **(Eng.)**.
irksome hiirawerawe.
iron haeana **(Eng.)**, maitai, piau, piharoa, piiauau, rino **(Eng.)**, wii.
iron tool whao.
iron weapon patu pora.
ironstone paeraata.
irrefragable whakaioio.
irregular karawhiti, kooiheihe, kootiititi, pokapoka, rangirua, tiiwekaweka, tipirori, tipitaha, tooroherohe, whakahipahipa, whakarangirua.
irregularly, do koohikohiko, pokapoka, tiipaopao.
irregularly placed tipihori.
irresolute kahurangi, kewha.
irritate kootara, mukaakaa, nanamu, patete, raparapa, whakatoi, whakatoitoi.

Ixobrychus

irritated kaarangi, toii.
irritating kaarangirangi, maakatikati.
irritation maangeongeo.
irritation of the skin pahii.
island maheno, mautere, motu, motutere, moutere.
islands, appearing like motumotu.
isolated mooriroriro, motu, taarake, taratahi, teko, tuuhaahaa.
isolated group or patch puurei, puureirei.
isolated patch of bush kari.
isolated rock puurei, puureirei.
issue (offspring) paratau, uri.
Isurus glaucus mako, ngutukao.
it ia.
itch hakihaki, hare, harehare, maanoenoe, mangeo, ngaoko, ngooko, patete, rekareka, toretiti, torotiti, waihakihaki, whaaoko.
its aana, ana, oona, taana, tana, toona.
ivory rei.
Ixerba brexioides taawari, whaakou, whaawhaakou.
Ixobrychus novaezelandiae kaoriki, kioriki.

J

jabber hautete, hote, kohe.
jade ika a Ngahue, pounamu, waipounamu.
jagged maakini.
jail whare herehere.
jam haamu (**Eng.**), tiaamu (**Eng.**).
jamb of a door tuturu.
jamb of a doorway or window whakawai.
January Haanuere (**Eng.**).
jarred tiioro, wheoro.
jarred by harsh sounds paaorooro.
jarring maioro, paheke.
jarring or crashing noise wheoro.
jarring sensation, feeling mania.
Jasus edwardsii kooura, kooura papatea, matapara.
Jasus verrauxi kooura, pawharu.
jaundice huhunu.
javelin tete, tete paraaoa, tete whai.
jaw kauae, kauwae, puukauae, puukauwae.
jaw, move, as eating kome, komi.
jaw bone paewai.
jealous hae, hahae, harawene, pukaa, taruhae.
jealousy puuhaehae, puungaengae.
jeer paatai, pehapehatu, pepehatu, taawai, taunu, whakahii, whakahiihii, whakatea.
Jehovah Ihowa (**Eng.**).
jellyfish kakaru moana, kuureperepe-aa-tai, kuureperepe moana, maremaretai, petipeti, puukahukahu, puukarukaru, tepetepe.
jellyfish, a large species of rangahua.
jerk korohiti, korowhiti, nape, pahiwi, rutu, tuke, tupana, turapana, whakanou, whakanounou.
jerk a fishing line hiwi.
jerk up and down tiemi.
jerk violently taarutu.
jerking outwards of limbs in sleep kohera, kowhera.

jest hangareka, kaarikarika, nene, whakanene.
jest with hangarau.
Jesus Christ Ihu Karaiti (**Eng.**).
jet of burning gas puutororee.
jetsam tiitiitai.
jetsam and flotsam kookiikii, punipuni.
Jew Huurai.
jew's harp rooria.
jewel kahurangi, rei.
jib-sail ngongo-hau.
jingle patatoo, tatangi.
john dory ika a Mohi, kuparu, pukeru.
join haumi, hono, hoto, paahekoheko, paheko, porotuutataki, puutahi, taaparu, taapiri, taapuru, tuuhono, tuuhoto, uhono, whakakapiti, whakauru.
join a company kuhu.
join battle harapaki, pipiri.
join in an undertaking paa.
join or seam between two widths of mat hiki.
joined kapiti.
joint in the arm or leg monamona, pona, ponapona, punga.
joist kurupae.
jolt rutu, taritari, teriteri.
Jordanidia solandri tiikati.
jostle aatute, tutetute.
jostle one another taututetute.
journey haerenga, rerenga.
joy hari, huroo, koa, makoakoa, tuurangahakoa.
joyous hihiko, kamakama, matakuikui.
judge kai-whakawaa, tiati (**Eng.**).
judge, to whakawaa.
judging by mei.
jug haaka (**Eng.**), tiaka (**Eng.**).
juice tarawai, wairanu, wairaraua.
juice of cooked food whaaranu, whakaranu.
juice of flowers ngongo.

juice

juice of plants tae.
July Huurae (**Eng.**).
jump hiki, huupeke, mahuta, mokohiti, mokopeke, mokowhiti, moowhiiwhiti, moowhiti, peke, tarapeke, tuupeke.
jump, as a fish panau.
jump about pekerangi, tuupekepeke.
jump in the water puuhoru.
junction tuutaki.
junction of streams muriwai, puurua, puuruatanga.
junction of the spine with the skull tuuta.
Juncus maritimus wiiwii.

just

Juncus polyanthemos wii, wiiwii.
Juncus **spp.** koopuungaawhaa, koopuupuungaawha.
June Huune (**Eng.**).
Jupiter Hine i tiweka, Pareaarau, Rangawhenua.
jury huuri (**Eng.**).
just (barely) anoo, heipuu, kaatahi, noa, oroko, tonu.
just (fair) tika, tookeke.
just now inaaianei, inaakuanei, noonaaianei.
just so aa hoki ra.

K

kaakaa, common kaakaa parakiwai.
kaakaa, short beaked tarariki.
kaakaa, variety of huripaa, kaakaa kereruu, kura, motaraua, niho nui, niho riki, nihoriki.
kaeo, young miware.
kahawai, young haapukupuku, koohere, koowaitau, koowerewere, taaroto.
kahawai (*Arripis trutta*), fry of taahuri.
kahika tree past fruiting kena.
karakia kahau, kikiwhara.
karakia, a pou, taka.
karakia for bewitching kotee.
karakia lifting tapu of new paa ohi.
karakia or incantation moanauri.
karakia to confirm knowledge pouhihiri.
karakia to render person fleet of foot maahuruhuru.
karakia to ward off maakutu tuuaawawahia.
karakia used when planting kuumara tewha.
karengo, variety of tupata.
katydid kikipounamu.
kauri gum kaapia.
kauri in which wood is reddish more.
keel of a canoe takere, tangere.
keen kakati, kootaratara, matangareka, puukatokato, tore, totope.
keen sighted mohoriiriiwai.
keenly tarariki.
keep puri, puru, tiaki, whakauenuku.
keep apart tauaarai.
keep at a distance tautoko.
keep awake mataara.
keep away tuuraha.
keep clear tuuraha.
keep close ruuna, tuohu, whakakiato.
keep down kaupeehi.
keep for oneself makitaunu.
keep in line pakipaki, ruuna.

keep in place taumau, taumou.
keep near takamiri.
keep off aarai, tiitoko.
keep on turning round takahurihuri.
keep securely ruuna.
keep the eyes firmly closed kikimo.
keep to oneself kaiponu.
keep together, as a body of men whakauu.
keepsake manatunga, oha, ohaoha, whakaturi.
kelp pakakee.
kelp, bull kooauau, rimurapa.
kelp, species of toitoi.
kernel of a nut iho, kaakano, karihi, kiko, kikokiko, matuu, whatu.
kernels of karaka prepared for eating koopiia.
kerosene karahiini (**Eng.**).
kete pakipaki.
kete or basket, ceremonial tootoowahi.
kete with a flap to close it taakopa.
kettle tiikera (**Eng.**).
kick kiki (**Eng.**), whakareke, whana.
kidnap kahaki, tipua, tupua.
kidney ate-whatukuhu, mama, taakihi, whatukuhu, whatumanawa.
kiekie, flower of taawhara, tarapapa.
kiekie, fruit of paatangatanga, piirori.
kikimutu, male of taapahipare.
kill patu, tinei, tukituki, whakamate, whiu.
kill birds with a spear here.
kill by stealth koohuru.
kill in cold blood kaikino.
kill in revenge rautipu, rautupu.
killed hinga, maruu, mate.
kilt maro, paki, papaki, raapaki, taupaki.
kilt like a piupiu kinikini.
kilt worn by women, reaching to knee pahipahi.
kin group ngare.

kind **kuumara**

kind (considerate) atawhai, ngawari.
kind (sort) kano, momo, tuu, tuumomo.
kindle maina, tahu, tou, tungi, tungitungi, tungu, tutungi.
kindle fire by friction hika.
kindled or excited as feelings nanawe, nawe.
kindly disposed atawhai.
kindness atawhai, manaaki.
king kiingi (**Eng.**).
kingfisher kootare, kootarepopo, kootaretare.
kingdom kiingitanga (**Eng.**).
kingfish haku, makumaku, warehenga.
kinks koremeke.
kiss hongi, kihi (**Eng.**).
kitchen hereumu, kiihini (**Eng.**).
kite horewai, kaahu, manu, paakau, paakaukau, taarehurehu.
kite, form of taratahi, tiioriori.
kiwi, kiwi, ngutu roa.
kiwi, large grey roa, roaroa, kiwi, karuwai.
kiwi, little grey or little spotted kiwi pukupuku.
kiwi, South Island rowi, tokoeka, tokoweka.
kiwi, young of pio, rire.
knead kaauto, poi, poipoi, poopoo.
knee turi.
knee-cap popoki.
knee-joint mona, turipona.
kneel koropiko, tuuturi, tuuturu.
knife maaripi, naihi (**Eng.**), piiauau.
knife, butcher oka, puutia (**Eng.**).
knife, docking naihi pokapoka (**Eng.**).
knife made of chips of stone parihi.
knife of obsidian or shark teeth kooripi, mira.
knife of shark teeth miikara.
knife, pocket paakete naihi (**Eng.**).
Knightia excelsa rewarewa.
Knightia excelsa, **flower of** rewa.
knob kou, puku, puureke, reke, tiingoingoi, tiingoungou, tone.
knob, as on a huata puurori.
knob at outer end of perch in mutu toretore.
knob on top of a palisade post whakangarengare.
knobbed pongare, poongarengare.
knock paakuru, paatuki, pakuu, patoo, taitai, takuru, tarawete, tuki.

knock off patatoo.
knock or strike repeatedly paatukituki.
knock or thump repeatedly taakurukuru.
knock repeatedly paatootoo, pakakuu, whakapaakuukuu.
knock to pieces tukituki.
knot huahou, kono, pona, pooike, puutiki, roi, ruru, tapona.
knot, running toherere.
knot for fastening the door of a house roorii.
knot for holding anchor of a canoe tapuaka.
knot in timber mona, puukanohi, puukonohi, puumanga, puupeka.
knot or swelling tiipona.
knot or tie as a bag puutete.
knot together puutiki, whakapoorohe.
knotted popona, taurekereke.
knotty puuioio.
know aaro, hua, kite, maatau, matatau, moohio.
know, make to whakamaatau.
know-all ngutu huia.
knowing atamai, aweko, ihumanea, maatanga, muurere, puukekotia, uhumanea.
knowing person tangata moohio.
knowledge maatauranga, moohiotanga, toi.
knowledge of karakia and valuable lore kura.
known aaro, moohio.
known, become aranga.
knuckle monamona.
knuckle bones kaimakamaka, ruru.
knuckle bones, movement in kaparoa.
knucklebones, first movement in game of huripapa.
koo, top of huukui, huungui.
koo or digging implement, crutch of a hamaruru.
kookopu, black hawai.
kookopu, dark coloured variety of kakawai.
kookopu, small variety of karekopu.
kookopu, variety of kaore, kooawheawhe, puhi, raumahehe, reereetawa, taataraawhare.
kookopu found at Taupo, large variety pangare, raawai.
koorau, variety of hekerangi, kaakaatarahae.
korimako, female of tiitapu, tootooaireka.
kuaka, young of kura.
kuumara, a name for kura-a-Maaui, kura-tawhiti, mangatawhiti.

kuumara

kuumara, dark coloured variety of manakauri, matakauri.
kuumara, first planted maarere.
kuumara, flesh of mahurangi.
kuumara, imported variety of waina.
kuumara, large dark fleshed kengo.
kuumara, large imported varieties of kaipaakehaa.
kuumara, large variety of whakahoro.
kuumara, mashed koomahimahi.
kuumara, red variety of kaawau, kura, para karaka, pokerekaahu, pokerekaahua, tauraapunga, teeterereia, toikahihatea, whakakumu.
kuumara, rotten nanenane.
kuumara, seed koopura.
kuumara, small koonguunguu, ngorangora.
kuumara, small red skinned variety of panahi.
kuumara, small tubers of hekerau.
kuumara, small variety of piihaa.
kuumara, superior variety of hiitara, kooreherehe.
kuumara, variety of akakura, anutai, anutipoki, aorangi, arikaka, awanga-rua, haawere, hakinono, hamo, hinamoremore, home, huipoko, hutihuti, ihupiro, ihupuku, kaauto, kaauto-whai, kaauto-whau, kaeto, kahutoto, kaihaka, kaikaakaa, kaipo, kairorowhare, kakarikura, kakau, kanohi paaua, kaoto, katokato, katoto, kautowhai, kawakawa, kiokiorangi, kirikaraka, kohuorangi, kookoorangi, koopaka, koopuuangaanga, kuraarangi, kuruwhakapeke, maakaukauri, maaori, maapua, makatiti, makururangi, makutu, maomao, maramawhiti, matatuu, matawaiwai, maukura, mengerangi, moii, moonenehu, nehutai, ngaakau kurii, ngako moa, ngato, nonomea, nonouri, paapaahaoa, paatea, paatootara, paauaarangi, paauaataha, paihau kaakaa, pane, papahuia, parawaipuke, paretaua, pehu, piipiko kauhangaroa, pio, pongi, poohutukawa, poranga, pounamu, puatahoe, punuiarata, purata, puuwhatawhata, rangiora, raumaanawa, raumataki, taanehurangi, taarehurangi, taatairongo, taputini, taratamata, tokouu, toroamahoe, torowhenua, tutuhanga, tuukau, tuukou, tuutanga, ururangi, waihaa, weni, wini.
kuumara, variety of, with dark leaves koonehu.
kuumara, variety of, with dark skin anurangi.
kuumara, white skinned variety of kanawa.
kuumara dried in the sun kao.
kuumara left in ground houhina, houhunga.
kuumara overlooked in lifting crop piiwai, piiwaiwai.
kuumara pit hahuki.
kuumara plant of special growth, a purapura tuawhiti.
kuumara shoot which will not grow kaunga.
kuumara which will not keep koorae.

L

Labia hangutu.
Labia majora raho.
Labia minora puapua.
laborious hihiri, papatoiake, papatoieke.
labour, in severe whakatina.
Labour Party Reipa (**Eng.**).
lace kaui, kootui, pawero, tui, tuitui.
lace or tie together whaatui.
lace up kaapui.
lacebark, a tree houhere, houhi, houii.
lacerate hae, haehae, hahae, hooripi, hooripiripi, whakahaehae, whakangaeke.
lack of anything kore.
lacking mate.
lacking something koopaka.
ladder arahanga, arawhata, arohata, mekameka, rou.
laden, deeply paruparu.
ladle kootutu, tiikoko.
lag behind paunu, takamuri, taurewarewa, tauweke, taweke, tonanawe, whakatoorekereke, whakatoreke, whakawheetootoo, wheetootoo, whetoo.
Lagenaria vulgaris hue, kookakoware, pahaua, wenewene, whaangai rangatira.
Lagenophora petiolata parani.
Lagenophora pumila papa taaniwhaniwha.
laggard pirorehe.
lagging akutoo.
lagoon haapua, puuroto, puurotoroto.
lagoon at mouth of a river muriwai.
laid aside mahue.
laid one beside another karapipiti.
laid out ngahora.
laid to the charge of anyone pae.
lake kooroto, moana, roto.
lamb reeme (**Eng.**).

lame hauaa, kokekoke, koopiri, kopa, tahakopa, turingongengonge, waehauaa.
lament apakura, auraki, keka, matatangitangi, mihi, mooteatea, poohangahanga, tangi, taurere, tuukeka, uhunga.
lamentation tangi.
lamentation, make auee, auwee, euee.
lamp raatana (**Eng.**), raiti (**Eng.**).
lamprey kanakana, korokoro, napia, nganangana, pia, pihapiharau, piharau, pipiharau, puhikorokoro, tuna korokoro.
lance raati (**Eng.**), tao.
lancewood hohoeka, horoeka, kokoeka.
land oneone, taiwhenua, uta, whenua.
land, brought to ea.
land, poor akeake.
land, reach uu.
land as opposed to sea rakatuuwhenua.
land burnt off, fern koohunu.
land covered with brushwood patoa.
land exhausted by cultivation paakeka, whetengi, whetui.
land from a boat mahuta.
land of one's birth ewe.
land under customary title papa-tupu.
landing place for canoe awa, tauranga, uunga-a-waka.
landslip horo, pari-horo.
language reo.
languid haumaruru, mae, maoa rekareka, ngoikore, paruhi, parure, ruhi, toupiore, whakaparure.
languish taarure.
languish, cause to whakaiwikore.
lank mahora, taakaha.
lanky paakokekoke, tokoroa.
lantern raatana (**Eng.**).

large

large kaitaa, kaurahi, korahi, kuuwharuwharu, maatua, maatuatua, matarahi, matararahi, nui, puuharu, puuhetii, puuwharu, puuwhetii, rahi, ruarangi, taangutungutu, tetere, tiipaa, tuangea, whakahara, whakatikotiko, wharaurarahi.
large, possibly only of a fire taangutu.
large pig or other animal katete.
largeness rahinga.
larger part nuinga.
lark, ground hiioi, kaataitai, piihoihoi, whaaioio, whioi.
Larus dominicanus karoro, kooiro, kootingotingo, raapunga.
Larus novaehollandiae karehaakoa.
Larus novaehollandiae scopulinus akiaki, hakoraa, katatee, makoraa, taketake, tara punga, taraa punga.
larva of a small beetle uhu.
larva of *Arachnocampa luminosa* puuraatoke.
larva of cicada matua kihikihi.
larva of *Prionoplus reticularis* huhu.
lasciviousness tuukari.
lash (tie) mimire, mimiro, ruruku, whiwhita.
lash (whip) whiu.
lash of a whip kare.
lash rauawa to body of canoe aukaha.
lash together hohou, hou.
lash up kuukuku.
lashing mira, takaa.
lashing of deck of canoe puuraho.
lashings which fasten rauawa to canoe aukaha, kaha.
Lasiorhynchus barbicornis tuuwhaipapa, tuuwhaitara.
lassitude maiarohea, maiorohea.
last (endure) ukauka.
last a short time turu.
last man slain huka, ika whakaotinga, mutunga ika, piiwai.
last night inapoo, noonapoo.
last one maataamuri, toomuri.
last respiration before death tuamatangi.
lastborn puwheke, whakapaakanga.
lasting mau, piiwai, taketake, tiiwai, ukauka, ukiuki, whakauka.
latch whakarawa.
late akutoo, toomuri, tuureiti **(Eng.)**.

laziness

late in day, happening tuuhaahaa, tuumoohaahaa.
latent torohuu.
Latridopsis ciliaris moki.
Latridopsis lineata kohikohi.
Latris lineata poorae.
Latrodectus katipo katipoo.
latter maataamuri, toomuri.
lattice work, ornamental, inside whare arapaki.
laugh kata, ngii, ngingio.
laugh at kata.
laughing pukukata, puuhohe.
laughing frequently kakata.
laughter, wrinkled with hohehohe.
launch, a roonihi **(Eng.)**.
launch, to uaki, whakarewa.
launched maanu.
Laurelia novaezealandiae pukatea, puketea.
lava rangitoto.
lavatory whare iti, whare paku
lavish tootooaa.
law ture **(Heb.)**.
lawful tika.
lawyer rooia **(Eng.)**.
lay panga.
lay across riipeka, whakapae.
lay aside haumi.
lay by tohu.
lay down whakatakoto.
lay hold of aarau, mau, nanao, nao, paarau, rarahu, rarau, tapiki.
lay in a heap kaaika, kauika, kaupae, puukai, puukei, taapui, tarahono, whakapiihangaiti, whakaputu, whakapuu.
lay low whakapapa.
lay off in beds or divisions whakarauwaka.
lay one on another taapae, taapatupatu, whakapapa.
lay open waahi, waawaahi.
lay out hoa, hoahoa, rora, tahora.
lay up puuhunga.
lay waste huna.
layer apa, kahupapa, kaupapa, maataa, papanga, whakapaparanga.
layer of thatch on a roof aaputa, ara.
laziness rare.

lazy

lazy aanau, haakiki, hakorea, hakuhakutai, hakurara, hakurea, huhure, kutekute, maahonge, maaikoiko, maakoko, maangere, maeko, makihoi, ngehe, pakihore, pakukore, paraheahea, too kumu, toupiore, tuukeke, tuumaeo.
lazy, excessively maangere hoonia.
lazy fellow inukorokoro, kaihau, kaikora, kiko whakarawaka.
lead, of a road whano.
lead, to aarahi, arataki, taki, whaitaki, whakahaere.
lead (metal) mataa.
lead a song hii.
lead about whakahaaereere.
lead astray ngungu, whaatiitipa, whakakonuka.
lead away whakarau.
lead by a circuitous way autaki.
lead by example whakangahau.
lead into a thicket whakamuhu.
lead off water into a drain whakatahe.
leader amokapua, amorangi, ariki, ngaarahu, ngaarehu.
leader in council manu kura.
leader of a flock of parrots kaea, taataariki, taatarariki.
leading, act of arahanga.
leading by different routes weherua.
leading lines of a pattern hua.
leading party haapai.
leaf rau, tawhera, whaa.
leaf, base of the niikau pungai.
leaf of a seedling gourd rautara.
leaf of flax kehakai, taha.
leaf of taro raupaka.
leak komama, mama, pahii, papii, turu, tururu, turuturu.
leakage from lashing holes of canoe aurukoowhao.
lean (incline) taiuru, whanau.
lean (thin) angoa, eto, haawareware, hauaitu, hauarea, hauhauaitu, hauwarea, hiioi, hiiroki, hookaka, kohuka, koko, koohoi, kookau, maiaka, paahehaheha, paakokekoke, paanganga, pakarea, pakikoke, pakoko, paparewa, piinganga, pirohea, taramore, tokoroa, tunawhea, tuuoi, tuupuhi, whiiroki, whiro.

leaves

lean against anything whakawhirinaki.
lean forward to look whakatare, whakataretare.
lean, of fish tipiwai.
lean against whakamauru.
lean on anyone's shoulder pahiwi.
lean on one side riitaha, tiitaha.
lean on one side, make to honga.
lean one on another taupuhipuhi.
leaning haahaa, konana, taawharara.
lean-to manu tahi.
leap auaha, auha, kookirikiri, mahiti, mawhiti, peke, pekerangi, reeinga, rei, rere, tarapeke, tuupeke, whiti.
leap out of the water whakapuuhoru.
leap over peke.
leaping koowhitiwhiti.
learn ako.
learner aakonga.
learners in esoteric lore pia, taaura.
learning, circumstance of akoranga.
lease riihi (**Eng.**).
least te iti rawa.
leather rera (**Eng.**).
leatherjacket fish kiririi, kookiri.
leave awaiho, tuku, waiho, whakarere.
leave destitute whakahapa.
leave off kaati, kaatirawhe, whaamutu, whakamutu.
leave off raining mao, maomao.
leave out kape.
leaves for covering food in oven rautao, riitaka, koopae.
leaves in which food is wrapped taopuku.
leaves of a plant, outer pakere.
leaves of *Cordyline* rauhuka.
leaves of edible vegetables korare.
leaves of flax, old dried kaakoa, koka.
leaves of flax, tii, tooii, etc., dry kuka.
leaves of liliaceous plants, unexpanded koorito.
leaves of raupoo, dried ngai.
leaves of raupoo used as thatch paru.
leaves on which food laid in oven reetao.
leaves or other refuse, dried kaku, kakukaku.
leaves round food in oven kootonu.
leaves under food in oven raki, tapura.
leaves used for thatch of house tongai.
leaves used for wrapping up eels pakawhaa.

109

leech kookopurangi, ngata.
leek riiki (**Eng.**).
left, as remnant toe.
left behind mahue, mangamutu, taahapa, toreke.
left hand hema, mauii.
left *in statu quo* kaati.
left off mutu, muu.
left on one side mootaha.
leg taahau, taataahau, wae, waewae.
leg, calf of the koopuu.
leg, lower joint of the taa.
leg from thigh downwards kaatete.
leg immediately above the ankle kauangaawai.
legbone, lower turi-roa.
legend pakiwaitara, puuraakau.
legendary puuraakau.
legging of flax paapari, paarengarenga.
leggings reekena (**Eng.**).
Leiolopisma spp. mokomoko.
Leiopelma hochstetteri peketua, pepeke, pepeketua.
leisure takohe.
leisure, at takakau.
Lemna minor kaarearea.
length hauroa, roa.
lengthen whakaroa.
lengthen by adding a piece katete.
lengthen by addition haumi.
lengthen name by addition taki, whakataki.
lengthen out aukume.
lengthened akitoo, patetea.
Lent Reeneti (**Eng.**).
leopard, sea popoia ngore.
Lepidium oleraceum nau.
Lepidopus caudatus hiku, paara, taharangi, tiikati.
leprosy mumutu, ngerengere, taaiko, takewhenua, tuuhawaiki.
leprosy, sort of ringa mutu.
Lepsia haustrum kaakara, kaeo, ngaeo.
Leptocarpus simplex oioi.
Leptocephalus conger koiero, kooiro, kooriro, ngooiro.
Leptospermum ericoides kaanuka, koopuka, maanuka, maanuka rauriki, maaruu, rauiri, rauwiri.

Leptospermum scoparium kaatoa, kahikaatoa, maanuka, pata, rauiri, rauwiri.
less harahara, iti iho.
less prominent taaromaroma.
lessen maahaki, whakaharahara, whakaiti.
lesser stars whetuu maaori.
lesser wife wahine piikari.
lest kei, koi.
let tuku.
let be waiho.
let down whakaheke, whakahinga, whakahoro.
let go tuatuku, tuku, tukutuku.
let it be waiho.
let (lease, rent) reeti (**Eng.**), riihi (**Eng.**).
let me see it teenaa koa.
let out (as rope) kautuku.
lethargic kiriahi, tuuruuruhi.
letter pukapuka, reta (**Eng.**).
Leucopogon australe fraseri paatootara.
Leucopogon fasciculatus hukihukiraho, kaikaiatua, maanuka rauriki, mikimiki, mingi, mingimingi, ngohungohu, tuumingi.
Leucopogon fraseri tootara, tootara paarae, tootara papa, tootara taahuna.
level paparite, papatairite, tautika, tuupaa.
level country raorao.
level or undulating open country paarae.
level surface kaupapa, raupapa.
level (tool) reewara (**Eng.**).
level with tairite.
lever hua.
lever with rope attached poipoi.
levy an army karawhiu.
lewd karihika, tiiweka.
lewd woman hikawai.
liberal atawhai, kaimarire.
liberality atawhai.
Libertia grandiflora miikoikoi.
Libertia ixioides maanga a huripapa, miikoikoi, tuukaauki, tuurutu.
Libocedrus bidwilli paahau tea.
Libocedrus plumosa kahikawaka, kaikawaka, kawaka, mokopiko.
lice pekeriki.
lice, search the head for arapaki, haakure, haapaki, kura, pakirara.
licence raihana (**Eng.**).

lichen

lichen, a hawa, hawahawa, muuna, pukoko, werewere kookako.
lichen used as wrapper angiangi.
lick miti, mitimiti.
lid kopani, popoki, taupoki, tuupoki.
lie noho, rare, taaeki, taitakoto, takoto, tanewha, tangita, tete, tiipapa.
lie, as a cloud on a mountain taahere.
lie, tell patu taringa, tito, teka.
lie (falsehood) kauae, kauwae, keeaa, koopeka, parau, teka, tito.
lie across pae, paeroa, tarapiki, tiipae.
lie across one another rakapikipiki.
lie buried tanu.
lie exposed whakamaaeaea, whakarae.
lie face downwards taapapa.
lie face upwards tiiraha.
lie flat kuupapa, riiraparapa, taapapa, toropapa, whakapapa.
lie flat and close tatao.
lie hid whakatoongaa.
lie in a heap kaaika, kaaike, kaauki, kauika, piihangaiti, putu, puu, puuhangaiti, puukai, puukei, puuranga, taaika, taawheta, taka, tauputu, whaarona, whakaika.
lie in a slanting position or across taapae.
lie in death karioi.
lie in heaps, as clouds taipua.
lie in wait paepae, taapae, taawhanga, tauhanga, taupua, tauwhanga, whanga.
lie listless puukai, puukei.
lie on one side pae.
lie one upon another putu.
lie open towards paarara.
lie prostrate, as a corpse hora.
lie scattered about hora.
lie steeping in water tau.
lie still whakamaho.
lie to one side tiipae.
lie together taawheta.
life ora, koiora.
life, support manapou, manawapou.
life principle ira, mauri, mouri.
lift auau, huataki, rangahua, taitu, tiihei.
lift often hapahapai.
lift out of the water whakaeaea.
lift the arm suddenly with elbow bent hura.

likeness

lift up haapai, hiki, kooranga, rangaranga, riaki, whakatairangaranga.
lifted mahua.
lifted up hiitengitengi, mohiki, moorunga.
ligament uaua.
ligament of a bivalve nape.
light, a raatana (**Eng.**), raiti (**Eng.**), rama.
light, of rain areare.
light, of soil marewa.
light, radiant aho.
light, somewhat maaramarama.
light, twinkling ngorue.
light, very taiahoaho.
light (ignite) tahu.
light (illuminate) tuurama, whakamaarama.
light (not dark) maarama, tiiahoaho.
light (not heavy) kookiikii, koomaamaa.
light clouds iorangi.
light or loose, as earth puungorungoru.
light seen through chinks kuuwatawata.
light upon pono, taaweka, tuupono.
light with a torch tuurama.
light-coloured haamaa, hunga, kaho, muhani, renga, teatea.
lighted kaa.
lighten whakamaamaa.
light-fingered ringa kamakama.
light-haired maakekehu, mooheahea, pawhero, uru tuurehu, urukehu.
light-headed aniroro.
light-heartedness hiwa.
lightning kanapu, kapo, rauuira, uira.
lightning, distant hiko.
lightning, sheet rapa.
lightning, summer koowhaa.
lightning regarded as a portent of ill rua kanapu.
like (approve of) manako, matareka, tare.
like (similar) enanga, hoorite, ineine, me, pee-, rite, tairite.
like manner, in waihoki.
like that peenaa, peenaka, peeraa, peeraka, wheeraa.
like this peenei, wheenei.
liked paingia.
likely tinga.
liken whaarite, whakarite.
likeness aahuatanga, ariaa, ritenga.

likewise

likewise waihoki.
lily, Chatham Island koopukapuka.
lily, palm kiokio, koouka.
limb peke, pepeke.
limb distorted by disease torohake.
limb of a large tree, main kuuhaa, kuuwhaa.
limb of a tree kauwhanga.
limbs doubled up koropeke.
limbs with poor muscular development iwi kaupeka.
lime raima (**Eng.**).
limestone paakeho.
limestone, white crystallised ngako.
limit tepe.
Limosa lapponica baueri hakakao, kuaka, kuhikuhiwaka, kuuaka, rakakao, riiriiwaka, tara kakao.
Limosa lapponica baueri **when not adult** paarerarera.
limp koki, maoa rekareka, parure, taangange, toti, totitoti, whakaparure.
limpet kaakihi, ngaakihi.
limpid toari, towhari.
line (cord) aho, io.
line (row) raarangi, ripa.
line (fishing) aho, raina (**Eng.**).
line of descent aho, kaawei, kaka, kooiwi, taatai, takiaho.
line of descent through senior males ara tuawhenua.
line roof of house with reeds tiirepa.
line which one may not pass aukati.
lineage kaawai, kaha, kaka.
lines in tattooing kiokio.
lines in tattooing, certain kaha maaroo, raekookiri.
lines of tattooing at sides of mouth paakiwaha.
ling hoka, hokarari.
linger aanewanewa, karioi, taruna, tauweke, taweke, whakahakune, whakananawe, whakawheeauau.
lingering tairoa.
lingering death mate taero.
lintel kaarupe, koorupe, pare, rupe, taupoki.
Linum monogynum kaho, matamatahuia, nao, rauhuia.
lion raiona (**Eng.**).
lip ngutu.

load

lips, fully tattooed ngutu-puurua.
lips, half-tattooed ngutu-poroporo.
lips, move as in eating or speaking komekome.
liquid wai, wee.
liquid, be teretere.
liquid, become rewa.
liquid, nearly kuuteretere.
lissom piiwari.
listen whakaoko, whakarongo, whakataringa.
listless aanewa, anuhea, aarangirangi, hauaitu, hauhauaitu, hoonene, iwingohe, korou kore, mae, maero, maninohea, ngoi kore, ngongori, ngori, paruhi, poongenge, taarure, taawheta, taharangi, takarure, tauwheruu, toupiore, tuupaku, tuurohea, tuurowhea, waikorohuhuu, wairuhi, whakapahoho, whakaroau, whakatairuhi.
listlessness anohea, poorohe, tiirohea.
lithe maakaa, moruki, ngohe, ngohengohe.
Litsea calicaris mangeao, mangeo, tangeao, tangeo.
litter (rubbish) otaota, parahanga.
litter (young) punipuni.
litter, carry on a matataa.
litter on which a person is carried amo, amorangi, kauamo, kauhoa, whataamo.
little kauriki, kaurikikiri, moku, pinepine, pota, whengowhengo, iti, moroiti, pakupaku, nohinohi.
little at a time, do anything haamure.
little of, within a kainamu.
little while, for a iti.
little while ago inaakuara, noonakuanei, noonakuara.
live noho.
livelihood oranga.
lively hauora.
liver ate, mahamaha, whanewhane.
livid puupango.
living kaiao, mataora, ora.
lizard manaia, moko, mokomoko, ngaha.
lizard, a kaurehe, koea, koeka, kueo, kumukumu, mania, moko paarae, mokokata, mokopeke, paapaa, tarakumukumu.
lizard, green kaakaariki, kaakawariki, kawariki.
lizard, large koeau, ruatara, tuatara.
load, a wahanga.

load, to uta, whakaeke.
load for the back peketua, piikau.
load with a burden whakawaha.
loaf aanewanewa.
loafer kaihau, kaipaawe, kaiparo, kaitahaumu, parakuukaa, poroteke.
loafing kaipaawe, kaipaoe, kaipaowe.
loam onematua, tuatara.
loamy taepu.
loathe whakaetieti.
loathing koto, puu.
loathsome weriweri, wetiweti, whakahouhou, whakaharihariha.
lobe of the ear hoi, pokopoko, toke.
locality taiwhanga, waahi.
located, be noho.
lock (in wrestling) wiri.
lock (of door) raka (**Eng.**).
lock of hair hukahuka, io, maahunga, mania, taio makawe.
lock of hair on one side of head reureu.
lock of hair used in ceremonies kaio, maawe, taio.
locust kapakapa, kihikihi, kiikihitara, kiikiitara, rangataua, whitiwhiti.
Locusta migratoria kapakapa, paakaurere, paakauroharoha, rangataua.
lodging kaainga.
lofty ekieki, ike, ikeike, teitei, tiitike, tiketike, whakahiihii.
log poro-raakau, rooku (**Eng.**).
log, short tuuporo.
loin cloth or girdle for women paatai.
loins hope, tikihope.
loiter karioi, paratinaku, tarioi, taurewarewa, whakananawe, whakaroa, whakatakohe, whakatinaku.
loitering moonaroa.
lolly rare (**Eng.**).
lonely aroaroaa, hokehoke, koropuku, mehameha, mokaka, mokemoke, moorearea, ongeonge.
long hauroa, hiitawe, huuroaroa, kaawekaweka, kaweka, kooroaroa, roa, tautini.
long, of an indefinite time taurua.
long, very hiitawetawe.
long (in time) huka, nahea, rangitaro, roa, taumano, tautini, wheau.

long after ohia.
long and stiff pounaho.
long continued karioi, whaaroa.
long established taketake.
long for kare, kuata, kumama, kuuwata, maanakonako, taamina, toomina, tutoko, wawata, whakangaakau.
long past kua neha noa atu.
long period of time poopooroa, poopoororoa.
long since, not inawhai, inaweheke.
long standing mauki, tuuroa.
long time, for a tautini.
long time ago noonamata.
longfin maataa, maataataa.
Longimactra elongata poua, poue, tohemanga.
longing manako.
longing, regretful raawakiwaki.
longing for absent friends aroaroaa.
look kaikanohi, kekeno, mootoi, nana, tiro, titiro, whakaata.
look about kekeno, tirotiro.
look after taute.
look anyone in the face whakarae.
look around apprehensively whakakooraparapa.
look askance karapa, matakarapa, ngahae, tirohura, titiro whakakeko, whakarewha, whakarewharewha.
look at karu, maataki, maatakitaki.
look for aarohi, haha, kaiarohi, kimi, rapa, rapu, takitaki, whai.
look for with a torch tiirama, tiiramarama.
look forth kekeho.
look in another direction taau.
look in one direction arotahi.
look intently matawai, ngaio, titiro maakutu, titiro whakatau, whakatare, whakataretare.
look longingly at maatiro, mootero, mootiro.
look obliquely along anything whakakeko.
look out of corner of eye karepa, whakakekero.
look rapaciously kaaeaea.
look sideways kooripi, tiro hura.
look steadily arotahi, matatau, ngangahu, tuunaua.
look towards tohu.
looking fierce hiinana.
looking intently matatoua.
looking-glass mira (**Eng.**).

lookout

lookout, a matira.
loom large marumaru.
loop kono, koopeti, koromeke, koropewa, koropiko, koru, whakakoopeti.
loop forming handle of basket kaawai, tau.
loop of a snare paeke.
loop of cord for climbing tooeke, toropeke.
loop or bow, tie in a koromahanga.
loop or strap to fasten a load kahaki.
loop to serve as handle taukawe.
loop up or coil whakakoromeke.
looped koru.
loose haangengangenga, haangorongoro, hangore, hangoro, huungorungoru, kaaewaewa, kaewa, kaupe, korokoro, maatangatanga, mahaki, ngoru, puakoro, pukoru, taakoru, taangaangaa, taangengangenga, taangorongoro, takoo, tangara, tangatanga, tangoro, tatara, tatere, tiikoru, tiitanga, tiiweewee, tuutangatanga.
loose, hang tiirepa, tiireparepa.
loose, of lashings tatetate.
loose from a bond ewa.
loose or light, as earth puungorungoru.
loose or unfixed taarure.
loosely put together tiirepa.
loosely woven taaweewee.
loosen taakiri, tara, whakakaewa, whakakorokoro, whakamatara, whakamatora, whakangoru, whakatangatanga.
loosen a noose ui.
loosen bark of a tree by beating whakapaakookoo.
loosen earth in cultivation paapako, pako, tokitoki.
loosened kootara, matora, maunu, mawete, mawheto, taakookoo.
looseness of the skin korukoru.
lop branches off trees autara.
lop off kaikauau, poroporo.
lop topmost branches from tree kairangi.
lopped off pororere.
loquacious whakapuukahu.
Loranthus **spp.** pirinoa, pirita.
lord ariki.
lore, pertaining to ancient puri.
lore of the tohunga waananga.

lower

lose heart taarure, takarure.
loss, at a hee, heehee, ngaro, paakira, poohauhau, pookaikaha, taahurihuri, whakamaapuna.
lost kore, makaro, makere, matoha, ngaro.
lost influence, having tuunguru.
lost property paekura.
loth manawa paa.
loud paakinakina, rahi, tiiwerawera, tiori.
loud noise pehu.
loud sudden sound pakoo.
louse eo, kutu.
love aroha, kuata, kuuwata, maariri, ngariri, pohane.
love, be in hia, hiahia, whaiaipo.
love, be the object of arohaina.
love, deeply in mate.
love ardently taamau.
love charm aatahu, taupatiti.
love charm, object of a ika iri.
love sick wewehe.
love song pohane.
love spell aatahu, tangi aatahu.
love token whakaturi.
lover ipo, kaihou, kairoro, tahu, tau, whaiaipo, whakaaweawe.
loving mateoha.
loving many alike matuarua.
low hakahaka, hangahanga, kuupapapapa, moori, paapaku, paru, tautuku.
low, of the tide pakeke, pakoa, pakora, takoto, timu.
low born mahimahi, ngongo, tuutuuaa, wareware.
low degree, of marahea, weiweia.
low down hauraro.
low in the social scale kuuare, kuuware, ware.
low in tone maaruu.
low lying taapotupotu.
low pitched, as a roof hora, paaparu, taramatanui.
lower, to whakahaka.
lower (adjective) raro iho.
lower (noun) too raro.
lower end kootore, remu, tou.
lower end of a cultivated field taaremu.
lower gently whakamahuru.
lower part taamoremoretanga.

lowering kororiko, mookinokino, poorukuruku, tukipuu, tukupuu, tuupakarearea, wheetuma.
luck angitu, maangari.
luck, ill kootua.
lucky maari, maaringanui, maringanui, waimarie.
lukewarm aromahana.
lull to security whakanaa.
lull to sleep oriori, whakanewha.
lullaby ngaaoriori, poopoo, taiapo.
luminous appearance kikokiko.
lump kurukuru, poi, poikurukuru, ponguru, pookurukuru, punga, repe, tipu, tuapuku.
lump of earth peipei.
lumps huahua, pukupuku.
lumps or balls, small poipoi.
lumpy hiinarunaru, hiingarungaru, huahua, kanokano, pookurukuru, poorukuruku.
lunar rainbow hinekoorako, kurahaupoo.
lunch tina (**Eng.**).
Lunella smaragda, **univalve mollusc** ataata, kaitangata, koorama, maatangata, matatangata, puupuu, puupuu atamarama.
lungs atewharowharo, pukapuka, puukahukahu.
lure kohinu, paatoi, poapoa.
lure birds onga, ongaonga.

lurk whakapupuni, whakatoongaa.
lurk for taiwhanga, tauhanga, tauwhanga.
luscious haahaa, huunene.
lust pohane.
luxuriantly, growing mamaru.
luxuriating ururua.
Luzuriaga parviflora nohi, puuwatawata.
Lycoperdon **spp.** tuutae atua.
Lycopodium deutero densum puakarimu, waewae koukou.
Lycopodium **sp.** maatukutuku, tarakupenga, whareatua.
Lycopodium volubile waewae koukou.
Lygodium articulatum maakaka, makamaka, mangemange, mounga.
lying across one another riipeka.
lying alone rohai.
lying flat papa.
lying in a heap taupuu, tuataka.
lying in disorder tiiraurau.
lying in pools taapuapua.
lying in wait tautaunga.
lying open poorararara, tiiraha.
lying sideways koopae.
lying towards the sun, of land matanui.

M

maanuka and tootara, bark of kiri koowae.
machine miihini (**Eng.**).
mackerel tawatawa, tewetewe.
mackerel, horse hauture.
mackerel sky maara kuumara a ngaatoro.
Macomona liliana hanikura, hanikura patu.
Macromastix holochlora pekepeke haratua.
Macropiper excelsum kawa, kawakawa, kokepere.
Macropiper excelsum, **fruit of** taakawa.
Macruronus novaezelandiae hoki.
Mactra discors kuhakuha, whaangai karoro.
mad haurangi, kiikiki, poorangi, poorewarewa, poorewharewha.
madam whae.
made much of nuia.
madman oo, poorangi.
Magellan Clouds paatari, paateri, puurangi, puurei ao, whakaruru hau.
Magellan Clouds, larger of the paateri rangi, ripua.
Magellan Clouds, one of the manako tea, tiripua, tiritiripua, tuuputuputu.
Magellan Clouds, smaller of the paateri kaihau, tiikatakata.
maggot iro, iroiro, ketoketo, kutukutu, wekoki, whekoki.
maggots, infested with keto.
magic, black maakutu, whaiwhaiaa.
magnify whakahirahira, whakanui.
mail meera (**Eng.**).
maimed kero.
main matua.
main fence of a pa tuuwatawata.
main limb of a large tree kuuhaa.
main pathway in a paa riiroa, riuroa.
main portion of anything kaatua.
main range mokoroa.
mainland mokoroa, otiki, tuawhenua, tuuwhenua.

maize kaanga (**Eng.**), koopakipaki, paratee.
major (army) meiha (**Eng.**).
majority hea, maha, nuinga.
make aahua, hanga, mahi, mea, waihanga, whaihanga, whakanao.
make a speech taki, whaikoorero.
make believe whakangaio, whakatakune.
make comely whakatau.
make error in reciting karakia pepa.
make good whakapai.
make haste aahiki.
make known whakakakau.
make like whaarite, whakarite.
make much of whakamiramira.
make oneself like whakatupu.
make ready whakatau.
make to swim whakakau.
Malaya Mareia (**Eng.**).
male ariki tamaroa, taane, ure.
male line of descent ara tama taane, ure taarewa.
male of animals taraha, taurawhi, toa, tourawhi.
male relative uretuu.
male relative of parent's generation paapaa keekee.
malevolence hiianga.
malevolent demons causing sickness kikokiko.
malice kaikino.
malice, bear whakangaakau.
malicious atawhai kino, hiikaka, waniwani.
malign atua, kino.
mallet kuru, taa.
maltreat huhunu, hunuhunu, koohunu, marure, paarure, rurerure, tuukino, whakawhere, whakawherewhere.
man kaiaka, ngata, tama, tangata, tangata maaori.
man, fighting paaraeroa.

man

man, old haakoro, karaua, koroheke, nehe, puuraakau.
man, to uta.
man of importance tokaanuku.
man of no consequence kaararoraro.
manage whakahaere.
manager kaiwhakahaere.
mange waihakihaki.
mangrove maanawa, paetai, waikure.
mangrove, young shoots of piaka.
manifest, be maarama.
manipulate raweke, waihanga, whaihanga, whakanao.
manly taitoa.
manly qualities, show whakataane.
manner ritenga, tikanga, tuu.
manner of, after the aa.
manoeuvre attacking on flank and rear ruatapuke.
manoeuvre changing formation of attack whakapae.
mantis, praying roo, whee.
manure maniua (**Eng.**), wairaakau.
many maha, matihoi, ngera, ngero, ngerongero, nui, pio, tini, tuarea, wene.
many parts tuatinitini.
many strands tuatinitini.
maomao fish, male kiwa.
Maori land not having a European title papatipu, papatupu.
Maoricrypta **sp.** ngaakihi.
map mapi (**Eng.**).
Marattia salicina para, parareka, paratawhiti, uhi para, uwhi para.
marauding party karokaro, tiora, torohee, whakaara.
marble maapere (**Eng.**).
March Maaehe (**Eng.**).
march, to rangatuu.
march in single file whakaio.
Marchantia **sp.** papahueke.
mares' tails iorangi.
margin paenga, taha, taitapa, tapa.
mariner heramana (**Eng.**), kaumoana.
Mariscus ustulatus, **a sedge** toetoe upoko tangata, toetoe whatumanu, upokotangata.
mark, a kooiraira, maataanawe, maru, matohu, tohu, waitohu.

mat

mark, to tohutohu, waitohu, whakangoto.
mark against trespassing raahui.
mark an animal waitohu.
mark at cross road to show road taken kookota.
mark in parallel lines whakarara.
mark of a stripe kaarawarawa.
mark off by a boundary roherohe.
mark on the skin, natural ira, iraira.
mark or print of teeth maataaniho.
mark to indicate right to property taapui.
mark with a cross riipeka.
mark with a peg maatiti.
marriage maarenatanga (**Eng.**), moenga, moumouranga, tangohanga.
marriage, give in whakamoe, whakapaakuuwhaa.
marriage, seek in kaitamaahine.
marriage broken by death moenga taaraa.
marriage ritual, part of ohaoha.
married woman maro puurua, wahine taane.
marrow mongamonga, roro, wai ponapona.
marry hono, maarena (**Eng.**), moe, noho.
marshal, to atoato.
martingale maatikere (**Eng.**).
marvellous whakaharahara.
mash koohari, kotee, pehu, whakapee.
mashed huupenupenu, kooparu, koopenupenu, koorengarenga, ngatu, pee, peepee, pehupehu, penupenu.
mashed food koohari, taararo.
mashed thoroughly peepee ngorungoru.
massed rawhaki.
mast raakau, rewa, tira, tiratuu, tokotuu.
master maahita (**Eng.**), rangatira.
masturbate tiitoi.
mat, a kind of floor tawatawa.
mat, coarse floor taapora, taka.
mat, coarsely made hipora.
mat, inferior floor takitahi, tangariki.
mat, stiff closely woven kahupeka.
mat, superior floor aokatoa, puukanohi aua, puukonohi aua, tootoru.
mat, worn out hakihaki.
mat of flax pokepoke.
mat of flax, coarse kooaka.
mat of flax, floor kaitaka, poorera, pora, takapau, tuuhara, whaariki.

117

mat

mat of green flax, floor taamata, waikawa.
mat of strips of black and yellow flax whakarewarangi.
mat on which to spread cooked food takapapa.
mat to lie on taapau, tienga, tiianga.
mat used as defence against spear paatea, piri, whakangunguraakau.
match (safety) maati (**Eng.**).
matching taurite.
mate hoa.
mats on which food laid in oven taapaki.
mats placed under takapau tuwhara.
matted rapa, riirapa.
matted fibres, covered with riiraparapa.
matted fibrous formation pukahu.
matted mass kahupapa.
mattock maatiki (**Eng.**), peeti (**Eng.**).
mattress matarehi (**Eng.**).
mature koeke, kookaa, pakari, taute, whakapakari.
matured aahuatia.
maul for beating aute pakuu.
maul for driving wedges mooro (**Eng.**), taa.
Maurea tigris matangongore, maurea, rehoreho, reoreo, rereho.
May Mei (**Eng.**).
maybe aawhai.
me ahau, au, awahau, awau, wau.
me, belonging to aaku, naahaku, naaku, nooku.
me, by naahaku, naaku, maaku, mooku.
me, for maahaku, maaku, mooku.
meagre koohoka.
mealy maahunga, maangaro, moohungahunga, motuhanga, puuehuehu.
mealy fern root renga.
mean (stingy) huukiki, moori, ngaakau, tuutuuaa, ware, wareware.
meander haaereere, koopiko, whakakoki, whakatiihake.
meandering koopikopiko.
meaning maaoritanga, tikanga, whakamaaramatanga.
means pononga, take.
means of, by maa.
measles karawaka.
measure hoorite, ine, meehua (**Eng.**), oorite, taatai, tiieke, whaatau.
measure circumference pae.

member

measure of ten fathoms kumi.
measure weapons taatai raakau.
measure with arms extended awhe, whanga.
measuring line taura ine.
meat miiti (**Eng.**).
meddle auwaha, haukeke.
meddle with huurau, rahurahu, raukoti, raweke.
meddler kohe, whawhewhawhe.
meddlesome amionga, maikutu, raweke.
mediator takawaenga.
medicine rongoa.
meditate whakaaro.
medium of a spirit aho, kaupapa, kauwaka, kauwhata, koohiwi, koohiwitanga, mata, papa, waka.
Medusa sp. puukahukahu, puukarukaru.
meek haki, maahaki, waimarie.
meet, as converging paths puutahi.
meet, go to whakahei.
meet and escort visitors taupaepae.
meet by chance, or strike matawhaia.
meet one another tautuutakitaki.
meet someone porotuutataki, tuutaki.
meet together hui, huihui, huirua, uungutu, uungutungutu.
meeting (gathering) huihuinga, huinga, whakaminenga.
meeting house whare hui, whare nui, whare puni, whare ruunanga, whare taka, whare tako.
Megadyptes antipodes hoiho.
Melagraphia aethiops maaihi.
Melampsalta cingulata kihikihi wawaa, kikihi.
Melampsalta muta kihikihi kai, kikihi.
melancholy kainatu.
Melicope simplex poataniwha.
Melicope ternata houkuumara, koheriki, taataka, wharangi, wharangi piro.
Melicytus lanceolatus kai weetaa, maahoe wao, taaranga.
Melicytus micranthus manakura.
Melicytus ramiflorus hinahina, maahoe, moeahu.
melon kaakaariki, merengi (**Eng.**), omoomo.
melt koero, rewa, whakarewa.
member of an organisation mema (**Eng.**).
member of same clan huaanga.

membrane

membrane of foetus kahu, kahukahu, tewe, whakakahu.
membrane on inside of the eyelid harare.
memorial whakamau mahara.
memory mahara, puku, puumahara.
memory, keep in puri, puru.
mend tapi.
menial poroteke.
menial position, person of wheteke.
menses atua, paheke, tahe, waiwhero.
menstrual pad kope.
menstruation mate marama.
menstruation, later stage of koero.
mental turmoil whakamatemate.
Mentha cunninghamii hiioi.
mention kii.
mention repeatedly takarure.
mention the name of any one tuuaa.
merchandise hoko, taonga, taputapu.
merely noa.
merged hanumi.
Meryta sinclairii puka.
mesh of a net mata, papa, raumata, taakekenga.
Mesoplodon **sp.** hakuraa, iheihe.
message kupu.
messenger kaiwaewae, karere.
messenger between lovers kai whakaaweawe.
messenger sent to summon people tuutuu.
messenger to summon assistance puurahorua.
messiah miihaea **(Eng.)**.
meteor kookiri, kootiritiri, kotiri, marau, matakookiri.
meteor or comet tuunui a rangi, tuunui a te ika, tuunui ki te poo, tuunui me te poo.
method tikanga.
method of attack, a parera nekeneke.
metre miita **(Eng.)**.
method of using huata spear piitongitongi.
Metrosideros albiflora aka, akatea.
Metrosideros excelsa hutukawa, poohutukawa, raataa.
Metrosideros perforata aka, akatea, akatorotoro, koro, torotoro, whakapiopio.
Metrosideros robusta raataa.
Metrosideros scandens akakura, akatawhiwhi, amaru, kaahikahika, puatawhiwhi, raataa piki, whakatangitangi.
mettle (courage) tara.

miracle

mettle, put on one's whakatara.
Microlaena stipoides paatiitii.
Mida salicifolia maire taiki, taaiko.
middle pokapuu, waenga, waenganui, wee.
middle aged taipakeke.
middle aged person taikaumaatua.
middle aged woman taikuia.
middle finger tooroa.
midge nahonaho, naonao, poongarongaro.
midnight poowhenua, rangi weherua, tuauki poo, tuurotowaenga, tuurua poo, tuuruawe poo, waenganui poo, waipo, weherua, weherua poo.
midrib of a leaf karawhaa, tuaka.
midst oru, roto, waenga, waenganui, waengarahi.
midwinter maruaroa o te takurua, whaturua.
migrate heke.
migrate, of birds piirere.
migration heke.
mild maahaki.
mildew kuupaa, rimurimu.
mildewed hoopuru, hoopurupuru, kaahekaheka.
mile maaero **(Eng.)**.
milk miraka **(Eng.)**, wai uu, waiuu.
milking whakateetee.
milky juice of plants tawau.
milky way Te Ika-a-Maaui, Te Ika-o-te-rangi, Te Ika-roa, Te Ika-whenua-o-te-rangi, Te Mangoo-roa, Te Paeroa-o-Whaanui, Roiata, Tiu.
mill huri, mira **(Eng.)**.
million miriona **(Eng.)**.
milt hua paru, huatea.
milt and roe of crayfish tooine.
mind aro, ihomatua, manawa, ngaakau.
mind, bear in manatu.
mine, belonging to me aahaku, aaku, naaku, noohoku, nooku, ooku.
mingle komiti, konanu, koomitimiti, koonanunanu.
minister minita **(Eng.)**.
minnow kaaeaea, pokotehe.
minnow, full grown karahi.
mint, native hiioi.
minute (of time) meneti **(Eng.)**.
minute (small) matariki, mookitokito.
miracle merekara **(Eng.)**.

mire kene.
Miro australis haatoitoi, kaatoitoi, kakaruwai, karuai, karuwai, mooioio, piere, piihaua, piihere, piitoitoi, taataawai, taataruwai, tariwai, taruwai, tiitiiwahanui, toitoireka, tootooara, tootoowai, tootoowara, totoi, toutou, toutouwai.
***Miro australis*,** **female of** mokoraa.
Miro australis australis kaatuhituhi.
mirror mira (**Eng.**).
miscarriage materoto.
mischievous amionga, rawahanga, raweke.
misconceive pooheehee, poohewa, tuakoi.
miser makitaunu.
miserable tuureikura.
miserly tuumatarau.
misery kootonga.
misfortune aituaa, kaupapa whiti, maiki, maikiroa.
misgiving aawangawanga, maanukanuka, manawa paa, pekerau, potau, rikarika.
mishandle raukoti.
misjudge hori, horihori.
mislead whakahee.
misled rarua.
misplaced kookeei.
misrepresent aweke.
miss a mark hara, hauare, hee, heke, hemo, hihipa, pahemo.
missed out, part kauwhiti.
missing ngaro.
missionary mihinare (**Eng.**).
mist au, haumaaringiringi, haumaringi, kohu, koorehu, puukohu, puunehu, puunehunehu, puunenehu, puurehu, rehu, taakohu, taarehu, tuarehu, waikohu.
mist, heavy pookeekohu.
mist lying in small detached portions puurehurehu, puurerehu.
mist uniformly covering the sky papanui.
mistake hee, hori, horihori.
mistake in repeating karakia tapepe.
mistake in speaking pakewa.
mistaken hee, paahewahewa, paakirakira, pahewa, poau, pohewa, pooauau, pooheehee, pookahu, pookaku, rewharewha.
mistaken for another heengia.
mistiness matapoorehu.

mistletoe kohuorangi, pirinoa, pirita.
misty aanehu, kooehuehu, makohu, matarehu, poorehurehu, porehu, puukohukohu, puunehu, puunehunehu, puunenehu, puurehurehu, puurerehu, uwhango.
mix konanu, konatu, koonanunanu, nanatu, natu, ranu, taaranu, whaaranu, whakahanumi, whakananu, whakaranu, whakawheeranu.
mix up poopoo.
mix up one thing with another whakawhenumi.
mix up with fluid pokepoke.
mixed hanumi, nanu.
moan aurere, nguu, pararaa, tihi, whakatautau, wheo, wheowheo.
moat outside palisading of a paa awamate.
mock paatai, tiitoi, whakatea, whakatoi, whakatoitoi.
mocking puuhohe.
model (example) tauira.
moderately tahanga.
modest poorearea.
modestly whakamoowai.
Modiolaria impacta korona.
Mohoua albicilla hore, horehore, mooriorio, mootengitengi, poopokotea, pooporoihewa, popotea, porihawa, poriporihewa, poupoutea, taataaeko, taataaeto, taataahore, taataangaeko, taataiato, taataihore, taataranaeko, taatarangaeko, taatariheko, upokotea.
Mohoua ochrocephala hihipopokera, mohua, momohua, moohuahua.
moist hauwai, koopuutoitoi, kueo, maakuu, maakuukuu, monoku, mooai, moowai, takawai, tooii, toowaawahi, toowahiwahi, toriwai, tuturi.
moist (of ground) kooparuparu.
moisten takawai, too, whakamaakuukuu.
moistened matatoua.
moisture hau, maakuu, tewetewe, toomairangi, toomaiwhenua.
mole ira, iraira, kiritona.
mole cricket honi.
mole made of stakes driven below water rongoteka.
molest mui, turatura, whakatete.

mollusc, a hauwai, hinangi, hohehohe, huungangi, huuwai, kaahiwahiwa, kaakara, kaakihi, kaaunga, kaeo, kaiwhao, kamu, kaokaoroa, karangahape, karauria, koeo, kookau, kookihi, koorire, kootawatawa, kootore, kootoretore, kuakua, kuureherehe, maakerekere, miware, muheke, ngaakihi, ngaongao, ngoronga, nguupara, pakira, papatua, peru, pukaro, tanetane, taraia, tiraki, toretore, whetowheto. (See **shellfish** also).

mollusc, a bivalve angarite, haakari, hanikura, hanikura patu, harihari, hoehoe, hohehohe, huangi, huuai, huuangiangi, kahitua, kaikaikaroro, kaitua, karekawa, kookota, korona, kuhakuha, kuharu, kuwha, kuwharu, matakahi, moeone, ngaingai, peraro, piipipi, piiwara, piiwhara, pipi tairaki, poro, poua, poue, pukira, pure, puukauri, puurimu, taiawa, tairaki, taiwhatiwhati, takarape, takarepo, tohemanga, toheroa, tuatua, tungangi, tupa, tupere, tuperu, tuuroro, ururoa, wahawaha, whaangai karoro.

mollusc, a fresh water ngaeo.
mollusc, a fresh water bivalve kaakahi, koaru.
mollusc, a fringed bivalve ngora.
mollusc, a land pikopiko.
mollusc, a large black univalve kaakarauri.
mollusc, a large univalve ataata.
mollusc, a rock boring bivalve paatiotio.
mollusc, a salt water bivalve kaakahi.
mollusc, a small korotipa, korotupa.
mollusc, a small land mokamoka.
mollusc, a tubular koomore.
mollusc, a univalve atiutiu, hopetea, huamutu, kaakara, kaikaikaroro, kaitangata, karahue, karahuu, karaka, karariwha, karikawa, kawari, koio, koorama, koriakai, korohiwa, kororiwha, kuureherehe, maaihi, maatangata, mahewa, marapeka, matangarahu, matangongore, matapoouri, matapura, matatangata, maurea, mimiti, mitimiti, muriwai, ngaarahu tatawa, ngaarahu taua, ngaaruru, ngaeti, paaua, peke, pipi komore, pipi taiari, rehoreho, reoreo, rereho, rerekakara, rori, taawiri, takai, takarepo, takawiri, takupu, tihi, tihipu, tiitiko, tikoaka, toitoi, totorere, totoro, uere, weetiwha, wheetiko, wheetikotiko.

mollusc like a small puupuu petea.
mollusc with a long iridescent shell touroa.
molluscs of winkle type puupuu.
mollymawk toroa.
Monday Mane (**Eng.**).
money moni (**Eng.**).
money, sum of tahua.
monopolise kaiapa, kaiapo, makitaunu.
Mons veneris puke.
monster kaurehe, maaia, nauhea, nauwhea, ngaarara.
monster, a sea matuarua, parata, raataamoko.
monster, fabulous maero, taniwha, tuna tuoro, tuoro.
monster of lizard like shape moko.
monstrous hautupua, inati.
month kaupeka, marama.
month about August-September pakawera.
month of the Maori year, a otoru, putoki.
month of the Maori year, eighth hiringa a nuku, hiringa rangi, hiringa, kaitatea, kohitatea, waru patote.
month of the Maori year, eleventh maatahi, ngahuru maatahi, paenga whaawhaa.
month of the Maori year, fifth whiringa nuku.
month of the Maori year, first maatahi, pipiri, te tahi o pipiri, te toru here o pipiri, te toru heri o pipiri.
month of the Maori year, fourth mahuru, te whaa o mahuru.
month of the Maori year, last tahiwehewehe.
month of the Maori year, ninth hui tanguru, iwa.
month of the Maori year, second hongonui, hoongongoi, maruaroa.
month of the Maori year, seventh hakihea, whitu.
month of the Maori year, sixth ono, whiringa a rangi, whitianaunau.
month of the Maori year, tenth poutuuterangi.
month of the Maori year, third hereturikookaa, kaiwaka, karawhitiwhiti, kauawhi, maangere, te toru o hereturikookaa, toru here o pipiri.
month of the Maori year, twelfth haki, haratua, kaahui rua mahu, tuumaa.

moon ahoroa, atarau, hina keha, koirau, maahina, marama.
moon, be full aahuatia.
moon, full tiirakerake.
moon, new koohiti, koowhiti, pewa, whitireia.
moon on eighteenth day raakaumatohi.
moon on eighth day aaio.
moon on eleventh day ari.
moon on fifteenth day atua, hotu.
moon on fifth day akoro, aokoro, koro, ookoro.
moon on first day whiro.
moon on first night nonihape, owhiro.
moon on fourteenth day oohua.
moon on fourth day oue, ouenuku, ue.
moon on nineteenth day takiraa, takirau.
moon on ninth day kaiariki.
moon on second day tirea.
moon on seventeenth day raakaunui.
moon on seventh day ahotu.
moon on sixteenth day ooturu, turu.
moon on sixth day ananga.
moon on sixth to ninth days tamatea.
moon on tenth day ariki mata nui, huna, hune.
moon on the fifth day ookou.
moon on the fourteenth day atua-whakahaehae.
moon on the thirteenth day oohua.
moon on the twentieth day korekore.
moon on the twenty-first day korekore-tuurua.
moon on the twenty-second day korekore-piri-ki-tangaroa.
moon on third day aurei, hoata, hohoata, whawhaata.
moon on thirtieth day mutu, mutuwhenua, muu, oomutu, oomutuwhenua.
moon on twelfth day maure.
moon on twelfth or thirteenth day maawharu.
moon on twentieth day oike.
moon on twenty-eighth day orongonui, rongonui.
moon on twenty-first to third days korekore.
moon on twenty-ninth day mauri.
moon on twenty-seventh day ootaane.
moon on twenty-sixth day kiokio.
moon on twenty-third day piri.
moon on twenty-third to sixth days tangaroa.
moon personified hina.
moonlight ata maahina, ata marama, atarau.
moonlight, bright ahoroa.
mope wheruu.
mordant waitumu.
more than, a little roko.
moreover teetahi, teetehi.
morepork koukou, peho, pehopeho, ruru, rurururu.
morning haapai.
morning, early ata, ata maahina.
morning, get up early in the moata.
morning song of birds waraki.
morose hauarea, hauwarea, muumuu.
moroseness muumuu.
morrow, on the auinaake.
mortals, life principle of ira tangata.
mortar moata (**Eng.**).
mortgage mookete (**Eng.**).
mortified matangurunguru.
Morus serrator karake, takapu, takupu, tatakii, toroa haoika, toroa horoika, toroa tatakii.
mosquito keeroa, naenae, naeroa, namu katipoo, ngaeroa, waeroa.
moss puukohu, puukohukohu, rimu, rimurimu.
moss, a huu puukeko, kohukohu, moonehurangi, paahau kaakaapoo, paapapa, tetere whete, tootara, toropapa puukahu, wairua, wheuwheu.
moss, club maatukutuku.
moss used as a scent konguru, koopuru, poonguru, taru, tarutaru.
moss used as a scent for oil makuruhau.
moss-grown rimua.
moss-like growth in fresh water kohuwai.
moss-like growth in slow-running water haakekakeka.
mosses used as wrappers or absorbents kooree, kope.
mossy soil, as in a forest puukohu.
moth, a hiihue, koowenewene, peepepe, pepe, pepetaawhanawhana, puureehua, puurehurehu, puurerehu, puurerehua, rehurehu.
moth, a large potipoti, tuungoungou, wenewene.
moth, a large brown tarapoa.
moth, a large green pepetuna.
moth, a small naonao.

mother ewe, haakui, karawa, kookaa, kookara, kuia, tia, tiaka, uukaipoo, whaaereere, whaawhaarua, whaea, whaene.
mother-in-law hunarei, hunarere, hungarei, hungawai, huungoi, poupou.
motion haere.
motion (resolution) mootini (**Eng.**).
motionless pateko, whakaroau.
motorcar motokaa (**Eng.**).
mottled koohangohango, koorangorango, taaingo, taaingoingo, tarare, whakairoiro.
mottled surface koorinorino.
mould poohekaheka, puuhekaheka.
mould growing on potatoes taeka.
mouldy hakuhaku, heka, hekaheka, hoopuru, hoopurupuru, kaahekaheka, kekakeka, koopuru, koopurupuru, pukupuku, puru, puruhekaheka, waitau.
moult kounu, turuki, whakamaaunu.
mound ahu, haupuu, puke, toropuke.
mound made at the tuaahu by tohunga puke nui a papa.
mound over which tops were whipped karangi.
mount whakaeke.
mount a horse eke.
mountain maunga.
mountain face aromaunga.
mountain parrot kea.
mourn hea, rohi, taikiri, tangi, tauaa, taukiri, taukuri, taurere, taute.
mourners mate, pae mate.
mournful taikiri, taukiri, taukuri, tiikapa, whakahiatangi.
mourning tangi.
mourning garb kaakahu tauaa.
mouse kiore, kiore iti.
mouth kuuaha, kuuwaha, maangai, mawhera, waha.
mouth harp, kind of kiikiiporo.
mouth of a bay or river wahapuu.
mouth of a river kongutu, koniu, puuaha, puuau, taawaha.
mouth or lips, close kome, komi.
mouthpiece of a calabash hoorere, ngutu, paewai.
mouthpiece of an eel pot tohetohe.
mouth-watering moowaiwai.

move ako, hiki, kaneke, kareu, keu, koni, konikoni, kori, korikori, neke, ngatee, ngatete, ngeungeu, nuku, oni, onioni, onoi, ori, pakuku, piioraora, rangaranga, takatuu.
move, cause to whakapiioraora.
move (a motion) mootini (**Eng.**).
move about kaanekeneke, koi, ori, whakataataka, whakatakataka, wheekoi.
move about aimlessly whakatairangi.
move about irregularly tiitaka.
move ahead as a canoe koki.
move along niu, patete.
move along, cause to whakanekeneke.
move anything by stretching out legs hookari.
move aside kotiti, matataau.
move backwards and forwards kookeke.
move briskly haukori, kautangatanga.
move canoe with paddle against side ue.
move continuously oi.
move convulsively hita.
move easily or freely angi, whakaangi.
move forward katete, kauneke, koke, paneke.
move from one place to another puta.
move from one thing to another hikohiko.
move gradually nekeneke.
move hands with quivering motion aroarowhaki.
move in a body huhura, rewarewa.
move in a certain direction anga, naka.
move in unison korite.
move irregularly pareti.
move off tairori.
move on after panuku.
move on away from speaker hoatu.
move oneself kehukehu, keukeu.
move onwards or upwards whanake.
move or scrape to one side tiiaroaro.
move quickly karapetapeta, kookirikiri, mimiro, oma, omaki, rangatahi, tauhookai, toi, toitoi, whakangaawari.
move quickly to and fro kapekapetau, kapetau, takawheta, takawhetawheta.
move quickly to avoid a blow wheta, whetau.
move slightly ngaoko.
move steadily kaunuku.

move stealthily koropuku, ninihi, whakahengi, whakakoko, whakamokamoka, whakamomoka, whakaninihi, whakatookihi.
move the feet to and fro hiikaikai.
move the jaws, as in eating katikati.
move the lips tametame.
move to and fro kaurori, koiri, koopiupiu, ngaaruerue, ngarue, piupiu, takaoreore.
move to or from nakanaka.
move with an even motion naki, tuanaki.
move with vigour tuutuu.
moved keuea.
moved to a distance motu.
movement of paddles in time waihoe.
movement to avert ill luck in weaving hukiora.
moving about tatere.
moving easily ngaawari.
moving heavily maangaingai.
moving slowly mate.
moving the limbs restlessly kowhana.
mower moua (Eng.).
much nui.
mucous discharge from the nose huupee, kea, keha.
mud huu, kene, one, paru, paruparu, wharu.
mud, soft ooi.
mud, soft ferruginous reporepo.
mud used for dyeing black koohii.
muddy kauehu, kooparu, mawharu, puarenga.
mudfish hauhau, waikaka.
Muehlenbeckia australis puka.
Muehlenbeckia complexa poohue, poohuehue, poopoohue, tororaro, waekaahu.
muffle oneself up whakangenengene.
muffled up puungenengene.
muggy heat korire.
Mugil cephalus hauhauaitu, hopuhopu, kanae, koopuuwai.
mullet, grey hopuhopu.
mullet, small hauhauaitu, koopuuwai.
mullet, yellow-eyed aua.
mullet, young of tiipara.
mullet taken in fresh water kanae raukura, raukura.
multiply putu, rea, whakamakuru, whakarau, whakaroaka.

multitude haakerekere, hea, hira, kau, kiirehe, maatinitini, mano, ngare, nui, nuipuku, pae, rahi, rau, tini.
mumble pararaawaha.
mummify whakapakoko.
mummy whakapakoko.
munch kamu.
murder koohuru, patu raawaho, whakatoke.
murder at night, persons committing rarii kai poo.
murder in cold blood toowhare.
murder of guests whakapiko.
murmur haameme, kikihi, koohumuhumu, kookihi, koomuhu, koomuhumuhu, koowhetewhete, kotete, kowhete, nanu, ngaehe, ngahehe, ngunguru, nguru, rea, taawara, wara, warowaro, wawara, wawaro, whakatanguru, whetewhete.
murmur, as wind huuoro.
murmur at koomuhu, koomuhumuhu, muu.
murmur of the sea kihi, whakahaahaa.
murmuring hiarea, meme.
muscle io.
muscular pakaua, puuioio, tuakaka.
muscular man koopaka.
mushroom harore, whareatua.
music muuhika (Eng.), whakatangitangi.
musical instrument taputapu whakatangitangi.
musical instrument made with pirita rooria, tararii.
musket puu.
musket (flintlock) ngutu parera.
musket, double barrelled tuupara (Eng.).
mussel kuku, kuutai.
mussel, a freshwater karo.
mussel, a kind of kungongi, kurewha, poorohe, purewha, tapanui, topapa, toretore, torewai.
mussel, fan kuukuku, kuukukuroa, kuupaa.
mussel, horse hururoa, waharoa.
mussel, kind of black tukuperu.
mussel, large toretore.
mussel, large kind of kookota huripoki.
mussel, small black haanea.
mussel, small freshwater nguupara.
mussel, small kind of kuku para, kuukaa, taore.
mussel with white flesh kuku taurei.
mussels slightly fermented maaii.
mussels taken from the shell kookeke.

Mustelus

Mustelus antarcticus makoo, mangaa, mangoo.
muster whakataka.
mutilate mutumutu.
mutilated mutu, muu, takarepa.
mutilation takarepa.
mutter haameme, haamumumumu, haawata, komeme, kumeme, paatiihau, pararaawaha.
mutter unintelligibly whakameme.
muttering koomemememe, meme, muhumuhu.
mutton maatene (**Eng.**), miiti hipi (**Eng.**).
mutton bird haakeekeke, hakeke, hakoko, koakoa, ooi, takakau, tiitii, totorore.
mutton fish kororiwha, paaua.
muzzle koromookaa, poongahangaha, rongowaha, taparenga, whakamookaa.
muzzle a dog pooniinii.
muzzle for mouth of a beast mokonaha, mookaa, pooniinii.
my aahaku, aaku, oohoku, ooku, taaku, taku, toohoku, tooku.

Mytilus

Myodora striata pakira, pukira.
Myoporum laetum ngaio.
Myosotidium hortensia koopukapuka, kopakopa.
myriad tini.
Myrsine australis maapau, maapou, mataira, matipou, taapau, takapou, tiipau.
Myrsine salicina toro.
Myrtus bullata ramarama.
Myrtus obcordata roohutu, rooutu.
Myrtus pedunculata roohutu, rooutu.
myself tooku kotahi.
Mystacina tuberculata pekapeka.
mysterious maaminga.
mystifying maaminga.
myth puuraakau.
mythical puuraakau.
Mytilus canaliculus kuku, kuutai, poorohe, toretore.
Mytilus planulatus kuku, kuutai, poorohe, toretore.

N

nag whakakunaawheke.
nagging kaaungaunga.
nail neera (**Eng.**), whao.
nail of finger or toe maikuku, matikuku.
naked hahake, hake, kiri kau, pakiwara, pakiwhara, tahanga.
naked person takahore.
name ingoa.
name, to hua, tapa.
name for tapatapa.
namely araa.
namesake ingoa.
nap kerehunga, perehunga, tawhe.
nap off a garment hungahunga.
nape of the neck porongaaua, porongaaue, ue.
narrative koorero.
narrow kuiti, maanihi, puuiti, whaaiti.
narrow pass aapiti, kapiti.
narrowing kaawitiwiti.
nasal whango.
nasty maniheko, manuheko.
nation iwi.
native maaori, maioriori, tangata whenua, toi.
native to New Zealand maaori.
natural death mate tara whare.
naughty rawemaakoi.
Naultinus elegans kaakaariki, kaakawariki, kawariki, moko kaakaariki.
Naultinus grayi kaakawariki, kawariki.
nausea paipairuaki, whakapairua, whakapairuaki.
nausea, feel paipai ruaki, whakapai ruaki.
nauseous honuhonu, kanekane, kerakera, maakinokino, mootuhi, nohunohu, paratoketoke.
nautilus shell puupuu tarakihi.
navel ihonga, pito, tia.
navel cord iho, kaha, pito.
navel cord, person who cuts the whakakahu.
navigate whakatere.
neap of the tide koowaa, koowaawaa, koowheuwheu, koowhiowhio, moii, ninihi, tai-rikiriki, taiaa, torepuku, wheruu.
near aawhiwhi, kauawhi, maruatata, marutata, paatata, pootata, puunui, taa, taatata, taitata, tata, tuutata, whaatata.
near side koo mai.
nearly tootahi.
nearness tatanga.
neat puuhangaiti.
neat fingered maikutu.
neat handed rehe.
neck kakii, porokakii, taakaki, ua.
neck, back of the mooua, ua.
neck pendant kohei, mau kakii.
necklace of lengths of albatross bone poro toroa.
need of anything, be in hapa.
needed, be matea.
needle ngira (**Eng.**).
needle of bone or wood patui.
needle with eye maatuhi.
negative imperative kaua, kauaka.
neglect whakahapa, whakangongo.
neglected mahue.
Neochanna apoda hauhau, waikaka.
Neopanax arboreum houhou, puahou, tauparapara, whau, whaupaku, whauwhau, whauwhaupaku.
Neopanax colensoi orihou.
Neopanax lessonii oho.
Neopanax simplex koromuti.
Neothais scalaris hopetea, taawiri.
nephew iraamutu, tama, tamaiti keekee, tamaiti whakaangi, tapairu.
Nerita melanotragus matangarahu, ngaarahu tatawa, ngaarahu taua, peke.

nerve

nerve io.
nervous aamaimai, taiatea.
nervous twitching of the shoulder hura.
Nesolimnas dieffenbachi moeriki.
nest koohanga, koopae, oohanga, oowhanga, koowhanga.
nestle whakaahuru.
Nestor meridionalis kaakaa, koorii, kooriwhai, kura, perehere, taawaka.
Nestor notabilis kea, keha, keorangi, kia.
net, n. kupenga, poorohe, tarahuu, tauwhatu.
net, a kind of kairere, koohau, kukuti, taawauwau, tiiheru, whakawhiu.
net, bag koorohe.
net, belly of koonae.
net, enclose in a karawhai, karawhaiwhai.
net, funnel shaped fishing ahuriri.
net, hand kootutu, rohe, toiemi.
net, hand, for catching kookopu hoorapa.
net, long handled landing koorapa.
net, middle portion of a seine ngake, taarukenga.
net, part of a taapai, whakahihi.
net, small bag taataa.
net, small circular, made round a frame atata.
net, small hand, for fishing aruaru.
net, spoon shaped landing koko kahawai, tiikoko.
net, to hao.
net, to weave a taa, taakeke.
net, use as a whakahao.
net allowed to remain in water kawau moe roa.
net at mouth of hiinaki puhateroo.
net attached to a hoop matarau, pouraka.
net attached to stakes in the tideway maatiratira.
net for catching ground birds huupaki.
net for catching inanga rana.
net for dredging shellfish hirou.
net for eels ngehingehi, puukoro, toherere.
net for sea fishing hutu.
net for sea fishing, large puhoro.
net for taking fresh water fish tuupoupou.
net for taking kookiri, hand toere.
net for taking quail whakarapa.
net for taking sea birds taere.

no

net on a pole kape, tiikoko.
net on frame, shrimp whakapuru.
net or basket, kind of purerangi.
net or basket, small kori.
net used at the mouths of rivers auparu.
nettle ongaonga, puungitangita, puunitanita, taraonga, taraongaonga.
neutral in a quarrel kuupapa.
never mind aua atu.
nevertheless ahakoa, atiia.
new hoou, hou, moohou.
New Zealand crow hoongaa, hoongee, kookako.
news koorero.
next panuku.
nibble haarau, harangote, hohoni, honi, honihoni, kai whakapiitaitai, koohonihoni, tiitongi, tiitongitongi, tongi.
nice huumaarika, ranginamu.
nick pakini, tongari.
niece iraamutu, tamaiti keekee, tamaiti whakaangi, tapairu.
niggard atuapo, pitokite, toohee.
niggardly atua, matatoua, matewheengoi, popono.
niggerhead maataa, maataataa, puukio, puurei, puureirei.
night kengo, keno, maruaapoo, marupoo, poo.
night, last napoo, poo nei.
night when there is no moon hinapouri.
nightfall poonga.
nightmare kuku, kuti, moepapa.
niikau, shoot of miko.
niikau, unexpanded shoot of muka.
nimble kakama, tuukawikawi.
nimbus okewa.
nine iwa.
Ninox novaeseelandiae koukou, peho, pehopeho, ruru, rurururu.
nip kaakati, kati, kikini, kini, kuku, kukuti, kuti, pakini.
nip between the legs kopi.
nipple of the breast koomata.
nit riha.
no kaahoo, kaahore, kaanape, kaao, kaaore, kaare, kore, ngore, e hee, e hara.
no, in answer to a negative question aae.

no account, of kotokoto, taitaahae.
no account, person of kora, moori, roro more.
no common thing ehara i te hanga noa iho.
noble rangatira.
nobly born female maareikura.
nod manana, taataa, tuungou.
nod from side to side rutu.
nod the head in assent tunou.
noise haunene, heihei, huu, matioke, ngangau, ngangii, ngee, pioro, tau, tawee, turituri, whakarongoa.
noise, discordant tiioro.
noise, indistinct wawaa.
noise, loud confused tararau.
noise, loud rustling rorowhio.
noise, make a nganga, waawau, wau.
noise, make a confused kekekeke.
noise, repeated knocking paatootoo.
noised abroad paaho, waaua.
noisy haunene, hoi, hoihoi, kurupaakara, maaniania, makekeno, manioro, nanii, nganangana, ruukahu, tawetawee, tiihoihoi.
nominate tautapa.
none at all kaahore kau.
non-existence korenga.
non-occurrence korenga.
nonplussed huukiki, matekiri, paakira.
nonsense kutukutu ahi, ruru.
nonsense, talk kohe.
nonsensical nenekara.
nook kona, konanga, whanga.
noon poupoutanga o te raa, tuuhoe.
noose kaareti, kaha, kono, koopeti, koro, koromahanga, pahuhu, patatari, pootari, rootari, toherere, whaapiko.
noose, make into a whaapiko, whakatoretore, whakawene.
noose, put in a taarore.
noose for catching birds tari.
noose for snaring ducks naha.
noose of a rat snare rootaringa.
normal maaori, tikanga.
north hauraro, marangai, muri, raki, raro, tiu.
North Island of New Zealand Te Ika-a-Maaui.
north wind hau raro, tuuaaraki.
north-east wind paa whakarua.
northern tokerau.

north-west maauru, uru maa raki.
nose ihu, kanekane.
nose, broad flat ihu pongare.
nose, flat ihu penu.
nose, lower part of the pooniania.
nose with a flat bridge ihu paatiki.
nostril pongaaihu, pongaponga, puutaaihu.
not aa hore, aaunga, ahore, ehake, ehara, hore, kaahore, kaanape, kaare, kaaore, kiihai, kiihei, koe, koi, kore, kuukore, ngore, teekara.
not, do auaka, kaua, kauaka, kauraka.
not, I know au, aua.
not, imperative aua, auraka, kauraka, ura, uraka.
not, it matters aua atu.
not as if kaapaa.
not at all hore rawa, kaahore kau.
not including haaunga.
not the case that ehara i te mea.
not yet kaahore anoo, kaaore anoo, kiianoo.
notch kaaniwha, kakari, karikari, pakini, tongari.
notch, to tookari, whakakaaniwha, whakakarikari, whakataratara.
notched pakini, patoti, puukani, puukanikani, teno, tongari.
nothingness kore.
Nothofagus cliffortioides tawhairauriki.
Nothofagus fusca hutu, hututawai, tawhairaunui.
Nothofagus menziesii tawai, tawhai.
Nothofagus solandri tawhairauriki.
Nothofagus truncata hutu, hututawai, tawhairaunui.
notice paanuitanga.
notice, take maaori.
Notiomystis cincta hihi, koohihi, kootihe, kootihe wera, kootihetihe, mootihetihe, tihe, tiioro, tiora.
Notiomystis cincta, **female of** matakiore.
notion ariaa.
Notoacmea ngaakihi.
Notopaphia elegans kuwha.
Notophoyx novaehollandiae matuku.
Notorhynchus cepedianus mangooihunui.
Notorhynchus pectorosus mangooihunui.
notorious mooiriiri.

Notornis hochstetteri moho, takahea, takahee, tokohea.
Notovola novaezeelandiae pure, tipa, tupa.
notwithstanding ahakoa.
nourish whaangai.
November Noema (**Eng.**).
now aaianei, konei, teenei.
now for the first time kaatahi anoo.
nudge rika, tuke, tuketuke, tute.
numb keekerewai, kerekerewai, tiitonga.
numbed koopaa, matangurunguru, peke, teeteka.
numbed, as with cold huumeke.
numbed with cold poororotua.
number hua, kai, maha, nama (**Eng.**), pae, rau, whika (**Eng.**).
number, indefinitely large mano.
numbness keekerewai, kerekerewai.
numerous hira, huhua, maruru, ngea, ngeangea, ngera, papata, rahi, rawa, rea, tuarea, wene, whaaioio.
numerous, of birds maatiti.
numerous, very makiu, tiipatere.
nurse (tend) mohimohi, morimori, naanaa, tapuhi, whakatapuhi.
nurse in the arms hiki, okooko.
nurse n. neehi (**Eng.**).
nursling piripoho.
Nyctemera annulata, **larva of** makokoorori, tuupeke.
Nymphae pokopoko.

O

oar hoe.
obedient ngaawari, ngohe, ngohengohe.
obey rongo, whakarongo.
object rawa, takunetanga, tohe, towhe.
object to whakaepaepa.
objection epa.
oblique hootiu, taa, tahapaa.
obliterated monemone noa, paahorehore.
obscuration waowao.
obscure rehu.
obscured pokopoko, taapouri.
obscurity matapoorehu.
observation post matairangi.
observe mataara.
obsidian maatara, mataa, mataa paretao, mataa tuuhua, paretao, tuuhua.
obsidian, greenish panetao.
obstacle taunahua.
obstinate hoi, hookeke, houkeke, io, keke, kooioio, makiki, mootohe, ngana, pake, pakeke, papamaaroo, puukeke, taringa, taumaaroo, turi, whakatete, whakatohe, whakatookeke.
obstinate, be whaatuturi, whakatuturi.
obstruct aarai, aarei, haukoti i te aroaro, kati, koopeka, paa, taaiha, taupaa, taupare, whakaapi, whakahootaetae.
obstructed huuhi, kapiti, ngihangiha, paa, tuukati.
obstructed by brushwood heuheu.
obstruction taero, tairo, tauaarai, taupaa.
obstruction in nose of new born child ngaru.
obstructive hautuutuu.
obtain by coaxing pati.
obtain by digging houhou.
obtain by flattery rutu.
obtain by stealth whakamokamoka, whakamomoka.

obtain by unfair means muremure.
obtain in an artful manner piinono.
obtained riro.
occasion takunetanga.
occult arts waananga.
occult means or a spell, effect by tuutawake.
occupation mahi, umanga, whakataauteute.
occupied, having the mind poorangi.
occupied, of a person taauteute, warea, whakararu.
occupied, of a place kapi.
occupy a place wheta.
occupy oneself intently with ngaki.
occurring at intervals huirangi.
ocean moana waiwai.
ochre, ball of red poorakaraka.
ochre, red hoorua, hooruu, karamea, kookoowai, kura.
October Oketopa (**Eng.**).
octopus wheke.
Odax vittatus tarao.
odd number panatahi, punga, taawere.
odd number in counting kehe.
odd number in excess tuumaa.
odd one tauhara, taukehe, tautahi, tauwhara.
odd times, at tiipakopako.
odoriferous kakara.
odorous haaungaunga, haunga, monomono.
odour ami, haa, haunga, kakara, monomono, piro, tuhi.
odour, body moharuru.
odour, faint hiirea.
odour, give out konakona.
odour, offensive kehakeha.
odour of human sweat mooruururu.
Oeceticus omnivorous, **cocoon of** raukatauri.
of a, o.
of thee oou.

off

off one's guard, be ware.
offal parapara.
offence hara.
offence of passing behind a tohunga pikitia, pikitua.
offend tunuhuruhuru.
offend with bad odour whakapenopeno.
offended, easily aarita, aaritarita.
offensive anuanu, haakiki, harehare, kenokeno, kerakera, maninohea, mataharehare, moorihariha, penopeno, piiau, piiauau, puuhaunga, puuhonga, puuraurau, taratara, weriweri.
offensive in smell koeo.
offensive matter from a sore piro.
offensive object or person whakahaehae.
offensive or stinking, consider whakapiro.
offer hoatu, tuku.
offer and withdraw toutou.
offer food whaangai.
offered as food tukutahua.
offering, propitiatory hau, kaupeka, ngakoa, patunga tapu, pito, raupanga, tiri, whakaepa, whakahere.
offering of sacred food omaki.
offering to host tribe koha, whakaaro.
office tari (**Eng.**).
officer aapiha (**Eng.**).
offshoots of a family rerenga.
offspring ati, kea, keha, momo, paratau, parito, taatea, uri, whaanau.
offspring, having huauri.
ogre kaakarepoo.
ogre, flying ririo.
oil hinu, noni, wai.
oil prepared from tiitoki berry ngehingehi.
oils, scented rautangi.
old aweko, puukeko, tahito, tawhito, tuaukiuki, tuuaarangi, ukiuki, waikauere.
old, of aauki, ukiuki.
old, of root crops pakoko.
old age hirinaki, nehe.
old and wrinkled poouareherehe.
old folk poupou.
old man aweko, kara, kaumaatua, koeke, kohake, kokoro, koro, koroheke, korokoroua, koroua, paahake, ruaanuku, taaua, tauake, taueke, tauheke, tuunohunohu.

onion

old person koopura, pakeke, peeperekoou, pooua, wheteke.
old woman ruahine, ruuruhi, ruwahine, taaua, taikuia, tuunohunohu.
old woman, become an ruuhaarua.
Olea cunninghamii maire, maire rau nui.
Olea montana maire kootae, maire roororo, roororo.
Olea sp. puuwhakahara.
Olearia albida tanguru.
Olearia angustifolia teeteeaweka.
Olearia colensoi kuumarahou, kuumararaunui, tuupare, tuupari.
Olearia furfuracea akepiro, kuumara kai torouka, tanguru, wharangi piro.
Olearia ilicifolia haakeekeke, hakeke, kootaratara.
Olearia macrodonta wharangi kura.
Olearia paniculata akiraho.
Olearia rani akewharangi, heketara, ngungu, wharangi piro.
Olearia spp. taraheke.
Olearia traversii akeake.
Oligorus gigas paarikiriki.
omen maka, makuru, taatai, tamaki, whakamakuru.
omen, bad koara.
omen, generally bad inati.
omen, good or bad takiari.
omen, ill kootua, taahae.
omen in weaving or fowling tahakura.
omen of ill success in fishing puuhore.
omen of success in warfare kura takahi puni, kura takai puni.
omentum taupaa.
ominous taamaki.
omission rerenga.
omit tiipoka.
omitted awere, mahue, ngere, rere, whakarapa.
on all fours haere pekewhaa.
on all sides taka.
on edge whakaripa.
on high noi.
on the other hand manohi.
on the point of maatua.
one kotahi, koteke, mea, ngatahure, ngeetehi, tahi, teetahi, teetehi.
onion aniana (**Eng.**).

only

only anahe, anake, kau, nahe, nake.
only child huatahi, tautahi.
only just oroko, roko.
Onosandrus **spp.** weetaa.
ooze mapi, paatiitii, pahii, papii, patii, pipii, totoo.
ooze through small apertures mama.
oozing maatahetahe.
open are, areare, haamama, hema, hemahema, horahora, huaki, kohea, kohera, koraha, kotaa, kowhera, maahorahora, maraha, matanui, matata, matatea, matatewha, mawhera, ngaatata, pahera, pawhera, poare, pooaha, puakaha, puare, puuaha, puurara, raha, taawhaki, tawhera, tiiwhaki, tiiwhera, tiiwherawhera, tuumatanui, tuuraha, tuwhera, uaki, waatea, whera, whewhera.
open, as a flower manahua.
open, as the hand horahora.
open (above board) matanui.
open (as a door), to uaki.
open (as an aperture) haamama, kohera, kotaa, matata, mawhera, ngaatata, poare, pooaha, puare, puuaha, tuwhera.
open (as eyes) matatewha.
open (expand) taawhaki, tiiwhaki.
open (gaping) ango, tawhera, tiiwhera, tiiwherawhera, whera, whewhera.
open (not confined) tuuraha.
open (uncover) huaki.
open and close hand as signal kapokapo.
open and shut alternately kutikuti.
open country koraha, korehe, maanahanaha, manaha, nuku taarake, tahora, waa.
open in fissures matoe.
open in several places pooareare.
open or shut door or window too.
open order, of troops kaupararii, toiroa.
open out puaki, taawaewae, tuuhangai.
open shellfish paaoraora, tiiwarawara, tiora.
open something huaki, pahera, pawhera, uaki, whakapuare, whakatuwhera.
open space aaputa, aho, ahoaho, kauhanga, kauwhanga, moremore, takiraha.
open up matapihipihi, tuuhura.
open walkway through a house kauhanganui.
open water in a swamp hiiwai.
open wide tiitoretore.

original

opened wherawhera.
opening angotanga, haeatatanga, puta, taawaha, tarawaha.
opening in cracks kakata.
openings puuahaaha.
openly aata, nui.
openwork plait in basketry pihapiha ika.
operculum of univalve molluscs kata, koorama.
opinion whakaaro.
opossum paihamu (**Eng.**).
oppose aatete, kairiri, taataa.
oppose a claim to land taawari.
oppose persistently mautohe.
opposite anganui, aronui, haangai, hakehakeaa, tauaro, taurite.
oppress nonope, peehi, whakapeehi, whakatina, whakawhere, whakawherewhere, whakawhiu, where.
oppressed in body or mind taimaha, wheruu.
oppressive, of atmosphere haitutu.
or raaina, raanei.
orange (colour) whero.
orange (fruit) aarani (**Eng.**).
orange-yellow para karaka.
orate whaikoorero.
oration onetuu, whaikoorero.
orator kaikoorero, puukorero.
oratory, use action in kori, korikori.
orchid, an huuperei, ikaika, kehe, maaikaika, maaukuuku, para, paratawhiti, perei, pokipoki, uhi perei.
orchid, an epiphytic peka a waka.
ordain whakarite.
order, in good nahanaha.
order, out of the regular haaramuramu.
order (command) meamea, ngare, tono, whakahau, whakahauhau, whakatakoto.
order a war party kauhoa.
order repeatedly paatukituki.
order that, in kia.
ordered raupapa.
ordinary maaori, noa, waimeha.
ordinary thing, it is no ehara i te hanga.
orifice of a wound wenewene.
origin pii, puu, puunga, take, toi.
original tahito, taketake, tawhito.
original version of a song kaupapa.

originate puu, whakatakune.
Orion, part of constellation of kakau.
Orion's belt Tautoru, te Tuke-o-Maaui, Tira o Puanga.
Orizopsis rigida hunangaamoho.
ornament, kind of kowhakararo, pooria.
ornament, to nakonako, whakaniko, whakanikoniko, whakapiiwari, whakarei.
ornament for the ankle koomore.
ornament for the ear mokotaniwha, tongarerewa, tongarewa, whakakai.
ornament for the ear, use as an whakakai.
ornament for the head pare.
ornament for the neck hei.
ornament for the neck, greenstone heitiki.
ornament for the person, some maapihi, pihi.
ornament of aute, ear kope.
ornament of bone or greenstone, spiral koropepe.
ornament of feathers worn on forehead tope.
ornament of gannet feathers kutukutu.
ornament of greenstone kuru, pekapeka.
ornament of greenstone, ear mootoi.
ornament of greenstone or bone kootuku.
ornament of kootuku feathers waiwhara.
ornament of raukawa hei maapuna.
ornament or band worn round the neck peru.
ornament with a pattern, to whakairo.
ornament with tufts of feathers, to puuheki, puuwheki.
ornamental whakapaipai.
ornamental border on a cloak pakipaki, papakiranga, papataaku.
ornamental lattice work harapaki, tukutuku.
ornamentation piko.
ornamented pootete, taanikoniko, taararo, whakairoiro.
ornamented with curves whakaniko, whakanikoniko.
ornamented with feathers kura.
ornamented with markings of a toki ngangao.
ornaments on ends of plumes of a canoe patungaro.
orphan pani.
orphan, make whakapani.
Orthoceras strictum ikaika, maaika, maaikaika, maamaaika, para, paratawhiti, perei.

Orthodera ministralis roo, whee.
Os sacrum murikookai, murukookai, tikitona, tiraki.
oscillate koopiupiu, ngaere, piupiu, whakatiikorikori.
oscillate or undulate, as swampy ground ngapu.
oscillating tuuretireti.
ostentatious hahaki.
Ostrea sinuata tio para.
other atu, kee, teeraa.
other day, the inake.
other hand, on the engari, engaringari, erangi, otiia.
other side of sea, river, valley raawaahi, taawaahi.
otherness taru, tarutaru.
others eetahi.
otherwise kaapaa, kee, peenei.
Ourisia macrophylla hue o Raukatauri.
out, in games piro.
out of action, put whakakaurapa.
out of breath, be tuungaangaa.
out of one's mind poorangi.
out of order hiiramuramu, pokapoka, tiipaopao.
out of reach kaiawe.
out of sight henumi, makaro, ngaro, taarekoreko, toke, tuakaihau, whenumi.
out of sight, put whakangaro.
out of the way aatea.
out of the way situation tawhio.
out of time whakarangirua.
outdone in a contest hinga.
outer palisade of a paa pekerangi, taiaa.
outer skin kiritahi, kiritai.
outlandish paakehakeha, pakepakehaa, raawaho.
outlet puuahatanga.
outlet of a lake kootore, taawaha.
outline hua.
outrigger ama, amatiatia.
outrun kaikape.
outside waho.
outside, on the moowaho.
outstanding koohure, maataahoo, mataho.
outstretched taawhangawhanga, totoro.
outward moowaho.
outwit rorerau, whakawareware.

oven haangii, hanu, hapii, hopii, hoongii, imu, kaarahu, koohua, kori, kopa, ngepaki, oke, okeoke, oumu, puna, taarahu, toonihinihi.
oven, contents of haangii.
oven, small earth toopiipii, topii.
oven connected with ritual ahi parapara, kirihau, umu parapara, umu pootaka.
oven for certain ceremonial purposes imu pararahi, umu pararahi.
oven for cockles tawatu.
oven for drying food pakipaki.
oven used at tohi ceremony umu taapae.
oven used in planting ceremonies maarere.
oven with stones heated outside of the pit koonao.
over runga.
over, be (surplus) pae.
over, fraction hau.
over and above makere.
over eager kaiwhiti.
overawed hopo, hopohopo, rikarika.
overbearing ngarengare, tuanui, whakatuanui.
overbearing, be persistently haakiki.
overburdened tuuraakaha.
overcast with clouds keekeeao, kooipuipu, kooruki, kooruru, koowhanga, poohuuhuu, pookino, taupuru, tukipuu, tukupuu, whakaipuipu.
overcome kake, paapaa, paarure, raupatu, rutu, taa, taaruu, tae, tina, weto, whakatina, whakatungou, where.
overcome by emotion mate, ngaro, tii.
overcome with sleep parangia.
overcrowd opuru.
overflow engaenga, huri, maanu, ngaaekieki, ngawhaa, puhake, puuhakehake, puurena, renga, toka, toorena.
overflowing karawa, koohure, koorengarenga, puha, puhapuha.
overgrow koowaowao.
overgrown heuheu, muhu, tupuria, waipapa.
overgrown with brushwood tuuhea.
overgrown with bushes ururua.
overgrown with fern or scrub rango.

overgrown with weeds heu, maheu.
overhang hau, tauwhare, tauwharewhare.
overhang, as a wave whare.
overhanging areare, matahao, taumarumaru, wharewhare.
overhanging cliff tiiarearetanga.
overheated pukaa.
overlap inaki.
overlay paparua.
overlong, be toohira.
overlooked whakarapa.
overmuch tuhene.
overpower whakatuuoi.
overpower by occult means taamoe.
overpowered, be pari te ihu.
overrun poki, pokipoki, popoki.
overshadowing taumaru, taumarumaru.
overspread hurihuri.
overspread, be kapi.
overspreading hoorapa.
overtake poki, pokipoki, popoki.
overtaken mau, roko.
overtaken by night, be poongia.
overthrow huripoki, hurupoki, kookeke, taupoki, turaki.
overthrown, of a paa tahuri.
overtop koohure.
overturn hua, huri, huripoki, hurupoki, porohuri, tuupoki, urupoki, whakataupoki.
overturned, be tuupooporo.
overwhelm aapuru, huri, taupoki.
owl koukou, ruru, rurururu.
owl, laughing hakoke, kakaha, ruru wheekau, wheekau, wheekaukau.
owl, small peho, pehopeho.
own (reflexive) taketake, tupu, anoo, ake.
ox okiha (**Eng.**).
Oxalis magellanica tutae kaahu, tuutae kaakaa.
Oxynotus bruniensis pepeke.
oyster, mud tio para.
oyster, rock karauria, ngaakihi, repe, tio, tio repe, tio reperepe.
oyster, variety of paaua raupara.
oyster shell papa tio, whare reperepe.

P

paaua, silvery koeo.
paaua soaked in fresh water raumahoe.
pace tuuaaoma, whetoko.
pace up and down toihaa.
Pachyptila desolata totorore, whiroia.
Pachyptila turtur tiitii wainui.
Pachyptila vittata pararaa, pekehaa, pepekehaa.
Pachyrhamna acanthocera weetaa.
pacify whakamaarie.
pack taahere.
pack closely inaki.
pack dried inanga in a basket whakahunga.
pack one upon another or in layers whakamaataa.
pack up whakatakupe.
packet mookihi, mookii.
pad to prevent chafing whakapuru.
pad under a load to protect the back paretua.
pad worn on arm as shield whakapuru tao.
paddle, a hiirau, hoe, tawatawa.
paddle a canoe hoe, hua.
paddle about hoehoe.
paddle sideways taarau.
paddle with a peculiar skimming stroke tonihi.
paddle with vigorous strokes huukere.
paddle-shaped weeding implement piinaki, piineki.
paddling, vigorous stroke in tia.
paddock paatiki (**Eng.**), taiapa.
Paesia scaberula maataa, maataataa.
paid ea, rite.
paid out, as a net hoka.
pain koha, koohariihari, maangeongeo, mamae, paakikini, paakinikini, whakaongaonga.
pain, causing maatengatenga.
pain, feel mamae, whakamamae.
pain, in hea, koorangaranga, paamamae.
pain, inflict whakamamae.
pain in the abdomen koopito.
pain or distress, of body and mind mamae.
painful hiirawerawe, mamae, taaruu, taaruuruu.
pains, suffering from aching hiiwiniwini.
painstaking maarehe.
paint pani, panipani, peeita (**Eng.**), taa, whakawahi.
paint red kura.
painted pepenu.
painted scroll ornamentation koowhaiwhai.
painting, pattern of ornamental rautawa.
painting and carving, bulbed motif in koru.
pair toopuu.
pairs, in pinerua, punarua, punerua, puurua, taurua.
palatable apuapu, reka.
palatable, of seafood mooaho.
palate ngao, piki-arero, tako.
pale hina, hoata, hohoata, horetea, horotea, keha, koomaa, koorae, kootea, korio, maa, mootea, taitea, teatea, tiihaere, tuatea, tuurehu.
paling of a fence kaawaawaa, tiiwata, tiiwatawata, wana.
palisade takitaki, tiiwata, tiiwatawata.
palisade, innermost row of kiritangata.
palisade, long straight side of tiiaaroa.
palisade of a fort aparua, huahua, piiwatawata.
palisade of a fort, outer reu, taataakaitaua.
palisade of a fort, second hukahuka.
palisade of a fort, straight part of kaongaro.
palisade of a fort, third or inner awhikiri.
palm, a munga.
palm, New Zealand niikau.
palm leaves niikau.
palm of the hand kapunga, papanui.
Palmerston North Paamutana (**Eng.**).

palpitate

palpitate hotohoto, huahuaki, kaiwheetuki, kakapa, kapakapa, kapakapatuu, mokohiti, mokowhiti, wheetuki.
panel space in wall of house moana.
Panopea zelandica hohehohe.
pant heahea, hotu, huatare, kahekahe, kiha, kihakiha, kuhakuha, mapu, ngai, ngaingai, taretare, whakahotuhotu.
pant for breath whakaaeaeaa.
panting aeaea, naenae te manawa.
pants tarau (**Eng.**).
paper pepa (**Eng.**), pukapuka.
paper mulberry aute.
paper nautilus muheke.
Paphia intermedia haakari.
Paphies (see *Amphidesma*).
Paphirus largillierti harihari.
papillae on the skin hiinawanawa, tara.
Pappus **of seed of raupoo** hune, taahuna, taahune, taahunga.
paradise duck puutangitangi.
parakeet kaakaariki, kaakaawaiariki, kaakaawairiki, kaakawariki, kawariki, kawatere, pooreterete, poowhaitere, porete, tooreterete, torete.
parallel lines in detail of carving patapata.
Paranephrops planifrons karawai, keekeewai, keewai, koeke, kooura, maehe.
Parapercis colias kopukopu, paakirikiri, paatutuki, raawaru.
parapet paatatara.
parasite kaitahaumu, parakuukaa, pirinoa.
parasite on body, some werau.
parasite which grows on the hiinau piriware.
Paratrophis banksii ewekuri, pukariao, toowai, tuurepo.
parbuckle of plaited supplejack kekete, kete.
parcel mookihi, mookii.
parcel, compact pona.
parch torotoro, tunu.
parched kauwharangi, tuupaakaakaa.
pare panihi, tiihore, tiitipi, tipi, waru.
pare down ruuna.
parent haakoro, heinga, matua, tia.
parent, foster matua whaangai.
parish paariha (**Eng.**).
parrot kaakaa, koorii, kooriwhai, maimoa, perehere.

pass

parrot, decoy whakahope.
parrot, ground kaakaapoo, kaakaatarapoo, taatarapoo, tarapoo, tarepoo.
parrot, male of kaakaa taataaapopo.
parrot, mountain kea, keha, keorangi.
parrot, variety of kaakaa huripaa.
parrot of dark plumage karoro uri.
parrot of light plumage he kaakaa reko, karoro tea.
parrot snare, curved kind of hao.
parrot snare with very short projection mutu porepore.
parrot when so fat it cannot fly keekeetoi.
parry kakaro, karo, turou, tuurourou, whakangungu, whakaputa.
parry, horizontal taiaha huapae.
parry or guard with taiaha orua marangai.
parry spear thrusts okooko.
parsimonious kukumomo, manawa paa, manawa popore, moaananga.
parson bird tute, tuuii.
Parsonsia capsularis akakaikiore, akakiore, kaikuu, kaiwhiria, tootoroene, tootorowene.
Parsonsia heterophylla akakaikiore, akakiore, kaihua, poapoa tautaua, tawhiwhi, tuutae kereruu.
part koowae, koowaewae, taha, waahi, wawae.
part combatants wawao.
parted tiihaha.
participate in uru.
particle korakora, ngeni, ngota, paku, pakuriki, wenewene.
particles, in small toopata, toopatapata.
particles of food adhering to the lips parawaha.
particoloured ingoingo, kooingoingo, poorangorango.
parting instructions koha a kii, koha.
partition in a store pit paakorokoro.
partly filled papanga, tangere.
party (festive gathering) paatii (**Eng.**).
party of people hokowhitu, nuinga, rahinga, uepuu.
party of travellers whananga.
Paryphanta busbyi puupuu rangi, puupuu whakarongo taua.
Paspalum scrobiculatum tarakoi, taranui, tuhui.
pass away memeha.

pass

pass away quickly tarori.
pass by hiemi, hipa, kape, kopa, numia, pahemo, pahure, paneke, ririu, taahapa, tiipoka, whakatipi.
pass by, cause to whakapahure.
pass by the dwelling of friends koorapa.
pass close by hani.
pass forward tarahau.
pass in tomo.
pass on pahemo, puta, whakahoro.
pass on one side pahemo, puta, taha, tihori, tiitaha, tohipa.
pass out of sight whakanumi.
pass over in the distribution of food whakatiki.
pass round or behind awhe.
pass through puta, whiti.
passage riunga.
passage between rocks or shoal kawa.
passage down the centre of house awarua, kauhanga, kauwhanga, kauwhanganui.
passed by hemo, mahori, mahue.
passed into anything ngaro.
passed off or away ngaro.
passed on pahika.
passed over ngere.
passed over in apportionment, anything hapa.
Passiflora tetrandra kooke, poohue, poohuehue, poopoohue, poowhiwhi.
passing before a tohunga pikiaro.
passion for, feel kohara.
passionate remurere, tuukaha.
passions, seat of puku.
passive kuupapa.
past tense i.
pastime runaruna.
pat with the hand hokomirimiri, paki, pakipaki, papaki, poopoo, taupaki.
patch, to mekemeke, paapaki, raapaa, tapi.
patch (small area) aapure, tiwa, tiwha.
patch a garment kaanihi.
patch a net taapuni.
patch on a canoe, let in like a plug whakakiko.
patch up roughly puunotinoti.
patches, in apure, koopure, koopurepure.
patches or tufts purepure.
patches or tufts, arrange in pure.
patchy puurei, puureirei.

peace

Patelloida ngaakihi.
path, pathway ara, huanui, huarahi, whaatika, whakatika.
path, strike out a poka.
patience manawa, manawa-nui.
patience, out of hokehokeaa.
patient maanawanawa, manawa nui.
pattern ritenga, tauira.
pattern for rafters of a house atirere, iwiika, koiri, mangootipi, pare-mangoo, puhoro.
pattern in border of cloak taumutumutu, taupokipoki.
pattern in carving ahowai, hikuaua, huupee, kiore, kuku, kuriitaapapa, ngutukura, ongaonga, paakati, paakiwaha, paepae, pookai, pookaiaka, puutaatara, taawaru, taratara o kai.
pattern in reed panelling marere.
pattern in tukutuku kuupapa, maahitihiti, maihi, papaki ngaro, papaki rango, patungaro, pihapiha mangoo, poutama, takararaarautau, tapuwae paakura, waewae kooura, waewae paakura.
pattern in weaving tapuwae kootuku, tookarakara, waharua, whakakokikoki, whakapaatiki.
pattern in weaving and carving pakakee.
pattern in weaving floor mats paapapamuu.
pattern in weaving girdles papakingaro, whakakohikohi.
pattern in weaving mats roopuu, tawatawa, tuutangaponga, whakarau niikau, whakatutu.
pattern in wood carving kokoruru, koropito.
pattern of ornamental scroll carving kaahia.
pattern of tattooing for the thigh pakituri.
pattern piece woven by learner kaawhatuwhatu.
pause okioki, whakamatua.
pay addresses to maatoro.
pay for utu, whakaea.
pay no attention to whakangongo.
pay out kautuku.
pay out a line whakahoro, whakahorohoro.
payment paremata, utu.
peace rangimaarie, rongo, rongo-mau, waikanaetanga.
peace, at aaio, haupapa, hema, hemahema.
peace, established rokihau, rongomau.

peace, make hohou rongo, tahi i te tahua.
peace, making whakaaiohia.
peace brought about by a man rongo-aamarae.
peace brought about by a woman rongo-aawhare.
peace making koorero aa whare, koorero whenua.
peaceful aumaarire, houkura, huumaarie, huumaarire, maarie, ngehe, rangimaarie, ukiuki, whakaaio.
peach piititi **(Eng.)**.
peak tautara, tihi.
peak, rising to a whakakeo.
peak of a cap pare.
peak of a hill keho, keo, keokeonga.
peak of a mountain keo, tara.
peaked keokeo.
peat rei.
peck, as a bird timo, tongi.
peck at tiitongi, tiitongitongi.
peck holes in houhou.
Pecten novaezealandiae kuakua.
pedigree kaawai, whakapapa.
pedigree, to recite a taatai tupuna.
peel hiako, kiri, peha.
peel, to hihore, hohore, hore, tangai, tiihore, waru.
peel off koohuhu, piihore, tiitupu.
peel off, as bark of a tree kuuihi, whakataakookoo.
peeled mahore, mako.
peeled off mahihore, takoo.
peelings horehore, peha.
peep tirotiro, whakangeingei.
peer maataki, maatakitaki.
peevish maanehenehe, ngaanehenehe.
peg maatiti, tia, titi.
peg, a koropaa, poupou, tahatiti, tiirau.
pegs stuck in to assist in climbing ara tiatia.
Pelagodroma marina takahikare.
Pelargonium inodorum koopatapata, pukupuku.
Pellaea rotundifolia tarawera.
pellets pookarakara.
pellucid piari.
pelt epa, karaepa, karaepaepa, kuru, opa, whaakuru.
pelt continuously epaepa.

Peltorhamphus novaezeelandiae paatiki rori, pakeke, tarore.
pelvis papatoiake, papatoieke.
pen pene **(Eng.)**.
pencil pene raakau **(Eng.)**.
pendant, winged form of neck kapakapa.
pendant curved at lower end koekoeaa.
pendant for the ear hei taringa, koko.
pendant of greenstone pau, taupiko, tautau, whakarupe.
pendulous haawere, hauwere, tautau.
penetrate ngoto.
penetrating tiiwharawhara.
penguin, blue kororaa.
penguin, crested pokotiwha, tawaki, tawhaki.
penis korio, koromatua, mongamonga, tama ngarengare, tara, taukari, toperu, ure.
penis with exposed glans tehe.
pennant secured to a mast matairangi.
Pennantia corymbosa ahikoomau, hine kaikoomako, kahikoomako, kaikoomako.
penny kapa **(Eng.)**.
pension penihana **(Eng.)**.
pentecost petekoha **(Eng.)**.
people hanga, hunga, iwi, nuinga, pori, taangata.
people slain in battle parekura.
pepper pepa **(Eng.)**.
per cent paiheneti **(Eng.)**.
perceive kite, mau.
perch pae, paekawau.
perch, red oia.
perch (fish) muritea.
perch carrying a snare for birds mutu, muu.
perch for birds rongohua, tuuhunga.
perch for snaring kaakaa aa, huanui, kiira, peke kaakaa.
Percoptus punctatus mumutawa.
perfect hauora, paaruhiruhi, pai rawa atu, paruhi, rite tonu.
perforate whao.
perforated ngangengange, waawata.
perforation puta.
perform mahi, whaarite, whakarite.
perform an incantation karakia, whai, whakaea.
perform antics pooteetee, pooteeteke, pooteketeke.

performed ea, rite.
perfume from *Aciphylla squarrosa* hinu taramea, taramea.
perhaps pea.
perineum huinga, tahito, tawhito.
period takiwaa.
period of time tau.
perish mate, tiipoko.
periwinkle ngaeti.
permanency turuturu.
permanent aauki, karioi, niwaniwa, piiwai, puumau, puuwhenua, rawetutuku, tiiwai, toituu, tuumau, tuumou, tuuturu, whakaioio.
permanent abode kaainga, tuuturu, taiwhenua.
permanent or firm, make turuturu.
perpendicular poupou.
perpendicular, out of tiiraha.
perpendicular face tuuparipari.
perplex whakaheehee.
perplexed harapuka, hee, kuuraruraru, pooheehee, pookahu, pookeka, pooraaraa, poorahu, poorahurahu, pooritarita, raruru, raru, raruraru, raumahara, raupeka, tuarangaranga, tuuranga, tuurangaranga.
perplexing manganga.
perplexity raparapa, raupeka.
perseverance hiringa.
persevere kawe, tohe, whaiwhairoroa.
persevering paauaua, puunoke, urupuu.
persist hohota, hou, kawe, ngana, takakawe, tautohe, tohe, towhe, whakakeke.
persistency kaha, tia.
persistent aumangea, aumangeo, aumou, maanawanawa, ngana, niwaniwa, pakepake, pikoni, puunoke, puutohe, taikaha, tuu.
persistent person tohe-rapa.
person kiko, kikokiko, kiri, koohii, kooiwi, korokee, moko, ropi, taahae, taahake, tangata, tawhiti, tinana, tuakiri, tuatangata, whaiaro, whaiaroaro.
person free from spiritual blemish ahurangi.
person of European descent paakehaa.
person of good breeding pakiwaru, rangatira.
person of importance paewai.
person of low degree tuutuuaa.
person of no account kurumetometo.
person of uninviting appearance tukuperu.
person slain in battle ngohi.

person slain to impart prestige toro ngaarehu.
person subjected to violence paarurenga.
person unable to swim nguu, paarera maunu.
person who cannot hold his tongue komarero.
person who lives by the sea karoro inu tai.
person with parents unequal in rank kiinakinaki.
personal article a.
personality tuakiri.
persons working as volunteers kai tuuao.
Persoonia toru mihimihi, toro.
perspiration kakawa, tokakawa, tokokawa, tootaa, werawera.
perspire kakawa, pukaa.
persuade whakakiikii, whakapakepake.
pertinacious tohetohe, uaua.
perturbed aarangi, taahurihuri, tuuramarama.
perverse aweke, houkeke, korokee, whakatete.
pervert, to whakahawe, whakapeka, whakapekapeka, whakariro, whakariroi, whakatapeha.
perverted koorori, koororiroi.
pestle kuru, ngahiri, patoo, pootuki, tuki.
pet ipo, maimoa, whakaipo.
pet bird or animal mookai.
petiole, sheathing whaawhaa.
petrel, a pekehaa, pepekehaa, tiitii.
petrel, a dark colored paangurunguru.
petrel, black karetai, kuia, ruru taaiko, taaiko, toanui.
petrel, grey kuia.
petrel, grey-faced ooi.
petrel, white-faced storm takahikare.
Petroica macrocephala macrocephala ngirungiru, piropiro.
Petroica toitoi hoomiromiro, kikitori, koomiromiro, maaui potiki, mimiro, miromiro, mirumiru, ngirungiru, piimiromiro, piimirumiru, piingirungiru, piirangirangi, pipitore, pipitori, tane te waiora, toitoi.
Petroica toitoi, **female of** tarapoo.
petrol penehiini (**Eng.**).
petticoat or apron, short hiitau.
Phaethon rubricauda roseotincta amokura.
Phalacrocorax brevirostris kawau teoteo, teoteo.
Phalacrocorax carbo kawau puu, kawau tuawhenua, maapua, paapua.

Phalacrocorax

Phalacrocorax melanoleucos kawau paka, kawau teoteo, kawau tiieke, pohotea, teoteo.
***Phalacrocorax* sp.** maapo, maapunga.
Phalacrocorax sulcirostris kawau tuuii.
Phalacrocorax varius kaaruhiruhi, kooau.
Phalacrocorax varius varius aroarotea.
phantom mariko.
Phebalium nudum maaireire, maire hau.
Philesturnus carunculatus puurourou, tiaki, tiieke, tiieke rere, tiiraueke, tiirauweke, tiiraweke.
phlegm mare, maremare.
phlyctena paaua.
Phoebetria palpebrata kooputu, toroa a ruru, toroa haunui, toroa pango, toroa ruru.
***Phormium*, striped variety of** aorangi.
***Phormium*, variety of** ate mangoo, ate raukawa, atewheke.
Phormium cookianum koorari tuauru, wharaeki, wharariki.
Phormium tenax haraeke, harakeke, tiikaa, titoonewai.
***Phormium tenax*, best varieties of** tiihore.
***Phormium tenax*, variegated** awanga.
phosphorescence in the sea porotiitiiwai, puuraatoke.
phosphorescent substance, any hiinaatoke, hiinaatore.
phosphorescent substance, some tuutaewhetuu.
Phyllocladus glaucus toatoa.
Phyllocladus trichomanoides ahotea, niiko, taanekaha, taawaiwai, toatoa.
Phymatodes diversifolium koowaowao, maratata, paaraharaha, raumanga.
***Phymatodes scandens*, a fern** moki, mokimoki.
***Physalia* sp.** ihumoana, katiaho.
Physeter macrocephalus paraaoa.
Physiculus bacchus hoka.
piano piana (**Eng.**).
pick holes in anything tiikaro.
pick out hiikaro, kape, karokaro, koohari, koohiti, koowae, koowaewae, tiikaro, tiipako.
pick out of a hole karo.
pick out of the shell koowhiti.
pick out singly tiipao.
pick up kopana.

Pimelea

pick up singly tiipakopako.
pick-a-back piikau.
pickets of a fence tiiwata, tiiwatawata, waawaa.
picnic pikiniki (**Eng.**).
picture pikitia (**Eng.**).
piebald poorangorango.
piece maramara, piihi (**Eng.**), porohanga, waahi.
piece, small mootete.
piece, very small moorohe.
piece broken off kuru.
piece cut off short poro.
piece joined to spear to lengthen it katete.
piece of flesh motuu.
piecemeal, do harangotengote.
pieces, broken in nakunaku.
pieces, in manunu.
pieces, take to whakahoro.
pied oopure.
pierce hoka, makatiti, paoka, poka, tiiokaoka, tioka, tui, wero.
pierce through moohukihuki.
pierce with a number of holes pokapoka.
pierced ngangengange.
piercing koohukihuki, kootaratara.
piercing, of cold tio.
pig kuhukuhu, kuutoro, patopato, poaka (**Eng.**).
pigeon karoro tangi harau, kereruu, kuukupa, kuukuu, parea.
pigeon, large rupe.
pigeon, quarrelsome cock tute.
pigeon, small tarariki.
pigfish, banded kotakota.
pigment for tattooing wai ngaarahu.
pike tumu.
pilchard mohimohi.
pile apo, whakapipi.
pile one upon another whakapipi.
pile up tarahono, toohii, toohiihii.
piled up whakatuutuu.
piles of food set out for guests kai whakatuutuu.
pilferer muritai.
pillage huhunu, hunuhunu.
pillow urunga.
pilot paerata (**Eng.**).
Pimelea arenaria autetaranga, autetauranga, toroheke.

Pimelea

Pimelea longifolia kookoomuka taaranga, koromiko taaranga, taaranga.
Pimelea prostrata pinaatoro, wharengaarara.
pimple huahua, mariao, mokamoka, para.
pimple on eyelid kiritoi.
pimples, affected with para.
pimples or spots, covered with papata.
pin pine (**Eng.**).
pin, a cloak- au, autui.
pin used to fasten hair in puutiki reke.
pincers kuku.
pinch kakanitanga, kikini, kini, kukuti, kuti, nanapi, nanati, nati, nonoti, noti, pakini, taukini.
pinch off kikini, kini, kinikini, pookinikini.
pinch one another taukinikini.
pinch or scratch to attract attention whakakikini, whakakini.
pinch the hand koorapu.
pinched nanati, natinati.
pinched with cold kunaawhea, roru, tio.
pine, white, a tree kahika, kahikatea.
pine away hiaangongo.
pine for konau, ngongo.
pine tree paaina (**Eng.**).
pining tuureikura.
pip kaakano.
pipe paipa (**Eng.**), puu.
pipeclay paru-maa.
pipit hiioi, kaataitai, whaaioio.
pistol piitara (**Eng.**), puu hurihuri.
pit koorua, kooruarua, koropiha, maarua, paarua, poka, pokere, pokopokorua, pokorua, poopokorua, rua, waro.
pit for catching rats maioro, torea.
pit for root crops lined with tirawa rua tirawa.
pit for storing kuumara haapoki, haapoko, korotangi, paatengi, paatengitengi, rua kuumara.
pit for storing potatoes hopekiwi, rua taewa.
pit for storing potatoes or taro koopiha.
pit for taking rats koopiha kiore.
pit for trap pokere.
pit of the stomach mutu o te ate.
pitch, as a vessel tupatupou, tuukarikari, tuupoupou.
pitch of a roof hoa, hoahoa.
pitched battle whaarona awatea.

place

pitfall for rats pokeretii.
pith iho, uho.
pitted kooputaputa, pihangarua, puhangarua, putaputa.
Pittosporum cornifolium karo, taawhiri karo, wharewhareatua.
Pittosporum crassifolium kaikaro, karo, kiihihi.
Pittosporum eugenioides kiihihi, tarata.
Pittosporum tenuifolium kaikaro, kohukohu, koihu, koohuuhuu, koowhiwhi, poohiri, poowhiri, rautaawhiri, taawhiri, tawhiwhi.
Pittosporum umbellatum haekaro.
pity aroha.
place, put in maka, panga, pou, waiho, whakanoho, whiu.
place (locality) taiwhanga, waahi.
place aloft pooike.
place an ambuscade whakatakoto.
place apart tiriwaa.
place before a person taapae.
place behind one pakitua.
place cleared for cultivation paranga, waerenga.
place close together paruru, roopine.
place destroyed by fire haawera.
place ends together as sticks in fire huungutu, huungutungutu.
place food in a basket in earth oven tupuku.
place for watching tuutainga.
place in a heap haipuu.
place in an elevated position whakataairi.
place in layers taapatupatu, whakapapa.
place of arrival uuanga, uunga, uuranga.
place of assignation taupunipuni.
place of departed spirits haumua, poo.
place of gathering rauhiitanga.
place on one side puuhunga.
place one by one tiri.
place one on another tiri.
place oneself upon another object eke.
place out of reach whakaawe.
place side by side aapiti.
place the hand upon a woman hiirau.
place together rauhi.
place upon whakaeke.
place where ceremonies performed parapara, uruahu, wai whakaika.

place

place with ends touching or converging uungutu, uungutungutu.
placenta ewe, matua, wahiawa, whenua.
placid maahuruhuru, tuu.
Placostylus hongii puupuu harakeke.
Plagianthus betulinus maanatu, whauwhi.
Plagianthus divaricatus maakaka, runa.
plain (bare) more, ngorengore, tookau, tootookau.
plain (easy to understand) maarama, mahuki.
plain country maania, reoreo.
plain face, not tattooed mookau.
plaintive tiikapa.
plait raranga, whiri, whiriwhiri.
plait of eight or more strands, round whakaiwituna.
plait of four strands tari kaakaariki.
plait of four strands, round whiri puku.
plait of nine strands, flat whiri pekapeka.
plait of ten strands, square whiri taurakeke.
plait of three or more strands rauru.
plait of three strands taatoru.
plaited, coarsely koowarawara.
plaited band for lining earth oven kororipa.
plaited cord, round kopu.
plaited cord over ridge pole taumaarere.
plaited rope, round tuawaru.
plaiting, method of kawarangi, tari, toopiki.
plan hoa, hoahoa, kaupapa, mahere, taatai, tikanga, whakaaro, whakatakoto.
plan of a house hoa, hoahoa.
Planchonella novozelandica orewa, pou, tawaapou.
plant, a haanea, haangoangoa, hauora, hiioi, hika, horahora, horokaka, horokawa, hue o Raukatauri, huruhuru o Hine nui te po, hutiwai, inanga pooriro, kaahia, kaakawariki, kaarearea, kaaretireti, kaareturetu, kaho, kaiaa, kaiaarurerure, kaikaiaa, kaikaiaarure, kaipakoko, kakaha, kama, kamu, kapata, karamea, kaupaarerarera, kautara, kawariki, kiekie, kiokio tara maaroo, kiokio tupari, kohepiro, koheriki, kohukohu, kohuorangi, kookaha, kookihi, kookoomuka, kookoomuka taaranga, koopatapata, koopuapua, koopukapuka, koopukupuku, koopura,

plant

koopuungaawhaa, koopuupuungaawha, kooreirei, koowhangatara, koowhitiwhiti, kopakopa, kopoti, korikori, korokio, koru, kotami, kurikuri, maaika, maaikaika, maakaakaka, maakuku, maamaaika, maanihi, maanga a huripapa, maapere, maaruu, maaruuruu, maataa, maataataa, maatoetoe, maawe, maawhai, manuea, maru, matamatahuia, matangoa, mauku, mauri, miikoikoi, moki, mokimoki, mokoroa, nahui, nakinaki, namunamu, nao, napuka, nau, ngaki, ngarangara, nohi, oho, ongaonga, oru, paanakenake, paapapa koura, paarerarera, paatootara, panahi, panake, panapana, papa taaniwhaniwha, papahueke, papaii, papakoura, parani, parataaniwhaniwha, parataniwha, peeia, peepepe, pekapeka, pekepeke, piahaere, piinaki, pinaatoro, pinakitere, piopio, piripiri, poipapa, poniu, pooaananga, poohata, poohue, poohuhe, pooporo, pootango, poowhata, porerarua, poroporo tanguru, pororua, pouaka, pouhawaiki, puakaito, puatea, puhikawa, pukatea, puketangata, puketea, pukupuku, punaioro, punawaru, puuhaaureroa, puuharetaaiko, puunui, puutaanguru, puutoa, puuwaawaa, puuwhaaureroa, puuwhara, puuwharawhara, puuwharetaaiko, ranuawatea, raoriki, rarotawake, rauhuia, raukawa, raukuumara, raumangu, raumoa, raupeka, raupeti, raupootaranga, rautahi, rekoreko, remuremu, remuroa, rengarenga, ruerueke, runa, runaruna, taakahakaha, taaranga, tainoka, taiore, takapo, tamingi, tanu, taraheke, tarakupenga, taro, tiihauora, tiikumu, toetoe, toetoe hunangomoho, toetoe kiwi, toetoe maataa, toetoe ngaungau, toetoe rautahi, toetoe tara ngaarara, toetoe tuhara, toetoe upoko tangata, toetoe whatumanu, tohetaka, tohetake, tohetea, tootaarimu, tootara, tootara paarae, tootara papa, tootara taahuna, toroheke, tou, tupere, tuperu, turawera, tuurutu, tuutae kaahu, tuutae kiore, tutu heuheu, tutu papa, tuuhara, tuukaauki, tuukoorehu, tuupurupuru, tuurutu, tuutae kaakaa, tuutae koau, tuutunaawai, tuutuumako, waekaahu, waewae koukou,

plant

wahu, waiuu atua, waiuu o Kahukura, waoriki, whakatoo, whara, wharawhara, whareatua, wharengaarara, whiu.
plant, a coarse grass-like upokotangata.
plant, a floating water retoreto, returetu.
plant, a grass-like repehinapapa.
plant, a herbaceous naaereere.
plant, a liliaceous maaikaika.
plant, a marine karepoo.
plant, a parasitic maawhai, pirirangi, taapiripiri, wharengaarara.
plant, a prickly kueo.
plant, a rush-like oioi.
plant, a sand dune piingao.
plant, a seaside maatie.
plant, a semi-parasitic pikirangi, pirinoa, pirita, taapia.
plant, a small kauere, maahitihiti, roniu, toatoa.
plant, a swamp kaakawariki, kawariki, kukuraho, ngaawha, puukio, riiriiwaka.
plant, a variety of tobacco arero kurii.
plant, a water kaarerarera, maakaka, mahimahi, paakekakeka, runa, waawaa.
plant, an aquatic puukekakeka, reereewai.
plant, an edible koka, koroiwairarapa, kuutere, pukuweka.
plant, an epiphytic kahakaha, kohuhurangi, kohukohurangi, kohurangi, kokohurangi, komingiroa, koowharawhara, ngutu kaakaa, pukawhare.
plant, an orchidaceous tutukiwi.
plant at wide intervals tiriwaa.
plant found in stagnant pools, a kekakeka.
plant growing in fresh water, a moss-like keeketuwai.
plant growing on roots, a parasitic pua reinga.
plant in hillocks takapuke.
plant in holes pokapoka.
plant in spaces tiriwaa.
plant kuumara ahurei, rumaki.
plant kuumara, etc. piirori, whakatopatopa.
plant kuumara in place of those failed kotiri.
plant or dig with a hangohango hangohango.
plant or dig with a koo koo, kookoo.
plant out kuumara whakateretere.
plant potatoes, etc. koiri.
plant root crops ono, tiri, wero.

pleasant

plant used as a dye kororii.
plant used as a scent manehu, manehurangi, mimikiore, paatootara, pokuru, raukawa.
plant used as scent for oil koowhai, papaurangi.
plant which flowers in fifth month, a houtahutahu.
plant which grows near the seashore, a pingao.
Plantago raoulii tuukoorehu.
Plantago sp. paarerarera.
Plantago spathulata kaupaarerarera.
plantain kaupaarerarera.
plantain, species of pakopako.
planting kuumara, method of paauru.
planting time kooanga.
Platalea regia kootukungutupapa.
plate pereti (**Eng.**).
platform atamira, kaupapa, raho, rahoraho, tuuaapapa.
platform, elevated puuhara, puuwhara, rangi.
platform attached to stockade pourewa, poutarewa.
platform elevated on posts whaarangi, whataarangi.
platform erected on one post pouraka, poutaka.
platform for storing food raumanga.
platform formed of branches of trees taapuhipuhi.
platform in a paa pourangi.
platform in the stern of a canoe tuungauru.
platform used as reclining place tapurangi.
Platyzosteria novaeseelandiae keekerenguu, keekereuu, paapapa.
play kapa, kookirikiri, purei (**Eng.**), rehia, taakaro.
play on castanets tauparoro.
play the flute rehu.
play tricks on aweke.
play with one another tauparapara.
playful pukutaakaro.
pleasant aahuareka, aataahua, haaneanea, koowatawata, maene, makuku, manini, matareka, paarekareka, pai, purotu, rehia, reka, rekareka.
pleasant, of taste kakato, makue, taawara, taawhara.

pleasant

pleasant to the sight rerehua.
please, to whakaahuareka.
please (expression of politeness) koa.
pleased aahua reka, kurekure, manaruu, manawa reka, paarekareka, rehia, waingoohia.
pleasing aahumehume.
pleasing appearance matomato.
pleasure hari, koa, rehia.
plebeian hauhauaa, huunguengue, kaararoraro, mahimahi, tautauhea, tautauwhea, whetowheto.
pledge kii taurangi, takoha.
Pleiades Aokai, Matariki.
plentiful haawere, maha, maruru, ngakoro, nui, pooike, rahi, tini.
plenty maha, nui, puurua, tahu, tie, tini.
pliable koongohe, koopee, koopeepee, ngohe, ngohengohe.
pliant piiwari, taangehe.
plot kaikaiwaiuu, kakai, koopure, whakangaarahu.
plot, raised, or bed in a garden moa.
plot in a kuumara field, sacred matakaa.
plot of cultivated ground ngakinga.
plot to murder koorero kaioraora.
plough parau (Eng.).
plover, sand kohutapu.
plover, wry-bill ngutu pare.
pluck kakato, kato, koopepe, taakiri.
pluck at repeatedly taakirikiri.
pluck feathers or hair huhuti, huti.
pluck leaf by leaf katokato.
pluck off koowhaki, whakiwhaki, whawhaki.
pluck off leaves muru.
pluck or tear off a twig koorari.
pluck up auru.
plucked to pieces makune.
plug mono, monomono, puru.
plug of canoe kaaremu, kooremu.
plug up puru.
plume hau, rau, raukura.
plume for the head piki.
plume of moa feathers te rau o piopio.
plume of white heron feathers whaitiri.
plumed rods in canoe bow ihiihi.
plumes, upright piki tuurangi.
plumes of the albatross maakaka.

pointed

plumes on kite puuhihi.
plumes ornamenting bow of a war canoe hihi.
plump kukune, kune, maaretireti, makune.
plunder hone, huhunu, hunuhunu, kohi, kohikohi, koohunu, marure, muru, muurei, paahua, paahuahua, paahue, paarure, paru, romi, roromi, takahi, tuukuku, whakarekereke.
plunge urupou.
plunge in pou.
Pluvialis obscurus kuukuruatu, pukunui, rako, taakahikahi, taakaikaha, turiwhati, turiwhatu, turuatu, turuturuwhatu, turuwhatu, tuuturiwhati, tuuturiwhatu, tuuturuatu, tuuturuwhatu.
Pneumatophorus australasicies tawatawa, tewetewe.
Poa caespitosa wii.
Poa tridioides hinarepe, pouaka.
pocket paakete (Eng.), puukoro.
Podiceps cristatus kaaha, kaamana, manapou.
Podiceps cristatus australis paateketeke.
Podiceps rufopectus taihoropii, taratimoho, tokitoki, tokitokipia, tokitokipio, tongitongipia, tootokipia, tootokipio, totoipio, weiweia, weweia, whirowhiro.
Podocarpus excelsum kaaii, kahika, kahikatea, katea, koroii.
Podocarpus ferrugineus miro, toromiro.
Podocarpus spicatus kaaii, maaii, mataii.
Podocarpus totara amoka, kootukutuku, tootara.
point akitu, hiku, koinga, mata, matamata, ngahu, taamore, tara, tihi, timu, toi, tongi.
point, bring to a hume.
point at tohu, tuhi.
point of, on the hono, whana, whano.
point of a fish hook matapatete.
point of a weapon arenga, uru.
point of land koutu, raenga.
point of the nose kureitanga.
point out arataki, tohu, tohutohu, tuhi, tuutohi, tuutohu, whakaatu, whakahahaki, whakatuutuu.
point upwards matira.
pointed keokeo, popo.
pointed, hundred matarau.

pointed

pointed question maakoi.
pointed stick paoka, puurau, puurou.
pointed summit or peak keo.
pointing upwards, as a spear takurangi.
points, covered with sharp puuraurau.
points, having many matarau.
poison paihana (**Eng.**).
poisonous properties of tutu fruit huarua.
poke out tongue wheetero.
poke out with a rod ore.
poker used for stirring a fire horehore.
pole koteo, pou, toko, tokotoko, turu.
pole attachment for bird snare hiwi.
pole for driving kehe fish kookoo.
pole for propelling a canoe panoho.
pole held when crossing a river tuuhana, tuuwhana.
pole of a ladder kauamo.
pole on gable of a rua kuumara kootare, kootaretare.
pole on which a weight is carried tauteka.
pole placed in front of heketua meremere.
pole set up for hauhau ceremonies niu.
pole to reach anything tiirou.
pole to support anything turupou.
pole used for ritual purposes pouwhakakikiwa, pouwhakakiwa, pouwhakatipua.
poles erected on tuuaahu urutoko.
poles fastened together, two or more tokorangi.
poles to hold scour mat of fish weir kaarapi.
poles used in pure for kuumara tokomauri.
policeman pirihimana (**Eng.**).
polish, to whakamahine, whakapiirata.
polished paparewarewa.
poll reke.
poll or back of an axe koreke.
pollen of flowers hae, hahae.
pollen of raupoo koonehu raupoo, pungapunga, renga.
pollute through cooked food taamaoa, taamaoka.
Pollux Whakaahu.
Polygonum aviculare maakaakaka.
Polygonum serrulatum tuutunaawai.
Polynesian tangata maaori.
Polyporus **sp.** popoia hakeke.
Polyprion americanus moeone, ngutoro.

porridge

Polyprion oxygeneios haapuku, hakuraa, kapua, kauaeroa, kopukopu, whaapuku.
Polystichum richardi pikopiko, tutoke.
Polystichum vestitum puuniu.
Polytrichum **sp.** tetere whete, tootara.
Pomaderris apetala nonokia, tainui.
Pomaderris elliptica kuumarahou, paapapa.
Pomaderris phylicaefolia taihinu, tauhinu, whatitiri.
Pomum adami kenakena, tenga.
pond haaroto, haarotoroto.
ponder hurihuri, taute, whakaaroaro.
pool haapua, haaroto, haarotoroto, hoopua, ipuipu, koopiha, kooroto, koropiha, papawai, pukenga.
pool, deep hangere, koopua, ripo.
pool, forming a haapunapuna.
pool, isolated puukanohi, puukonohi.
pool at which rites were performed wai whakaika.
pool filled only at high tide aaria.
pool of water at which birds drink ngongo.
pool used as a mirror wai whakaata.
pools, lie in haaroto, haarotoroto, hoopua.
pools, still puuroto, puurotoroto.
pools temporarily filled with water koopuapua.
poor pakukore, poohara, rawa-kore.
poor condition paparewa, piiwekewete.
poor in growth, of plants tiitoohea.
poor quality puutaitai.
pop paahuuhuu, pakoo.
popcorn kaanga paahuuhuu, patu-wiiti (**Eng.**).
popgun pakoro.
porch haurangi, hoopua, kooihi, mahau, opua, pikitara, rueke, tupehau, whakamahau.
pork miiti poaka (**Eng.**).
porous koropungapunga, pooareare, pukaa.
Porphyra columbina kareko, karengo, parengo, reporepo, tupata.
Porphyrio melanotus paakura, puukeko, rauhara, tangata tawhito.
porpoise aho, ahoaho, hopuhopu, paapahu (**Eng.**), pehipehi, tutumairekurai, tuupoupou, upokohue, waiaua.
porpoise, large, or whale, species of kaakahi.
porridge paareti (**Eng.**).

portion

portion inati, maramara, paranga, taha, tiri, tuutanga, waahi.
portion, small pota, wenewene.
portion doubled over whatiianga.
portion marked off by dividing line waenga.
Portuguese man of war ihumoana, katiaho.
Porzana pusilla koitareke, kookooreke, kooriki, koreke.
Porzana pusilla affinus kareke, kotoreke.
Porzana tabuensis pueto, puuetoeto, puuwetoweto, puweto.
Porzana tabuensis plumbea kueto, kuuweto, puutoto.
position kanoi, takotoranga, tuuranga.
position, in takoto, tete.
possess whai, whiwhi ki.
possess, as a spirit uru.
possessions taonga, taputapu.
possible aahei, roko, tau.
post koteo, pou, poupou, tumutumu, turu.
post in a building tuturu.
post in palisading of a paa take.
post in the palisade of a paa, main pou whakarae, tumu whakarae, tumu.
post of a fence turi.
post of lamprey weir, outermost kaiau.
post office poutaapeta (**Eng.**).
post on gable end of a rua kuumara kotauranga.
post supporting centre of ridge pole pooroto, pouroto.
post supporting end of ridge pole poutaahuhu, poutaahuu.
post supporting ridge pole taratuu.
post with recess for valuables pouaka, pouwaka, powaka.
posteriors kumu, miki, remu, taareperepe, tou.
posts between the poupou and poutaahuu epa.
posts carved in human forms himu.
posts in stockade poumatua.
posts of a whata amohanga.
posts supporting beam of heketua kooua.
posts supporting maihi of a whare ama, amo.
pot hoopane (**Eng.**), koihua, koohua, tiihake.
pot-bellied pukutihe, pukuwheti.
pot for catching crayfish tukutuku.
Potamogeton cheesemanii maanihi, reereewai.

pour

Potamogeton suboblangus maanihi, reereewai.
potato hiiwai, kaapana, parareka, popoia, riiwai, ropi, taewa, taewha, taiawa, taiwa, taiwha.
potato, a winter uwhi-poo.
potato, dark fleshed variety of piakaroa.
potato, large makanga.
potato, large variety of parawheewhee.
potato, new huahou, kookari, kukari, tamahou.
potato, red-skinned variety of karamu.
potato, self sown puukoki, puunaunau, taaroa.
potato, sweet kuumara, kuumera.
potato, variety of akaraupoo, araro, hingongi, huakaroro, huamangoo, huarewarewa, kaaparapara, kaapetopeto, kapa, karuparera, katoto, kimokimo, kooparapara, kootuku tawhiti, kootuku tea, maaori, mahetau, maitaha, manerau, nganga tawhiti, ngangarangi, nipa, panikau, parakonekone, parakookako, parakootukutuku, parewahine, pata, pau, peru kookako, piho, poranga, puahinahina, pungapunga, puutawa, raparaparuru, raparuru, rape, raramu, raukaraka, repe, rokeroke, rokoroko, taahore, taapapa, taeaka, uhi po, ure nika, waeruru, waiararo, waikato, whaanako.
potato tubers, small hukahuka.
potato with dark flesh, variety of paapaka.
potato with purple flesh, variety of kootiipoo.
potatoes, small ngihongiho.
potatoes spoiled by sun kamoraa.
potatoes steeped in water katero, kootero.
potatoes turned green mokotii.
Potentilla anserina koohai, koowhai, koowhai kura.
pound aaki, kuru, pao, paoi, pehu taarau, tuki.
pound fern root patu.
pound fern root into a cake koohere.
pound n. paauna (**Eng.**).
pounded rengarenga.
pounded with pestle taraua.
pounder ngahiri, tuki.
pounder for fern root morenga, paoi.
pour forth ruke, taarutu.
pour out pou, ringi, ringiringi, riringi, rurutu, rutu, taahoro.
pour out drop by drop whakamaaturu, whakamaaturuturu.

pout

pout hoo, taaperu, tupere, tuperu, weru, whakamito.
poverty muuhore, rawa-kore.
poverty-stricken pakukore, tuakoka.
powder paura (**Eng.**).
powder, fine nehu.
powder, reduce to whakanehu.
powder (blasting) paura waawahi (**Eng.**).
power awe, ihi, mana, maru, ngari.
power, bring under one's whakanoa.
power, within one's aahei.
powerless hangenge, kaha-kore, kuruki, miiere, ngoi-kore, rooraa.
practice hanga, mahi, ritenga.
practise parakitihi (**Eng.**).
practise use of weapons whakatuu raakau, whakawai, whakawaiwai.
practised waia, wainga.
praise moemiti, whakamihi, whakamoemiti, whakapai.
prank with maaminga.
prate kotete.
Pratia angulata paanakenake.
pray inoi, karakia.
prayer inoi.
praying mantis roo.
preach kauhau, kauwhau.
precious kahurangi, kura, maapuna, marihi, matahiapo, puiaki, puipuiaki, tongarerewa, tongarewa.
precipice pari, paripari, tuupari.
precipitate whakauruhi.
precipitately kino.
precipitous huukere, taaheke, tuuparipari.
precise (exact) puu.
prefect piriwheke (**Eng.**).
prefix used with numerals hoko.
pregnancy, advancing kukunetanga.
pregnant aahua, hapuu, too.
pregnant, become whakaira, whakaira tangata.
prematurely born child he tamaiti kokoti tau.
premier pirimia (**Eng.**).
preoccupation rararu, raru, raruraru.
preoccupied maaharahara.
prepare raweke, taka, takatuu, whakariterite, whakataka, whakatau, whakareri (**Eng.**).
prepare an earth oven whakautu.
prepare fish by removing bones koohaha.

press

prepare food paataa, pihe.
prepare food for cooking taute.
prepared rite.
prepared by cooking titowera.
preposterous haraki.
presence of, in the i te aroaro o.
present, be takoto.
present, to hoatu, taapae, tuku, whakawhiwhi.
present (gift) koha, whakaaro.
present brought in large quantities whakahiku.
present made by guests to host paremata, puapua.
present made to bereaved persons roimata.
present made to father of bride kaireperepe, paakuuhaa, paakuuwhaa.
present made to relatives of bride kaipaakuuhaa, taapaakuuwhaa.
present made to relatives of deceased koopaki, taonga koopaki.
present of food, return kai whakapaepae.
present of food taken on a visit koopare, kooparepare.
present on the occasion of a marriage kaihaapainga.
present time aaianei.
present time, of the onaaianei.
present time, to the kinaaianei, mohoa.
presently aaianei, aakuanei, karo, naawai, taakaro, taro.
preserve rokiroki, rongoa, tohu.
preserve birds in fat tutu.
preserve by drying pakipaki.
preserve game in fat kootutu, korotutu.
preserve knowledge pena, penapena.
preserve recollection whakamau mahara.
preserved ukauka.
president tumuaki.
press auraki, kaauto, kuhene, kuuene, peehi, romiromi, taakare, whakawhara.
press (printing) perehi (**Eng.**).
press along impatiently taaruke.
press back koopeke.
press down taami, taataami.
press flat taamoe.
press on hota, whakatorotoro.
press through a crowd whakaete.
press together koopee, koopeepee.

pressed whara.
pressed close together piki.
pressing koohukihuki.
pressing or turning down peehanga.
prestige mana.
presume whakahira.
presumption tiikai, whakaii.
presumptuous pokake, tahataha, whakametometo.
pretence takunetanga.
pretend maaminga, whakaata, whakaheke, whakatakune, whakataruna.
pretentious rangiwhata.
pretext takunetanga, takunga, takutakunga, whakataruna.
pretty aataahua.
prevail upon whakawhere, whakawherewhere.
prevent aarei, kati, paa, taupaa, whakahootaetae.
prevent one from passing aukati.
previous toomua.
prey paarurenga.
prey of disease ori.
price ritenga, utu.
prick kaatara, oka, timo, wero.
prickles puungitangita, puunitanita, puutangitangi.
prickly koikoi, kootaratara, korotiotio, maakinakina, matara, puutiotio, taratara, tiotio.
priest amokapua, amorangi, ariki, pirihi (**Eng.**), tohunga.
priest, supreme poupouwhenua, pouwhenua.
priest who accompanies army taaura.
priest who eats hau in certain rites kaihau.
primeval tahito, tawhito.
principal aporei, pekepoho.
principal person in a canoe iho.
print haaraunga.
print or mark of teeth maataaniho.
prion, broad billed pararaa.
prion, southern fairy tiitii wainui.
Prionace glauca mangoo au pounamu, mangoo pounamu, pounamu, taha pounamu.
Prionoplus reticularis huhu, mokoroa, taataka, tunga rere.
Prionoplus reticularis, **larva of** huhu, tunga, tunga haere, tunga raakau.

prise whiti.
prise with a lever whakatiriwhana.
prison whare herehere.
privately puku.
privy hamiti, hamuti, heketua, torohee, turuma.
prize matapopore.
prize (trophy) paraaihe (**Eng.**).
prize greatly kaingaakau.
prized kahurangi, maapuna, matahiapo.
prized possession ika.
probe ore, toromoka.
probe out whakaoreore.
proceed haere, manatu, nawaki, tukatuka, whano.
proceed in orderly manner haatepe, haatope.
proceed stealthily and secretly mootorotoro.
proceed to tae.
proceed to do hono, tiki.
proceed to next in order whai.
Procellaria cinerea kuia.
Procellaria parkinsoni karetai, kuia, ruru taiiko, taaiko, toanui.
proclaim kauhau, kauwhau, paanui, paki.
procrastinating amionga.
procreate ai.
procure haha, mahi.
Procyon Puangahori.
prodigy inati, taniwha.
produced ea, whaanaua.
product hua, kai.
proficient kaiaka, matatau.
profusion ranea, rangea.
progenitor uretuu.
progeny aitanga, hua, uri.
prognosticate waitohu.
progress kaneke.
progress, make no whakamaarari.
prohibition order poropiihane (**Eng.**).
project hau, kounu, koutu, kuumore, kuurae, maapere, puureo, puurero, rau, tiimatarere, toohira, whakawhana.
project the lips weru.
projecting areare, hamaruru.
projecting portion of the maihi raparapa.
projecting sharply upwards hoka.
projection kotokoto, ngao, taamore, tone.
projections, having flat riirapa.
prolific haawere, maapua, toonui.

prolific, of kuumara tikorua.
prolix autaki, taaweweke.
prolong aukume, whakaupa, whakaupaupa.
prolongation roanga.
prolonged auroa, ukauka.
prominence to, give miramira.
prominent ahurei, hoohoo, koure, kuurae, maataahoo, mataho, puureo, puurero, tutuu, whakarae.
prominent, be taapua.
promise kii taurangi, oati (**Eng.**).
promontory huu, koi, koutu, kuumore, maataarae, more, ngahu, ponaihu, rae, tuumuu.
prompt takaniti, tatanga, tiu, whakakiikii.
pronged stick maarau.
pronged stick, take with a maarau.
pronounce whakahua.
pronounce good whakapai.
proof tohu, whakaponotanga.
prop tauteka, uehaa.
prop up tautoko, toko, tokotoko.
propel with a pole tiitoko, toko.
proper heipuu, tika.
property hanga, hau, hautaonga, kame, ngerengere, rawa, taonga, taputapu, utauta.
prophecy kite.
prophet poropiti (**Eng.**).
prophetic song mata.
propitiate here, whaangai, whakaepa, whakamaanawa, whakamaarie, whakaporepore, whakaturi, whakawhere, whakawherewhere.
propitiate by an offering tuuaa.
propitiated mauru.
propitiatory offering whakahere.
propitious momoho.
proposal kaupapa.
propose maarohirohi, marohi, moorohirohi.
propose (a motion) mootini (**Eng.**).
propose a subject for discussion whakatuu.
propound whakatuu.
prosecute (indict) kooti.
prosecute (wage) makawe.
prospect, be in takoto.
prosperity pai, toonuitanga.
prosperous houkura, taurikura, toonui.

Prosthemadera novaeseelandiae kookoo, kouwha, tute, tuuii.
Prosthemadera novaeseelandiae, **female** kookootea.
Prosthemadera novaeseelandiae, **male** kookootaua, kookoouri, koopuurehe, taakaha.
prostrate taitakoto, tukupapa.
prostrated horotete, kupa.
prostration taangaengae.
prosy aamiki, aamiku, autaki.
protect rauhi, rii, tiaki, whakamarumaru, whakangungu.
protect by a spell kaikaro.
protect with a pad whakapuru.
protection papare, parahau, pare, whakangungu, whakawehi.
protective spell whakapuru.
protector whakamarumaru.
Protothaca crassicosta kaikaikaroro, karoro.
Prototroctes oxyrhynchus kutikuti, paneroro, pokororo, rehe, tiirango, upokororo.
protract autoo.
protrude kohuki, kooture, kounu, koure, paatero, tiko, whaatero, whaaterotero, whata, wheetere, wheeterotero, whererei.
protrude upwards whakapupuu.
protuberance kou, tiingoingoi, tiingoungou.
protuberances, having puutenetene.
protuberant wheti.
proud karatete, whakahihi, whakakake, whakatamatama.
proud flesh kikohunga.
proverb peha, pepeha, whakatauaaki, whakataukii.
provide whakarato.
provide in profusion whakararawe.
provided rato.
provident pukumahara.
provisions, dried paka, pakapaka.
provisions, light oo kaakaa, oo manapou.
provisions for a journey oo, poowhiriwhiri.
provoke eneene, hiitaritari, kootara, maareherehe, mukaakaa, paatai, paatari, paataritari, patou, piitari, piitaritari, piopio, raparapa, takitaki, taunanawe, whakahorohoro, whakakaarangirangi, whakapaataritari, whakariri, whakatenetene.

provoke

provoke a quarrel eneene riri, whakatari.
provoke an atua taaiki.
provoke wantonly makitohene.
provoked kaarangi, weriweri.
provoking kaarangirangi, mookai, paakani, paatai, rika.
prow ihu waka.
prowess pai, rawe.
proximity tatanga.
prudence ngaarahu, ngaarehu.
prudent matawhaaiti, whakaaro.
prune kokoti.
pry maataki, maatakitaki.
psalm waiata.
Pseudolabrus celidotus paakirikiri, taangaangaa, taangahangaha.
Pseudolabrus coccineus pau, puuwaiwhakarua.
Pseudolabrus pittensis taangaangaa, taangahangaha.
Pseudopanax crassifolium hohoeka, horoeka, koeka, kokoeka, ohoeka, tara a maui.
Pseudopanax edgerleyi haumakooroa, haumangooroa, houmangooroa, koare, kooareare, raukawa.
Pseudopanax lessonii houmaapara, houpara, houparapara, parapara, whauwhau.
Pseudowintera axillaris horopi, horopito, puhikawa.
Pseudowintera colorata ooramarama, ramarama.
psychic force mana.
Pteridium aquilinum maarohi, raarahu, rahurahu.
Pteridium aquilinum, **fronds of** rauaruhe.
Pteridium aquilinum var. *Esculentum* maakaka, manehu, rarauhe, taakaka.
Pteris tremula turawera.
Pterodroma cooki tiitii.
Pterodroma macroptera ooi.
Pterostylis banksii tutukiwi.
pubes (female) puke.
pubescence on fronds of bracken moonehu.
pubic hair huruhuru.
public maarakerake, marake, tuumatanui.
public, in nui.
public, make hora.
public house hooteera (**Eng.**), paaparakauta (**Eng.**).

pull

public notice paanui.
publish paanui, paki, perehi (**Eng.**), tauaki.
published iri.
published abroad hau.
puckered kooruru, koruwhewhe, kuungenge, kuuwhewhewhewhe.
puckered up kooruhe, pootete.
pudding puringi (**Eng.**).
puddle of water toohihi.
Pudenda muliebria tookini, anahara, hanahana, hanga kino, hema, hika, karihi, karo, kauraho, keho, kiko, kikokiko, kiritore, kootaratara, memea, mokakati, pokopoko, puapua, puketona, rapa, ropi, tama a kaweka, tamu, taowahie, tapa, tara, tehoteho, teke, tenoteno, tewhatewha, timutimu, toke, tona, tonatona, tore, tupere, tuperu, waha, werewere.
Pudenda muliebria, **some part of** maunene, nihinihi, paraheka.
puff a pipe puhipuhi.
puff of a breeze, first koouru matangi.
puffball tuutae atua.
puffin, large hakoko.
puffin, species of ngungu.
Puffinus gavia pakahaa.
Puffinus gavia gavia haakoakoa.
Puffinus griseus haakeekeke, hakeke, koakoa, ooi, takakau, tiitii, totorore.
Puffinus tenuirostris ooi.
pugnacious pukungangare, ririhau.
puling koroingoingo.
pull haukume, kaahakihaki, kume, kumekume, taakiri, too.
pull about rahurahu.
pull about recklessly raukeke.
pull asunder heheu, heu.
pull away or drag kume.
pull down anything by a forked stick hiirau.
pull off kohika, unu.
pull one against another taukumekume, tauwhaatoo, tauwhaatootoo, tauwheetoo.
pull one another's hair tauhutihuti.
pull out kohika, koohiti, kounu, kume, taakiri, unu, whakapuureo, whakapuurero.
pull out of the ground huhuti, huti.
pull out several things unuunu.
pull up hihi, huhuti, koko, taakiri.

pull

pull up by the roots ranga.
pull up or out koowhiti.
pulled up maranga.
pulp puru.
pulp, reduced to maahungahunga, tupenu.
pulp, work into a koorapu.
pulp containing the seeds of a gourd koopuka.
pulp of hiinau berry renga.
pulp of tawa berry pokere.
pulp of tutu berry kaikaha tutu.
pulpy koopee, koopeepee, mohunga, pupuru, taahoohoo, taaromiromi.
pulpy or soft ngehingehi.
pulverise soil taapaa, taapaapaa.
pulverised hungahunga.
pumice lands pungapunga.
pumice sand or gravel taataahoata.
pumice stone koropungapunga, pungapunga, taahoata.
pump mapumapu.
pumpkin paukena (**Eng.**).
punch n. panihi (**Eng.**).
punch with fist meke.
pungent kanekane, kikini, kini.
punish whakairo, whiu.
punished ngahi, ngawhi.
puny kaurehe, puukiki, kini.
puny, stunted child, a rauru motu.
Pupa **of taatarakihi** ngengeti.
pupil (student) taaura, tauira.
pupil in sacred lore ngore.
pupil of eye, spot on paaua.
pupil of the eye karupango, kau o te kanohi, whatu, whatupango.
pure horomata, urutapu.
pure ceremony on housing kuumara crop tuuperepere.
purify mea kia maa, whakapai.
purl hiiwawaa.
purport tikanga.
purpose korou, taatai.
purpose, for what he aha ai.
purpose, to no huakore, huhuakore, maumau.
purposeless karore, makihoi.
purse paahi (**Eng.**).
purse up kukuti, kuti.
pursue aru, rangahau, whai.

put

pursue with all one's mind koromaki, koromamaki, whakakoromaki.
pursuing, circumstance of whaainga.
pursuit umanga.
purulent taematuku.
pus ero, pirau.
push koopana, pana, torohaki, tute, ue.
push a sliding door uaki.
push aside tiikape.
push away with the hand hoe.
push back paarai.
push endwise uaki.
push forward whaatoro, whakatoro.
push or force to a distance toko.
push up a sleeve without rolling it parahuhu.
push way through bushes muhu.
push with the elbow tutetuke.
put hoatu, maka, whiu.
put articles into a receptacle toutou.
put down waiho.
put forth hoatu, whakangao.
put forth strength riaka, whakariiraa.
put forth the hands torotoro.
put from one's mind whakaparahako.
put heated stones upon food tiingohi, tinohi.
put hot stones on food in native oven piinohi, piinohinohi.
put in kokomo, komo.
put in order raupapa, whaarite, whakarite.
put into a bag whao.
put into a vacant place tiriwaa.
put into small space whakawhaaiti.
put off mahue, paauhu, tuku, unu, whakahoro.
put off, of clothes marere.
put on, as a girdle hume, taatua.
put on, as an ornament whakatau.
put on covering of walls of a house tuupuni.
put on guard whakatuupato.
put on one side nukunuku, papare, pare, whakataha, whakatataha.
put on the head pootae.
put or add together hui, huihui.
put out poko, tinei.
put out the lips tupere, tuperu.
put over head as a noose pootae.
put round whawhe.
put the hands behind the back whakapiitau.
put to tuutaki.

151

put

put to flight whawhati.
put together aapiti.
put together the sticks of a fire tuungutungutu.
putrefy maahii, whakaero.
putrefying flesh pera.
putrid ero, hunga, koohangohango, meto, piihonga, pirau, piro.

putrid and rotten kerakera.
puukeko skin scented with oil pona tarata.
puzzle kai.
puzzle made of leaf of flax heru a Maaui.
Pyronota festiva keekerewai, kerewai, kiriwai, reporepowai, tuutae ruru.
Pyura pachydermatum kaeo.

Q

quack, as a duck keakea, keekee.
quadruped kararehe, kurii.
quagmire wharu.
quail (bird) kareke, koikoiareke, koitareke, kookooreke, koreke, koutareke, koweka, ngawhere, taareke, taawaka, tungehe, tuupereruu, wheewhii.
quail, to taarure.
quake, of ground katote, ngaere, ngapu.
quake, of person tuuhauwiri, wiri.
quaking wheoi.
quantity nui.
quarrel kaakari, kaikiri, kairiri, kekeri, koowhetewhete, korokiikii, kowhete, ngangare, ngangau, paka, papa, raupatu, riri, tarahae, tatau, taukaikai, taute, tautohe, toheriri, waawau, waitete, wau, weekiki, whaainga, whakanehenehe, whakanene, whakanihoniho, whakatatau, whakatenetene, whakatete, whei, wheinga, whekiki, whewhei.
quarrel, cause to whakawhei.
quarrel, winter riri takurua.
quarrel with one another riiriri.
quarrelsome ngaweri, nihoniho, paakani, pakapaka, pukungangare, pukuriri, toheriri, tumatuma, tunuhuruhuru, whengei.
quarrelsome person ika-whakawera.
quarter koata (**Eng.**).
quarter-staff tokotoko, tumu.
quarters kaainga.
quartz kiripaka, mataa, takawai.
queen kuini (**Eng.**).
quench tinei, tinetinei.
querulous maanehenehe, ngaanehenehe.
quest kimihanga, rapunga.
question paatai, pakirehua, ui, urupounamu, whakaui.
question, a leading pawa.
question frequently or urgently paakiki.

Quibulla quoyi puupuu waharoa.
quick hihiko, hohoro, horo, hue, huhue, kaikama, kaikapo, kakama, maamaa, maangi, nahau, naho, ngaawari, pekepeke, pepeke, rangatahi, taaheke, tatara, tere, tuuhaua, tuukawikawi, wawe, wawewawe, whitawhita, whiwhita.
quick in hearing rahirahi.
quick witted atamai.
quickly wawe.
quiet haanguu, huu, kuupapa, maahaki, maarie, maarire, maho, nguengue, pahoho, punuku, rangimaarie, rata, raupapa, wahanguu, waimarie.
quiet, become maaii, whakamahuru.
quiet, keep oneself whakatoongaa.
quiet, to whakamauru, whakatakupe.
quieted mahuru, mauru.
quietly maaika, maarika, maarire.
quill feathers hookai.
quill of a feather taa, tuaka.
quilt kuira (**Eng.**)
quinsy katirehe.
Quintinia serratai kuumarahou, taawheowheo.
quipu tauponapona.
quit whakatahi.
quite aata, anoo, maarika, maarire, noa, penu, rawa, rere, tahi, tino, tonu.
quite (with words of breaking) kere.
quiver aarohirohi, arohaki, arowhaki, ihi, kakapa, kereuu, kurepe, kuureperepe, maaue, maaueue, maawewe, ngaaoraora, ore, oreore, ori, ruu, tiikorikori, wanawana.
quivering ngohe, ngohengohe.
quivering of air on hot day haka a taane rore, hiirangi, hiiwerawera, koohikohiko, maarohirohi, pareaarohi, rirerire.
quivering of the hands in dancing aroarowhaki, whaakapakapa, whakakurepe.

R

rabbit raapeti (**Eng.**).
race (contest) tauomaoma, tauwhawhai.
race (ethnic) iwi, momo, uri.
race (water) maero.
race of spirits or ghosts, a mangamangaiatua.
races (horse) purei hooiho (**Eng.**).
rack or grid for roasting maatiti.
rack with disease koohurehure.
racy tatakii.
Radiacmea ngaakihi.
radiant light aho.
radiating streaks of cloud titi taranaki.
radio reo irirangi, waerehe (**Eng.**).
radius aapiti, kapiti.
raft kahupapa, kaupapa, manaia, mookihi, mookii, puutere.
raft of raupoo puhau, puwhau.
rafter heke, nehe.
rafter, end heke matangaro.
rafter-painting design aumiro, koowhaiwhai.
rafters for roof of kuumara pit oka.
rag hautai, kanu, kanukanu, karukanu, karukaru, koowhekawheka, kowheka, ngetangeta, petapeta, ruha, ruharuha, ruwha, taaweru, tawhetawhe.
rage ngana, nguha, niwha, ruutaa, tai, whakatuupehupehu.
ragged hautai, hiiraurau, kanu, kanukanu, koohangaweka, kuha, kuhakuha, ruha, ruharuha, ruwha, taareperepe, taawekoweko, taretare.
raging nana.
raiding party marau.
rail kahokaho, rera (**Eng.**).
rail, banded katatai, moho pereruu, motarua, oho, ohomauri, patatai, pepe, popotai, puuohotata.
rail, Dieffenbachs moeriki.
rail, swamp pueto, puuetoeto, puuwetoweto, puweto.
rail of fence huahua, kaho, rooau, tangotango.
rail to which palisading is lashed haupae.
railway rerewe (**Eng.**).
rain aanau, aawhaa, marangai, puuroro, toouarangi, ua.
rain, driving puuroro.
rain, drizzling haauaua, tararere.
rain, early morning taetaeata.
rain, heavy makerewhatu, patapataiaawhaa.
rain, light showery koowhaowhao.
rain, misty driving puupuutai, puutai.
rain, persistent drizzling tarariki.
rain, sprinkling kooua, koouaua.
rain, very heavy ua taataa.
rain heavily whakareewai.
rain squall pooua.
rain that renders lower garments wet maroii.
rain without wind ua taahengihengi.
rainbow aaheahea, aaheihei, aaniwaniwa, atuapiko, kahukura, kairangi, koopere, ouenuku, paahoka, paahokahoka, puaheihei, rore, taawhana, taawhanawhana, tuaawhiorangi, uenuku.
rainbow, fragmentary imurangi.
rainbow god atua-toro, Kahukura.
rained upon, be uaina.
rains, light early hikuwai.
rains in early winter, heavy koohii o Autahi.
rainstorm, continued maawake paa roa.
rainy haauaua.
raise ara, eke, haapai, hii, hiki, huataki, kooranga, mairanga, ranga, rangahua, riaki, riariaki, waha, whakaara, whakaikeike, whakakaurera, whakataairi, whakatairanga, whakatuu.
raise, as with a lever hua, huaranga.

raise

raise eyebrows as sign of assent rewha.
raise the eyebrows pewa.
raise the eyelids as a secret sign koorewha.
raised hiitengitengi, hikitia, maranga, raangai, raangaingai.
raised aloft huarewa.
raised as dust tutuu.
raised in waves, as the sea huamo.
raised up arewa, mahua, maiengi, marangai, marewa, mohiki, puurangi, taarewa, tairanga.
raising, act of hiianga.
Raja nasuta uku, whai.
rake hirou, purau, rakaraka, rakuraku.
Rallus philippensis assimilis katatai, motarua, oho, ohomauri, patatai, pepe, popotai, puuohotata.
rallying and inflicting blow on enemy te huka o te riri.
ram paapaa, tuki.
ramble aanau.
rambling ikimoke, kaawekaweka.
rampart between two higher ones maioro maaruu.
ramparts paakaiahi.
random, at matapookere, noa, poka noa, rupahu, tupurangi.
random, move at hiko.
range taka.
range, dividing paehua.
range of hills paeroa.
range of hills, main ika tuawhenua, ika whenua, tuatua.
ranged in order taatai.
rank aroaakapa, ihi, kapa, nui, raarangi, ripa.
rank, out of kuureureu.
rank and file akunga.
rankle horu.
ransom utu.
Ranunculus hirtus koopukapuka, maaruuruu.
Ranunculus insignis korikori.
Ranunculus macropus raoriki, waoriki.
Ranunculus rivularis raoriki, waoriki.
Ranunculus sp. kaakawariki, kawariki, koopukupuku.
rapacious whakakakao.
rapid au, korio, puuau, taaheke, taiheke.

ray

rapid (swift) tere.
rare onge, puiaki, puipuiaki.
rarity onge.
rascal nauhea, nauwhea, tainanakia.
rash (reckless) hiikaka, manawa rere, matauaua.
rash on the skin koopukupuku, tongatonga uri, tuututupo.
rat kiore, matapo, maungarua, puhawaiki, riiroi.
rat, fat well grown taapapa.
rat, introduced kaingarua.
rat, large buck torokaha.
rat, light coloured variety of native tokoroa.
rat, native hinamoa, hinamoki, moke, ruuruuwai.
rat, Norway pou o hawaiki, pouhawaiki.
rat, variety of haamua, kiore tuapuku, muritai.
rat seldom eaten, a variety of native haamua.
rather engari.
rattle kaakara, patatoo, tara, tatangi, tatetate, tetetete.
rattle worn on a dog's neck taatara.
rattling tatara.
rat-trap, part of panewai, pawa.
rat-trap having several entrances taawhiti hao.
Rattus exulans hinamoki, ruuruuwai.
raucous rengarenga.
raupoo, edible rhizome of kooareare, piaka.
raupoo, rootstock of kooreirei, koouka.
raupoo forming walls, bundles of haamoko.
rave tiihaahaa.
ravenous warawara.
ravine kooaka, parari.
raving kutukutu ahi.
ravish a woman takahi.
raw kaimata, kaiota, koomata, mata, puutoto, toongaangaa, whakarae.
raw, of a wound kohore.
ray tira.
ray, electric maataa, maataataa, repo, whai repo, whai-ngenge.
ray, small brown sting whai kuku.
ray, small species of sting topatopa, toretore.
ray, sting whai keo, whai.
ray of light hihi, toko.
ray of sun, star, etc. puuhihi.

155

ray

ray of the sun hihi, hunu, ihi, tara, wana.
ray or skate, species of manumanu.
reach hiitamo, hiitamotamo, kai, paa, tae.
reach, out of aweawe.
reach a place tae, uru.
reach bottom tapotu, tatuu.
reach by means of pole rou.
reach forward whaatinotino.
reach land uu.
reach limit uu.
reach one's ears paa.
reach out maanenei, manei, rou, whakakautoro.
reach summit of mountain eke.
reach the farthest limit tutuki.
reach to the ground tapotu.
reach with pole or stick tiirou, turou, tuurourou.
reached roko.
reaching out neinei.
read or speak aloud paanui.
readiness rite.
readiness to start, in takataka.
ready atamai, reri (**Eng.**), rite, tatanga, whiwhita.
ready, get takatuu, whakarite.
ready, make takataka.
ready for use pae.
ready to hand tatanga.
real tinana, tino.
reality tinana, tino.
really rawa, tinana.
reappear ea.
rear hikumaaroo, hikutira, kookai, muri.
rear (grow) whakatupu.
rear, in the tauhiku.
rear, place in whakatauhiku.
rear of an army on march hiku.
rear up, as a horse taanapu.
rearguard puumanawa, whakatautopenga.
reason mea, puunga, puutake, take, takunetanga, tikanga.
rebel, to whana.
rebound turapa.
rebounding taawhana, taawhanawhana.
recall gloomy thoughts whakapuke, whakapupuke.
recede hoki haere.

recurrence

receding to a distance whakaawe.
receive tango.
receive proposal favourably tuutohi, tuutohu.
recent hoou.
receptacle rau, raurau, taiaroa, takotoranga.
receptacle, any long narrow waka.
receptacle for a dead body pouraka.
receptacle for cooked food pohewa, tapoti.
receptacle for food, made of tootara bark paatua.
receptacle for game tuupee.
receptacle for sacred things kiato.
receptacle for scent kati.
receptacle made of kelp or tootara bark poohaa, poowhaa.
receptacle or bag tied at mouth pootete.
receptacle packed with preserved fish maataa.
recess koko.
recite kauhau, kauwhau, taataku, taki, takitaki, takutaku, tapa, whakahua, whakataki, whiti.
recite a charm ceremonially taahoka.
recite a song takitaki.
recite alternately tautitotito.
recite charms makamaka, paraparau, tapatapa.
recite genealogies hikohiko, taatai, taki tupuna, whakaaraara, whakapapa, whakatakoto tupuna.
recite names atoato.
recite old legends or genealogies kauwhata.
recite traditional lore whakamoe.
recite without a break tohituu.
reckless aaniwa, nanakia, pokerenoa, totoa.
recline tiipapa.
recognise aahukahuka, kite, moohio.
recoil eti, tupana, turapa, whana.
recollect mahara.
recollection mahara, nakonako.
recommend tohutohu.
reconnoitre aarohi, huhunu, hunuhunu, toro, torotoro.
reconnoitring party hurahura.
recourse to, have whakatau.
recover ora.
recover from severe illness whakamaaui.
recriminate whakawaawaa.
rectify whakamana.
recurrence matahoki.

recurring

recurring once a year huritau.
red hiiwera, kaakaramea, kura, maakura, matakaa, matakakaa, mea, moorea, nganangana, ngangana, nonokura, paakaa, paakaakaa, paakurakura, toowhero, ura, waiaarangi, waipuu, waituhi, whero.
red, pale kuratea.
red appearance of sky umurangi.
red glow paakurakura, papakura.
red glow at sunset punawaru.
red glow in the sky paakura.
red glow regarded as a bad omen paakura tauaa.
red-haired pawhero, urukehu.
red heat miramira.
red light, diffuse a poonini.
red ochre hoorua, hooruu, taakou, taareha.
red or brown, turn whakamaapau.
red paint maukoroa.
red sealing wax harare.
redden kura, mumura, paahanahana, tuhi, ukura, whakawaikura, whakawaituhi.
reddened uraura, waipuu.
reddish kaho, kehu, kuratea, maakurakura, mataura, matawhero, mawera, mea, puuwhero, puuwhewhero, tuawhero.
reddish brown whero.
redness tuututupo.
redress puretumu.
reduce maahaki, ruuna.
reduce in size whakahiato.
reduced to shreds ngakungaku.
reed grass kaakaho.
reed in certain wind instruments tohetohe.
reed panelling, cross stitch in koowhiti.
reeds for lining roof walls of house matariki.
reef akau, tau.
reef of rocks kawa, puukawa.
reefed, as a sail hikupeke.
reeking hawa, hawahawa, puumaahu.
reel aanewa, keha, takarangi.
reeling aanininini, rorirori.
reentering angle in wall of fort whakakoki.
referee rewherii (**Eng.**).
reflect as water whakaata.
reflect upon hurihuri, huritao, huritau.
reflected image ata, kooataata.
reflected image, look at one's whakaata.

relative

reflection whakaata.
reform remains of scattered army tapitapi.
refractory hiianga, tiihoihoi.
refrain from speaking whakakeke.
refresh taamata, whakahauora, whakanaa.
refresh oneself whakamanawa.
refreshing puuangi, puuangiangi.
refreshment paramanawa.
refuge for noncombatants punanga.
refuse (decline) huru, kape, ngaaruru, paopao, tohe, towhe, whakakaahore, whakanau, whakapeka, whakapekapeka.
refuse (rubbish) nganga, ota, para, taawhao.
refuse of flax kaikaha, ngai, parakoka, puungahungahu, tae.
refuse to give meko.
refuse to let go kaiponu.
refuse to listen teteerongo.
refuse to speak whakanguunguu.
regard (respect) koha, wehiwehi.
regard absent object with favour tuumanako.
regard with disfavour tirohura.
regarded, be waiho.
regardless maakuuare, maakuuware.
region pae, takiwaa, waa, waha, whaitua.
regret aroha, koohau, koonohi, koorehu.
regret, express whakapaaha.
regret, feel aawhiti, aawhitu.
regret or surprise, express ngetengete.
regretful kanehe, manawa paa.
regulate formation on march atoato.
reinforce taunaki, turuki.
reins reina (**Eng.**).
reject akiri, hoehoe, kape, paopao, whakahoe, whakaparahako, whakarere.
rejected paruranga, rere.
rejoice hari, koa, komai, whakamanamana.
rekindle tungutungu.
relapse matahoki.
relate (recite) koorero, whiti.
related koopuutahi.
related to two tribes kaiwhakarua.
relation (kinsman) huaanga, whanaunga.
relationship, double karanga rua.
relationship, step whakaangi.
relative huaanga, karanga, paakanga, uri, waiuu, whanaunga.
relative, blood eweewe.

157

relative

relative, distant epeepe, matamatahuaanga, rerenga.
relative, near paakanga kiritahi, tahu.
relative by marriage kaireperepe.
relative living with distant tribe kanokano.
relative of a deceased person, near kirimate.
relatives through female line para wahine.
relatives through male line para taane.
relatives watching round a corpse tuupoupou.
relaxation or weakness, causing paarore.
relaxed paaroherohe, parohe.
relaxing rorerore.
relay taanga.
release tuku, wete, wetewete, wewete.
release a spring turupana.
reliance, object of iho.
relic oha, ohaoha.
relieve riiwhi (**Eng.**), whakahirihiri.
reliever kai-riiwhi (**Eng.**).
religion haahi (**Eng.**).
religious or superstitious restriction tapu.
relish, to rongo ki te reka.
relish n. kiinaki, kumamatanga, taarau, tami waha, towhiro.
relish to, give a whakarehu.
reluctant horokukuu, korongataa, manauhea, manawa paa, whakakumu, whakawheeuaua.
rely on whakahirihiri, whakawhirinaki.
remain noho, nonoho, rarau, toe, tuu, waiho, whakamau, whakanaanaa, wheau.
remain motionless whakapateko.
remain over, cause to whakatoe.
remainder toenga, whakamakere.
remaining in position mau.
remains parapara, whaipara.
remains of food after a meal maanga.
remains of root crops puakiweu.
remark kupu.
remarkable hautupua.
remedy rongoa.
remember mahara, manatu, marau.
remembrance manatu.
remind whakamahara.
remnant makorea, moomoohanga, moorea, moorehu, oranga, rurenga, toenga, whakamakere.
remnant of a tribe kawa, parahuuhare.
remorse kaniawhea.

representation

remote past neha.
remove hiki, huaranga, maiki, nukunuku, tango, tauehe, tauwehe.
remove a covering hura.
remove appendages tiiwani.
remove bones of birds etc. koohurehure.
remove by force kaawhaki, kahaki, kawhaki.
remove by pushing with blunt instrument ketu.
remove ceremonial restrictions horohoro.
remove obstructions huawaere.
remove tapu taa i te kawa, tiri, whakahorohoro, whakamama, whakanoa.
remove tapu from crops etc. morimori.
removed to a distance nawaia, whaaritua.
rend tiihae, tiihaehae.
renew whakamohou.
renovate mekemeke.
renowned araara, rongonui.
rent korekore, pakaru, pakohu.
rent (payment) reeti (**Eng.**).
rent in the bottom of a canoe takerehaaia.
reorganise defeated warparty tapitapi.
repair huri, ruruku, tapi, whakapai.
repair a hole in a canoe tawake.
repair garment by weaving in new piece moanarua, uru.
repeat koorero anoo, paparua.
repeat after another whanga.
repeat an incantation over karakia.
repeat an operation tukurua.
repeat any process taarua.
repeat beginning of a song rorongo.
repeat incantations puke, pupuke.
repeat one by one tatau.
repeated hokia, taruarua, toai.
repeated, frequently, again and again auau.
repent riipenata (**Eng.**).
repercussion rara.
replace whakahoki.
reply paremata, urupare, utu, whakahokia, whakautua.
reply to whaakaa, whakaea.
report hau, puurongorongo, rengapapaa, riipoata (**Eng.**), rongo, tau.
reported hau.
repose moe.
representation or habitat of an atua kooiwi.

representative

representative kanohi.
representative of atua ariaa.
repress kaupeehi, koropehu, peehi, taami, taamoe, taataami, whakakoomau.
repress the feelings kurupena, whakamoroki.
reproach pakiwaitara.
reproach, term of porotehe.
reptile ngaarara, tuakeke, tuatara, tuatete.
reptile, huge fabulous kumi.
reptile or fish, sea tarakumukumu.
repugnance konekone.
repulsion ongaonga.
repulsive maninohea, moorikarika, weriweri, wetiweti.
reputation rongo.
reputations, having two rongorua.
request inoi.
request for assistance in war kara.
requited ea, hei.
rescue whakaora, whakaputa i te ihu.
resemblance ariaa, ritenga.
resemble aahuahua, aahukahuka, aawhiwhiwhi, ariariaa, kaahukahuka, kauaawhiiwhiwhi, rite.
resentful maanatunatu, whengei.
resentment hiikaka, huuneinei, huungeingei.
resentment, show takarita.
reserve haumi, raahui, taapui.
reserve for oneself taumau, taumou, waitohu.
reserved ngongo, nguengue.
residence kaainga, whare.
resident tangata whenua.
resigned maaha.
resin kaapia.
resin of white pine and other trees maapara.
resinous wood used as a torch ngapara.
resist aatete.
resolute niwha.
resolution uaua.
resolution, form a tango mahara.
resolution (motion) mootini (**Eng.**).
resound haruru, hau, huu, koo, ngaatoro, pakuu, paoro, papahuu, pohuu, tangi, tooiri, tuupapahuu.
resounding ani, paaorooro, paorangi, tiori.
resourceful rauhanga.
respect kauanuanu, koha.
respect, token of kootua.

return

respect or dread, inspiring maruwehi.
respect or kindness to, show manaaki.
resplendent wheriko.
respond kaatoitoi, taaoro, urupare.
rest maatia, okioki, pae, paekawau, rare, taaoki, taupua, waiho, whakamatua, whakanaa, whakanaanaa.
rest, at huu, upa.
rest, cause to whakaokioki.
rest, put to whakanewha.
rest, set at mahuru.
rest against kaapiipiti, karanaki.
rest upon iri.
rest (remainder) toenga.
resting place taumata, taunga, tauranga.
resting place for bones toma.
restless aanau, arewa, hikimoke, ikimoke, irirangi, kaarangi, kaparangi, kookeko, moe aauta, ngaio, okeoke, paoke, taawheta, taoi, tiu, tourepa, tuurama, tuuramarama, whakariuka, whakatorouka.
restless person he tou tiirairaka.
restore to health whakaora.
restrain nanati, nati, pupuri, tautaawhi, whakaita.
restrain one's feelings whakatoongaa.
restrained aarikarika, rikarika, toongaa.
restraining whakawhenua.
restraint, put under whakatina.
result hua, tukunga iho.
result of one's toil haumaauiui.
retain whakauenuku, whiitiki.
retain possession puri, puru.
retained mau.
retaliate rautipu, rautupu.
retard punga.
retch puutanetane, whakapoutiki.
reticent haanguu, whakakumu.
retinue apataki, hikuroa, hono, hukuroa, maru.
retirement, place of piringa.
retiring huunguengue.
retort kupu paremata.
retract the prepuce tiitoi.
retreat taui.
Retropinna retropinna inanga papa, inanga, ngaiore, paraki, rangiriri, takeke, tikihemi.
return auraki, hoki, waihape.
return, cause to whakahoki.

return a present pehipehi.
return blow, a he patu whaakaa.
return for anything paremata, utu.
return frequently hohoki, hokihoki, muremure.
return present hau, whakawhiti.
return present for kaihaukai tuumahana.
return present of food kaihaukai.
returned for, be hokia.
reveal tuhiri, tuwhiri, whaakii, whakakite.
revenge paremata, uto, utu.
revenge, object of ito, uto.
revenge, obtain whai takapau.
revengeful kaikiko.
reverberate maaorooro, maruu, wheoro.
reverberating takataka.
reverse side angaangamate, angamate.
revile taunu.
reviling ngutu momoho.
revise whakahou.
revive haumanu, whakahauora.
revolt whana.
revolve huri, taka.
revolving porotiititi, porotiti.
revulsion from food puukanekane.
reward utu.
***Rhabdothamnus solandri*, a shrub** kaikaiatua, maataataa, taurepo, waiuu atua.
rheumatism kaikoiwi, ruumaatiki (**Eng.**).
Rhinobatis banksii whai keo.
Rhipidura flabellifera kootiutiu, piirairaka, piirangirangi, piitakataka, piiwaiwaka, piiwakawaka, tiirairaka, tiirakaraka, tiiraureka, tiitakataka, tiitiirairaka, tiiwaiwaka, tiiwakawaka.
Rhipidura fuliginosa hiirairaka, hiitakataka, hiiwai, hiiwaiwaka, hiiwakawaka, kootiutiu, piirangirangi, piitakataka, piiwaiwaka, piiwakawaka, pirairaka, piwaiwaka, tiaiaka, tieaka, tiiakaaka, tiirairaka, tiirakaraka, tiiraureka, tiitakataka, tiitiirairaka, tiiwaiwaka, tiiwakawaka, tirairaka, tiwakawaka, wakawaka.
Rhipogonum scandens akapirita, kakareao, kakarewao, kareao, karewao, kekereao, pirita, taiore.
rhizome of raupoo, edible akakooareare.
Rhododrilus edulis kuharu, kuwharu.

Rhombosolea leporina paatiki tootara, paatootara.
Rhombosolea plebia paatiki.
Rhombosolea retiaria mohoao, paatiki mohoao.
Rhopalostylis sapida kaihuia, munga, niikau.
rhythmic chant with actions ngeri.
rib kaokao, rara, taaiki.
ribbed rai, rarai.
ribs to strengthen a canoe katea.
rice raihi (**Eng.**).
rich haumako, moomona, taepu, whai taonga.
richness of food matuu.
ricochet pahu, ripi.
riddle kai, panga, pere.
ride eke hooiho (**Eng.**).
ride bareback kopi kau.
ridge io, paehua, parehua, rangaranga, ripa, taarawa, taukaka, tawaa, tuatua, tutuatanga.
ridge and furrow wakawaka.
ridge of a hill hiwi, kaauaua, kaauki, kaha, kahiwi, kaka, kaweka, ranga, tau, taukahiwi, taupae, tuahiwi, tuku.
ridge of a hill having level top tuakahiwi.
ridge of hills miki.
ridge pole of a house taahuhu, taahuu, taauhu.
ridged taawakawaka.
ridges, in paahiwihiwi, paaiwiiwi.
ridges in carving raumoa.
ridges on handle of a mere kikiroki.
ridges or hummocks taapukepuke.
ridiculed rooraa.
ridiculous or excited manner, act in whakapohane, whakapoohanehane.
rifle raiwhara (**Eng.**).
rifleman, a bird hooutuutu, kikimutu, kikirimutu, koohurehure, koorurerure, kootipatipa, kootititiiti, momotawai, momoutu, mooutuutu, muhumuhu, pihipihi, pipiriki, piripiri, tiititipounamu, toirua, tokepiripiri.
rift kooaka.
Rigel Poaka, Puanga.
right ao, matatika, motika, tika, tikanga, tootika.
right angles, at haangai.
right hand katau, matau.
rim taku, tapa.
rim of a vessel ngutu.
rim of any open vessel niao.

rind hiako, tapeha.
ring koropewa, moowhiti, porohita, porowhita, riingi (**Eng.**), tarawhiti.
ring on leg of a bird mooria, pooria, takaore.
ringlet makawe.
ringlets mania takai.
ringworm muna.
rinse opeope.
rip (current) kauere.
rip open paawhara.
rip up korepe.
ripe maoa, maoka, maonga, ngaere, ngakungaku, ngongangonga, ngoungou, pakari, paraa.
ripe, thoroughly taangoongoo, taangorungoru, taangoungou.
ripped up paahaha, poohaha.
ripple haaki, kare, karetai, kootaotao, maahitihiti, maapuna, pakare, puuau.
ripple at the bow of a canoe piha, pihapiha.
ripples papata, puukarukaru.
ripples made by paddles puaru.
rippling maapunapuna, maareparepa, puuauau, puungarungaru, wheeteketeke.
rippling sound of water orowaru.
rise ara, hii, mahuta, manana, puke, pupuke.
rise, as a star eke, koohiti.
rise, of feelings whakapuke, whakapupuke.
rise, of heavenly bodies ea, haapai, tauhookai, whakakau.
rise, of the sun huru.
rise as fog pupuu.
rise from a recumbent position maranga, matike.
rise in a column as smoke kookiri.
rise in masses whakarawhaki.
rise in swellings eke.
rise or set, as heavenly bodies rere.
rise out of water, as heavenly bodies kooripi.
rise to the surface aranga, puea.
rise up ara, maahuahua, maiangi, totoo, whaatika, whakatairangaranga, whakatika.
rise up, of feelings tokotutu.
rise up, of thoughts hihiri.
rise up after diving maiea.
rise with a gentle ascent paanaki, paananaki.
rising hurunga.
rising ground ranga, tuahiwi.

rising of body of men for the war dance araara.
rising or setting of sun rerenga.
rite, a rongotaakaawhiu.
rite, part of the poipoi kaikatoa.
rite, religious horokaka.
rite and charm by fowlers and fishers motumotu.
rite and incantation to cause death umu pongipongi.
rite and sacred fire related to Taane ahi tumuwhenua.
rite as precaution against witchcraft takiwhenua.
rite connected with tute charm ahi tute.
rite for removing tapu after battle huri i te takapau.
rite or charm to weaken enemy whakaiho.
rite performed before battle kauhangaroa.
rite to cure sickness ngau paepae.
rite to divert affections wehe, wehewehe.
rite to make a thief demented whakapohe.
rite to make human body tapu maakaka.
rite to prevent conception kokotiuru.
rite to remove tapu rokia.
rite to remove tapu after voyage makamaka rimu.
rite to secure wellbeing for a baby tuora.
rite using leaves raurau.
rites, certain sacred whakaene.
rites, perform certain hika.
rites, something used for mystic ika hurihuri.
rites and spells for divination tuuaaimu.
rites at childbirth waituhi.
rites at cutting of navel waituhi.
rites connected with human victims whakapono.
rites for soothing pain, grief, etc. miri.
rites for witchcraft, expression in ranga kete.
rites over child of chief ranga.
rites to nullify a hostile spell mama.
rites to obtain redress for disaster puretumu.
ritual, form of wheawheau.
ritual in connection with kuumara naenaemoko.
ritual with ceremonial food poipoi.
rival taawhai.
river awa, korou.

river bed kuukuupango.
river which makes acute angle with sea awa taahapa.
riverbed left by river changing course awamate.
rivulet hawai, manga.
road huanui, huarahi, rori (**Eng.**).
roam amio, haereere, taka.
roam about idly whakatihohe.
roam abroad tipiwhenua.
roam at large taka.
roam at will takawhaki.
roaming after no good tiiweka.
roar haruru, pararaa, raraa.
roar, of sea horu.
roaring wawaa.
roast paangunungunu, parahunuhunu, parangunu, rangirangi, tunu, tunutunu.
roast food on glowing embers ngunu.
roast on a spit hukihuki, koorapa.
roast slightly whakaauau.
robin, haatoitoi, kaatoitoi, kakaruwai, karuai, karuwai, mokoraa, mooioio, piere, piihaua, piihere, piitoitoi, taataawai, taataruwai, tariwai, taruwai, tiitiiwahanui, toitoireka, tootooara, tootoowai, tootoowara, totoi, toutou, toutouwai.
robin, South Island kaatuhituhi.
robust ruarangi.
rock kaamaka, koohatu, koowhatu, teko, toka.
rock, as a canoe at sea taahurihuri.
rock, hard smooth mirei.
rock, soft slaty maakoha.
rock cod (see **cod, rock**).
rock covered with mussels paatiotio.
rock on which waves break manono.
rock or sway to and fro whakapiioioi.
rod toko, tokotoko.
rod, notched, for genealogical reckoning kapeu whakapapa.
rod baited with a worm maatiretire, matire.
rod movement indicating fish biting paatootoo.
rod supporting reeds of tukutuku tautari.
rod to support a line tautara.
rod used as a stiffener taahuhu, taahuu, taauhu.
rod used in fishing for eels patoo.
rod with a hook koopaapaa.
rod with cord attached for throwing kootaha.
roe and milt of crayfish tooine.
roe of an eel huatea.
roe of fish haakari, hua, koua, kouaha, pee, pewa ika, toene, toohua, tooua.
roe of gurnard whau.
roll keu, piirori, pookai, taka, takahuri, takaoio.
roll, as the eyes kaaeaea.
roll, as the sea ngaere.
roll about whakataataka, whakatakataka.
roll along, as a ball piirori.
roll from side to side aurara.
roll or turn over log with lever tuuhiti, tuuwhiti.
roll over and over takahurihuri, takaoriori.
roll together apoapo.
roll up pookai, pooruku.
roll up, as a garment pokapokai.
rolled up rakerake.
rolled up clumsily puuroku, puurokuroku.
roller neke, ngaro, ngaro parapara, rango, taarawa, tauru.
rolling or plain country reoreo.
rolling sails, method of puhoro.
romance koorero takuahi, koorero takurua.
romp toa.
roof, low pitched pora matanui.
roof, steep rongomaioro.
roof of a house tuanui.
roof of a rua kuumara moana.
roof of the mouth pikiarero.
room ruuma (**Eng.**).
root, a puu.
root, as a pig kuutoro, puuhaka, puutake, rarau, taamore, take, weri.
root, long slender toi.
root, proverbial expression for fern aka o te whenua, aka o tuuwhenua.
root, take rarau.
root crops uhi, uwhi.
root of a tree paiaka, pakiaka.
rootlet piakaaka, wekeweke, weri, weu.
rootlets, send out tuuakaaka.
roots, fibrous akaaka, maaweu, piakaaka.
roots and stump of uprooted tree puureirei.
rope hutihuti, kaha, raahiri, ropi (**Eng.**), taukaea, taura, whakaheke.
rope of a seine net, lower kahararo, paeraro.

rope

rope of a seine net, upper paerunga.
rope of human hair used in rites kota.
rope or cord of two strands taawai.
rope supporting fern bundle fish trap manawa.
ropes by which a seine is hauled pae.
Rorippa islandica haanea, koowhitiwhiti, poniu.
rot koero.
rotten hakuhaku, hane, koko, kurupoopopo, kurupopo, manumanu, paraa, pirahau, pirau, poopopo, popo, popopopo, puanga, puumaoa, tunga.
rotten, become taaoru, tiipoko.
rotten, of timber manumanuaa.
rotten and putrid kerakera.
rotten applied to nets etc. papangarongaro.
rotten wood puukorukoru.
rottenness hanehane, poopopo, popo, popopopo.
rotund wheti.
rough, make whakataratara.
rough, of sea hiinarunaru, hiingarungaru, ngarungaru, pohepohe, toa, toretore, tuarangaranga, tuke, whenewhene.
rough, of skin tupangarua.
rough, of tongue maatoetoe, maatoretore.
rough, uneven surface torehapehape, whakanokenoke.
rough, with sharp points kira.
rough (not gentle) maangonge.
rough and prickly maakinakina.
rough and scabrous whekewheke.
rough and shaggy tuahuru, tuatete.
rough and unfinished puuhungahunga.
rough sow thistle kautara.
rough tufted-flax shoulder cape whakatipu.
rough with knots or branches puuwharawhara.
roughly, treat aatete.
roughly made kookau.
round karapoi, kootakataka, porokawa, porotaataka, porotaka, taka, toopuku, toropuku.
round, appearing kunekune.
roundabout aawheo, aawhio, autaki, koopipio, porowhawhe, potapotae, takawhawhe.
rounded areare, koopio, koopuku, koropuku, makune, toopuku, toropuku.
rounded or convex end poroharore.

rumpled

rouse whakaara, whakaoho.
roused oho.
row (line) aroaakapa, kapa, matatira, raarangi, ripa, taanga, tira, tuutira, wakawaka.
row or rank, stand in kapa.
royal spoonbill, a bird kootukungutupapa.
rub hikahika, huukui, kaauto, kauoroi, konikoni, miri, mirimiri, muku, mukumuku, uukui, waku, wakuwaku.
rub anything off koomukumuku.
rub back and forwards kani, kanikani, orooro.
rub down koomukumuku, kuoro.
rub fine hunga.
rub in dye kokoi.
rub into a mixture uukuikui.
rub into a paste koomukumuku.
rub off komuku, koomuri, koomuru, koromuku, muru.
rub or scrape frequently waniwani.
rub together paaruuruu, taaruru.
rub violently hika.
rub with anything rough kauhoro.
rub with the hand or fingers koomiri.
rubbish kapurangi, otaota, parahanga, parapara.
rubbish brought down by floods parangeeki.
Rubus australis taataraamoa, taraheke, taramoa.
Rubus cissoides taataraamoa, taraheke, taramoa.
Rubus schmidelioides taataraamoa, taramoa.
Rubus sp. akataataraamoa.
rudder urunga, urungi.
ruddy koopura, rauwhero, whaaura.
rude jest takao.
rudeness aahuaatua.
ruffle tara.
ruffled in temper reoreoaa.
rug tarapauahi, tarapouahi.
rule tikanga.
ruler (measure) ruuri (Eng.).
rumble hanguru, keu, maaorooro, maruu, ngunguru, nguru, oro, puoro, whakaruuruu, wheoro.
rumbling pioro, wawaa.
rumbling or gurgling noise kokoo.
Rumex flexuosus runa.
rumour wara, wawara.
rumoured huu.
rumple tarihahohaho.
rumpled hahohaho.

run horo, karehe, matiko, oma, rei, rere, taioma, teretere, tuoma, tuuturi, whati.
run about from place to place reerere, rererere.
run away tahuti, tawhiti.
run for omakia.
run out, as a line hoka, rere.
run with spittle to effect a cure tuwhatuwha.
runner, a good waetea.
runner of a gourd plant kautawa.
runner of plant kiiwai, kiiwei, wene.
rupture whaturama.
rush hiirere, koopere, reeinga, rei, rere, taakiri, whana.
rush, a kind of paopao, pouaka, wii.
rush, a large kuuwaawaa.
rush, make a whakaeke.
rush, of current tuupou.
rush (reed) kuta, kutakuta, kuukuta, papao, wiiwii.
rush along violently kari.
rush along violently as flood or wind keri, puukeri, puukerikeri.
rush forward kookiri.
rush headlong rere taarewa.
rush in disorder rara.
rush into one place kuutere.
rush upon amo, huaki.
rush violently uruhi.
rushing noise ihi, ihiihi, kuhii.
rushing of a wind puukeri, puukerikeri.
Russell Kororaareka.
Russia Ruuhia (**Eng.**).
rust waikura.
rustle kikihi, kookihi, koonekeneke, ngaehe, ngahehe, oraora, pakee, tihitihi, wara, wawara.
rusty coloured kaakata, peapeau.

S

sabbath haapati (**Eng.**).
sack (bag) peeke (**Eng.**).
sacrament haakarameta (**Eng.**).
sacred puri, tapu.
sacred ceremony whakairi.
sacred fire and rite related to Taane ahi tumuwhenua.
sacred food takiura.
sacred food for conciliating an atua amonga.
sacred mound used in rites ahu.
sacred oven tukupara.
sacred oven in connection with crops tungitungi.
sacred place ahumairangi, turuma, tuuaahu, tuuhinapoo.
sacred place for food for gods manea.
sacred place for performing ceremony ahurewa.
sacredness rongomaiwhiti.
sacrifice raupanga, whakahere.
sacrifice of a human victim raukakai.
Sacrum tiki.
sad auwhi, kiwa, kiwakiwa, maanuka, manatu, matapoouri, ngongo, poouri, tiwhatiwha.
sad, very hinapoouri.
sadden whakapaahi.
saddle nohoanga, tera.
saddle between peaks of mountain nonoti.
saddle of a hill taarua, tarahanga.
saddle or dip in a ridge taawhatitanga.
saddleback purourou, puurourou, tiaki, tiieke, tiieke rere, tiiraueke, tiirauweke, tiiraweke.
sadness hinapoouri, matapoorehu, matarehu.
safe ora.
safeguard maru, whakawehi.
sag taaporepore, taawharu, tapore.
sag under a weight wheoro.
sagacious puumahara.

sagging awai, kowhana, pingawi, pingawingawi, pitawitawi.
sail, a heera (**Eng.**), komaru, mamaru, pere, raa, raawhara.
sail, to rere.
sail along the shore haumiri.
sail close to the wind ngongo.
sail of a canoe raawhara, whakawhiti.
sail together in a fleet kariri.
sailing before the wind aronui.
sailing vessel kaipuke maaori.
sailor heramana (**Eng.**).
saliva haaware, hauare, hauware, huhare, paraki, tuwhare.
saliva, full of haawareware.
salt kurutai, kurutaitai, tote (**Eng.**).
salt, tasting of maataitai.
salutation hariruu (**Eng.**), maanawa, mihi.
salute hariruu (**Eng.**), mihi, tangi.
salute by pressing noses together hongi, matamata rongo.
Samoa Haamoa (**Eng.**).
Samolus repens maakoako.
sand one, onepuu, taahoru.
sand, reddish pumiceous onerua.
sand hopper moowhiiwhiti, moowhiti, potipoti.
sand louse ngengeti.
sandal kopa, korehe, paarekereke.
sandal and legging combined rohe.
sandal made of a single layer of flax kuara.
sandal made of *Cordyline* parawai, takitahi.
sandal made of flax paaengaenga, paaraerae, paarahirahi.
sandalwood, New Zealand taaiko.
sandbank matataahuna, ranga, taahuna.
sandfly namu, ongaonga.
sandfly, small white tuiau.
sandhill taahuahua, taipuu.

sandspit

sandspit tuupahipahi.
sandstone keho.
sandstone for grinding stone tootara, tunaeke.
sandstone used for grinding greenstone taranui.
sandstone used in grinding hooanga.
sandstone used in grinding, coarse hooanga matanui.
sandstone used in grinding, fine hooanga matarehu.
sandstone used to cut greenstone mania.
sandy loam oneharuru.
sanitary napkin kooree.
sap pia, tae, tahe, tarawai.
sapless kaimaaoa, kaimaaoka.
sapling kaho, kahuri, kohuri, koohurihuri, koohuru, maahuri.
sapling, kauri koare.
sappy huutororee.
sapwood taitea.
Sardinia neopilcharda mohimohi.
sat upon, be nohoia, noohia.
satchel kopa, taakopa.
satiated ora, puunaunau.
satisfaction maanawa, mokori, oranga, utu, wanea.
satisfaction, express one's whakakaitoa.
satisfaction, insist on takarita.
satisfaction, seek or obtain puretumu.
satisfactory pai.
satisfied maaha, manawa reka, manemanea, naa, ngaa, ngata, ora, rauru, tina, toka, upa, wanea.
satisfied with food maakona, whiu.
satisfy whakanaa, whakaupa.
satisfy an obligation whakahei.
satisfying nanea.
saturate toopuni.
Saturday Haatarei (**Eng.**).
saucepan hoopane (**Eng.**).
saucer hoeha (**Eng.**), hoohi (**Eng.**).
saucy, be neenene, nene.
savage autaia.
savage or fierce, look ngeri.
save alive rauora, tohu, whakaora, whakaputa i te ihu, whakarauora.
savour konakona.

scatter

savoury haahaa, kakara, maakarakara, makuku, mookarakara.
saw kani, kanikani.
saw, machine kani miihini (**Eng.**).
sawdust kota.
Saxostrea glomerata karauria, ngaakihi, repe, tio, tio repe, tio reperepe.
say kii, koorero, mea, meamea, peha, pepeha.
say, that is to araa.
say falteringly nape.
saying kii, kiianga, kiinga, kupu, taataku, tuuaatau, whakatauaaki, whakataukii, whakawai.
saying, it is according to his e ai ki taana, e ai taana.
scab wenewene.
scab on a sore paapaka, paku.
scabbed tongako.
scabies hakihaki, harehare.
scabrous whekewheke.
scad hauture, kooheru, kootaratara.
scaffolding rangitupu, tiirewa.
scald-head paatito.
scale fish inohi, unahi.
scale of a fish inohi, unahi.
scallop tipa, tupa.
scalp kiri angaanga.
scalp of enemy kawiu.
scamp poroteke.
scandal heitara, paki, pakipaki, pakitara, pakiwaitara, taiaroa, tara, tarawau.
scandal, idle pootinitini.
scape of flax koorari.
scar koha, maataanawe, moonaa, nawe, riwha, wenewene.
scar from a burn kutiwera.
scarce mokomokorea, mokorea, moomoohanga, mootii, onge, ongeonge, puuhore.
scarce, as food pakaroa, papaaroa.
scarce, make whakaonge.
scarceness, year of tau nihoroa.
scare whakaataata.
scarf in felling a tree haangii, imu, imu whakahinga, taraumu, tarawaha, tuuaaimu, umu, umu whakahinga.
scarred riwha.
scatter hahu, heuheu, hoehoe, kaihora, mamanga, rui, rure, ruu, tiri, tohatoha,

scatter

whakaehu, whakahoro, whakakorakora, whakamarara, whakapirara.
scatter about haurui, taratara, tiihahuhahu, tiirari, tiirarirari, tiitari, tiitaritari.
scatter and join again whakarauraakau, whakaraureekau.
scatter over a surface hora.
scattered kaateatea, kaatohatoha, katea, katoha, kaupaapari, kuuwawa, maaraarara, maheu, mahora, makatea, marara, mirara, mooriroriro, pahara, paihore, paoa, papata, piiwawa, pirara, rara, rauroha, takoha, tiirangaranga, tiirango, tiirangorango, tiirara, wawa, wawaa, whakahautea.
scattered about hautea, rauraha, renga, rengarenga.
scaup paapango, paarera matapouri.
Sceloglaux albifacies hakoke, kakaha, ruru wheekau, wheekau, wheekaukau.
scent kakara, piro, tiiare, tiiere, whakakakara.
scent made from certain plants peru.
scent prepared from spear grass kaakaramea.
scent sachet pona tarata.
scented hoopurupuru.
scented strongly pawapawa.
Schefflera digitata kooteetee, patatee, patee, patete.
scheme kaupapa.
scholar (pupil) aakonga (**Eng.**).
scholarship karahipi (**Eng.**).
school kura (**Eng.**), whare-kura (**Eng.**).
school of learning wharekura.
school of whales kauika.
sciatica kanikani.
scintillate kikiwa.
Scirpus lacustris kaapuungaawhaa, koopuungaawhaa, koopuupuungaawha, kuta, kutakuta, kuukuta, kuuwaawaa, paopao, papao, waawaa.
Scirpus maritimus kukuraho, riiriiwaka.
scissors kutikuti.
Scleranthus biflorus kohukohu, naaereere.
scold koeka, koowhetewhete, kowhete, paatotoi, riri, whaauraura, whakahie, whakamania, whakangutungutu, wharo, wharowharo, whawharo.
scolded waaua.
scoop koko.

scrape

scoop for bailing a canoe taa.
scoop for scooping up earth okooko.
scoop or dig things out tiikaku, tiikakukaku.
scoop or shovel, anything used as a hako.
scoop out tiikaro.
scoop up awhe, kaku, kakukaku, koko, ope.
scoop up with both hands ao, kapunga.
scope of work kainga.
scorch raaraa, rangirangi, torotoro.
scorched huhunu, hunuhunu, paakaa, paakaakaa, pakewera, taawera, tuupaakaakaa.
scorching kooriorio.
score with parallel lines whakarara.
scoria rahoto, rangitoto.
scorn, show hiikaka te ihu.
Scorpaena cardinalis matuawhaapuku, rarai.
Scorpis aequipinnis hui.
Scorpis violaceus maomao.
scotch thistle kootimana (**Eng.**).
scoundrel tainanakia, taureka, taurekareka, taurereka.
scour horoi, rari, uukui.
scout huhunu, hunuhunu, kiore, matakiirea, matataua, puurahorua, toro, torotoro, tuutai, tuutei.
scraggy taatarahake.
scrap kuha, kuhakuha, tiimaramara.
scrape haakuku, harakuku, haro, haroharo, honihoni, kauhoro, kauoroi, kowani, mohani, okoi, paakeekee, pakepakee, rakaraka, raku, rakuraku, raraku, tahitahi, tiiwani, tuakuku, waku, wakuwaku, wani, waru, waruwaru, weku, wharo, wharowharo, whawharo.
scrape away aaka.
scrape clean haaro.
scrape flax haapine, haaro, piiahu.
scrape lightly teki.
scrape or move to one side tiiaroaro.
scrape or rub frequently waniwani.
scrape out aku, akuaku.
scrape out pith of calabash karure.
scrape the feet on the ground hoonekeneke.
scrape together ope, roorii.
scrape up kaku, kakukaku, munumunu.
scrape up soil paretai.
scrape with a shell haangungu, haanguu.

scraped off paahorehore, pahore.
scraper kota.
scraping kotakota.
scrapings of flax haakuku.
scraps paka, pakapaka, parahanga, parakai, parapara.
scraps of food pakopako, para kai, paraparahanga.
scraps of food adhering to the lips parahuuhare.
scratch haarau, koorapu, naku, nanaku, nanatu, natu, rakaraka, raku, rakuraku, rapi, raraku, rarapi.
scratch a hole mataketu.
scratch one another taurakuraku.
scratch or claw one another taurapirapi.
scratch or pinch to attract attention whakakikini, whakakini.
scratch out of the ground keri.
scratch the head ope.
scratch up ketuketu.
scratch with the finger nail harakuku, haramaikuku.
scream koe, koee, koekoe, ngoengoe, tiioro, tiiwee.
scream, as a hawk kee.
scream, cause to whaakoekoe, whakakoekoe, whakakuikui.
screech kaa, kiirea, ngee, ngoengoe.
screech, as a bird keo.
screech, cause to whakangee.
screech of kaakaa bird karehaa.
screen aarai, paa, paakai, paakai riri, paatakitaki, paatuu, pekerangi, puutaahui, rii, riianga, takitaki, tauaarai, tiitopa, tirawa, tuurutu, whakaruru.
screen by sticking branches in ground tarahoka.
screen for defensive purposes papatuu.
screen from wind hua, paapuka, taahoka, taahokahoka.
screen of branches stuck in ground hoka, paahoka, paahokahoka.
screen of brushwood paahuki.
screen on every side araarai.
screen with bushes rohi.
screening ria.
scrofula hore.

scrofulous sores hore, mate pokapoka.
scrofulous swelling hura, puukakii.
scrofulous wen ngene.
scroll pattern, a ikatere, koohai, koowhai, maaui, mangoopare, parewhai.
scrounge kaipaoke.
scrub huukui, koomukumuku, mooheuheu, taawhao, tahuere, tete.
scrub, low stunted taekai.
scrubland patoa.
scruples, having pohopaa.
scrupulous ihupiro, ihupuku, mooteatea, rikarika, uhupoho.
scud ao rewa, aorere, paaroro, paroro, puuroro.
scull kooue.
scurf inaho, maaihiihi, maaungaunga, maihi, pakitea.
scurrilous ngutu momoho.
scutch flax parahuhu, taakiri.
scutching of flax kaku, kakukaku.
Scutus breviculus rori.
sea au, maatai, moana, pakekee, tai.
sea, calm au haaro.
sea, heavy au miha, au tuke.
sea, open au o te moana, aumoana, moana waiwai.
sea, rough puaheihei.
sea anemone, a mollusc kaeo, kamu, kootore, kootoretore, toretore.
sea creature, a nihongore.
sea drift paaraariki, paratai.
sea ear kororiwha, marapeka.
sea egg kina.
sea-lion kekeno, raapoka, whakahao.
sea-lion, female kake.
sea-lion, male kautakoa, poutoko.
sea monster, a fabulous marakihau.
sea on the east coast tai tamawahine.
sea on the west coast tai tamataane.
sea slug rori.
sea urchin kina.
sea urchin with very long spikes kina ariki, kina korako.
sea water wai tai.
seabird, a haakuikui, kaataitai, karae, kookaa, kookootai, koomakohua, koomakohuariki, kuakai, kuukuruwhetuu, ngongo, ngungu, pakahaa, parure, piihoihoi, piipipi, piitoitoi,

seabird pohio, popourangi, tapuku, tara, taraapua, tarapirohe, tiitii wainui, turiwhekoirangi.
sea-coast puouhau.
seafish, a raumarie, raumarire.
seafood maataitai.
seagrass rimurehia.
seagull, young kootingotingo.
seahorse hinamoki, kiore, kiore moana, kiore waitai, manaia.
seal kakerangi, karewaka, kekeno, pakakaa.
seal, fur ihupiro, ihupuku, oioi.
seal (stamp) hiiri (**Eng.**).
seam maurua.
search haha, hure, kimi, paraketu, rapu, whakatau.
search diligently for haurapa.
search for hahu, tiihaha, whakahaere.
search in game of hide and seek ngaropoko.
search of, go in whai.
search out ore, rangahau.
seashore taahuna, taatahi, taha moana, tahatai, tapaatai, tauru.
seaside littoral mataawhanga.
season poo, raro, tau, waa.
season, end of a hikutau.
season, planting awe kaapara.
seat nohanga, nohoanga, tuuru (**Eng.**).
seat of affections or feelings ngaakau.
seat of thought ihomatua.
seat of thoughts and emotions hinengaro.
seaweed kohukohu, rimu, rimurimu.
seaweed, a horohoro, kaiparore, kauere, moanauri, rehia.
seaweed, an edible kareko, karengo, koiri, parengo, popoia, reporepo.
seaweed, covered with koorimurimu.
seaweed, variety of karengo ingo.
secession tuurangahapa.
secluded punanga.
second heekena (**Eng.**), piki, rua.
second growth rangirua, waiheuheu.
second growth in old cultivations waipapa.
second growth of root crops tauroto.
second husband or wife, take ihupuni.
second pair of leaves rau tara.
second person killed in battle ika huirua, matatohunga, peehi, taapiri, te ika i te whakawaha.
second time, do a puurua, tukurua.
second wife punarua.
secret muna, toongaa, tootoropuku, torohuu, toropuku, whakamokeke.
secret plan kara.
secret suggestions, make whakapaapaa.
secretive whakakumu.
secretly huu, ngaro, puku, taarehu, torohuu.
section tuuaaporo, whiti.
section of land hua.
secure nawenawe, ngita, takuhe, taparenga, tauri, whakananawe, whakawhirinaki, whita.
secure with a cord or rope taarore.
secured roi, rokiroki, taawhiwhi.
sedge maania, matau, tarangaarara, tatangi, toetoe.
sedge, a makura, maurea, puurekireki.
sedge, coarse grass-like taakahikahi.
sediment para, waipara, whaipara.
sediment from a flood parakiwai.
sediment left on beach after high tide kookoohuka.
see kite, maatai.
see dimly matarehu, rehu, wheekite.
see face to face kite a tinana, kite kooiwi.
see in a dream whakarehu.
see indistinctly haaraurau.
seed huri, kaakano, kano, pata, pua, purapura.
seed, kuumara koopura.
seed, run to puarere.
seed in fruit of koroi and rimu matawhanaunga.
seed leaves of gourds paatangaroa.
seedling wana.
seedling bed paarekereke.
seedlings growing thick together parahia.
seeds, wind dispersed puananii.
seeing clearly puurangiaho.
seek apa, arataki, haahau, haha, hau, hauhau, kimi, kimikimi, mohaha, pohau, poorangi, rangahau, rapa, rapu, tuuhaha, unga.
seek after auhaha.
seek secretly whakamokamoka, whakamomoka.
seem ngia.
seen hakori, wheeiro, wheeiroiro, whekori.
seen dimly whaairo, whaairoiro.
seen indistinctly ariaa, rehurehu, taarehu, tuurehu, whakarehurehu.

seer matakite, matamata aitu, matatuhi, rata.
seesaw piioi, piionioni, tiemi.
seine kaharoa.
seine net, outer sections of kauangaroa.
seine net, rope on upper edge of kaharunga.
seine net, sections of a matakeekee.
seine net, upper edge of a kahatu.
seine or drag net, small kaka.
seize herepuu, hopu, mimire, rarahu, rarawhi, rawhi, romi, roromi.
seized mau.
seldom seen hunahuna.
select koohari, koowhiri, koowhiti, tiipako, whiriwhiri.
select a champion for each side taumaatakitahi, tautakitahi.
self kiri, kooiwi, tinana, tino, whaiaro, whaiaroaro.
self, with personal pronouns anoo.
self conceited whakaii.
self confident whakatoatoa.
self possessed maahaki.
self sown tuuwaa.
selfish kaiapa, kaiapo, mahuki, matatoua, moohuu.
selfishness kaipuku.
sell hoko.
Selliera radicans raumangu, rekoreko, remuremu.
semblance ata.
semen kea, keha, para-hika, parapara, paratau, taatea, wai taatea.
semi solid pupuru.
send ngare, tare, tono, tuku, tunga, tuu, unga.
send forth whakatakataka.
Senecio huntii rautini.
Senecio kirkii kohuhurangi, kohukohurangi, kohurangi, kokohurangi, komingiroa, orooro, tapairu.
Senecio latifolius puuhaaureroa, puuwhaaureroa.
Senecio perdicioides puarangitoto, raukuumara.
Senecio rotundifolius puuharetaaiko, puuwharetaaiko.
senior maataapuputu, tuakana.
sensation aanini, rongo.
sensation, cause a pleasant whakanene.
sensation in the nose makuru, whakamakuru.
senseless poorewarewa, poorewharewha.

sentry tuutai, tuutei.
sentry, bird which acts as manu taakaha, manu taki.
sentry post putaanga.
separate heheu, heu, iheuheu, ihi, kape, maahiti, meha, momotu, nahenahe, roherohe, taauke, taawae, taawaewae, tara, tauaarai, tauehe, tautoko, tauwehe, tiiwae, tiiweewee, tiriwaa, tohi, tokorau, toritori, totohi, tuakoi, wawae, whakapirara.
separate husband and wife by rite toko.
separated auwahi, hautea, heuea, hiieweewe, katea, kotikoti, marara, mawehe, mawheto, motu, motuhake, pahara, pirara, ritua, tauehe, tauwehe, tiiwharawhara, tuuraha, wawaa, whaaritua.
separated by an interval takiwaa.
separated into parts maatohatoha.
separating weherua.
separation taranga, wehenga.
separator hapareta (**Eng.**).
September Hepetema (**Eng.**).
septum of nose taunga, taupaa.
sequestrated, ceremonially ngere.
sere paraa.
serf pahii, tangata.
series of layers whakapaparanga.
Seriola grandis haku, makumaku.
Seriola grandis lalandi warehenga.
Seriolella brama warehou.
serpent naakahi (**Eng.**), ngaakahi (**Eng.**).
servant roopaa, tia, tuumau, tuumou, wheteke.
serve tuu, whakarato.
served rato, tuu.
serves you right anaa too mokomoko, kaitoa.
set, as fruit ngakuru.
set, as sun ahuahu, hekeheke, kengo, nenewha, newha, opu, poo, rehurehu, toene, too, torengi, torongi, towene.
set, of heavenly bodies whakawhenua, rumaki.
set a light to tungi, tutungi.
set a trap or snare taapiko.
set about huri.
set apart koowae, koowaewae, whakaihi.
set aside taapui.
set at variance whakawhei.
set bounds to rohe, taarohe.
set free wete, wetewete, wewete.

set

set in motion whakarewa, whakawaha.
set in order rauiri, rauwiri, taatai, whakapai.
set on edge mania.
set on fire nanawe, nawe, tou, tutuu, tuumata, tuungutu.
set on way whakatakataka.
set or formal speech whakatuu.
set or rise, as heavenly bodies rere.
set out haramai, hiki, hikihiki, tiieke, whaatika, whakatika.
set out on a journey haapainga.
set snares for birds taahei, taweke.
set to tuku.
set to work tahuri.
set up whakatuu.
setting or rising of sun rerenga.
settle noho.
settle a dispute by battle parekura.
settle down rarau, tau, tuku.
settle down upon tatau.
settle on, as frost tiko.
settled puuwhenua, rawetutuku, upa, whai.
seven whitu.
seventh whitu.
sever haaparapara, momotu.
several hia, whia.
severe kutikuti, paakaha.
severed motu.
severed or cut tookari.
severely momote.
sew tui, tuitui.
sew one thing upon another paapaki.
sew or fasten with a pin or needle toromoka.
sew two kete mouth to mouth paapaki.
sex organs, female (see **pudenda muliebria**).
sexual desire hiahia, taera.
shabby puutaitai.
shade koopare, whakamarumaru.
shade eyes with hand tuupare.
shade the eyes koopare.
shaded maru, marumaru, paaruru, taumaru.
shaded with colour kauruku.
shadow ataarangi, ataata, kooruru, maru.
shadow, of human beings only ata.
shady puururu, taamaru, taumarumaru, tuumaru.
shaft of a spear kawau.
shaft of the pewa bird snare tiahaere.

shallow

shafts of light tara.
shag houmea, kawau, kooau, maapo, maapunga, matapo.
shag, black kawau puu, kawau tuawhenua, paapua.
shag, little black kawau tuuii.
shag, little pied kawau paka, kawau teoteo, kawau tiieke, pohotea, teoteo.
shag, pied aroarotea, kaaruhiruhi.
shag, species of maapua.
shag, spotted kawau paateketeke, kawau tikitiki, paarekareka.
shag, white throated kawau teoteo, teoteo.
shaggy pohepohe, puuhutihuti, tarakinakina, tito, tuahuru, tuatara, tuatete.
shake haurui, hiioioi, katote, kereuu, koorurerure, kooruuruu, koruu, maaue, maaueue, maawewe, ngaaoraora, ngaarueruu, ngaaueue, ngarue, ngatari, ngatee, ngateri, ngaue, oraora, oreore, piioi, piioioi, piioraora, rawharawha, rui, rure, ruu, taarurerure, taaruu, taawiri, taritari, teriteri, tiioi, tiioioi, ue, ueue, whakahiioi, whakakeukeu, whakangaateriteri, whakaoioi, whakapiioraora, whakapoi, whakaruerue, whakataataka, whakatakataka, whakawheoi, wheeruuruu, whiioioi.
shake about onga, taaruperupe.
shake down rui.
shake exceedingly taawiriwiri.
shake gently oioi.
shake off ruirui.
shake or flap in the wind kopekope.
shake out kopekope.
shake to and fro ruirui.
shake up a liquid whakakarekare.
shake up together paaruuruu.
shake vigorously kooruirui.
shake violently hauruturutu, rupe, taarurururu.
shaking keuenga, ruuanga, taaruuruu, wheoi.
shaky tuuretireti.
shallow akahu, matemate, paakihikihi, paapaku, paati, pakiranga, pakoko, papahake, pararaki, piipipi, raupara.
shallow and wide, of a vessel pararaha.
shallow of a lagoon or swamp hawai.
shallow of water covering mud flats koraha.
shallow or dry, become pakoa.

171

shallow

shallow vessel paepae.
shallow vessel made from a gourd pararaha.
shallow water mitimiti, paati.
shame maateatea, ngaringariaa, whakamaa.
shame, feel aniu.
shame, put to hane.
shamed rooraa.
shamelessness hemahema.
shape ata, auaha, taarai, taarei, taratarai.
share hea (**Eng.**), tiri, wakawaka.
share of food at a feast inati.
shark mangoo.
shark, basking reremai.
shark, blue pounamu, taha pounamu.
shark, bramble mangoo tara.
shark, broad-snouted seven-gilled mangooihunui.
shark, carpet pekapeka.
shark, female of ururoa pongi.
shark, great blue mangoo au pounamu, mangoo pounamu, pounamu, taha pounamu.
shark, gummy makoo, mangaa, mangoo.
shark, hammerhead kakere, mangoo pare.
shark, kind of arawa, aupounamu, hapuu, koehu, koinga, kukurerewai, kuuai, kuukuuai, kuukuuwai, kuuwai, mangoo nui, mangoo roa, mangoo taeo, mangoo taiari, mangoo wahatara, mangoo wera, matarua, mataruarua, ngerungeru, ninihi, pioka, puupuuwai, taaeo, taatare, taatere, taiari, taieri, tairi, takiari, urerua, ururoa, waingenge, whaingenge, wharepuu.
shark, large species of hekemai, takapane, takapari.
shark, mako mako, ngutukao.
shark, seven-gilled tuatini.
shark, small ari, tupere, tuperu, uatini.
shark, thresher mangoo ripi.
shark, tiger tooiki.
shark, whaler horopekapeka, matawhaa, ngengero, tuatini.
shark, white mangoo taniwha.
shark, white pointer mangoo taniwha.
shark of a large species taawaka.
shark oil, dregs of apo.
shark with small teeth, species of kaaraerae.
shark's tooth ornament makao.

shell

sharp aneane, areare, kikoha, koi, kokoi, ngangahu, piirata, popo, ratarata.
sharp keel of canoe rautuu.
sharp point kaatara.
sharp-pointed ingoingo, kikoha.
sharp points, with kira.
sharp splinter koi.
sharpen whakakoi.
sharpen by rubbing oroi, uukui.
sharpen on a stone oro.
sharpen to a fine edge whakaratarata.
sharpish koikoi.
sharply cut ngangahu.
shatter whatiwhati.
shattered horohoro, mongamonga, pakaru, puurikiriki.
shave heu, waru.
shavings kotakota.
shawl tarapauahi, tarapouahi.
she ia.
sheaf kaakati, tapiki.
shear kutikuti.
shearwater, fluttering haakoakoa, pakahaa.
sheath puukoro.
sheath for ornamental feathers puni.
shed kautahanga.
shed, cooking puureku, whareumu.
shed, temporary maahauhau, wharau.
shed, with fuel in place of walls puurangirangi.
shed the skin whakamaaunu.
sheep hipi (**Eng.**).
sheer mote.
sheers for lifting weights tokorangi.
sheet hiiti (**Eng.**).
sheet of sail kotokoto, waha.
shelf whata.
shell anga, nganga.
shell, a belemnite fossil roke kanae.
shell, a sea puupuu haarerorero.
shell, cockle maakoi.
shell, large fusiform tuuteure.
shell, trumpet awanui.
shell, univalve puutaatara, puutara, puutaratara.
shell maize by rubbing grains from cob miri.
shell of crayfish, molluscs etc. papa.
shell of egg or crayfish paapapa.
shell used for cutting hair, bivalve uha, uwha.

shellfish

shellfish, kind of hauru, hururoa, iwirau, karahiwa, kararuri, karawaka, koaro, kowaro, maikuku kaarewarewa, marahiwa, marariwha, miware, pootaetae, totoreka, wahawaha, whaangai o tama.
shells in shape of teeth for necklace niho kakere.
shells worn round neck, waist, or ankle hangaroa.
shelter mahau, maru, paaruru, ruru, tuurutu, whakahau, whakamarumaru, whakaruru.
shelter, take whakawhare.
shelter, temporary tiihokahoka, whare puurokuroku.
shelter, without hoorakerake.
shelter from the weather paatuutuu.
shelter used in snaring parrots pourangi.
shelter with branches stuck in ground taawharau.
sheltered kohu, kokohu, maru, marumaru, paaruru, ruru, taawharau.
sheltered spot nukuao.
sheltering whakaruru.
shelving rapidly tahatoo.
shepherd heepara **(Eng.)**.
shield hiira **(Eng.)**, maru, paakai, whakangungu.
shield of supplejack rangi.
shield screen used in sapping a paa kahupapa.
shift (move) neke.
shift (of wind) kootore.
shifting paanekeneke.
shifting about hikimoke.
shilling herengi **(Eng.)**.
shimmer kaarohirohi.
shimmering heat aanini, aarohirohi.
shimmering of atmosphere on a hot day koroirangi.
shin taa, taahau, taataa, taataahau.
shin bone takakaha.
shine aho, hae, hahae, hahana, hana, hiko, ira, iraira, kawata, kohara, koorapu, koowatawata, tiiaho, titi, tuhi, whiti.
shine, begin to hiko.
shine, cause to whakapiirata.
shine clearly para.
shine dimly taakarokaro.
shine through a narrow aperture tore.
shine upon whiti.

shoot

shine with a pale light hina.
shine with unsteady light pura.
shingles, roof toetoe.
shining ahoaho, kanapu, karengo, konapu, koonapunapu, koopura, kooratarata, piirata, toowaawahi, toowahiwahi.
shiny moohinuhinu.
ship kaipuke, moutere, pahii, pora, puke.
ship worm korotipa, korotupa.
shipwrecked paeaarau.
shirt haate **(Eng.)**.
shit tiko, hamuti, tuutae.
shiver harawiwini, hihikiwi, hurupaa, tuawiri, turiwaataitai, turiweetautau, tuuhauwiri, tuungaawiri, wanawana, wiri.
shiver to pieces taritari, teritari.
shiver violently, from cold or fear huukiki.
shiver with cold haawiniwini, kuunaawiri.
shivered pakaru.
shivering huunonoi, kunaawhea, ruuruutake.
shivering from cold or fear korohaawini.
shoal matataahuna, paati, raangai, rere, taahuna, tuahiwi.
shoal exposed at low water taarake.
shoal of eels wiri.
shoal of fish matatuhi, ranga, rara, tere.
shoaling of fish piiranga.
shock whiti.
shock, as from cold water hotohoto.
shocked pootuki, poutuki, wheetuki.
shoe huu **(Eng.)**.
shone upon hikoia.
shoot kookihi, ngao, pihi, pookihi, tupu, tuputupu, wana, wene.
shoot, first maataatupu.
shoot, succulent piitau.
shoot, throw up a new koiata.
shoot, young kahu, nihoniho, teetee.
shoot as a gourd tautorotoro.
shoot beside main stem of a plant taapiri.
shoot forth whakaahurei.
shoot of a creeper or gourd kaawai, kaawei, kiiwai, kiiwei.
shoot of a plant pariri.
shoot of dicotyledonous plant or fern koomata.
shoot of pirita (supplejack) or rarauhe kotau.
shoot of plant wenerangi.

173

shoot

shoot of potato kotete.
shoot out koowerowero, whaatero, whaaterotero, wheetere, wheeterotero.
shoot out rays tara.
shoot up hiiwai, koropana, pariri.
shoot with a gun pupuhi.
shoots from the root of a plant hihi.
shoots of a species of toetoe, young hiinaatore.
shoots of Cordyline, young koata.
shoots of fern, young koeata.
shoots of fern, young curved pikopiko.
shoots of kuumara or potato pooioio.
shoots of *Pteridium aquilinum* maahunu, maakehu, pananehu.
shore akau, patatai, raawaahi, taihua, tuku.
shore, hug the miri.
shore regarded from the water tahaki.
shorn hamore, tiimore.
shorn close koohumuhumu.
shorn of branches morimori.
shorn of external appendages tuumoremore.
short hangahanga, kanepoto, paapaku, paatehetehe, pootehe, pootehetehe, pore, porepore, poto, takupuu, tukekau, tukupoto, tukutata.
short and curly puuteetete, puutetetete.
short cut poka puu, poka tata.
short in stature hakahaka.
short in time or distance uriuri.
short of hara.
short rib rara mutu.
short sighted kahurua.
short tempered kiriwetiweti.
short time, in a inangeto.
short while ago noo tahiraa atu.
shorten taapoto, tukupoto.
shortened, as a garment hikupeke.
shortly karo, potopoto ake.
shoulder pakihiwi, peke, pokihiwi, pokohiwi, pokowhiwhi, tarapakihiwi, timu.
shoulder blade hakikoko, koko o te pokohiwi, paakoukou, papa aahuahua, papa-kai.
shoulder blade, soft outer part of koorito.
shout haamama, haaparangi, hauma, hie, hoo, kaiere, karanga, koo, mapu, ooi, paiahaaha, umere.
shout after tiiwaha.

shrivelled

shout at for purpose of driving away whakahie.
shout in wonder, satisfaction umere.
shout of joy titihaoa, titihawa.
shout together haaumere.
shove tookiri, tute, ue.
shovel haapara (**Eng.**), hango, koko, taakoko, tiikoko.
shovel, anything used as a scoop or hako.
shovel used for gathering mussels kapu.
shoveller, a bird kaahoho, kuruhenga, kuruwhengi, kuruwhengu, paateke, papaunguungu, puutaitai, teetee, tei-waka, wetawetanguu.
show tauaki, tiitohu, tohu, tohutohu, whakaari, whakaatu.
show attention to matenui, matenuitia.
show itself puaki.
show off whakamenomeno, whakameremere, whakametometo.
show one's teeth whaaita.
show oneself at a distance makaro.
show out titiwha.
show the teeth pakiri.
show whites of eyes whakatea.
shower ringi, ringiringi, riringi, tuuaaua, uwhiuwhi.
shower, clearing pata whakamao.
shower, passing mimihau.
showers, light tarahi.
showery weather uaapo.
shred io, kaku, kakukaku, ngaku, toetoe.
shreds, reduced to korohunga, nguha.
shreds or tatters, reduced to harotu.
shriek in alarm tarakeha.
shrill tiikaa, tiikaakaa, tiora.
shrimp koeke, kooura maawhitiwhiti, koouraura, koowhitiwhiti moana, mana, moowhiiwhiti, moowhiti, puhihi, tarawera.
shrimp net kete paahao, kete tiihao.
shrink eti, tiingongo.
shrink, cause to piingongo.
shrink back maopo.
shrink from kumu.
shrivel tiingongo.
shrivel up whakatarehe.
shrivelled huunonoi, kauere, koongio, koopiri, koopuka, kooriorio, koowhewhe, korehe,

shrivelled

kukupi, memenge, menge, mimingo, ngii, ngingio, ngiongio, popoko, puutoki, puutokitoki, roiroi, taramore, tiikoopura, whewhengi.

shrivelled up as by fire kuukuku.
shrivelling of the limbs whakamemeke.
shroud for corpse puraku, purutapu.
shrouds of a canoe poupou.
shrub, a akepiro, akiraho, angiangi, autetaranga, autetauranga, haakeekeke, hakeke, hangehange, heketara, hengahenga, horokio, horopi, horopito, houroa, hukihuki, hukihukiraho, huupirau ririki, inaho, inakapooriro, kaakaariki, kaakaramuu, kaanoonono, kaaramuramu, kaatoitoi, kai weetaa, kaikaiatua, kakaramuu, kakareao, kakarewao, kanono, kaoho, kapukiore, karamuu, karanguu, karapapa, kareao, karewao, kawa, kawakawa, kohoho, kokotaiko, kookihi, kookoromiko, kookoromuka, kootaratara, kooteetee, koouaha, koowhai ngutukaakaa, korohiko, korokio, korokio taaranga, koromiko, koromiko taaranga, koromuka, koropuka, kuukuku, kuumara kai torouka, kuumarahou, kuumararaunui, maaireire, maakaakaka, maakaka, maamaangi, maataataa, maire hau, manakura, manono, marahia, mataira, matukuroimata, maukoro, mere, miki, mikimiki, mingi, mingimingi, monoao, naupata, naupiro, nehenehe, neinei, ngenge, ngohungohu, niniao, niniwa, nonokia, orihou, orooro, paapaa, paapaauma, paapapa, paatootara, patutiketike, peoi, pere, pipiro, piripiriwhata, pounaho, puarangitoto, puka, pukapuka, pukatea koraha, puuharetaaiko, puuhou, puuwatawata, puuwhare-rua, puuwharetaaiko, ramarama, rangiora, rauiri, rauraakau, raureekau, rautini, rauwiri, runa, taaranga, taataka, taatara, taaweku, taawhiri karo, taawiniwini, taihinu, tainoka, tainui, takapou, tapairu, tapatapauma, tarakupenga, tarangahape, taritari aawhaa, tauhinu, tauhinu korokio, tauhinu koromiko, tauirakohe, taumingi, taunoka, taupata, taupuku, taurepo, tawao, teeteeaweka, tiipore, tiitiirangi, toheraaoa, toretore, toropapa, toroputa, tutu, tuupaakihi,

side

tuupare, tuuturi, whaarangi, whakataka, wharekaakaa, wharekohu, wharewhareatua, whatitiri, whau, whauama.

shrub, epiphytic puurauraru.
shrub, sweet scented amiami, mahimahi.
shrub, thorny tuumatakuru.
shrub with fragrant leaves poataniwha.
shrunk kaatoatoa, katoa, kawiu, koomae, kooriorio, paaohe, pakoko, paro, paroparo, piako, piinganga, piingongo, taramore, tiango, tiiangoango, tikoko.
shrunken mohoriiriiwai, puango.
shudder haawiniwini, hihikiwi, ihi, ihiihi, oi, winiwini, wiwini.
shudder with fear ihiihi.
shuffle hoonekeneke.
shuffle the feet koonekeneke, piikari.
shut kati, kokopi, kopi, uaki.
shut, as a lid kopani, pokipoki.
shut, as the mouth or hand topi.
shut and open alternately kutikuti.
shut eyes kiwa.
shut in hamaruru, haupunu, kopani.
shut in, as by hills kapiti.
shut off kaupani.
shut sliding door or window too.
shut up aapuru, kopani, kopiti.
shut up in an enclosure tuutaki.
shy hihi, hihira, konekone, maakaa, matakaa, matakakaa, matakana, matawhiwhiu, memeke, mokepuuihi, paoke, puuihi, whakakookiri, whakamaa.
shyness ahaaha.
sick maauiui, mahaki, mate, tuuroro.
sick, cause to be whakamate.
sick person haaura, ketoketo, mahaki, maki, ngongo, oke, okeoke, tuupaapaku, tuuroro.
sickle toronaihi (**Eng.**).
sickly aewa, anuhee, matemate.
sickness aitu, koero, maaruru, mate, mate tuuroro, tahumaero.
sickness, a matekoko, tingara.
sickness, strange tipua, tupua.
Sicyos angulata maawhai.
side kaokao, raawaahi, ripa, taahapa, taha, tuku, whaitua.
side, far takatua.
side, other tai.

side

side, to one autaha.
side by side kaapiipiti.
side by side, put piti.
side of a canoe, outer surface of papakairaa.
side of a roof manu.
side or bank of a river tarawaahi.
side wall of a house kopai, kopainga, tara.
Sideroxylon novozelandica tawaapou.
sides of a canoe, attached oa, owa, raiawa, rauawa.
sideways kaokao, kootaha.
Siegesbeckia orientalis punawaru.
sieve hiitari, taatari.
sift taatari.
sigh harapuka, hotu, kutare, maapuna, mapu, muri, murimuri, ngunguru, nguru, puuhoto, whakapaaha.
sigh for aumihi, mihi.
sight tirohanga.
sight, almost out of mooriroriro.
sight, come in pahure.
sight, dimness of kahupoo.
sightly makatika.
sign maru, tohu, tuutohi, tuutohu.
sign of rank nui.
sign that a chief had died at place hara.
sign with the hands rotarota.
signify waitohu.
signs, make tungatunga.
silence muumuu.
silenced hane.
silenced by argument kiki.
silent haumuumuu, huu, kuu, moohuu, muu, muumuu, ngongo, nguengue, nguu, nohopuku, puku, taipa, whakamootu, whakaroau.
silent, keep whakahuu.
silent, remain when called karangataa.
sill of a door frame pehipehi.
silly haarangi, heahea, hohore, hore, ruuruuwai, tihohe, wau, wawau.
silly person haakawa.
silt kenepuru, kotao, parahuhu, parakiwai.
silver hiriwa (**Eng.**).
silver-eye kanohi moowhiti, karu paatene.
simulate whakatau.
simulate by gesture whakaata.
simultaneous tautokorua, tukutahi.

sinking

simultaneous rush tukutahi.
simultaneously tahi.
sin hara.
since ina.
sinew iaia, io, uaua.
sinewy pakaua, puuioio.
sing iere, kitaa, pao, poroporoire, puoro, rehu, tau, toiere, waiata.
sing, as a bird koo, korihi, wheko.
sing a dirge tangi.
sing a song accompanied with dance haka.
sing a song to dance to hari.
sing in early morning kookii.
sing solo part of song whakatene.
sing song in response tautitotito.
sing to keep time in any united effort umere.
sing while travelling tuporo.
sing while travelling at night tuupaoe.
sing without an object koohau.
singe huhunu, hunuhunu, ngunu, taaina.
singing in the head whakakitaa.
single apatahi, tahi, tapatahi, tootahi.
single, of a canoe maarohirohi, marohi, moorohirohi.
single (not married) taka kau.
single child at a birth tautahi.
single combat riri tautapatapa, taumaatakitahi, tautakitahi.
single fold aritahi, tapatahi.
single man roopaa.
single ply apa tahi.
single pointed taratahi.
singlet hingareti (**Eng.**).
singly takitahi.
sink punga, ruku, tahuri, taupunga, tirehe, totohu.
sink down maroro.
sink in tiipoko.
sink in a bog tapoko.
sink into a bog poharu, powharu.
sink to the bottom whakawhenua.
sinker for a fishing line maahee, maihea, makihea.
sinkers on a dredge for crayfish panepane.
sinkers to a net, attach karihi.
sinkers to lower edge of drag net karihi.
sinking koongenge.
sinking pain nohu.

sinner tangata hara.
sir koro, paa, taa.
sire, to ai.
Sirius Takurua.
sister, elder haamua.
sister-in-law of a man auwahine.
sister-in-law of a woman taokete.
sister of a male tuahine, tuawhine.
sister of a woman, older tuakana.
sister of a woman, younger taina.
sit noho.
sit apart paetau.
sit close whakapupuni.
sit huddled up koopipiri.
sit idle whakapateko.
sit on eggs as a hen awhi, taapapa.
sit on one's heels noho tiineinei, noho tiitengi.
sit or dwell, cause to whakanoho.
site paenga, papanga, takotoranga, tuu, tuunga.
site of buildings paenga.
site of house papa.
situation out of the way rahaki.
six ono.
sixpence hikipene (**Eng.**).
sixteen tekau maa ono.
sixth ono.
sixty hokotoru, ono tekau.
size katete, korahi, kuupara, nui, rahi, rarahi.
skate or ray whai.
skate or ray, species of manumanu.
skate without a sting uku.
skeleton anga, koohii, koohiwi, koohiwihiwi, tuahiwi.
sketch out a pattern huahua.
skewer koohiku, paoka, puurou.
skid for a canoe motumotu tooroa, ngaro, rango.
skill maatau, moohio.
skilled puukenga.
skilled person puu, taaura, tauira, tohunga.
skim along surface ripi, ripiripi, riripi, tiitipi, tipi.
skim over wani, waniwani.
skin hiako, kiri, kirimoko, kiriwai, peha, tapeha.
skin, inner kiri wai.
skin of infant hiapo.
skin, outer kiri tai.
skin, white kiri maa, kiri tea, kirihoko.

skin adhering to flax if badly dressed koka.
skin disease hakihaki, inakoa.
skin roughened with cold huuwiniwini.
skink mokomoko.
skinny iwikau, pakarea.
skip hiki, mawhiti.
skip over tiipoka.
skip with a rope piu.
skipping rope piu.
skirmishing order kaurerewa.
skirt round hohoni, honi, taku.
skirting-board paewai, pooitoito.
skirting-board of veranda paakahokaho.
skua, southern haakoakoa.
skulk piri, tuohu, whakatarapeke.
skull korotuu, paarihirihi, papa ahu, papa angaanga, papa o te angaanga, pareho, paro, paroparo, pooangaanga, poorihirihi.
skull, roof of papahuaki.
sky rangi.
sky, deep blue kiko o te rangi, kikorangi.
sky, poetical term for hei.
skyline huapae.
slab papa.
slab closing the window piihanga.
slab on storehouse piles to stop rats papakiore.
slabs forming walls of a whare poupou.
slabs of tree fern to line kuumara pit tiirongo.
slabs of tree fern trunks pairi ponga.
slack haangorongoro, hangoro, kaaewaewa, kaewa, koorurururu, korokoro, maawaawaa, mate, ngoru, puakoro, pukoru, tangara.
slack, as a cord puungohe.
slack, of lashings tatetate.
slack off whakahoro, whakahorohoro.
slack water tai mate, taui.
slacken whakangoru, whakapukoru.
slander mure, tarawau, tuutara.
slant hirinaki, taa, tiitaha, whirinaki.
slanting konana, roonaki, taawharara, tihoi, tiitaha.
slap paahia, paki, pakipaki, papaki, taupaki.
slasher huuka (**Eng.**).
slater paapapa.
slaughter hingahinga, matenga, taarukenga, whaarona awatea, whakapiko.
slaughter in battle parewhero.

slave — slow

slave apa, herehere, hunga, kahunga, kaitonotono, kakanga, karokaro, mookai, ngoringori, ora, paaihi, paarau, pahii, parakau, pararau, pononga, poroteke, rahi, roopaa, rooraa, tangata, taureka, taurekareka, taurereka, tia, toenga kai, toenga kainga, tuumau, tuumou.
slave, kept as a toenga kaitia.
slavery paarau.
sledge kooneke, koopapa, panuku.
sleek koutata, maheni, mohimohi, ngerungeru, toowaawahi, toowahiwahi.
sleep kaikaru, moe.
sleep, broken mataraumati.
sleep, involving tuuaamoe.
sleep, put to whakamoe.
sleep, restless moe whakatorohuu.
sleep by a spell, put to rorotu, rotu.
sleep frequently in the daytime whakawai kookoomuka.
sleep restlessly moe tiitoro, moe toropuku.
sleep soundly aumoe.
sleep together momoe.
sleep uneasily kaihewa, korohiko.
sleep wakefully moe-tiitoro, moe-toropuku.
sleep with the eyes half open koorewharewha.
sleeper kurupae.
sleeping house wharepuni.
sleeping place moenga.
sleepless koheko, whakawhetuu.
sleepy haamoemoe, hiamoe, hinamoe, poouruuru, turamoe.
sleepy and weary ohere.
sleet waiwaha.
slender puuhihi, toohihi.
slender and fragile shoots on kuumara kooauau.
slice kooripi, tiitipi, tipi, topetope.
slice off ripi.
slide mania, manini, paheke, panunu.
slide, of earth horopuu.
slide along koneke.
sliding readily over another object mania.
slight pii.
slime haaware, haawareware, huuwareware.
slimy haawaniwani, hahohaho, puurikoriko.
slimy, as eels haawareware.
sling for carrying load on back kawerapa.

sling for throwing darts koopere, kootaha.
sling for throwing stones kootaha, puukoro.
sling-stone kooreparepa, korepa.
sling with string attached to stick koopere.
slink away papare, pare.
slip hiki, kaheko, kareko, karengo, koohuhu, mania, manini, niania, paauhu, paheke, pakuku, paremo, parengo, peo, pepe, tapepe, whenuku.
slip, as a knot kiikoorea, mahuhu.
slip as land horo.
slip away kounu, paheno.
slip off pahuhu.
slip off, cause to whakahoro.
slip or err in repeating a song pape.
slip out of a crowd unu.
slip up pahuhu.
slipknot koromahanga, whakakoohuhu.
slipknot, make a tiitoorea, whakakiikoorea.
slippery haawaniwani, hoorete, mania, paahekeheke, paakehokeho, paanekeneke, paaremoremo, paarengorengo, peopeo.
slipping whakakoohuhu.
slipping about paarikoriko, pariko.
slit haapara, hae, hahae, hooripi, hooripiripi, hori.
slog kake, whakakake.
slope auroro, hirinaki, kootautau, panau, rapaki, rea, taawhati, tahitahi, whirinaki.
slope, gentle paanakitanga, paanaunau.
slope, gently paananaki, piinaki, piineki.
slope downwards taiheke.
slope of a hill tahataha, tuupaki.
sloping roonaki, taahinga, taahingahinga.
sloping abruptly taakau.
sloping ground aupaki.
sloppy kuurarirari.
slot kaaniwha.
slovenly hakurara, pakirara, rangirua, taaheha, taaweewee, taruweka.
slovenly, of weaving kaatoatoa, kaawitiwiti, taakeka.
slovenly manner, act in a hakuhakutai.
slow akitoo, akutoo, autoo, aweke, hootoa, huungoingoi, huungongoi, maangaingai, pakungaroa, pakuroa, poorohe, poorori, pooturi, puuhoi, taaweweke, taitu, takaware, taku, taparuru, tiiraha, tume, turiwhatu,

slow

ukauka, whakawheetootoo, wheetootoo, wheoro, wheruu, whetoo.
slow moving puutumu.
slowly aata.
sludge paruparu.
slug haataretare, ngata, putoko.
sluggard pirorehe.
sluggish hootoa, poorori, takurutu, turikore, tuupuhi, tuuruuruhi, ukauka.
sluggish, of a stream puuroto, puurotoroto.
sly looking iroiro.
slyly whakapapa.
smack papaki.
smack lips kamikami, kootamu, kootamutamu, kotekote, paakorakora, pakara, pakora, whakapokara.
small hangariki, hauiti, huariki, iti, kauriki, kaurikiriki, kokororiki, konaho, koomehomeho, koroiti, kotokoto, maakari, mahake, maiti, matariki, mero, meroiti, meromero, meromeroiti, meroriki, meroririki, momipuu, mookitokito, moroiti, mororiki, muimui, nahonaho, namunamu, ngeni, ngote, ngotengote, niki, niniki, ninipi, nipi, nohinohi, noke, paku, pakupaku, pakuriha, pohuka, pookeke, poonaho, pota, puheto, puwheto, rauiti, riha, riki, rooriki, taataariki, tangatakimoorii, tatakimori, teoteo, tooriki, toorikiriki, tooririki, tuaiti, tuupakipaki, wekeweke, whetau, wheto.
small, anything ngarangara, niania.
small, applied particularly to nestling piitaketake, piitakitaki.
small, applied to kuumara taakora.
small, of birds teo.
small, very kitakita, maakarokaro, merowhetau, orotangi.
small branches at extremity of bough rerenga.
small in bulk iroiro.
small or dry, begin to be whakapaku.
small or dry, make whakapaku.
small portions rikiriki.
small stature tauhena, tauwhena.
smallpox mate koroputaputa.
smart, be tooingo, toorire, toorirerire.
smart, to mangeo, nanamu, paakikini, paakinikini.
smarting puia.

smooth

smash haukuru, koopehupehu, parehe, taiari, taieri.
smashed paruparu, tupenu.
smashed to atoms ngotangota.
smear miri, mirimiri, muku, mukumuku, muru, pani, panipani, paru, penu, tarohe, tope, whakarewa, whakawahi.
smear with oil piipii.
smear with red ochre and oil paahanahana.
smeared pahawa, pepenu.
smeared on hawa, hawahawa.
smegma paraheka.
smell hongi, hongihongi, kakara, konakona, pihongi, rongo, whakamono.
smell, as from a fire indoors mootuhi.
smell, diffusing a hoopurupuru.
smell, foul piro.
smelling of haaungaunga.
smelling offensive kaunga.
smelt paraki, rangiriri, takeke.
smelt, fry of ngaore.
smelt, half grown tikihemi.
smelt, young of ngaiore.
smile memene ngaa paapaaringa.
smite hahau, hau, hauhau.
smoke au, auahi, kai paipa, kai toorori, kauruki, kookorouri, paoa, paowa, pawa, whakaauau.
smoke, dense black ponguru.
smoke, make to whakapoa.
smoke or steam from damp wood manawa ahi.
smoke (tobacco) kai paipa (**Eng.**).
smoke vent aumanga.
smoked puukauri.
smoking poa.
smoky kaurukiriki, kootuhi, mataauahi, ponga, pua.
smooth horehore, karengo, koito, koutata, maaeneene, maakohakoha, maanihi, maheni, mania, moani, mohimohi, momore, momori, monemone, mooai, mooaniani, moohanihani, moowai, moremore, motuheehee, motuhenga, newanewa, ngerungeru, ngorengore, paparewarewa, tiiwani.
smooth, make whakaene, whakahuene, whakamahine.
smooth, of the sea haaro, marino.
smooth running paparoonaki.

smooth

smooth running, of words of song huatau.
smooth timber with an adze toro.
smoothbarrelled, of a tree haamonemone, haamoremore.
smother taami, taamoe, taataami.
smother with tanu.
smother with smoke taapoa.
smoulder mohu, ponguru, popoo.
smoulder, to make whakapopoo.
smouldering poa.
smudge ukupara.
snag taaiki, taitaa.
snail haataretare, ngata.
snail, species of pikopiko, puupuu harakeke, puupuu rangi.
snap kee, patoo.
snapped off pota rere.
snapper karatii, kouarea, kourea, taamure.
snapper, golden koarea.
snare aahere, karu, karu mahanga, kawau moe roa, kore, maahanga, patatari, pootari, reti, rore, taakiri, taawhiti, taeke, torohere, toromahanga, whaapiko.
snare, form of bird manga, pawa, poorae, puaka.
snare, make a aahere, koopiko, koromahanga, whaapiko.
snare, make into whakakoopeti.
snare, part of arorangi, paerutu, peu.
snare and perch for snaring kaakaa peke kaakaa.
snare birds mutu, muu, pae.
snare by the neck hei.
snare for ground bird tuupaki.
snare for hawks kamu.
snare for kaakaa muu kaakaa.
snare for parakeet kooputa.
snare for parrots mutu kaakaa.
snare for pigeons karu kiekie, mutu kereruu.
snare for rats, part of a kaatara.
snare or trap for hawks taaraharaha.
snare spread between trees for birds aahei.
snares, line of kaarawa.
snaring, prepare noose for whakakorekore.
snaring birds, method of kapakapa.
snarl ngangara, ngara.
snatch hiko, hopu, kapo, kohaki.
snatch from one another tatango, tauhonehone.

soft

snatch of a song piitau, piitautau.
snatch up koorari.
sneer whakahii, whakahiihii.
sneeze matihe, tihe, tihewa.
sniff hongi, pihongi, whakamono.
snipe, Snares Islands tutukiwi.
snood taakerekere, takaa.
snore korowaru, ngongoro, peru, pipiha.
snort horu, peru, whengu.
snot huupee.
snow huka, hukaapunga, hukarere, puaheiri.
snow, light flakes of tarahi huka.
snow grass haumata.
snowberry taupuku.
snowy puuhuka.
snub nose ihu noke.
snuffle whenguwhengu.
snuffling sound with the nose kuruhenga, kuruwhengu.
snug kauawhiawhi, whakapiri.
so peenaa, peenaka, peeraa, peeraka.
so, it is koia.
so and so mea.
so be it kaati.
soak waiwai.
soak in pipii.
soaked kueo, pii.
soap hopi (**Eng.**).
soar aatiu, aatiutiu, haaro, hoka, koko, kupa, tauihi, tiu, topa, whakakoko, whakapaaho, whakaparo, whakatopa.
soaring paaho, topatopa.
sob heahea, horu, horuhoru, hotu, koto, kotokoto, kutare, mapu, ngai, ngaingai, whakaingoingo.
sob violently hohuhohu.
social position tupu.
sock tookena (**Eng.**).
sodden awai, haruwai, pii, poharu, powharu, pukewai, pukuwai, puupuuwai, rei, waiwai.
sodomy karipapa, moe whakaeneene.
sodomy, practise pohane.
soft koomaamaa, kooparuparu, koorengarenga, koowariwari, koropungapunga, kuureherehe, kuuteretere, maahungahunga, maangohe, maariri, mania, marore, mohe, momoho, newanewa, ngaawari, ngaere, ngakungaku, ngaore, ngehe, ngehengehe, ngerungeru,

soft ngohe, ngohengohe, ngongangonga, ngore, ngorungoru, ngoungou, paarore, pee, peepee, piingohengohe, pingohe, poharu, poorohe, powharu, puungahungahu, taahoohoo, taangehe, taaoru, taapokopoko, taaromiromi, taroma, tiihoo, tiihoohoo.
soft mass peepee.
soft to the touch maaeneene.
soften whakapee.
soil oneone.
soil, black paraumu.
soil, dark fertile onemata.
soil, lacking substance, light onepunga.
soil, light colored sandy tenga kaakaariki.
soil, poor reddish onekura.
soil, sandy volcanic onetea.
soil, type of onepuia, onerere.
soil, virgin taataahou.
soil, worn out taekai.
soil with much pipeclay onoke.
soiled haruharu, kirikiriaa, koohariharu, maarari, paru, poke.
soiled by pulpy or viscid substance pee, peepee.
soiled face ihu oneone.
Solanum aviculare kaoho, kohoho, kokoho, peoi, poopro, poroporo, poroporo tanguru.
Solanum aviculare, **fruit of** kahoho, kaoho.
Solanum nigrum poopro, poroporo, raupeti, remuroa.
Solanum sp. tuupurupuru.
solar eclipse raa kuutia.
solder piuta (**Eng.**).
soldier hooia (**Eng.**).
sole paatiki rori, pakeke, tarore.
sole of the foot kapu, kapukapu, raparapa, takahi, tapuae, taputapu, tapuwae.
Soletellina nitida piipipi.
solicitous anipaa, paairiiri, paawera, pairi.
solicitude pairuri.
solid maaroo, paamaaroo, pakeke, toka, totoka, tuumaaroo, utoka.
solid, make whakatoka.
solid, of a swamp with good bottom papawheki.
solid mass papatipu, papatupu.
solitary hokehoke, kaimoohuu, koropuku, mehameha, mohaha, moke, mokemoke, mokepuuihi, mokomokorea, mokorea, mooai, moowai, okotahi, pakewa, paoe, paowe, pouaru, tootahi.
solitary person moke.
solo parts of a Maori song hiianga.
some eetahi, eetehi, ehinu, he, ngeetehi, teetahi, teetehi.
some, when speaking of persons etokohinu.
somnolent momoe.
son tama, tamaaroa.
son by a slave wife tama meamea.
son-in-law hinaonga, hunaonga, hunoonga.
Sonchus asper kautara, raurooroa, taweke, wekeweke.
Sonchus oleraceus pororua, puuhaa, puuwhaa, rauriki.
song hari, maire, oriori, piioriori, pohii, poii, puha, puoro, ruri, ruriruri, takitaki, tau, tuupaa, waiata, whakaoriori.
song, a light hakirara.
song, abusive kaioraora, paatere.
song, accompanying a dance haka.
song, nursing ngaaoriori, oriori.
song, repellent pana.
song and dance, a derisive pao.
song chanted as revenge tumoto.
song for inspiring workers whakahauhau.
song for keeping time hautuu, rangirangi, tautapa, toiere, tuki.
song for launching a canoe ngeri too.
song of affection for the dead maimai aroha.
song of disgust manawa-toto.
song of watchman mataara.
song sung while brandishing heads piioi.
song to encourage paddlers in canoe toitoi waka.
song to make people pull together harihari, ngaringari.
song used while spinning tops oriori pootaka.
soon aakuara, awe, mea ake, taro ake, wawe.
soon, very mea kau ake.
soot ahowhare, awe, kuukaawhare, nganga.
soot for tattooing pigment kaapara, taarehu.
soot from burnt kauri gum or wood kauri, ngaarahu kauri.
soothe mamahu, miri, mirimiri, poopoo, whakamauru, whakanene.
soothing maene.

Sophora microphylla koohai, koowhai.
Sophora tetraptera koohai, koowhai.
Sophora tetraptera, variety of koowhai taaepa.
sore ipuipu, keha, kurupo, maki, paawera, whaaraki.
sore, kind of taputaweke.
sore, matter from karukaru.
sore throat katirehe.
sores pihangarua, puhangarua.
sores, covered with tueke.
sorrow huamo, kooingo, mooketekete.
sorrow for komihi, raahiri.
sorrowful aroaroaa, moorearea, poouri, tuarea, whakapoururu.
sort kano, maahiti, tuu.
sort out koomaka, koomiri, kopana, wehewehe.
sough tihi.
soul awe.
sound haa, hou, oro, puoru, tangi, toiora, tootika, waawau, wau.
sound, any dull haruru.
sound, continued raraa.
sound, explosive tee.
sound, grating kukuu.
sound, heavy haruru.
sound, indistinct maahia.
sound, make a continued dull raraa.
sound, make a low rea.
sound, make a low inarticulate kuu.
sound, of sleep au.
sound, produce a sharp kee.
sound, sharp sudden patoo.
sound, slight hiirea.
sound in appreciation of food pokara.
sound indistinctly wawaro.
sound of running water arawaru.
sound of voices iere.
sound of voices, indistinct warowaro, wawaro.
sound of voices in the air parangeeki.
sound with a line taaweewee, whakataatuutuu.
soundness waiora.
soup made of meal of hiinau berries wai haaroo.
sour, fermented maaii, moii, mokohii.
sour, of taste hiimoemoe, kakati, kawa, moemoe.
sour, turn ii.
source matamata, pii, puu, puukaki.

source of a river hikuawa, hikuwai, hookikitanga, kaauru, koohuhutanga, kopounga, kuikuinga, kuinga, maataapuna, taauru, upurangi, whakaipurangi.
source of mankind toi.
south runga, taitonga, tonga.
South Island Moana Pounamu, te Wai Pounamu.
south-south-east tonga huruhuru.
south wind with fine weather tonga tauwhare.
southerly tonga.
southern tonga.
Southern Cross Taki o Autahi.
Southern Cross or star in Mahutonga.
sow, female pig poaka uwha.
sow seed rui, ruu.
sow-thistle puuhaa, rauriki, taweke, wekeweke.
sow-thistle, kind of raurooroa.
space maanawanawa, mokoaa, mokotawhaa, mokowaa, takiwaa, tarawaha, tiriwaa, waa, whaitua, whanga.
space, open aha, ahaaha.
space, open, among rocks aaria.
space between mounds in kuumara field koihu.
space between rows of kuumara pongaaihu.
space between two thwarts tauare, tauware.
space in front of a house kopa, kopanga.
space outside fence of a paa kiritahi, kiritai, paekiri.
space to the left entering a house kopa, kopanga, matakopa.
spaces between tattooing waiora.
spaces or holes, full of puuataata, puuwatawata.
spade haapara, kaaheru, kaarehu, puka.
spade, wooden hoto, tuukari.
spade (in cards) peeti (Eng.).
span awhe, tuuhangai.
Spaniard Paaniora.
spar raakau.
spare koha, kookau, tohu.
Sparganium subglobosum maaruu.
sparing matatoua, moaananga.
spark koma, kongakonga, kora.
spark, flash of fire mapura.
sparkling piari.
sparse growing tuurukiruki.
sparsely covered tihetihe.

spasm hukihuki, pana.
spasmodic movement of the limbs hookai.
spasmodically hita.
Spatula rhynchotis kaahoho, paateke, papaunguungu, puutaitai, teetee, teiwaka, wetawetanguu.
Spatula rhynchotis variegata kuruhenga, kuruwhengi, kuruwhengu.
spawn hua raakau, paratau, toene.
spawn of crayfish puhipuhi.
speak hamumu, kii, kiikii, koorero, korokii, kupu.
speak, make to whakakoorero.
speak angrily hohoo.
speak evil of muhari.
speak falsely hori, horihori.
speak frequently kupukupu.
speak frequently of pootete.
speak frequently of intentions kawatau, koohau.
speak harshly of wani.
speak ill of hahani, hani, hanihani, kanone, kehi, kekehi, taiaroa, tarawau.
speak in a chiding manner korokii.
speak in a low tone kuuihi.
speak indistinctly tapepe.
speak or cry loudly pararee.
speak or read aloud paanui.
speak or tell of privately muna.
speak to korokii.
speaking, act of kiianga, kiinga.
speaking, begin oho.
speaking falsely paraparau.
spear kaukau, kookiri, koopeo, maatia, maatiha, maiere, paatia, pehu, tao, tara, tete, tete paraaoa, tete whai, tiimata.
spear, for birds here, taahere, tao kaihua, tao kaihuia.
spear, for eels, single-pointed tao tahi.
spear, for pigeons rawhi.
spear, for throwing taarerarera.
spear, in an unfinished state kairaawaru.
spear, long hoata, tao roa.
spear, to wero, wewero.
spear as guard, method of holding aahei.
spear birds taahere.
spear point, detachable matarere.
spear pointed at both ends koikoi.

spear thrown by hand ngongo.
spear thrown by way of challenge mutu, muu.
spear with a knob on the butt huata.
spear with detachable point ahao, ore.
spear with point notched to break off maakoi.
spear with pointed stick, to puurou.
spear with rows of barbs on head maakiukiu.
speargrass kurikuri, papai.
speck kora, ngata, tongi.
speck in the distance whakanamunamu.
speckled kootingotingo, korotingotingo, tingotingo, tongitongi.
spectacles moowhiti.
speech reo, tuuaatau.
speech, confused reo whakapiki.
speech, formal onetuu, whaikii, whaikoorero.
speech, make a formal whaikoorero, whaikupu.
speechless nguu.
speed in rowing waihoe.
speedy hohoro.
spell, a ihi, kahau, karakia, maakutu, mata, umutitiaeho, tuuaa, tuutawake.
spell, a defensive awherangi, kaiure, kaiwhata, kaiwhatu, maataapuru.
spell, effect by a tuutawake.
spell, lay a aapiti.
spell, protective kakaro, karo.
spell, say a karakia.
spell for putting someone to sleep rotu, whakamoemoe.
spell of unbroken sleep tuuaamoe.
spell recited over new net or canoe inuinu.
spell to bewitch a person hura, kaanewha, kaanewhanewha, mataawha.
spell to cure wounds whai.
spell to destroy courage kaamahunu.
spell to destroy life maataakai, tangi tawhiti.
spell to influence an absent person whakairi.
spell used at kuumara planting ahuroa.
spells and rites for divination tuuaaimu.
spent mahiti, porehe, rokiroki, ruhi.
Sphenodon punctatus kaurehe, kaweau, kawekaweau, ruatara, tuakeke, tuatara, tuatete.
sphincter muscle takini.
Sphinx convolvuli, **a moth** wenewene, hiihue, koowenewene.

Sphinx

Sphinx convolvuli, **chrysalis of** tiingoingoi, tiingoungou, tuungoungou.
Sphinx convolvuli, **larva of** aawhato, aawheto, anuhe, hootete, huarangi, muuharu, muuharu, muuharu, ngurengure.
Sphyrna lewini mangoo pare.
spider puawerewere, puungaawerewere, puungaiwerewere, puuwerewere, tuuturi.
spider, venomous katipoo.
spiderwebs maawhaiwhai.
spike koi, tara, taratara.
spill whakapookarekare.
spilt maringi.
spilt little by little, be maaringiringi.
spin kaarure, miro, taawhirowhiro.
spin or twist a strand of cord wenu, whengu, whenu.
spinach, New Zealand kookihi, rengamutu, rengarenga, tuutae ikamoana.
spine tara, tarakina, taratara.
spine, on back of reptile or fish tuaatara, tuaitara.
spine, upper part of tongamumuhu.
spine of a sting ray hoto, wero.
spine of dorsal fin taramutu, wehiwehi.
spined tuatara, tuatete.
spines wanawana.
Spinifex hirsutus koowhangatara, raumoa, turikaakoa.
spinner for fishing paa.
spinous puutaratara.
spiral toorino.
spiral lines in tattooing koropetau, makaurangi.
spiral pattern in carving taka.
spirally, moving koomiro, miro.
spirit kauwhata, keehua, kooiwi, korou, manawa, ngaakau, para, poo maarikoriko, poo mariko, wairua.
spirit, an evil rita.
spirit of a stillborn infant kahu.
spirit of bravery hautuu.
spirit of dead person apa, apahau.
spirit of life hauora.
spirit voice irirangi.
spirit voice heard at night by the sea irewaru.
spirit voices in running water punawaru, puuwawau.

split

spirit world reeinga.
spirit world, entrance to muriwai.
spirited ate, ngangahau, whakahiihii.
spiritless huunene, parure, tara kore, waitau, whakaparure.
spirits, malignant devouring ngingongingo.
spirits, man eating rikoriko.
spirits, place of departed muri.
Spisula aequilateralis kaikaikaroro.
spit (expectorate) aanu, puha, tuha.
spit (impale) huki, koihoka.
spit for roasting huki, hukihuki, kohuki, kohuku, koohiku, koohoka, mataahi.
spit for roasting, two pronged koorapa.
spit out puha, puwha, tuha, tuwhatuwha.
spite kaikino.
spiteful turatura, waniwani.
spittle huare, huuware, huuwhare, parahuuhare, parapara, parawaha, ware.
splash kaarapu, paatiitii, patii, poohutu, puuhoru, taratii, taratiitii.
splash about poohutuhutu, taakaru, tiiehu.
splash up paratii.
splash with hands while bathing poorutu.
splashboard of canoe otuu.
splashed paaraarikiriki, poohutuhutu, whekuwheku.
splashing maareparepa.
spleen hinengaro, kooateate, mahara.
splendour ahurei.
splice hono, uhono.
splint made of bark paapaa-kiri.
splinter maramara.
splintered puutaarera.
splinters, reduced to kooihiihi.
split akoako, ihi, kooihi, kooreparepa, koowhaa, korepa, korepe, kotata, matiti, matoe, taaihi, tiitore.
split, a tapa.
split, be maatiitore, maatititi, maatoetoe, maawaawaa, matata, ngaatata, tooihi.
split, of timber ngawhaa.
split into strips koowharawhara, taakirikiri, toetoe, toretore.
split off kooihiihi, okaoka.
split off in chips rehu.
split open koowhewhe, paahaha, poohaha, poohara, poowhara.

split   **spring**

split open for drying or roasting rapa, raparapa.
split something maakahi, pihi, tiiwara, tiiwarawara, tiiwharawhara, tiora, toe, tore, totoe, waahi, waawaahi.
split something open koara, kohara, koowhaa, okaoka.
split stick used as a spit rapa.
split with a wedge makatiti.
spoil koopeka, takakino, whakakino.
spoiled by water kooharihari.
spoils hau.
spokesman reo.
sponge hautai, kaipaoke, koopuupuutai, kootare, kootaretare, puungorungoru.
sponge upon others kaimaatai.
spongy karukaru, koopuka, koopuutoitoi, kurupetipeti, pukaa, puukahukahu.
spongy matter kakaru.
spongy matter in gourd karu, karukaru, pukahu, roro.
spontaneously noa.
spoon hako, koko, pune (**Eng.**).
sport haakinakina, kapa, taakaro, whakanene.
sport with whakangaio.
sportive pukutaakaro.
spot koha, kooiraira, korotiwha, tiwa, tiwha.
spots or pimples, covered with papata.
spotted ingoingo, kooingoingo, koopatapata, koopure, koopurepure, koorangorango, kootiwhatiwha, korotingotingo, korotiwhatiwha, purepure, taaingo, taaingoingo.
spotty paakirikiri, taangaangaa, taangahangaha.
spouse aawhai, hoa, hoahoa, makau, tahu, tau.
spout as a whale pipiha, pupuha.
sprained parori, takoki, tanoi, tanoni, taui.
sprat aua, kupae, marakuha.
sprawl pukoni.
spray heihei, nehu, nehutai, puupuutai, puutai, rau, rehu, rehu-tai.
spray, covered with moonenehu.
spread taawhe, whakaea.
spread a report paki.
spread about kahora, kaupaapari, rauroha, takoha.
spread abroad kaatohatoha, kaihora, katoha, kona, raka, taaoro, tohatoha, whaarangi.

spread as disease urutaa.
spread as news koke.
spread in rows as food taiaroa.
spread on, as paint, oil pani, panipani.
spread open kaupeka.
spread open, as legs tihaha, tiirara, tiiwhera, tiiwherawhera, whanga.
spread out huarapa, kaupararii, kurahorahora, kuurapa, maaroha, maaroharoha, mahora, ngahora, poorararara, raharaha, rapa, rauraha, rauroha, roha, taawhara, teretere, toropaa, ukupara, uwhi, whaarangi, whangawhanga, wharanui, whera, wherawhera.
spread out, as a mat or garment paaroha.
spread out, as water tere.
spread out food taakiri.
spread out on a stage rara.
spread out something hora, horahora, maaroha, rora, tahora, toha, towha, tuurara, whera, whewhera.
spread out upon the ground takapau.
spread over apu, poki, pokipoki, popoki, takapau, tukipuu, tukupuu.
spread rapidly tipitipi.
spread reports mure.
spread wide tuuhangai.
spreader tiitoko.
spreader of sail of a canoe kihau.
spreading karawa, paapaa, roraha.
spreading branches, with paapua.
spreading false reports papaki.
spreading over a surface papauku.
sprig taakupu.
sprig of any tree used in ceremonies kawa.
spring, first month of ahikaea.
spring, second month of ahimaru.
spring, strong gushing nga rau matatiki.
spring, third month of ahinui.
spring a trap turupana.
spring back whana.
spring of a trap panapana, tupa, whana, whiti.
spring of water koomanawa, matatiki, puna, waipuna.
spring season aroaromahana, aroaroraumati, kooange.
spring suddenly from stooping position korohiti, korowhiti.

spring

spring tide tai-nunui, tai-teka, tai-toko.
spring up hihiri, konaki, koonakinaki, koowhiti, matoko, oho, pihi, poupourere, pupuu, rea, totoo, tupana, turapa, whanake.
spring up in the mind kowhana, mahuki, toko, totoko.
springing taawhana, taawhanawhana.
springing forth hiiwai.
springy taawariwari.
sprinkle kapu, koukou, taa, taauhi, taauwhi, taauwhiuwhi, toutou, uwhiuwhi.
sprit of a sail kihau, taakotokoto, tiitoko.
sprit on lower edge of sail of canoe taataakoto.
sprite paiarehe, parehe, patupaiarehe, patuparehe, rangipokohu.
sprout huri, kahu, kooriro, kotira, ngao, pihi, tinaku, toroihi, tuputupu, whakangao.
sprout, begin to maataatupu.
sprout, used of taro makao.
sprout afresh torokiki.
sprout up koohura.
sprouts of *Asplenium bulbiferum* manehau.
spume ware.
spur for a horse kiki, kipa.
spur of a hill io, kaaniuniu, karahiwi, maataarae, maataataau, taukaauki, taukaka, taumutu, utu.
spurn tiikape, whakareke.
spurt hiirere, korohihii, korowhiwhi, kotii, paatiitii, paratii, patii, taratii, taratiitii, torohii, torohiihii, torotii, torotiitii.
sputter aanu.
spy puurahorua, tiitei, tuutai, tuutei.
spy out torotoro.
spyglass koata.
squabble komekome.
squalid waikorohuhuu.
squall apuu, pookaakaa, roopu.
squall, sudden short maawake rangitahi.
squall of wind rorohuu.
Squalus griffini mangoo hapuu, mangoo pekepeke, mangoo tara, oke, okeoke, piiokeoke, pioke.
Squalus lebruni koinga, mangoo hapuu, mangoo pekepeke, mangoo tara, oke, okeoke, piiokeoke, pioke.
square porohaa, porowhaa, tapawhaa.
square sennet of eight strands tari karakia.

stage

square (tool) koea (**Eng.**).
squat with toes only on ground hiiteki, noho hiitengitengi.
squeak koe, koee, koekoe, kotokoto, piipii, teetee, tii, tiitii.
squeal ngawii, puukoto, wee.
squeeze kaakati, koopee, koopeepee, koorapu, korotee, rami, rapu, romi, romiromi, roromi, tatau, whakakoopee, wheeke.
squeeze fluid out kuteetee, whakatee.
squeeze out kotee, whakawhetee.
squeeze together with hand kaaramuramu, kooramuramu.
squeeze under anything kirihou.
squid nguu, wheke.
squint, to karepa, keo.
squinting iroiro, karapa, keko, koorapa, rewha, tiwa, tiwha, whakarewha.
squirm takaokeoke.
squirt, sea kaeo.
squirt in a fine stream tarapii.
squirt water with interlocked hands whakatookihikihi.
stab oka, paoka, puumuka.
stab repeatedly okaoka, werowero.
stable teepara (**Eng.**).
stack, a apaapa, puu, taake (**Eng.**).
stack, to apo, taapae, tiri, whakaapaapa, whakapipi, whakapuu.
stack fern root tiireki.
stack of fern root rangitihi.
stack of kuumara in store pit niho.
staff huakau, titipou, tokotoko, turupou.
stage atamira, kaupapa, puukiore, whata.
stage for birds to alight upon paakuru.
stage for drying kuumara paparahi, rara.
stage for fighting pekerangi.
stage for food amohanga, komanga, paataka, papatara, tiimanga.
stage in tree used by bird snarer kahupapa, papanui.
stage of a journey tuuaaoma.
stage on which corpse exposed atamira, puhirere, tuturu.
stage or frame for fish kauwhata.
stage projecting from a fort kaahekoheko, kootare, kootaretare.

stagger

stagger hiirori, hikoki, huurori, huurorirori, kaurori, keha, kookeke, ruriruri, takarangi, turori, whakakaewa, wherori.
staggering huukeke, pohepohe, rori, rorirori, rou, tiimangamanga.
stagnate, make no progress whakamaarari.
stain poapoa, tae, tawau, tope.
stained paarikoriko, puurikoriko.
stairs arawhata.
stake pou, poupou, teo, tia, waawaa, werowero.
stake of a fence taratara, wana.
stake securing net or eel pot in river tauhookai.
stake to which decoy parrot is tied hoka.
stalk kaka, kakau, kau, taa, taataa, whakaangi.
stalk, throw up a tooaa.
stalk end of a gourd kongutu.
stalk of gourds taunuke.
stalks or stems only, having taataakau.
stallion taariana (**Eng.**).
stammer kakakaka, mamamama.
stammering rorirori.
stamp takahi.
stampede rara.
stanch paapuni.
stanch blood uka.
stanched paapuni, utu.
stand matika, rangituu, tuu.
stand astride of tuuhangai.
stand erect maatiketike, tutuu.
stand firm whakaio, whakawheua.
stand firm against assault whakawhena.
stand on end, as hair moihi, mooihiihi.
stand opposite tauaroaki.
stand out koutu, taapua, tiko, whata, whererei.
stand out, bird making its feathers whakakenakena.
stand up whaatika, whakatika.
stand upright whakamatika.
standing firm matatuu.
standing in the open taarake.
standing on end, of hair puuhaaha, puuhihihihi, torotika, tuukirakira.
standing out hoohoo, teko, whakarae.
standing straight out makiki.
standing up whakatumutumu.
staple teepara (**Eng.**).
star whetuu.

start

star, a Atutahi, Autahi, Hotu-te-ihi rangi, Kautu, Koopiri, Kukume, Makahea, Marere-o-tonga, Marewa, Mariao, Mata-o-Hoturoa, Meto, Paepae-toto, Pare-aarau, Peke-rehua, Pipiri, Poaka, Poutini, Puanga, Puangahori, Reerehu, Rehua, Takero, Takurua, Takurua-parewai, Takurua-wharenua, Tama-i-waho, Te Huki, Whakaahu, Whakaonge-kai.
star, Castor or Pollux whakaahu.
star, evening Rangituuahiahi, Rereahiahi.
star, morning Taawera.
star, Vega or Alpha Lyrae Whaanui, Whaarahi.
star in Southern Cross, a Mahutonga.
star in the Milky Way, a Tariao.
star indicating summer Matiti.
star near Antares, small Ruuhii.
star which appears in Jan. or Feb. Uruao.
star which appears in ninth month Ruawaahia.
star which appears in winter Kaiwaka.
star which marks the eighth month Pekehaawani.
star which marks the seventh month Waerehu.
star which marks the sixth month Arikirangi.
star which sets in evening in Oct. and Nov. Whetuukaupoo.
starboard, steer to hao.
stare ngangahu, tuunaua, whaakanakana, whaakaru.
stare at titiro maahoi.
stare at angrily whakakarukaru.
stare fiercely koira.
stare vacantly pao.
stare wildly kana, kanae, kanakana, puukana, wheeteetee, whetee.
starfish paatangaroa, paatangatanga, papatangaroa, pekapeka.
staring angrily hiinana, karukaru.
stars heralding dawn kaawainga.
start, make a sudden motion hiki, hikihiki, hoto, koemi, kohema, kohera, koowhiti, korohiko, korohiti, korowhiti, mahuki, ohomauri, ohorere, ohotata, pana, pootuki, pore, poupourere, poutuki, puuoho, tumu, tupa, unu, whiti.
start, set in motion huripi, rewa, tiimata, whaatika, whakatika, whakawaha.

187

start

start aside hipa.
start convulsively taakiri.
start from fear, surprise oho.
start involuntarily tamaki.
start in prompt response to a command arawhiti.
start suddenly in sleep kotiri.
start up hukahuka, tukatuka, whiwhiu.
start up out of order in a meeting tuu tangetange.
start up suddenly ngaki moowhiti.
startle whakakoemi, whakaoho, whakapereruu.
startled turaha.
startled, easily puohorere.
startling whiti.
starve mate i te kai, whakapuango, whakatiki.
starved hiikoko, makuhea, poho kore.
state or condition, be in a takoto.
statement lacking in authority koorero takuahi.
station teihana (Eng.).
stature, small kurumetometo.
staunch horopuu.
stay (brace) hookai, hoongai, hoongoi.
stay (remain) noho, taauka, takoto, wheau.
stay of a mast puurengi, puuwhenua.
stay still toka, totoka.
stay supporting perch in pewa kake.
stay-at-home kookoomuka tuu tara whare.
steadfast titikaha, toomau.
steadily, of motion huurokuroku.
steady maahoi, paamaaroo, roonaki, tina, whakamauru, whena.
steady, keep whakamatua.
steal kaiaa, kaikape, keiaa, taahae, tipua, tupua, whaanako, wheenako.
steal away ninihi, tuurere.
steal by nihinihi, whakataha, whakatataha.
stealth, by whakahewa.
stealthily huu, konihi, taahae, taarehu, torohuu, whakapapa.
stealthily, go kuupapa.
stealthy kaiaa, konihi, tootoropuku, torohuu, toropuku, whakamoho, whakamokeke.
steam kokoromaahu, kookoromahu, koroahu, korohehengi, korohuu, koromaahu, korowhanake, korowhetengi, mamaha, mamaoa, mamaoha, tokakawa, tokokawa, tokomahu, whanake.

stick

steam or smoke from damp wood manawa ahi.
steamer tima (Eng.).
steamy maahu, puumaahu.
steep, of slope aupiki, harapaki, huukere, kaanihinihi, kaninihi, maanihi, ninihi, paarahi, paritu, poupou, rea, taaheke, taakau, takaripa, titi, tuuhoe, tuuparipari, tuupou.
steep ascent, commencement of kakanitanga.
steep bank koowarowaro, tuuparehua, tuuparengahua.
steep bank of a river tahataha.
steep in dye taawai, tuku.
steep in water koopiro, meramera, tutu, waiwai, whakamara.
steep, to tahatoo.
steeped in fresh water mara, puuhoru.
steer hua, ruuna, tia (Eng.), urungi, whakatere.
steer oar, additional hoe piripiri, taapaki.
steer with an oar or paddle kooue.
steering paddle hiwa, hoe akau, urunga, urungi.
Stellaria media kohukohu.
stem taa, taataa, too, tootoo.
stem of a canoe parata.
stem of a tree, main tiiwai.
stem of *Pteridium aquilinum* kaakaka.
stem of raupo, lower part ngatu.
stem of tii para, edible kaauru.
stems or stalks only, having taataakau.
stench puuhonga.
step, pace hiikei, hiikoi, whetoko, whiikoi.
step of ladder kaupae, kaupeka.
step out whakaraka.
step over a prostrate person piki.
step parent matakeekee.
stepfather paapaa whakaangi.
sterile korekore, puuwhenua, weto, whakapaa.
sterile, of a woman puku paa.
sterile land paahoahoa, tuakau.
sterile lands, high-lying huunua.
stern of a canoe kei, noko, paremata.
Sterna nereis tara iti, tara teo.
Sterna striata tara.
sternpost of canoe rapa, taurapa, tauroto.
stick, a raakau.
stick, half-burnt kaaunga, moounga.
stick, pointed paoka.
stick carried as memorial to dead raakau o te mate.

stick

stick feathers into the hair paerangi.
stick for moving or stirring kape.
stick for reaching anything rou, turou, tuurourou.
stick for stirring the fire rorerore.
stick in hokahoka, pou, taki, tia, tiihoka, tiititi, titi, titipou.
stick in, as feathers in the hair huki, tautiti.
stick in upright turupou.
stick into ground teo.
stick or cord on which articles are strung kaui.
stick out hamaruru, kohuki, kooture.
stick to keep open mouth of net tautata.
stick used for killing eels ripi.
stick used in reciting whakapapa papa tupuna.
stick used to lead dog pootete.
stick-insect roo, whee.
sticks to guide kuumara planting arorangi.
sticks to hold thatch on roof kaarapi.
sticks used for handling hot stones piinohi.
sticks used in a game tiitii.
sticks used in divination kaupapa, niu.
sticky haapiapia, kuupiapia, ngingita, ngitangita.
Stictocarbo punctatus punctatus kawau paateketeke, kawau tikitiki, paarekareka.
stiff koio, koopaa, kukuu, maaroo, makiki, pakeke, puuhihihihi, torotika.
stiff, somewhat maarooroo.
stiff and long pounaho.
stiff and straight torokaka.
stiff from weariness ioio.
stiffen whakamakiki, whakawhena.
stiffly whakamakiki.
stiffness uhu.
stifle nanati, nati, natinati, whakakoomau.
stifled, of feelings koromaki.
stifling pongere, poongerengere.
Stilbocarpa lyallii puunui.
Stilbocarpa polaris puunui.
stile he ara whakatungangi, koronae.
still, as water piropiro, whakaroto.
still, remain huu, marino, nohopuku, pahoho, whakamootu, whakanaa.
still, yet anoo, tonu.
stillborn child kahu.
stillborn child, spirit of a kahukahu.

stomach

stilt, black kakii, poaka, toorea pango, tuuarahia.
stilt, pied poaka, toorea.
stilt, white-headed turituri pourewa, turuturu pourewa, tuturi pourewa, tuturu pourewa.
stilts matakapua, poukoki, poutoko, poutoti, pouturu, wae rakau.
sting kakati, nanamu, wero.
sting ray oru, paakaurua, roha.
sting ray, a small species of tuutuira.
stingy atua, haakere, huukiki, ihupiro, ihupuku, kumu, mahuki, matamau, matapiko, moohuu, ngaakau, tuumatarau.
stingy person atua-poo, kaikoropeke.
stink puuhonga.
stink of a corpse hiirearea.
stink roach keekerenguu, keekereuu, paapapa.
stinking haunga, kenokeno, penopeno, piro, puuhonga.
stinking or offensive, consider whakapiro.
stint haakere, kaihaakere.
stinted aarikarika, rikarika.
stir ako, awhe, konatu, ngaoko.
stir, as birds at daylight hiko.
stir, as in mixing with water tairangi.
stir a fire torotoro.
stir round koorori, koororirori.
stir up koonatunatu, koorurerure, nanatu, natu, tiiehu, whakatari.
stir with stick tiikapekape.
stirred, of the feelings ii, paawera.
stirred, of the surface of water kakare.
stirrup tarapu (**Eng.**), terapu (**Eng.**).
stitch a net karawhai, karawhaiwhai.
stitch bird hihi, koohihi, kootihe, kootihetihe, mootihetihe.
stitch bird, male of kootihe wera.
stitch roughly puunotinoti.
stitchbird matakiore, tihe, tiioro, tiora.
stock, lineage kaka, kakano.
stock of a gun kaurapa, raparapa.
stockade kaatua, paa, raaihe.
stocking tookena (**Eng.**).
stomach poho, puku, tia.
stomach, protuberant pukutihe.
stomach, the pit of te waha o te ate.
stomach ache koopaito.
stomach distended with food kina.

189

stone hoorete, kaamaka, kohatu, kongahu, koohatu, koowhatu, poohatu, poowhatu, toka, whatu.
stone, a kind of hineeioitu, hua kuru, hukaatai, kapuarangi, koma, mihiwai, ngahu, paarae, papanui, piipiiwai, porangahu, puuwaikura.
stone, basaltic karaa, pakawera.
stone, black manapoouri.
stone, close grained whitish oopunga.
stone, dark grey okewa, onewa.
stone, dark grey, close grained pakohe.
stone, flint like hineatauira.
stone, hard, dark-coloured kurutai.
stone, large makahuri.
stone, light-coloured tuuaapaka.
stone, light-coloured siliceous kahurangi, mataa kahurangi.
stone, orange-red para karaka.
stone, reddish flint-like huakuru.
stone, soft slaty maru.
stone, soft white okehu.
stone, some compound of iron moa.
stone, very hard black piharongo.
stone, white maapunga, pora.
stone, white trachyte tuff oopunga.
stone beater kurutangi.
stone called mataa waiapu, dark variety huatawa.
stone for implements, white takitea.
stone for use in cooking turua.
stone found on the sea beach, reddish poutama.
stone from which weapons were made miti.
stone of fruit anga, iwi, karihi, nape, nganga.
stone similar to flint parihi.
stone to drill and cut greenstone patutaane.
stone used for grinding, kind of kurupaku, taakiritaane.
stone used for haangii, kind of kootore maunga, makahua, parangahu, taikoowhatu.
stone used for making tools aropawa.
stone used for making tools, dark paara.
stone used for making weapons kororaariki, manutea, matakoma, matamataika.
stone used for sinkers mootuu.
stone used in grinding kookoowai autoru.
stone used in grinding stone weapons mihiau.
stone valued for cooking waipawa.

stone (weight) toone (**Eng.**).
stone with flint or quartz embedded hinewaiapu.
stones, small spherical, iron pyrites haamoamoa.
stoop korotuahu, kuupapa, naaupe, ngunu, ohu, piko, rumaki, taapapa, taituku, tautuku, tiohu, tuohu, whakaanea, whakatare, whakataretare, wharara.
stoop down tuupou.
stoop over whaatare, whaataretare.
stooping taaupe.
stop auporo.
stop a gap tiriwaa.
stop a stream of water paapuni.
stop one's way aukati.
stop suddenly and unexpectedly komutu.
stop the chinks purupuru.
stopped up puni.
store paakoro, rokiroki.
store for kuumara rua kooauau.
store for provisions rua.
store (shop) toa (**Eng.**).
storehouse koopapa, koropuu, papatara, puukiore, tiro.
storehouse, with elevated floor rua-tiirawa.
storehouse on a single post whakaipurangi.
storehouse or pit for kuumara paatengi, paatengitengi.
storehouse raised upon posts paataka, wharerangi.
storm aawhaa, heihei, kaipapa, marangai, paaroro, paroro, pookaakaa, rutu, tuupuhi.
storm a fortress pahoro.
storm petrel, grey-backed reoreo.
storming party tomo.
stormy pookaakaa, puhoro, ruruhau, taataahau, toa, totoa.
story koorero, koorero tara.
story without authority koorero takurua.
stout puungerungeru, tetere.
stout-hearted manawa nui.
stove in komeme.
straddle legs tirera.
straggle tuutaarere.
straggle, of a company of travellers taarere.
stragglers taangaangaa.
stragglers from an army whakatakere.

straight

straight arorangi, haepapa, hako, makatika, matatika, motika, motuheehee, motuhenga, tauaro, tautika, tika, tohituu, tootika, torotika.
straight, perfectly tika rere.
straight and stiff torokaka.
straight forward aronui.
straight grained aritahi, maakohe, puukaka.
straight towards heipuu.
straighten whaatika, whakatika.
straighten oneself whaatika, whakatika.
straightforward taarewa.
strain riaka, taatari, whakatoutou, whakawheenanau.
strained tanuku, tenga.
strainer ngehingehi, taatari.
strait kikii.
strake heenga.
strand in plaiting kaawai.
strand of a belt or girdle kawekawe.
strand of a cord or rope io, kaawiriwiri, kanoi, wenu, whengu, whenu.
stranded pae.
strange atua, autaia, kee, korokee, mohoao, mohowao, tau, tauhou, tipua, tupua, waraki.
strange land tauwhenua.
strange people kaiiwi.
strange to aweke.
stranger konene, manene, piopio, pora, puutere, ruranga, taihou, tangata pora, tauhou, tautangata, uakoao, uakoau.
strangle nanati i te kakii, romi, ronarona, roromi, taarona, taarore.
strap tarapu (**Eng.**).
strap by which a bundle is carried kawe, taueki.
strap or loop to fasten a load kahaki.
stratagem nuka.
stratagem, practise maaminga.
straw taakakau.
stray aatiu, aatiutiu, kaihanu, paoe, paowe, paro, tangaere.
streak tarapii.
streaked taaekaeka, taahekeheke, whakakakakaka.
streaks of cloud titi.
streaky ropiropi.
stream mimi, puukaki, roma, wai.

strike

stream which disappears underground pininga.
streamlet haemanga, kuikuinga, kuinga.
street tiriti (**Eng.**).
strength awe, iwi, kaha, kahanga, kooiwi, ngao, ngoi, paakahukahu, whirikoka.
strengthen whakakaha.
strengthened, of a cord or rope torokaha.
strenuous kahikaatoa, kaiuaua, paakaakaha, paauaua, taareka, toritori, tuukaha, uakaha, uaua, uekaha.
stretch kume, tiitoko, whakamaaroo.
stretch and yawn taiaroa.
stretch anything on hoop tuuhiti, tuuwhiti.
stretch forward tautoro, whakaneinei.
stretch forwards ready to run ngapu.
stretch oneself whakamaakakakaka, whakamakaka, whakatiieke.
stretch oneself out pukoni.
stretch out mamanga, rena, rou, taawhai, tarahau, tiikei, toro, totoro, whaatoro, whakangeingei, whakatoro.
stretch out legs hookari, whakamikiki.
stretch out the neck whaatai, whaataitai, whaatatai, whaatinotino.
stretch the legs wide apart whakatiihaha.
stretch up at full length hiitamo, hiitamotamo.
stretched at full length kuutoro.
stretched forward neinei.
stretched out maaroo, rere, whaaroo, whaarooroo.
stretched out, as of limbs matiti.
stretcher kauamo.
stretching forth ngeingei.
stride tooihi, whaaronatanga, whanga.
strident paakinakina, rengarenga.
stridulate kitaa, tara.
stridulate, make to whakakitaa.
stridulation of cicada takitakio.
strife pakanga, rawehoi, raweoi, riri.
Strigops habroptilus kaakaapoo, kaakaatarapoo, taatarapoo, tarapoo, tarepoo.
strike hahau, hau, hauhau, haupatu, paa, paahi, paaike, paatuki, pao, patu, pootuki, poutuki, taa, taapatu, taapatupatu, taitai, whakaruke.
strike a blow with a weapon whakarere.
strike a sharp blow turupana.
strike about with a stick pitihau.

strike

strike against an object hutiki, tuutuki.
strike at with a weapon tiu.
strike down koopehupehu, whakapapa.
strike down by witchcraft poro.
strike home, of weapons or blows uu.
strike one foot against the other tatu.
strike or knock repeatedly paatukituki.
strike or meet by chance matawhaia.
strike repeatedly taataa.
strike sparks from flint paatootoo ahi, rehu ahi.
strike together paki, papaki, papatu, whakapaki.
strike with a branch of kawakawa taa i te kawa.
strike with a heavy instrument ike.
strike with the fist kuru, meke, momoto, moto, motomoto.
striking at random pekekiwi.
striking direct powerful blows peke pakihiwi.
string aho, au, aukaha, tiringi (**Eng.**), tuaina (**Eng.**).
string-game huhu, huuhi.
string of articles kaui.
string of garment tau.
string on which anything is threaded tui.
string or cluster of objects tautau.
string or cord to tie with here.
string securing bait to hook paakaikai.
strings patapata.
strings of a mat pingau, puuihiihi.
strip io, koohuhu, muru, ngaku, tiiwani.
strip, of branches kihi.
strip bark off a tree ihi.
strip flax leaves tuukuku.
strip off hihore, hohore, hore, karikari, koere, komuku, parahuka, piihore, piiokaoka, tiihore.
strip off, as the cuticle from flax parahuhu.
strip off an outer covering huhu.
strip off bark by beating paopao.
stripe or band of contrasting colour taahei.
striped kotikoti, paahekeheke, ropiropi, taaekaeka, taahekeheke, taawakawaka, whakahekeheke, whakakakakaka.
stripped bare taahorehore, taakihikihi, taakiikii, tiiwani.
stripped of prominent parts humuhumu.

stunted

stripped off mako.
strips, cut into ioio, kaarawarawa.
strips of flax to ornament cloaks mangaeka, whakaewa, whakaewaewa.
strive oke, takakawe, tohe, whakauaua.
strive for ngaki.
strive in running tauomaoma.
stroke affectionately haumiri, hokomirimiri.
stroke with the tokotoko kootuku, takiwhenua.
stroll haaereere.
strong akuaku, aumangea, aumangeo, hohe, kaha, koomaarohi, maarohirohi, maarooroo, marohi, moorohirohi, ngana, paauaua, pakari, puuioio, riiraa, taangutungutu.
strong flavoured huunene.
strong growing haemata.
strong of foot waetea.
struck, be paa, whara.
struck with weapon, cause to be whakangaua.
struggle karawheta, momou, oke, taaruke, takaoraora, wheta.
struggle for taukumekume.
struggle together noonoke.
strut tauhookai, whakataamaramara.
strut of a fish weir noko.
Struthiolaria papulosa kaikaikaroro, puutaatara, puutara, puutaratara, takai, totorere.
Struthiolaria vermis puutaatara, puutara, puutaratara, takai.
stubborn keke, pooturi, taringa paakura, whakangutungutu, whakatohe.
student aakonga, tauira.
stuff in opuru, puru.
stuff up puru.
stuffed apuapu.
stuffed up koopuru, koopurupuru.
stuffing or core toopuku, toropuku.
stumble pepe, tapatu, tapepa, tapepe, tatu, tuutuki.
stumbling taarutu.
stump kootumu, kou, puutimutimu, take, tumu, tumutumu.
stump and roots of uprooted tree puureirei.
stump of a tooth niho more.
stump of a wounded limb mutumutu.
stunned, half pooro.
stunted houtete, hurutete, huutoi, huutoitoi, huutoki, huutotoi, kaurehe, korehe, kurutete,

stunted kurutoitoi, kurutote, kuuii, maawhane, nepi, nepinepi, paruhi, pateetete, pohuka, poonotinoti, puukiki, puutete, puutoki, puutokitoki, puutoti, puututu, puuwhena, puuwhenua, rehe, tuurukiruki, wekeweke, weto.
stunted, puny child, a rauru motu.
stunted person piiari.
stupefied poorewarewa, poorewharewha.
stupid koakoa, kuiwi, moho, muhu, pohe, pongipongi, poorewarewa, poorewharewha, pooro, poorori, popohe, rare, rorirori.
stupor paahoahoa.
sturdy maarooroo.
stutter kakakaka, kikikiki, nanunanu.
sty (pig) raaihe poaka (**Eng.**).
sty on eye kiritoi.
subdivision in a cultivation taupaa.
subdue patu, turaki, whakangohengohe, whakararata.
subdued rooraa, tara kore, waikauere.
subject of an argument take.
subject of talk marau, paki.
submerge koouru, ruku, taupunga, toremi, whakapuke, whakapupuke.
submerged pukea.
submissive as result of punishment iro, iroiro.
submit hauraro.
submit to orders whakaariki.
subside mauru, paaitiiti, taangangao, taupua, tuku, whakamahuru, whakamauru.
subsided maawhe, mate, ngaro.
substitute whakakapi.
succeed (achieve) tae.
succeed (come next) taua.
success angitu.
successful momoho.
successor kai-riiwhi (**Eng.**), piki tuuranga, whakakapi.
succulent ngaore.
suck momi, mote, ngongi, ngongo, ngote.
suck out ngongo.
suck up momi.
sucker of a plant hekerua, hihi, paanokonoko, paanonoko, panepane, panoko, panokoreia, papane, papangoko, papanoko, parikoi, parikou, turuki.
suckers on the tentaculae of octopus pata.

suckle whakangote.
sudden kaikapo, matawhawhati, ohotata, whiti.
sudden sound or report pakuu.
suddenly matamata, rere, tata, whakarere.
suffer penalty ngahi, ngawhi.
sufferer tuupaapaku.
suffering mamae, mate.
sufficient hangahanga, rawaka, rawe.
suffocate by strangling nonoti.
suffused with light ninia.
sugar huka (**Eng.**).
suggest a course of action hoomai.
suicide whakamomori.
suit (of clothes) huutu (**Eng.**).
suitability pai.
suitable aahumehume, aataahua, aronui, arotau, haratau, huatau, koi, kou, pai, rawe, tau.
suited rawe.
suitor who is rejected he ringa hoea.
sulk whakakeke, whakamoroki, whakamotutoke, whakapaeko.
sulky haumuru, tuumatatenga.
sullen haumuru, pookee, pookeekee, tukumaru, whakamokeke, whakarikiriki.
sulphur kuupapapapa, pungatara, pungawerawera.
sultry paaruu, paaruuruu.
summer arawheu, hikuwai o te tau, kaupeka o te tau, matiti, raumati, tuumaahoehoe, tuumaaroohoehoe.
summit akitu, kootihi, kootihitihi, matamata, matatihi, taapuhipuhi, teitei, tihi, tiitoitoi, toi, toitoi.
summon karanga, tuutuu.
summoner tuutuu.
summons haamene (**Eng.**).
sun komaru, mamaru, raa.
sun dog imurangi.
sunbeam hihi o te raa.
Sunday Raa-tapu.
sundew wahu.
sunk tiipoko.
sunk in mooroto.
sunken pokopokorua, pokorua, poopokorua, tiikoro.
sunken as the eyes tiikororee.
sunken inward mooroto.
sunrise, just after ata tuu.

superficial

superficial kirimoko.
superintend whakahaere tikanga.
superior nui.
superior quality kaitaa.
superior to, be kake.
superiority hiranga.
superiority, assume whakakake.
supernatural being atua, porohete.
supernatural sound irirangi.
superstition, object of atua.
superstitious or religious restriction tapu.
supervene tau.
supper hapa (**Eng.**).
supple koongehengehe, moruki, ngaawari, ngohe, ngohengohe, pingawi, pingawingawi, tihohe.
supple by rubbing, make koomuri, koomuru.
supplejack akapirita, kakareao, kakarewao, kareao, karewao, kekereao, pirita, taiore.
supplement taapiri.
supplement, come as a turuki.
supplement anything deficient aapiti.
supplementary taapiri, turuki.
support, assist tautaawhi.
support, assistance, reinforcement piki, taituaraa, tuaraa, whaitaua.
support, bear something up taupua, ukauka, wheuka.
support, bearing one up taumatua, uehaa.
support, encouragement manawa.
support, reinforce taunaki.
support (sustenance) pou, poupou.
support a person taupuhipuhi, tautiinei.
support an invalid in walking tautiitii.
support by placing arm around taupurupuru.
support for foot on a ladder kaupae.
support for the floor of a canoe kauhua, kauhuahua.
support oneself taupua.
support with a pole or prop tauteka, tautoko, toko, turupou.
supporting troops, body of whakaeke.
supports for deck of canoe pae, taakiato.
supports of maihi of house amo.
suppose maaharahara.
suppress aapuru, kaupeehi, purupuru, taami, taataami.
suppress feelings koromaki, koromamaki, puripuri, taataawhi, taawhi, whakakoromaki.

survey

suppressed koromaki, taataawhi, taawhi, toongaa.
suppurate taaoru.
suppurate, cause to whakapee.
suppurating pee, peepee, piiau, piiauau, taematuku, taetae.
suppurating sore kea, keha.
suppuration pahupahu, pirau.
sure of hua.
surf auheke, karekare, pohe, poohutu, popohe.
surf riding, practise heke, whakahekeheke.
surface kahu, karetai, mata.
surface, on the akahu.
surface of water kaarewa.
surface water wai paataua.
surfeited maakona, mati, moorurururu, mootii, mootuhi, ngaaruru, pangu, puupaa, whiu.
surging poorutu.
surly pukuriri.
surmise maaharahara.
surpass hipa.
surpassing pahika.
surplus koha.
surprise hopu, komutu, miiharo, ninihi.
surprise, exclamation of kaati raa mata, kaati raa motaa.
surprise, express mooketekete, ngetengete.
surprise attack upokotaua.
surprise in war urumaranga.
surprise or appreciation, expression of maanawa.
surprise party in war ninihi.
surprised, be miiharo.
surprising whakamiiharo.
surround awhe, hautoki, horopaki, karapoi, korohiko, korohikohiko, ohu, paakaka, piihao, ponitaka, pookai, poorohe, popoti, rarawhi, rawhi, taapae, takahui, tiihao, whakaawhi, whakataka.
surround in fighting riri pakipaki.
surround with a border pae.
surround with a net whaakau.
surrounded karapoi, porohita, porotaataka, porotaka, porowhita, taawhawhe.
surrounded by a halo aawheo, awheotau.
surrounding potapotae.
survey, as land ruuri (**Eng.**).
survey, look at tiro, titiro, toro.

survive

survive ora, puta.
survivor makorea, moorehu, oranga, puta, rerenga.
survivor from an older generation puutoetoe.
suspend taahere, whakairi, whakarewa, whakataairi, whakawerewere, whakawhata.
suspend so as not to reach ground whakateki.
suspended haurarangi, iri, taahere, taairi, taawerewere, tauhere, tuere, were, werewere, whata.
suspended over mooiri.
suspense pohopaa, tokopaa, tokopaha.
suspicion toera, tuupato.
suspicions, arouse whakamoohio.
suspicious hihira, hoto, moohio, tuupato.
sustain ukauka.
sustained whakauka.
sustenance manawa, pou, poupou.
swagger whakataamaramara.
swaggering taamaramara.
swallow horo, horomi, tanuku, whakatanuku.
swallow greedily karapetau.
swallow up momi, whakangami.
swallow whole horopuku, horopuu.
swallow without chewing horopeta.
swallowed up hanumi, mimiti.
swallowed up, cause to be whakahanumi.
swamp huu, huuhi, ngae, ngaeki, ngaengae, rarawa, rawa, repo, roto.
swamp, deep maataa, maataataa, mato.
swamp, shallow koorepo.
swamp hen paakura, puukeko, tangata tawhito.
swamped tahuri.
swampy kooreporepo, piipiiwai.
swampy ground kuukuuwai, rei.
swarm, a kaahui, manomano, ngahua, ngahue, pooii, pookai, raapoi, rearea, rere.
swarm upon or around karamui, karamuimui, mui, poohuhu.
swarming matihoi, poohuuhuu.
swathe, wrap round taapeka.
sway koiri, maapuna, ori, piioi, piioioi, rutu, whakapoi.
sway, of trees tuohu.
sway from side to side tiioi, tiioioi.
sway to and fro koongangengange, raumaewa, tiu, tooroherohe, whakapiioioi.
sway up and down tiiemiemi.

swing

swaying koiri.
sweat kakawa, mootuhi, toohau, tootaa, werawera.
sweep puruma (**Eng.**), tahi.
sweep, a kind of fish hui.
sweep, make a clean hao.
sweep, of violent wind tuatakahi.
sweep away iki, taarake, uukui, whiro.
sweet reka, taawara, taawhara, wainene, waitii.
sweet, very aawenewene.
sweet juice from a flower or vine waihonga.
sweet sap of *Cordyline* waitii.
sweetheart ipo, kaihou, tau, whaiaipo.
sweetness reka, rekareka.
swell, cause to whakakoopuku, whakatetere.
swell, increase in size konaki, koonakinaki, koopuku, puku, pupuhi, putu, taarawa, toko, toouwha, totoko, whaangai.
swell, long tai whakaraakau.
swell as pregnancy advances kukune, kune.
swell on the sea amai, amotai, hone, huaroa, huene.
swell up whakaahu, whakarawhaki.
swelling koopuku, kotere, pauku, puke, puku, punga, pupuke, tipu, uruhua, uruhumu.
swelling, scrofulous maahia.
swelling of the lower extremities porohe.
swelling or knot tiipona.
swelling up aropuke.
swept away mootaataa, ukuuku.
swept clean away monemone noa.
swerve perori, tataha.
swerve, as a kite kootiu, kootiutiu.
swerve aside parori.
swift tere, tiu.
swim kau, kau taawhai, kauhoe, kauhoehoe, kautaahoe, taahoe.
swim, of fish tere.
swim, person who cannot karaka maoa.
swim, unable to kaurapa.
swim about teretere.
swim across kautaahoe.
swim for kau.
swimming, of the head pooniti, poonitiniti.
swing kaurori, kautarere, koopiupiu, moorere, poi, poipoi, poureerere, taarere, tiu, whakapoi.
swing, a kind of moari.

195

swing a person off his feet taarere.
swing around karawhiu.
swing on a pivot as a door kauhuri.
swing or throw, as with a cord piu.
swing with legs off ground taarere.
swinging kaupe.
swirl komingo, kooripo, koromiomio, maawe, mimiro, rino, whirowhiro.
swirl of water piioi, piioioi.
swirling rona.
swollen koropuku, matakoma, ngakengake, puku ngaarara, tetere, uruumu.
swollen, as a blister hopuu.
swollen, as a river pukea.
swollen, having the belly koopuurua.
swoon hauaitu, hauhauaitu.
swoop kurutohitohi, topa, whakatopa.
swoop down tapakoo, tirihou, tiripou.
sword hoari **(Eng.)**.
sympathetic pukuaroha, puuaroha.
sympathy aroha, puuaroha.
synod hiinota **(Eng.)**.

T

taamure, young of patatii.
table paparahua, teepu (**Eng.**).
tablecloth uhi teepu (**Eng.**).
taciturn hauarea, hauwarea, whakarikiriki.
tack, of a boat waihape, whakaripi, whakaripiripi.
tactics taatai.
tail feathers hikumaaroo, hukumaro, hurumaeko, huumaeko, huumarereko, kootore, kumu, kururemu, kurutou, marihope, remu, rumaeko, tou.
tail of a crayfish kapu.
tail of a dart kaahikuhiku.
tail of a fish or reptile hiku, hikupaa, hikutira, hukipaa, huku, koohiku.
tail of an animal hiawero, hiiawaero, hiore, teera (**Eng.**), waero, whiore.
tail of an eel taharapa, tarapuuremu.
take tango.
take, of pigment in tattooing kamu.
take a little here and there tiipako.
take all for oneself taiapo, tauapo.
take as plunder hui.
take at random tiipokapoka.
take away hiki, manatu, tango.
take breath taupua.
take by force kohaki.
take captive whakarau.
take care of raupii, rongoa, tautiiaki.
take flight whiwhiu.
take food from the fire taaki, taataaki.
take greedily whaaoo.
take hold of tango.
take in hand whaawhaa.
take in quantities ao.
take leave of poroaki, poroporoaki.
take liberties with tinihanga.
take no notice of pii.
take off the bait from a hook parahua.
take or claim for oneself kokoraho.
take out tiipoka.
take out of the shell koowhaa.
take out of the way taaki, taataaki.
take place tuu.
take possession of tango.
take possession of another's goods taumanu.
take to one side taaki, taataaki.
take up haapai, huaki, mau, naunau, rangaranga, taitu, tango.
take up a root crop hauhake.
take up by handfuls kapuranga.
take up hot coals or stones with tongs karakape.
take up on the back whakawaha.
take up with a shovel koko.
take up with a stick or fork tiirou.
taken riro, tae.
taken, as a fortress horo.
taken aback, as a sail puhawhe, puuawhe.
taken captive aromea.
taken off, as clothes maunu.
talents parapara.
talents, natural puumanawa.
tales pakipaki.
tales, idle koorero ahiahi.
talisman koropaa, maawe, mauri, mouri.
talisman carried on the canoe ara.
talisman to ensure wellbeing of house manea.
talk koorero, koowetewete, korokii, kupu, ngutu, taiaroa.
talk, idle paopao.
talk, meaningless kutukutu ahi.
talk, small tuutara.
talk at random kaipohau.
talk gibberish kunanu.
talk in a low tone komeme.

talk

talk in one's sleep moenanu.
talk much or frequently koorerorero.
talk to oneself motatau, paatiihau.
talk to oneself or at random murakehu.
talk unintelligibly kunanu, nanunanu.
talk unintelligibly in one's sleep taataahau.
talk volubly without restraint maakahi.
talkative kamakama, kootetete, matakuikui, ngutu momoho.
talkative, boasting person waha rera.
talkative person ngutu huia, ngutu pii.
tall aweawe, hiitawe, huuroaroa, kaawekaweka, kaweka, kooroaroa, roa, teitei.
tall, very hiitawetawe.
Talorchestia quoyana potipoti.
tame rata.
tame bird or animal mokamokai, mookaikai.
tamper with pororua, raweke.
tangled nape, poowhiiwhiwhi, poowhiwhi, poowhiwhiwhiwhi, rapa, takamingomingo, whiwhi.
tangled masses riirapa, riiraparapa.
tap koorere, paatootoo, pakipaki.
taper kaawetoweto, kawiti.
taper off hume.
tapering hema, hooiki, kaatoatoa, kaawitiwiti.
tapering to a point koeko, kooekoeko.
taproot koomore, koomoremore, more, taamore.
tapu, be free from aauriuri, heuea, noa.
tapu, make free from whakahoro.
tapu, some form of kurepe.
tapu, state of popoa.
tapu connected with crops imu pururangi, umu pururangi.
Taraxacum magellanicum tawao, tohetaka, tohetake, tohetea.
tarn puuroto, puurotoroto.
taro, ball of pounded pehu.
taro, dark variety of pongi.
taro, inferior variety of kinakina.
taro, large variety, with red leaf stalk kaakaatarahae.
taro, large variety of taro hoia.
taro, purplish in colour, variety of akarewa.
taro, small red variety of kohuorangi.
taro, term applied to tutahi ki runga.

tattoo

taro, variety of awanga, hanina, haukopa, kahuoorangi, kauere, kohuhurangi, kohukohurangi, kohurangi, kokohurangi, maaori, mamaku, matatiti, ngaaue, paatai, paeangaanga, pakaue, pehu, pootango, takatakaapo, takatakapo, tanae, tokotokohau, turitaka, uhi koko, uhi raurenga, upokotiketike, uwhi koko, uwhi raurenga, whakahekerangi, whakatauare.
taro with pale green leaves, variety of makatiti.
taro with running roots, variety of kooareare.
tarpaulin taapoorena (Eng.).
Tasman Sea moana tapokopoko a Tawhaki, tai tamataane.
taste haa, ngutungutu, rongo, taawara, taawhara.
taste, pleasant taawara, taawhara.
tasteless and dry koowhau.
tasting of smoke minamina auahi.
tattered hautai, kuha, kuhakuha, taareperepe, taretare.
tattered garments karukaru.
tattoo v. taa.
tattoo, ancient pattern of moko kuri.
tattoo, entirely covered by pokere.
tattoo, main lines in kaka.
tattoo, pattern of koohiti, piha, pihapiha.
tattoo a second time taarua.
tattoo below eyebrows kape.
tattoo from nose round mouth to chin paawaha.
tattoo in centre of forehead titi, whaanakenake.
tattoo marks above centre of forehead ipurangi.
tattoo marks above the eye rewha.
tattoo marks at the point of the nose huupee.
tattoo marks at the sides of the mouth piihere.
tattoo marks beside the nose whakatara.
tattoo marks between the eyebrows nana.
tattoo marks on arm puutaatara.
tattoo marks on cheek kokote, koroaha, korowaha, kote, wero.
tattoo marks on cheek, large curl of koroaha.
tattoo marks on corners of woman's mouth inoino.
tattoo marks on lower part of back hopehope.

tattoo

tattoo marks on the chin kauae, kauwae.
tattoo marks on the sides of the nose nguu, pooniania.
tattoo marks on the temples pakaru.
tattoo marks on the upper lip whenguwhengu.
tattoo marks under ear puupuuwai, puutaringa.
tattoo marks under the eyes kumikumi.
tattoo on calf of leg of a female takitaki.
tattoo on chin of woman whakatehe.
tattoo on forehead tiitii.
tattoo on forehead of woman hotiki.
tattoo on lower part of nose poongiangia, poongiengie.
tattoo on posteriors rito.
tattoo on the breech poorori, rape, rerepehi.
tattoo on the cheek kawe, kokoti, kookiri, koti, paepae, tapawaha.
tattoo on the chin puukauae, puukauwae.
tattoo on the forearm kurawaka.
tattoo on the temple pukaru.
tattoo on thigh or arm puhoro.
tattoo over the eyebrows rehe, tiiwhana.
tattooed waikauri, whakaniko, whakanikoniko.
tattooed, fully kuupara, mokotukupuu, rangiparuhi.
tattooed band round the wrist taunapi.
tattooed man kurumatareerehu.
tattooed skin kiri wai kauri.
tattooing moko.
tattooing, an expression for ahi maanuka, kauri, mahi a te kauri.
tattooing, ancient pattern of whakahoehoe.
tattooing instrument mataora, uhi.
tattooing near ears puutaka.
tattooing needle of bird bone turiwhati, turiwhatu, turuatu, turuturuwhatu, turuwhatu, tuuturiwhati, tuuturuatu, tuuturuwhatu.
tattooing pigment waikauri.
taunt kaioraora, pono, taawai, whakatarariki.
taut renarena, taanekaha.
taut, make whakawhena.
tawa, unripe fruit of maariri.
tawny peapeau.
tax taake (**Eng.**).
taxi taakihi (**Eng.**).
tea tii (**Eng.**).

Telleogryllus

teach ako, whakaako, whakamaatau, whakamoohio.
teacher kaiwhakaako, maahita (**Eng.**), pou, taaura, tauira.
teacher of high standing ahorangi.
teal, black kaiharopia, matamatapoouri, matapo, matapoouri, paapango, paarera matapouri, pookeke, puuakiaki, raipo, teetee, tiitiipoorangi.
teal, brown teetee, tei.
teal, grey pohoriki, teetee.
tea-leaves tiitii-rau (**Eng.**).
team tiima (**Eng.**).
teapot tiipata (**Eng.**).
tear, to hae, haehae, hahae, kooreparepa, korepa, ngaeke, tiihae, tiihaehae, weku.
tear apart koere.
tear off kohika, koowhaki, korepe, tiihae, tiihaehae, whakiwhaki, whawhaki.
tear off piece by piece koowhakiwhaki.
tear or pluck off a twig koorari.
tear out nanatu, natu, poka, tiikaro.
tear to pieces takarepa.
tear up koorari.
tears roimata.
tears, filled with matawai, matawaia.
tears, shed whakaheke roimata.
tease aweke, hakuhaku, hangatiitii, hawene, hiitaritari, maakiri, makitaunu, paaengaenga, weekiki, whakangari, whakatarariki, whakatoi, whakatoitoi, whekiki.
teasing piori.
teat titi (**Eng.**), uu.
tedious takeo.
teeth, lower incisor paakirikiri.
teetotum porotiititi, porotiti.
telegram waea (**Eng.**).
telephone n. whoounu.
telephone v. riingi (**Eng.**), waea (**Eng.**), whounu (**Eng.**).
tell kii, koorero, korokii, whaaki, whakaatu.
tell news puurongorongo.
tell privately muna, whakapaa
tell without omitting any particular aamiki, aamiku.
Telleogryllus commodus (**Walker**) aareinga, pihareinga. Pirenga and piharenga are probably corruptions of pihareinga.

Tellina glabrella kuharu, kuwharu.
tempest paraawa.
tempestuous huukerikeri, taakaha.
temple temepara (**Eng.**).
temple (of head) rae, rahirahinga, rei.
temporary abode kaainga taupua.
temporary encampment taupuni.
temporary occupation, land in whenua piirere.
tempt tahu.
ten ngahuru, ngawiri, tekau, tiingahuru.
ten, a full tekau mutu.
tend ahu, ahuahu, mohimohi, pena, penapena, rauhi, taurima, taute, tautiiaki, tauwhiro, whaaunu, whakaute.
tend a child or invalid whaaomoomo, whakaomoomo.
tend carefully kumanu, miiraa, naanaa.
tend in sickness or distress tapuhi.
tend with affection whakaipo.
tender ngaore, rauangi.
tender to the touch paawera.
tendril ihi, kawekawe, tooihi.
tennis teenihi (**Eng.**).
tenor of a speech haa, huu, rangi, waihoe.
tent teeneti (**Eng.**).
tentacle kaawai, kawekawe, ngongotua, patapata, wekeweke, weri.
tentacle of portuguese man of war hihi.
tenth tekau.
Teredo korotipa, korotupa.
termination poro.
terminus mutunga.
tern tara.
tern, Caspian kaahawai, taranui.
terrace of a hill parehua, tuuaapapa, upane, whakahua.
terraced, of a hill uupanepane.
terrible mataku, wehi.
terrified hoopiipii, hopii, opii.
terrify whakaihi, whakamataku, whakatuatea, whakawehi.
terrifying tarawewehi.
terror mataku, tuuiri, tuuwiri, wehi, whakatuatea, winiwini, wiwini.
terrorstricken ihiihi.
test whakamaatautau.
test a new crop whakamaahunga.
testament kaawenata (**Eng.**).

testicles hekeri, karihi, puutawa, raho.
Tetragonia tetragonioides kookihi, rengamutu, rengarenga, tuutae ikamoana.
Tetrapathaea tetrandra akakaikuu, akakaikuukuu, akakaimanu, akakuukuu, akatororaro, kaahia, kaimanu, kohe, koohia, kuupapa.
texture kakano.
Thalassarche melanophris toroa.
thank whakamihi, whakapai, whakawhetai.
thank you ka pai, kia ora koe.
that ia, koinaa, koinaka, koiraa, koiraka, teenaa, teenaka, teeraa, teeraka.
that before mentioned taua.
that other teeraa.
that place near person spoken to konaa, konaka.
that time concerning person spoken to konaa, konaka.
thatch ato, inaki, patu, raurau, rauwhare, taapatu.
thatch, temporary puurangirangi.
thatch a house turuki, whakapuru.
thatch of rushes toetoe.
thaw koero.
the ngaa, te.
thee koe.
theft taahae, whaanako, wheenako.
Thelymitra pulchella maaika, maaikaika, maamaaika.
Thelypteris pennigera paakauroharoha, piupiu.
them raatau, raatou.
them both raaua.
then aatahi, ati, ha, i reira, ianaa, kaatahi, konaa, konaka, oti, tahi, teeraa.
thence i reira, no konaa, no konaka.
thenceforth ake.
there anaa, ira, koinaa, koinaka, koiraa, koiraka, konaa, konaka, koinaa, koraa, ra, raaina, raka, rei, rerei, tee, teenaa, teenaka, teeraa.
there before mentioned reira.
thereby no reira.
therefore (past) na reira, no reira.
therefore (future) ma reira.
these eenei, ngaanei.
these near or connected with speaker aanei, eenei.
they ngaaraa, raatau, raatou.

they

they two raao, raaua.
thick maatotoru, matatengi, oru, piitongatonga, pooruru, pupuru, whakaapi.
thick liquid kukuu.
thick with leaves puururu.
thicken, in cooking eke, ete.
thickened kukuu.
thicket ngee, tairo.
thicket of kiekie or kareao taaeo.
thief kaiaa, keiaa, maahurehure, taahae, toohee, whaanako, wheenako.
thieving whaanako, wheenako.
thievish tarakaka, whaanako, wheenako.
thigh huuhaa, huuwhaa, keha, koihanga, kuuhaa, kuuwhaa, rera.
thighbone turipotu.
thin angiangi, ero, hauarea, hauwarea, hengihengi, hiioi, hiiroki, kohuka, koko, koohoi, koohoka, koorahirahi, mataero, pakikoke, piiwekeweke, pirohea, puanga, rahirahi, rauangi, rauiti, tokoroa, tunawhea, tuuoi, tuupuhi, wekeweke.
thin, become ngongo.
thin and yielding komeme.
thine aahau, aau, naahau, naau, noohou, noou.
thing hanga, kai, mea, taru, tarutaru.
think hua, huatau, kii, mea, tohu, whakaaro.
think, one would hua atu.
think aloud koorero raakau.
think frequently of maaharahara.
think of hua.
think on spur of moment ohia.
think over kohuki.
think upon mahara.
Thinornis novaeseelandiae kohutapu.
third toru.
thirst hiainu, hiawai, mate wai, matewai, wheinu.
thirsty hiainu, matewai, wheinu.
this koinei, koineki, teenei, teeneki.
this account, on na konei.
this circumstance, from no konei.
this place konei, koneki.
this side tua mai.
this time konei.
thistle, prickly sow puuhaa tiotio.
thistle, Scotch kootimana (**Eng.**), puungitangita, puunitanita.

thrilled

thistle, smooth leaved sow puuhaa pororua.
thistle, sow pororua, puuwhaa.
thistle, species of aotea.
thither ki reira.
thong for a mere hanging from wrist patui.
thorax hoopara, taaraauma.
thorn niho, tara.
thorn of thistle ngita.
thorny puutaratara.
thorough ngaio, tootoopuu.
thoroughly maarire.
those aua, ngaua.
those near person spoken to eenaa, eenaka.
those of oo.
those yonder eeraa.
thou koe.
thought hiahia, huatau, mahara, whakaaro.
thoughtful puumahara.
thoughtless tato, ware, wareware.
thousand mano.
thrash patu.
thread miro, tarete (**Eng.**).
thread articles on string or thin stick kaui.
thread fastening fish hook to line taukaea.
thread on a string tautau, tui.
thread secured to turuturu, first cross taawhiu.
thread worm iro, iroiro.
threadlike toohihi.
threads in weaving, vertical io, whenu.
threat turituri.
threaten kapatau, takutaku, wananga, whakahakahaka, whakaweti.
threaten behind one's back taku, tataku.
threatening kaioraora, mookinokino, paaroro, paroro, poorukuruku, wananga.
threatening, of clouds haakiwakiwa.
threatening rain takareko.
three matengi, tengi, toru.
three days ago noonaoakenui.
threefold tootoru.
threshold paepae, paepaepoto, paewae.
threshold, inner paetakuu.
thrice, perform any process taatoru.
thrill moohukihuki, wanawana.
thrill with fear kooihiihi.
thrill with passion auaha.
thrilled hiamo.

throat kakii, korokoro, taakaki.
throb auaha, kaiwheetuki, kakapa, koopana, mahuki, pana, panapana, pootuki, poutuki, tuaki, tuuhana, tuuwhana, wheetuki.
throne toroona (**Eng.**).
throng popoo, taamuimui.
throttle nanati i te kakii, nonoti i te kakii.
throughout puta noa, tahi.
throw epa, karaepa, karaepaepa, kookiri, korowhiu, kuru, maapere, maka, makawhiu, make, opa, panga, porowhiu, ruke, taahoa, tii, tiitere, whakaepa, whakarei, whiu.
throw a dart tiimata.
throw a spear hooreke, wero.
throw about makamaka, rukeruke.
throw away akiri, auru, ruke.
throw away piecemeal aakirikiri.
throw dart pere.
throw down whakataka.
throw down a structure taahoro.
throw down from upright position turaki.
throw in great numbers ringi, ringiringi, riringi.
throw in wrestling, certain whiu.
throw on hot stones of oven karuta.
throw oneself on the ground taaruke.
throw or swing as with a cord piu.
throw out bristle or rays whakawanawana.
throw present before one tiri.
throw the teka tekateka.
throw up soil into hillocks koopuke.
throw violently koopere.
throwing stick for darts taataa pere.
thrown down pae.
thrown in a heap rauiri, rauwiri.
thrown into disorder takawhita.
thrown out suddenly whana.
thrums patapata.
thrums of a cloak kihukihu.
thrums of a mat, untwisted korirangi.
thrums on a cape hukahuka.
thrush, a bird korohea, korokio, koropio, piopio, tiutiu, tiutiukata.
thrust kookoo, torohaki, toromoka, whaatoro, whakatoro.
thrust, of paddle taakiri.
thrust at puumuka.
thrust in kokomo, komo, koouru, kuhu, piingongo, puru, tiihoka.
thrust lengthwise kookiri, tookiri, toro.
thrust or drive away pana.
thrust through koihoka.
thrust with a stick reke.
thud hapuru, haruru, ngahoa, takuru.
thumb koonui, koromatua, rongomatua, takonui, toi nui, tokonui, toonui.
thumb cord attached to weapon kepa.
thump kuru, takuru.
thump or knock repeatedly taakurukuru.
thunder whaitiri, whatitiri.
thunderbolt epa.
thunderstorm, a kind of rautupu.
thunderstorm which clears off rapidly puueaea.
Thursday Taaite (**Eng.**).
thwart, obstruct taupare.
thwart of a canoe ama, keretuu, kiato, oa, owa, paemanu, tauare, taumanu, tauware.
thy aahau, aau, oo, oohou, oou, taahau, taau, toohou, toou.
thymos of man mauri, mouri.
Thyrsites atun mangaa.
tick, to tatetate.
ticket tiiketi (**Eng.**).
tickle ngooko, noenoe, patete, tookenekene, whaakoekoe, whakakoekoe, whakakuikui, whakamaangeongeo, whakangaoko, whakangeongeo, whakatongene.
tickling rekareka.
tickling sensation, feel a ngaoko, ngooko.
tidal bore roorea.
tide koorihirihi, ngaehe, ngahehe, tai.
tide, ebb tai timu.
tide, high tai pari.
tide, high spring tai koko.
tide, spring huki, uwheuwhe.
tide, very low haaro, tai akoako.
tide which has run well out tai rere.
tidings rongo.
tie here, hootiki, houwere, niko, pona, ruru, taahere, tauhere, toherere, whawhau, whiitiki.
tie firmly rirerire.
tie in a bunch piitoi, puutoi.
tie in a bundle mookihi, mookii, taapui.
tie in a knot pona, tiipona, tupona.
tie in a running knot whakatiitoorea.

tie

tie in bunches puunotinoti, puutoitoi, tautau.
tie in bundles herepuu, kaakati.
tie (necktie) neketai **(Eng.)**.
tie or knot, as a bag or cloth puutete.
tie or lace together whaatui.
tie round rawe.
tie round the neck hei.
tie to pole koteo.
tie together puutiki, ruru.
tie up here, kuukuku, pootete, renarena, roiroi, ruuna, ruururu, taahere, taparenga, whakatiki, whiitoki.
tie up in a kit taaroi.
tie up together, as legs of an animal whakapiki.
tie with a cord tatau.
tied roi.
tied in knots taurekereke.
tied up rokiroki, whiitoki.
tied up in a corner of a bag huutete.
tier taanga.
tiger taika **(Eng.)**.
tiger-shell maurea.
tight ita, itaita, rawe, taanekaha.
tighten whakakikii.
tighten a lashing by twisting maanene, tauteka.
tightly kita.
tilt honga.
tilt up kotira, matira.
timber raakau.
timber lodged in bed of river taitaa.
timber with honeycombed appearance taatarapoo.
time raro, taaima **(Eng.)**, takiwaa, waa.
time, after a naawai.
time, for some naawai.
time, interval of houanga.
time, short lapse of takitaro.
time, up to the present moroki noa nei.
time has come, the kua taka te waa.
time of, at the a.
time past mua, tua.
time to come muri, namata.
time to paddlers in canoe, give hautuu, tuki.
timekeeper kaituki.
times, past or future, distant uki.
timid koopiipii, koopipiri, kopii, taitea, tikumu, whakakumu.

toe

timidity ninihi.
tinder pangee, pangii, puutawa.
tinder, rotten wood used as puukoki.
tingle nanamu, paorohine, tengatenga, tii, tiioro, tiitii, too, tooiri, wheo, wheoro, wheowheo.
tingle, as the ears ongaonga, toii.
tingle, cause to wheo, wheowheo.
tingling sensation, causing a tootoo.
tip toi.
tip of a branch or leaf kaamata.
tip of a leaf hiku.
tiptoe, walk on hiitekiteki.
tired maea, ngenge, tuurohia.
tired of hoohaa, kawakawa, pangu.
tiresome makihoi, poorearea, toowenewene.
tiresome behaviour kapewhiti.
tit, North Island maaui potiki, mimiro, miromiro, mirumiru.
tit, pied koomiromiro, toitoi.
tit, white breasted ngirungiru.
tit, white breasted or pied piirangirangi, pipitore, pipitori.
tit, yellow breasted koomiromiro, ngirungiru, piropiro.
titbit komekome, motuu, whakapuuwharu.
title to land by occupation ahi kaa.
to hei, ki, ko.
toadstool, species of ipurangi, maiheru, manehau, mekemeke, tipitaha, tuutae ruru, waewae atua.
toast, propose a toohi **(Eng.)**.
toast, to whakapaki.
tobacco paipa **(Eng.)**, tupeka **(Eng.)**.
tobacco, native grown toorori.
tobacco, variety of poorakaraka.
toboggan paanukunuku, panunu, papa reti, reti, tooreherehe.
toboggan down a hillside hoorua.
today aaianei, aakuanei, inaaianei, noonaaianei.
Todea hymenophylloides heruheru.
Todea superba heruheru, huruhuru o nga waewae o Paoa, ngutu kaakaariki, ngutungutu, puuniu, puunui, teetee, teetee kura.
toe koikara, korokoro, kotikara, maihao, matikara, matimati, toi.
toe, big rongomatua, toonui.

toe

toe, fourth maanawa.
toe, great koonui, koromatua, toi nui, tokonui.
toe, other than big toe kooiti.
toe, second kooroa.
toe nail kotikara.
toe or finger, little kooiti, koroiti, tooiti.
toe or finger, middle maanawa, maapere.
toes united by a membrane huirapa.
together koopuni, ngaatahi, ngaatatahi, tahi, tukutahi.
together, brought kapiti.
toilet whare iti, whare paku.
token takoha.
token of regard maioha, waioha.
tomorrow aakengokengo, aapoopoo, aoinaake.
tomtit hoomiromiro, piimiromiro, piimirumiru, piingirungiru.
tomtit, North Island kikitori.
tomtit, white breasted kikitori, tane te waiora.
ton tana (**Eng.**).
tone reo.
tone of voice haa.
tongs piinohi.
tongue arero.
tongue at lower end of rafter teremuu.
tongue on end of body of canoe kuru.
Tonna haurakiensis puupuu waitai.
too often tuhene.
too soon wawe.
tool, digging taukari.
tool, small edge taareke.
tool made of thin iron paaraharaha.
tootara, dark colour, inferior quality kooaka.
tootara, dark colour, light in weight mauri.
tootara, heart wood of kaikaakaa, taikaakaa.
tootara, red wood of rangiura.
tootara and maanuka, bark of kiri koowae.
tootara tree, variety of karaka.
tootara wood, dark coloured ate.
tooth karihi, niho.
tooth, broken niho hawa, niho waha.
tooth, decayed niho tunga.
tooth, double niho puu, niho puuraakau.
tooth, eye niho kata, niho rei.
tooth, milk niho kai waiuu, niho kaiuu.
tooth, new karihi tupu.
tooth of comb tara.

tottering

tooth of shark worn as ear ornament mako.
tooth overriding another niho taapiri, niho tapiki.
toothache niho tunga, tunga, tunga raupapa.
toothbrush paraahi niho (**Eng.**).
toothless more, niho ngore, niho kore.
tooth-shaped pattern in weaving whakanihoniho.
tooth-shaped shell ornaments niho kakere.
top keho, keo, kootihi, kootihitihi, matamata, pooike, pootaka, ripa, runga, teitei, tihi, tiitoitoi, toitoi, uru.
top, humming pootaka taakiri, pootaka takiri.
top pointed at both ends, spinning potaka whero rua.
top, whipping kaihora.
top of a tree kaahekoheko, kaamata, koouru, more, taauru.
topheavy tautaka.
topknot of hair ngoi, pare, puhi, puungoungou, tihi, tikitiki.
torch kaapara, rama, tiiwhiri.
torchlight, do by tiirama, tiiramarama.
torment, to whakatiiwheta.
torn kanu, kanukanu, korekore, ngahae, ngawhewhe, ngawhingawhi, pakaru, taarerarera, tarepa, tiihae, tiihaehae.
torn into strips ngaahaehae.
torn off mawhaki.
Torpedo fairchildi maataa, maataataa, repo, whai repo.
torrent hiirere.
torrid tuumaahoehoe, tuumaaroohoehoe.
tortuous or crooked, make whakakooiro.
toss aauta, aurara, maahitihiti, poipoi, whiu.
toss about hoehoe, okeoke, rure, takaoraora, tiritiri, tuukarikari.
toss in sleep pore.
toss limbs about, as in sleep kowhana.
toss oneself about rika, taarika, takawhitiwhiti, whakarukeruke.
toss up and down poi.
toss up and down, as a canoe at sea pakoki.
tossed about tiiraurau.
total tapeke.
totter kaurori, tapepa, turori.
tottering huuoioi, mangamanga, rou, tatutatu.

touch

touch paa, whaatoro, whakapaa, whakatoro, whakawhara.
touch, cause to whakapaa.
touch, of feelings tae.
touch lightly haarau, konihi, tahitahi.
touch without attracting notice tauware.
touchwood pangee, pangii.
tough io, puuioio, puutii.
tourist tuuruhi (**Eng.**).
tow, of flax hungahunga, ngai, puungahungahu, tae.
tow with a line from shore taki.
towards ki, whaka-.
towel taawera (**Eng.**), tauera (**Eng.**), tauweru (**Eng.**).
tower or elevated platform for defence rangi.
town taaone (**Eng.**).
toy, a kaupeka, koororohuu, korotao, niu, puurorohuu, rapatahuri, repetahuri, takawairore, tararii, tokouraupe, topa.
toy, jumping jack kararii.
toy carved in human form karetao.
toy dart neneti, neti, niti.
toy glider koke, kokewai, kokewau.
toy hoop piirori.
toy windmill made of flax leaf pekapeka.
trace makenu, mokenu, moonaa.
trace out takitaki, whakataki.
Trachichthodes affinis koarea.
Trachurus novaezelandiae haature, hauture.
trachyte tuff maapunga.
track, path ara.
track, spoor kaupapa, makatea, makenu, taki.
track marked by breaking branches ara paawhati.
track or trail through fern or scrub maheu.
tracks paparahi.
tractable ngawhere.
tractor tarakihana (**Eng.**), tarakitaa (**Eng.**).
trade hohoko, hokohoko.
tradition hiitori (**Eng.**), koorero tupuna.
traffic hohoko, hokohoko.
tragus of the ear popoia.
trail, as a garment akitoo, tautoo.
trail (spoor) kaupapa, makatea.
trail or track through fern or scrub maheu.
trailing taarewa.
trailing behind autoo.

traverse

train tereina (**Eng.**).
traitor, one who turns kaikaiwaiuu.
tramp (vagrant) kaipaawe.
trample huukari, takahi.
tranquil maakoha, raupapa, too, whakaraupapa.
tranquility waikanaetanga.
tranquillise miri.
tranquillised maariri.
transfix huki, kohuki.
transgress ngau kee.
transient rangitahi, tuuao.
translate into English whakapaakehaa.
translate into Maori whakamaaori.
translucent whakatiiaho.
transparent kehokeho, kooataata, kowata, maarama, piiata, piiataata, puata, purotu, puuataata.
transparent, somewhat koorahirahi.
transplant huaranga.
transport ikiiki.
transpose wehe, wehewehe.
transverse taapae.
transverse beam pae.
trap kore, rore, taawhiti.
trap for birds kaarau, whakarapa.
trap for crayfish taaruke.
trap for hawks taaraharaha, tarahanga, tiitara kaahu.
trap for rats kati, pokipoki, rore kati, tawhiti pokipoki.
trap for whitebait kaka.
trap with two entrances, rat waharua.
trash kaikaha.
travel awhe, haere, ripoi, whana.
travel, particularly by water wharau.
travel about pookai, taawhe.
travel abroad kaihora.
travel by short stages turuki.
travel in a boat hoe.
travel in a body kautere.
travel over taawhai.
travel to a distance taawhai.
travelled round taapoi, taawhe, tawhio.
traveller tangata haere, tiara.
travelling party haere, ope haere.
traverse, cross taaroi, taawhai, topetope, umiki.
traverse a surface hoopara.
traverse in a defensive trench niho.

205

traverse quickly rangatahi.
traverses crossing the main trench pakiaka.
treacherous nanakia, whakamoho.
treacherous friend muremure.
treacherously, deal koohuru.
treachery kaikaiwaiuu.
tread takahi, tapuae, tapuwae, tuatakahi.
treasure kura, mokamokai, mookaikai, mounga, onge, piki kootuku, puiaki, puipuiaki, taonga, tongarewa, tongarewa.
treasure lit upon accidentally kurapae.
treasured possession kahurangi.
treat (deal with) mea, peenaa, peenaka, peenei, peeraa, peeraka.
treat in what way peehea, peewhea.
treat kindly popore, taurima, tuupore.
treat with ahu.
treat with contempt tokoreko.
treat with violence rupe, tutuu.
treaty tiriti **(Eng.)**.
tree, raakau.
tree, a ahikoomau, ahotea, ake, akeake, akerautangi, akewharangi, emiemi, ewekuri, haekaro, hangehange, hauama, haumakooroa, haumangooroa, hiinau, hinahina, hine kaikoomako, hohoeka, hoihere, horoeka, horokura, houama, houhere, houhi, houhi ongaonga, houhi puruhi, houhou, houii, houkuumara, houmaapara, houmangooroa, houpara, houparapara, hunakeha, hutu, hutukawa, inanga, kaaii, kaamahi, kaanuka, kaapuka, kaatoa, kauka, kahika, kahikaatoa, kahikawaka, kahikoomako, kai weetaa, kaikaro, kaikawaka, kaikoomako, kaiwaka, kaiwhiri, kaiwhiria, kapu, karaka, karo, katea, kauere, kauri, kawaka, kiihihi, kirimoko, koakoa, koare, koeka, kohe, kohekohe, koheriki, kohewaa, kohukohu, koihu, kokepere, kokoeka, kokoho, kooareare, koohai, koohutuhutu, koohuuhuu, koopaki kiore, koopii, kooporokauwhiri, koopuka, kootukutuku, koouka, koowhai, koowhiwhi, koromuti, kuumarahou, maahoe, maahoe wao, maaihiihi, maaii, maanaapau, maanatu, maanuka, maanuka rauriki, maaota, maapau, maapou, maaruu, mahimahi, mairangi, maire, maire kootae, maire rau nui, maire roororo, maire taiki, maire tawake, makamaka, mako, makomako, mangeao, mangeo, manoao, maru, mataii, matipou, mihimihi, miro, moeahu, mokopiko, ngaio, ngungu, niiko, nonorangi, ohoeka, ongaonga, ooramarama, orewa, paahau tea, paahengahenga, paapaauma, paapapa, paetai, pakiraki, parapara, paraparauma, pata, patatee, patee, patete, pipiri, poohiri, poohutukawa, pookaakaa, pooporokaiwhiri, pooporokaiwhiria, poowhiri, porokaiwhiri, porokaiwhiria, poroporokaiwhiria, pou, puahou, puaka, puharetaiko, puka, pukariao, pukatea, puketea, punaweetaa, putaputaweetaa, putaweetaa, puuhaaureroa, puuriri, puuwhaaureroa, puuwhakahara, raakau, raataa, rauiri, rautaawhiri, rauwiri, rimu, roohutu, roororo, rooutu, taaiko, taanekaha, taapau, taawaiwai, taawari, taawheowheo, taawheuwheu, taawhiri, tangeao, tangeo, tanguru, tapatapauma, tapitapi, tara a Maui, taraheke, taraire, tarata, taukuao, tauparapara, tawa, tawaapou, tawai, tawhai, tawhairaunui, tawhairauriki, tawhero, tawhiwhi, tiipau, tiitoki, tiitongi, toatoa, tokitoki, tooii, toowai, topitopi, toro, toromiro, tororire, tuhuhi, tuuhiwi, tuurepo, whaakou, whaawhaakou, whakatangitangi, wharangi, whau, whaupaku, whauwhau, whauwhaupaku, whauwhi, wheuhi, whiinau, whiinau puka.
tree, bird catching parapara.
tree, cabbage whanake.
tree, full grown palm kaihuia.
tree, head of a karamata.
tree, top of a puhikaioreore.
tree at which birds are taken tuutuu.
tree chopped all round in felling more pootaka.
tree fern, a atewheki, kaponga, koorau, kuranuipaakaa, kuriipaakaa, mamaku, neinei, kura, pehiaakura, ponga, puunui, raupiu, tuuaakura, tuuookura, whekii.
tree fern, black wood from stem of kaatara.
tree frequented by birds pua, turuhunga.
tree frequented by pigeons tiipapa.
tree resembling *Phebalium* tawhi.

tree

tree similar to olive taakou.
tree with sapwood burnt off tooiki.
trees of one species, grove of haapua.
trees on which birds are speared kaihua.
tremble kuunaawiri, maaue, maaueue, maawewe, ruriruri, taawiri, tuuiri, tuuwiri, whakaruerue, whakawiri, wiri, wiriwiri.
tremble with fear ruuruutaina.
trembling hawa, hawahawa, huungoingoi, huungongoi, huuoioi.
trestle used to raise heavy weights kaupae.
trevally araara, raumarie, raumarire.
trial whakamaatauranga.
trial of, make maatau, whaatoro, whakatoro.
trials of skill in games para whakawai.
Triamescaptor aotea honi.
tribal prefix ngaati.
tribe ikanga, iwi, matawaka, pori, puninga, puu, puutoi, waka.
tribe, section of hapori, hapuu, pahii, whaanau.
tribulation poautinitini.
tributaries of a river kautawa.
Trichomanes reniforme kopakopa, raurenga.
trick whakangaio.
trickle hohoo, koreto, kotokoto, paheke, tohihii, totoo.
trickle in drops maaturu, maaturuturu.
trifle kaamuimui, kanehe, takunga, takutakunga.
trifling hakirara, korokororiki, kuurapa, paatai, tihitihi.
trifling damage aurukoowhao.
trigger of a gun keu.
trill wanawana, whakawanawana.
trim, to tahi.
trim a canoe tauta.
trip hiirawea, tapape.
trip up hiirau, rapahuki.
trips in boat, make repeated hoehoe.
Trochus sp. tihipuu.
Trochus tiaratus mimiti, mitimiti.
troop ika, ikanga, maatua, ngohi, ope.
trophy of an enemy ito.
tropic bird amokura, rakorakoa.
trot toi, toitoi.
trouble aituaa, hee, huka, inati, maanuka, maareherehe, moho, peehi, poorahu, poorahurahu, rararu, raru, raruraru, whakapeehi.

tuck

trouble, in hee, tuukino.
troubled maanuka, moorikarika, poonee.
troubled in mind maawherangi.
troublesome maarehe, whakatoowenewene, whangawhanga.
trough kumete, waka.
trough for holding huahua puupoho.
trough of a wave awaawa, ngao.
trough of a wave, keep in the whakaawaawa.
trousers tarau (Eng.).
trout taraute (Eng.).
trout, granite katirimu, kawikawi, kehe, koeae.
truce rangaawatea.
truck taraka (Eng.).
truculent horepatatai, horetaataa, horetiitii, muha, niwha, tainanakia.
true ata, meka, motuheehee, motuhenga, pono, pononga, tika.
trump taanapu (Eng.).
trumpet, a kaaea, koea, puukaaea, puutaatara, puutahoro, puutara, puutaratara, teetere.
trumpet, shell kaakara, puupakapaka, puutootoo.
trumpeter (fish) kohikohi, poorae
truncate mutumutu.
truncated koimutu, kooporo, mutu, muu, pore, porepore, taparere.
trunk, of human tinana, tumu.
trunk of a tree ariaringa, kaatua, kahiwi, koohiwi, kooiwi, tiiwai.
trunk of a tree, dry taaiki.
trust whakapono.
trust in whakawhirinaki.
truth pono, tika.
try whakamaatau.
try on, as clothes whakamaatautau.
try one's hand at whakatau.
try strength whakataetae.
trying takeo.
tsunami parawhenua.
tuaahu, a form of kauhanga riri.
tub taapu (Eng.).
tube ngongo, puu.
tuber, an edible ahotea, para poonaho.
tubers for planting tinaku.
tubers growing from stem of kuumara waiari.
tuck in taakapu, tapiki.
tuck tail between the legs hume.

207

tuck

tuck up koopeke, koroheihei.
tuck up clothes hume, puuroku, puurokuroku.
tucked up, be hiitamo, hiitamotamo.
tucking in ends of the girdle, act of humenga maro.
Tuesday Tuurei (**Eng.**).
tuft puia, puu, rake.
tufted wekuweku.
tufted at the top pooike.
tufts of feathers ornamenting a canoe puurere.
tufts of sedge in a swamp puurekireki.
tufts or patches purepure.
tufts or patches, arrange in pure.
tug kaahakihaki.
tug of war tauronarona.
tukutuku pattern, a kahokaho, kaokao, kootoremakamaka, muumuu, purapura whetuu, puukanihi aua, puukonohi aua, tapuae kautuku, whakarua koopito.
tumble hinga, taka.
tumble about piitakataka.
tumble head over heels turupeepeke, turupeke.
tumble one over another porohuri.
tumour puku.
tune rangi.
Tupeia antarctica kohuorangi, pirinoa, pirita, taapia.
turbid ehu, haranu, kauehu, koehu, kooparu, pookeno, puarenga, puehu, renga, wheeranu.
turmoil, state of akaaka.
turn aurara, hawhe, huri, kohuki, koki, koopenupenu, kopenu, noni, taihuri, takahiri, takahuri, tawhiro, whakataka, whiti.
turn a canoe by use of a paddle koohana, koorope.
turn a corner taawhe.
turn a deaf ear teteerongo, whaatuturi, whakatuturi.
turn about taataau.
turn and go away whati.
turn aside atiti, auraki, aweke, hawe, kaihore, ngungu, papare, pare, peapeau, peka, tangongi, tanoni, tapeka, tihoi, tiitipa, tipa, tohipa, whakahipa.
turn aside, cause to whakapeka, whakapekapeka.
turn at sharp angles whakatapeha.
turn away taau, tairori, whakapeau.

turning

turn back whakahoki.
turn bottom upwards kauhuri, taupoki.
turn from side to side huatakataka, taataka, takataka, tiiwai, whakatahataha.
turn in a different direction kaupapare, kaupare.
turn inside out hurikoaro, hurirua, koohure.
turn into port whakatapoko.
turn of a rope, take a takarore.
turn of a rope round anything niko.
turn on a pivot kaurori, taka.
turn oneself tahuri.
turn or bend suddenly whiu.
turn over hurihuri, huripoki, hurirapa, hurupoki, tahuri, urupoki, whiti.
turn over and over hurihuri, tiitakataka.
turn over in mind hurihuri.
turn over soil kauhuri, taupoki.
turn over thoughts whakaraupeka.
turn over with a lever tuuhiti, tuuwhiti.
turn right round huriaro, hurikiko.
turn round huri, takamingomingo, tiitaka, wairori.
turn round, cause to whakakoohukihuki.
turn round and round aamiomio, aarohirohi.
turn sharply aside tupa.
turn sideways of a paddle kooripi.
turn the back hurikootua, huritaitua, huritua.
turn to anga, huri, hurikiko, tahuri.
turn to one side pareti.
turn towards aro, hei, whakaarorangi.
turn up hurirapa.
turn up the ground kuutoro.
turn up what is beneath surface koohure.
turn upside down huripoki, hurirapa, hurupoki.
turn wrong way round hurirua.
Turnagra capensis korohea, korokio, koropio, tiutiu, tiutiukata.
Turnagra tanagra korohea, korokio, koropio, piopio, tiutiu, tiutiukata.
turned, as the edge of axe koongunu.
turned away, be peau.
turned over and over pootaitaka, porotaitaka.
turned right over poroteeteke.
turned up, of the nose tuu.
turning konae, konaenga.
turning aside whakaperori.
turning over and over pooteeteke, pooteketeke.

turning

turning suddenly matakohuki.
turning this way and that peapeau noa, wheeangaanga.
turning to one side tiitaha.
turnip keha, pora, toonapi (**Eng.**).
turnip, kind of wild horuhoru, kotami, nanii, paea, poohata, poowhata, ruruhau.
turnip or similar roots koorau.
turnip tops poke.
Tursiops tursio terehu.
turtle honu.
tusk rei.
tusk shell pipi komore, pipi taiari.
tussock grass paatiitii taranui.
tuuaahu, a form of ahurangi, uruuru tapu.
tuuaahu, some part of ahupuke.
tuuii, female of teoteo.
tuuii, male of tute.
tweezers kopikopi, kuku.
twelve tekau maa rua.
twenty hokotahi, rua tekau.
twice told koropuu, puu.
twig raaraa.
twig of a shrub taakupu.
twigs, dry puaka.
twilight maahina, matarikoriko, rangi rere rua, rikoriko, ririko.
twilled toorua.
twinge konatu.
twinkle hiinaatore, hikohiko, kamokamo, kapokapo, kohiko, kooramuramu, pura, rikoriko, taukapo, whakamoe.
twins maahanga.
twirl miro, piirori, poi, porotiti.
twist kaarure, kawiri, koomiro, koorino, koromingomingo, koropeka, miro, parori, perori, rino, takahiri, wairori, whakariroi, whakawiri, whiri, wiri.
twist as in making rope kanoi.
twist cord by rubbing flax fibre on thigh miri.
twist into a cord kaarure, taamiro, wenu, whengu, whenu.

tyrannous

twist together rangitaamiro.
twisted koorapa, kooraparapa, koorino, koorori, koororirirori, parori, pehu, rapa, riirapa, rinoi, riroi, taatonga, tahatonga, takamingomingo, takawiri, toorino, whakapiki, whakawiri.
twisted, of grain in timber mingi, mingimingi.
twisted cord of two or more strands rino, rinorino.
twitch arawhiti, io, koowhiti, korohiti, korowhiti, taakiri, tuke, tumu, tuupanapana, waitakiri.
twitch in a way regarded as ominous hui.
twitch of a limb maka.
twitch repeatedly hurahura.
twitching in the shoulder peke.
twitching of a limb, outwards kauwhera, kohera.
twitching of the limbs kai koromaki.
twitching of the muscles taha.
twitter pekii, tiihau.
two rie, rienga, rua.
two aspects or bearings taharua.
two at a time, by twos takirua.
two at once huirua.
two by two takirua, puurua.
two edged huarua, matarua.
two homes, having pinerua, punerua.
two hundred and upwards e rua rau ngahoro.
two minds ruarua.
two ply apa rua.
two points or peaks tararua.
two tribes, related to taharua.
twofold, of fabric aparua, kikorua, papa rua, toorua.
Tyndaridea anomala kohuwai.
Typha orientalia akakooareare, hune, koopuungaawhaa, koopuupuungaawhaa, kooreirei, ngaawha, raupoo.
Typha orientalia, **pollen of** nehu raupoo.
Typha orientalia, **young shoots of** kaarito.
tyrannous ngarengare.

U

udder uu.
ugly anuhea, kino, paraheahea, paranokenoke.
ulcer keha, mariao.
ulcerate, cause to taumahaki.
ulcerated hangina, ipuipu, koomaoa, maoa, maoka, maonga, puumaoa, taetae.
ulceration in the throat katitohe.
umbilical cord iho, ngaengae, pito, taangaengae, uho.
umbilical cord attached to mother rauru.
umbrella amarara (**Eng.**), marara (**Eng.**).
unaccustomed aweke, mohoao, mohowao, tahangoi.
unaccustomed to the conditions, one uakoao, uakoau.
unacquainted tauhou.
unadorned kookau, taramore.
unarmed ringakore.
unassuming whakamoowai.
unavenged ngaro.
unaware ware.
unbecoming hake.
unbroken paaruhiruhi, paruhi.
unbroken line taahuhu, taahuu, taauhu.
uncertain ahurangi, harapuka, haurokuroku, maunawenawe, ngaakaurua, paahekeheke, pari kaarangaranga, rangirua, taupetupetu.
uncertain, of an omen or dream pikirua.
uncertain in gait pohepohe.
uncertainty kumukumu, warawara.
Uncinia, **species of** matau.
Uncinia leptostachya matau ririki.
Uncinia riparia matau ririki.
Uncinia uncinata kamu, matau a Maaui.
uncle matakeekee, matua keekee, paapaa.
uncommon waraki.
unconcerned haumaruru, maataatoa.
unconscious mate.
unconscious, render rehu.
unconscious, rendered warea.
uncontrolled tiiweewee.
uncooked kaimata, mangungu, mata, ota, toongaangaa, torouka, wheo.
uncouth mohoao, mohowao, tuuhourangi.
uncover huaki, huke, hura, hurahura, kohura, rakorako.
uncovered mahura.
uncultivated papatua, toituu.
undaunted manawa kai tuutae.
undecided aawangawanga, matawaenga, taharangi, wheeangaanga.
undefiled horomata.
under raro.
under, force hou.
under side raro.
underdone kaanewha, mangungu.
undergrowth huru.
understand aaro, maatau, moohio, orotau.
understand, cause or allow to whakamoohio.
understanding aweko, whakaaro.
understood aroaa, arowaa, hakori, mau, wheeiro, wheeiroiro, whekori.
understood, imperfectly whaairo, whaairoiro.
undertaking hingonga, hinonga.
undertow of surf miti.
underworld keno, poo, raro.
underworld, fourth poo, reinga.
underworld, lowest level ameto, aweto, meto.
undetected ngaro.
undeveloped taramore, waitau.
undeveloped as seed vessels kooaha.
undiminished tootoopuu.
undisturbed ariari, houkura, maakoha, maho, raupapa, rautahi, tina, toituu, ukiuki.
undo whakamatara.
undone matara, matoha.
undulate maapuna.
undulate or oscillate as swampy ground ngapu.

undulating

undulating taawakawaka.
undulation rainga.
uneasy manawa rau, manawakino, tuutaka.
uneasy, feel haarato.
uneasy in mind aawangawanga, maaihi, mawera, paaihi, pakaihi.
unencumbered angiangi, maamaa, paatea, tangara.
uneven karawhiti, kuureureu, moana, paahikahika, paahiwihiwi, paaiwiiwi, tiireureu, tiiwekaweka.
uneven, as of weaving hiinarunaru, hiingarungaru, taaheha.
uneven surface aanau, torehapehape.
unexpected matawhawhati.
unfair advantage, take an makihuhunu.
unfeigned pononga.
unfinished hukihuki, kohuku, kookau, puuhungahunga.
unfixed taarure, tatere.
unfledged young of birds koorahoraho, maaunu.
unflinching kiriuuka.
unfold maaroha.
unfolded maaroharoha.
unfortunate aituaa, ninipa.
unfounded maakiri.
unfriendly atawhai kino.
unfruitful huakore, tuupaa.
unfruitful, of seasons waiika.
unfulfilled taurangi.
unhealthy aahua mate, aewa, aewa mate.
unify whakakotahi.
unimpeded whakaango.
unimportant iti, korokororiki, wenewene.
uninjured toiora.
unintelligible kaaore i maarama, manganga, ngaro.
unintelligible language reo kihi.
unintentionally pokerehuu.
unique ahurei, tahi.
unit of measurement aronui.
unkempt hiiwanawana, paranokenoke, pootihitihi, poutihitihi, puhirua, puuhutihuti, taatarahake, uarapa.
unkempt, of hair kooritorito.
unlucky aituaa, wairuatoa, whakarapa.
unmarried kiritapu.
unmarried girl wahine taumaro.
unmindful maakuuare, maakuuware.
unmovable nanawe, nawe.
unmoved whakamoroki.

unstinted

unnerved maangi.
unnoticed huna, ngaro.
unoccupied waatea.
unorganised tautauaamoa.
unpalatable kawa, kootuhi, mootuhi, nohunohu, puukawa.
unpleasant hou, houhou, kootuhi, toretore.
unpleasant taste kawa, kootaitai, paratoketoke, taawaha.
unprecedented tahi.
unpresuming huunguengue.
unproductive taitaiaahenga.
unproductive, of crops puueku, puuweku.
unproductive, of poor soil whiro.
unravel ui, wete, wetewete, wewete, whakamatara.
unravelled hiiraurau.
unreal mariko.
unreliable haarekereke, haurakiraki, huurori, kahurakiraki, kahurangi, maangina.
unreliable man he hoe koonukenuke.
unrequited ngaro, taurewa, tauware.
unrequited love mate konehe.
unrestrained tiiweewee.
unripe hangongi, kaanewha, kaimata, kaiota, mata, ota, torouka.
unsatisfied longing mihi taurangi.
unsatisifed taurangi.
unseasoned, of timber kaimata.
unseemly hake.
unsettle whakahaarangi.
unsettled aarangi, ahurangi, arewa, haarangi, haurokuroku, hikirangi, huirangi, huurangi, irirangi, kaahuirangi, kaarangi, kahurangi, kairangi, kaparangi, kewha, maangi, parahaere, taarewa, tatere, taurangi, tiemi, tiengi, tihengi, tihoi, tiineinei, tiingei, tiirangi, tiirengi, tiitengi, tiu, tuarangaranga, tuutakarerewa, whakaroiroi.
unshapely puuhetii, puuwhetii.
unskilful hakorea, ninipa, rapa.
unsociable kiripiro.
unsparing tootoopuu.
unstable paahekeheke, takahuirangi, tikoki, whakaroiroi.
unsteady mangamanga, paarikoriko, pariko, tatutatu, tautaka, tiimangamanga, tikoki, tuukokikoki, tuuretireti.
unsteady, applied to a canoe koritaka.
unstinted rikarika.

unsuccessful rahua, tiki.
unsuccessful in fishing etc. kirihaunga, muuhore, puuhore, tahakore, taitaiaa.
unsuccessful person tiki.
unsuitable pakaraa.
unsuspecting pooheehee.
unswerving hakohako, tookeke.
unsymmetrical hikuaru, hikuwaru.
untamed paawhara.
untangled matara.
untattooed paapaatea, pangore, taramore.
untaught muhu.
untidy poorohe, tiiwekaweka.
untie maheno, taakiri, wete, wetewete, wewete, whakamatora.
untied kaareto, kaheno, kootara, maheno, makoha, makowha, matara, matoha, matora, mawete, mawheto, paheno, tatara.
until aa, aapaanoa, kia, noo, tae, tae noa ki.
untouched tikituu, toituu, urutapu.
untroubled haupapa.
untrue haawatewate, hori, horihori, papahu, ruukahu.
untrustworthy ngutu tere.
untwisted matara.
unwary hautaaruru.
unwelcome waingaio.
unwieldy puuheki, puuhetii, puuwheki, puuwhetii.
unwilling korongataa, whakatohetohe.
unwrought kaimata.
unyielding maaroo, papahueke, tookeke, whaatuturi, whakatuturi.
up runga.
up above runga.
upbraid toheriri.
uphold a cause tautiinei.
uplifted puuwhata.
upon i runga, kei runga.
upper branches of a stream weri.
upper end kaupane, uru.
upper part upoko.
upper part of stem of tree kaahikuhiku.
upper side ripa.
uppermost too runga rawa.
upright matika, poupou, takotako, turu, tuutika.
uproar rarii.
uproar, make an rarii.

uproarious hoi.
upset porohuri, tahuri, urupoki.
upset, easily huukokikoki.
upside down koaro, kowaro.
upstanding pari, paripari.
upstart hoetere.
upwards ake, runga.
urchin, sea kina.
urge aa, aki, auraki, koopana, kuhene, kuuene, ngare, ngarengare, tari, tuuhana, tuuwhana, uruuru.
urge insistently ungaunga.
urge on akiaki, hotahota, kuutete, teka.
urge on a horse whakangete.
urgent kaakari, nonoi, tohe, totoa, towhe, whaiwhairoroa, whitawhita.
urinal mianga.
urinate mimi.
urination, difficulty in mimi taeturi.
urine mimi.
Urtica australis ongaonga, taraonga, taraongaonga.
Urtica ferox ongaonga, taraonga, taraongaonga.
us maatau, maatou, taatau, taatou.
us two maaua, mao, taaua.
Usacaranx lutescens araara, raumarie, raumarire.
use, to tangotango.
use as a knife ripiripi.
use both sail and paddles in a canoe matangirua.
use carelessly tootooaa.
use sparingly tiwa, tiwha, whaaomoomo, whakaomoomo.
Usnea barbata angiangi.
usual maaori, tikanga.
utter whakapuaki.
utter a word kii.
utter disconnectedly whakaeaea.
utter in an undertone whakakooingoingo.
utter inarticulate sounds whakahaahaa.
utter slowly or deliberately taataku.
utterance koorero, kupu, reo.
uttered puaki, rere, taa.
uttered falteringly nanunanu.
utterly moorukaruka, moruka, rukaruka.
uvula miramira, tawhetawhe, tenetene, tohetohe, toke.

V

vacant haamama, waatea.
vacillate maanenei, manei, taataau.
vacillating aroaro rua, hokirua, koopuurua, neinei, ngaakaurua, takahuirangi.
vagabond kaikora, kaipaawe, kaipaoe, kaipaowe, kiko whakarawaka, kooripi, kora, nauhea, nauwhea, tiiweka, tipiwhenua, tooiwi, whakatipi.
vagabond, act as a tuukooripi.
vagary, given to horehore.
vagina nono, puta, taiawa, tenetene.
vagrant haakoke, kaipaawe, kaiparo, murare, tihoi.
vague haakirikiri.
vain hahaki, whakahiihii, whakapehapeha.
vain pretensions paraparau.
valley awaawa, haarua, kakari, kakaritanga, kooaka, maarua, nukuao, riu, taawhaarua, taawhati, taiororua, tairua, tapoko, whaarua, whakarua, wheerua.
valley, deep mato.
valuable possession kura, rei, taonga.
value kaingaakau, ritenga, uara, utu, waariu (**Eng.**).
value, of great ohooho.
Vanessa gonerilla kaakahu kura, kahukura.
vanguard piipii.
vanish whakarere, ngaro.
vapour taakohu.
variable taaupe.
variegated ira, iraira, kakano whakauru, whakakooingoingo.
variegated flax parekoritawa.
vary poka kee, puta kee, tiitaha.
vary from tiitaha.
vassal tribe saved from destruction awhenga.
vast whakatikotiko.
vaunting tuupahupahu.

veer kootore, taka.
veer round koorure.
vegetable caterpillar mokoroa, nutara.
vegetables manga.
vegetation maaheuheu, mauti, otaota, raureekau.
vehement tuu.
veil aarai, koopare.
vein iaia, uaua.
venereal disease paipai, pakiwhara, mate kiko.
venereal disease, a patuheni, tokatoka.
Venericardia australis puurimu.
vengeance ngaki.
vengeful whakakaitoa.
vent, to ruke.
vent of an eel tongahau.
ventral fin of a fish hawa, hawahawa.
Venus te whatu-i-te-roro.
Venus as a morning star Koopuu, Taawera.
Venus as an evening star Mere, Meremere, Rere-ahiahi.
verandah haurangi, hoopua, kaangatungatu, mahau, opua, parana (**Eng.**), pikitara, rueke, whakamahau.
verge towards whano.
vermin iro, iroiro, kutukutu, mookutukutu, pekeriki.
vermin in the hair, catch haamure.
vermin or lice, catch pakirara.
Verreo bellis kotakota.
Verreo oxycephalus paakurakura.
verse of a song upoko, whiti.
versed in puukenga.
vertebra, first cervical puuaha.
vertebrae, upper section of the manutuu.
vertical tuumaahoehoe, tuumaaroohoehoe.
very rawa, tino.
very well then teenaa koa.

vessel

vessel made by cutting a gourd hakehake.
vessel of seaweed, shark stomach kookii.
vessel or container ipu, karure, pararaa, puoto, tiihake.
vessel used for boiling food koihua, koohua.
vestige pakuriki.
vex hawene, rangirangi.
vexation huuneinei, huungeingei, whakatakariri, whanowhanoaa.
vexatious inonoti, matangerengere, mookai, whakatakariri.
vexed ariaringa, honohonoaa, koorangaranga, matangerengere, moorikarika, mooteatea, nanatu, natu, pooniti, poonitiniti, takaritarita, whakatakariri.
vibrate neneke, ngatari, ngateri, taarurururu, tooiri, tuupanapana, whakatiikorikori.
vibrating hawa, hawahawa, tarapepe.
vicious hiianga.
victim ika, ngohi, patunga.
victorious toa.
victory wikitooria (**Eng.**).
victuals kai, kamenga.
vie taataawhaainga, tauwhaainga.
view kainga kanohi, tiro, tirohanga, titiro.
vigorous kahikaatoa, maakaa, maataatoa, ohi, tutuu, tuukaha, uakaha, uaua, uekaha.
vigorous, of growth of plants tuuperepere, warowaro.
vigour hauora.
vilify whakaharihariitae.
village common marae.
Vincentia anceps peepepe, toetoe tuhara, tuuhara.
vine waina (**Eng.**).
vine, a kaimanu, koohia.
vine of any climber aka.
violate takahi.
violate a woman pahera, pawhera, takahi.
violate tapu hara, taapohe, taapohepohe, whakahou.
violate tapu by eating at sacred place haapiro.

voyage

violence aainga, tai.
violence, treat with rupe, tunuhuruhuru, tuukino, whakarekereke.
violent hikareia, huukerikeri, kaikoka, kuruki, paakaha, ririhau, taakaha, taataahau, taikaha, taparahi, tutuu, whakarawarawa, whakawiriwiri.
virgin puhi, waahina (**Eng.**).
virgin soil papatua.
virginity, period of puhinga.
viscera ngaakau.
viscous piapia, tatakii.
viscous fluid ware.
visible ari.
visible, just aakahukahu, moorirorirо.
vision, a matakite, rehu, tuurua poo.
visit toro, whakatau.
visiting party ope manuwhiri, tuku.
visitor manuhiri, manuwhiri, tuuwaewae, whakaeke.
vital essence of land hau.
vitality of man hau.
vitals ngaakau.
Vitex lucens kauere, puuriri.
vocative particle e.
voice reo, waha.
voice pitched above rest in singing pekerangi.
voices, imaginary ororua.
voices heard singing at night tuupaoe.
void hema, hemahema, hemanga, maarua, tiiare, tiiareare.
volcano puia.
Volcella areolatus purewha.
volley of guns waipuu, waiwaipuu.
volley of spears waitao.
vomit ruaki.
vomit liquid ruaawai.
vomit up whakaruaki.
vomited ruaki.
voracious orotaa.
vote pooti-tia (**Eng.**).
voyage rerenga, wharaunga.

W

wade kau, kautuu.
wafted toorino.
wag manana, oraora, taataa, takawheta, takawhetawheta, tooroherohe, whiuwhiu.
wage, of war makawe.
wages utu.
wagging neinei.
waggle maanaanana, nenei, piitakataka, piionioni, tarapepe, tiionioni.
waggon waakena (**Eng.**).
waif hoetere.
wail auraki, whakapuu, whakatautau.
waist hope.
wait taritari, tatari, toka, totoka, whanga.
wait anxiously whakaririka.
wait for taiwhanga, tiaki.
wait for, lie in haupapa.
wait patiently ngaki tatari.
waiting, keep someone poopooroa, poopoororoa.
wake of a canoe au, koorinorino, kooriporipo.
wake someone up whakaara, whakaoho.
wake up ara, korohiko, oho.
wakeful matatuu, tuurama, whakawhetuu.
walk haere-a-raro, haere-a-waewae, whakaraka.
walk arm in arm patui.
walk stealthily tonihi.
walk with a stick tokotoko.
walking stick tokotoko, turupou.
wall paatuu, taaepa, taiapa, taiepa, tuakiri.
wall of a house pakitara.
wall plate paetara.
wallet kopa, paahi (**Eng.**), pakipaki.
wallet, small honae.
walleyed karero.
wallow tiitakataka.
wand tira.
wand used in ceremony ariaa, maatiretire, matire.

wander aanau, aatiu, aatiutiu, aewa, atiti, haakoke, kaaewaewa, kaea, kaeha, kaewa, kaihora, konewha, kookewa, koonewhanewha, maewa, ngau, paoe, paoke, paowe, paro, poorangi, raumaewa, tahawhenua, taiaamiki, takawaenga, takiwhenua, tangaere, tihoi, tiipao, tiiwhao, tiu, whakakaewa.
wander about haaereere, kootiititi, pakoke haere, poipoi, whakatiihake.
wander aimlessly makihoi, tiihoihoi.
wander distractedly atitirauhea.
wander from place to place kaihanu.
wander idly kooroiroi.
wanderer konene, murare, taurangi, whakatipi.
wandering arewa, haakoke, huirangi, kahurangi, kaipaawe, kaipaoe, kaipaowe, kairangi, koroirangi, maawherangi, pakewa, parahaere, tourepa, tuutoro, whakaroiroi.
wane riko.
wane, of the moon roku, roroku, tara, tooriwha.
wane, of moon, begin to tipihori.
want, in takaonge.
want (desire) hiahia, piirangi.
want (lack) kore.
want of, in mate.
wanting huka.
wanting food pakaroa.
wanting in number tarepa.
war pakanga, whawhai.
war canoe piinaku, wakataua.
war dance ngaarahu, ngarehu, tuupeke, tuuranga tohu, whakarewarewa.
warble wheko.
warbler, grey hiirorirori, hoorirerire, koorire, koorirerire, kooriroriro, nonoroheke, nonoroheko, rirerire, riretoro, riroriro, tootoroie, tootororire, whiringa-a-tau.

ward off aarai, aarei, papare, pare, piki, pupare, ripa, wawao, whakangungu.
ward off witchcraft by a spell kaikaro.
warfare kawe-a-riri, matawhaaura.
warlike kaitaua.
warlike qualities riri.
warlock ruaanuku.
warm aahuru, mahana, puuaahuru, puuwera, tuuaahuru, werawera, whakaahuru, whakamahana.
warm oneself ina, inaina, paaina, paainaina, paatiitii.
warm up cooked food taamahana.
warmth aroaromahana, aroaroraumati, mahanatanga, puumahana, werawera.
warn whakaohiti, whakatuupato.
warn off by shouting haahaa.
warp io.
warp, in weaving wenu, whengu, whenu.
warped kohu, kokohu, koorapa, kopuu, riirapa, taatonga, tahatonga.
warrior ika, kaitoa, kikopuku, maaia, mataa kai kutu, pakoko tawhito, toa, tooii.
warrior, an tried ika a whiro.
warrior, valiant mumu.
warrior, young tore kai huruhuru.
warrior of prowess tangata raakau kawa.
warriors, band of tried kairaakau.
wart kautona, kiritona, tona, tonatona, tonga, tongatonga, unahiaua.
wary ataata, koriti, matakana, paoke.
wash horoi, rari.
wash board of a canoe paairi, parengaru, paretai.
wash clothes patu, patu kaakahu.
wash with clay for soap uku.
washed out maarari.
wasp katipoo, waapu (**Eng.**).
waste maumau, none, para, tootooaa, tuakau.
waste away horo, ngongo.
waste away, cause to whakaeo.
wasted eneene, moumou.
wasted away, shrivelled angoa, hauaitu, hauhauaitu, hiikoko, huhu, ngahengahe, popoko, tiikoko, tiikoopura, tiikoro, tiingongo, tuupaku.
wasteful ngutu hore, tootooaa.
wasting koeo, whakamemeke.

wasting away of the body in disease horokiwa.
watch maatai, maataki, maatakitaki, mataara, tuutai.
watch, timepiece wati (**Eng.**).
watch for tiaki.
watchful hiwa, matakana, matapopore, matatuu, tuumatohi.
watchman kaimataara, tuutei.
watchman's platform in a fort ahurewa.
water hane, hani, kaatao, mongi, mooai, moowai, mote, ngongi, turi, wai, wee, wei.
water, as the mouth koe.
water, fresh honu, hoohonu, wai maaori.
water, rough pohe, popohe.
water, salt wai tai.
water, sound of running arawaru.
water, stretch of whanga.
water suitable for working a net aaria.
watercourse hawai, koawa, manga.
watercourse, dry horehoretua.
watercress koowhitiwhiti, waata-kirihi (**Eng.**).
watered waia.
waterfall hiirere, hohoo, rere, taaheke.
watering of the eyes piitoritoriwai.
waterlogged pukewai, urutomo.
watertight pihi, whakapiri.
watery haruwai, kooharihari, koononoonono, koopuuwai, kuuwai, kuuwaiwai, pukuwai, toowaawahi, toowahiwahi, toriwai, waia, waiwai.
watery, of potatoes spoiled by frost wari.
watery, of root crops hoopeewai.
watery, of the eyes teeteewai.
wattles of a bird werewere.
wattles of the kookako peruperu.
wave maawe, piioi, piioioi, poohiri, poowhiri, whakawai.
wave, of the sea kare, ngaru.
wave about manana, piu, piupiu, poipoi, poowhiriwhiri, roherohe, ruuruu, taaruperupe, tiiwhaiwhai, tiiwhiri, tooroherohe, toowhiri, toowhiriwhiri, whiioioi.
wave hand in token of refusal whakahoe.
wave in the wind piiwari.
wave to taawhiri, tawhi.
wave to and fro tiiwaiwai, tiori.
wave to and fro, cause to ori.

waver maanenei, manei.
wavering ngaakaurua, takahuirangi.
waves, raise in whakakaho.
waves, small papata.
waves carried by north-east wind whakarua.
waving pohepohe.
wavy kapu mahora, maawhai, puungarungaru.
wavy, make piu.
wax, of the moon hua.
wax, sealing harare.
wax in the ear taaturi.
waxeye karupaatene (**Eng.**), pihipihi, piikaraihe (**Eng.**), poporohe.
waxy koonononono.
way ara, riunga, whaatika, whakatika.
way, make one's poka.
way of, by maa, naa.
waylay pehipehi, taawhanga, whakamoho.
wayward kapa.
we maatau, maatou, taatau, taatou.
we two maaua, mao, moou, taaua tao.
weak aanewa, anuhea, hangenge, hauaitu, hauarea, hauhauaitu, hauwarea, huungoingoi, huungongoi, kahakore, kongange, koopiipii, kopii, kurukuru, kuuii, maero, maiangi, makuhane, manauhea, memeha, mohoriiriiwai, ngahengahe, ngehengehe, ngoi kore, ngongori, ngooioio, ngori, piingohengohe, pingohe, poororotua, ruhi, taaupe, tahoo, tiimohea, tuuoi, tuupaku, whakaruhi.
weak, become taero.
weak and ill ngaatoro.
weak-kneed turingongengonge, turipuu.
weaken whakaruhi, wheroku.
weakened manene, matiti, waimaero.
weakly maaioio, mooioio.
weakness haarorerore, kahakoretanga, kurutahi, kurutai, maaruru, tiirohea, wairuhi.
weakness or relaxation, causing paarore.
weal kaarawarawa.
weals, covered with kaarawa.
weapon maanuka, patu, raakau, ringa, ringaringa, riri.
weapon, a ate, hani, hoeroa, kakati, kauri, kotiate, maaipi, mataa kautete, mokopiko, poohiri, poowhiri, pouhani, pounui, pouraakau, pouwhenua, rorehape, rorowai, taatu, taiaha, tewhatewha, tokotoko, toorooai, tooroowai, ururangi, wahaika, wahangohi.
weapon attached to a cord kootaha kurutai.
weapon carried in the belt peketua.
weapon like a mere tumere.
weapon made from a root paiaka.
weapon made of a whale's rib paraaoa roa, toorooai, tooroowai.
weapon made of bone of the sperm whale paraaoa.
weapon of akakura wood akakura.
weapon of greenstone hohotu, hotuhotu, pounamu.
weapon of shark's teeth ahaaha, taatare, taatere.
weapon of stone mere, okewa.
weapon swung on a string rorohuu.
weapon used as invitation to join army raakau whakarawe.
weapon used for stabbing or piercing oka.
weapon with notch in the edge kati.
wear clothes kahu, kaikahu.
wear out taiaakotikoti.
wear round the neck hei, taahei.
wearied hoia, hokehokeaa, hongehongeaa, huuhee, kuu, maea, parohea, tawari, tuungarangara, tuurohea, tuurohia, tuurowhea.
wearied with kawakawa, pangu.
wearied with expectation hoohaa.
wearied with labour maauiui.
wearied with uninteresting talk puukawa.
weariness huuhi, konekone, kurutahi, kurutai, ngenge.
wearisome hoohaa, takeo.
weary koio, kuru, kurukuru, maaioio, maarohirohi, ngehengehe, ngenge, ngooioio, rohea, rore, rowhea, ruha, ruharuha, ruwha, taiaroa, tauwheruu, tihohe, tuurohi, waea, whakakuru, whakakurutahi, wheruu.
weary, cause to be whakahoohaa.
weary and sleepy ohere.
wearying taitaahae.
weather rangi.
weather, bad marangai, paroro, puhoro.
weather, fine paki.
weather, neither windy nor sunny haatai.

weather

weather, perfect paihuarere.
weather, showery unsettled kuu.
weather beaten hiwi.
weave nape, rangaranga, raranga, whatu, whiriwhiri.
weave a net nanati, nati.
weaving, fine close kiri kiore.
weaving, pattern in kanohi aua, whakakaokao.
weaving flax, coarse method of pinati.
weaving house whare pora.
weaving on cloak borders taaniko.
web of a spider tukutuku.
webbed huirapa, rapa.
wed maarena (**Eng.**), raa.
wedding feast kai reperepe.
wedge kahi, maakahi, maatiti, matakahi, mataora, tahatiti, weeti (**Eng.**).
wedge, small entering matapipi, pipi.
wedge for splitting makatiti, ora.
wedge for tightening lashings keka, maatia, pare aarai maramara.
wedge of hardwood, large splitting kaunuku.
wedge to split tree, largest ora whakatangitangi.
Wednesday Wenerei (**Eng.**).
weed paaketu.
weed, a huainanga, kaingarua, paewhenua, parahia.
weed growing in fresh water lakes petipeti.
weeds kapurangi, maaheuheu, mauti, otaota, tahuere, tootoo.
weeds, small taru piikari.
week wiki (**Eng.**).
weep koreto, rohi, tangi, weto.
weep copiously wairurutu, wairutu.
weep over tangi.
weeping, on the point of hiatangi.
weft, first, in weaving a garment aho taahuhu.
weigh paauna (**Eng.**).
weigh down peehi, tao.
weighed down roku, roroku.
weight, heaviness taimaha, taumaha, toimaha.
weight to prevent anchor dragging taawee.
weights on drill spindle popoia.
Weinmannia racemosa kaamahi, tawhero, toowai.
Weinmannia sylvicola toowai.
weir ahuriri, paa.

whale

weir, part of an eel whakareinga, whakatakapau.
weir, wing of a matatara.
weir for catching eels paa.
weir for lamprey whakaparu piharau.
weka, black, South Island variety weka pango.
welcome aumihi, haere mai, karanga, maanawa, maioha, nau mai, poohiri, poowhiri, raahiri, tautimai, whakahei.
welfare oranga.
well (healthy) hauora, ora.
well born paraaoa, rangatira.
well executed nahu, nanahu.
well founded taketake.
well grown paapua.
well informed puukorero.
well of water poka.
well proportioned momo.
well shaped takoto.
well then a, kaati, waiho.
well up, of water koohuhuu, koomanawa, maapuna, paahiihii, puhake, puke, puna, pupuke, puuhakehake.
wen ngene.
west hauaauru, maauru, raatoo, tai-hauauru, taitua, tokouru, tuauru, uru.
west wind tokouru.
western tuauru.
western sea tai-hauauru, taitua.
western shore tuauru.
wet haumaakuu, hautakuu, kuurarirari, kuuwai, kuuwaiwai, maakuu, makengo, monoku, puupuuwai, rari, rei, tewetewe, too, tou, waia, whekuwheku.
wet and cold taritari.
wet day, expression for a very ko ngaa rangi a rire.
weta, cave weetaa.
weta, giant weetaa pungu.
weta, tree weetaa
wetness maakuu
whale ika moana, mimiha, momori, ngohi moana, papatii, pakakaa, pakakee, niho ngore, ngutu-hue, ngutu-kura, ngutu-pii, paikea, paraaoa, popoia-ngore, rongomai, tohoraa, warawara, weera (**Eng.**).
whale, right kewa, tuutara kauika.

whale

whale, scamperdown hakuraa, iheihe.
whale, southern right tohoraa.
whale, sperm paraaoa.
whale feed kooura rangi, uraura.
whale oil wee paraoa.
whalebone, from mouth of right whale hihi tohoraa, kumikumi, paahau tea.
whales, school of tuutara kauika.
wharf waapu (**Eng.**).
what aa, aha.
what does it matter? me aha?
what of that? he ahakoa?
wheat wiiti (**Eng.**).
wheedle whakapati.
wheel porohita, porowhita, wiira (**Eng.**).
wheelbarrow huripara (**Eng.**).
wheeze ngae.
wheezing tiimohu.
whelk huamutu, kaakara.
when? (past) inahea, inawhea, nonahea, nonawhea, taainawhea.
when? (future) aahea, aawhea.
whence? i hea, i whea, no hea, no whea, o hea, o whea.
where? hea, whea.
whet the appetite whakapuku.
whetstone hoanga.
which? (singular) teehea, teewhea.
which? (plural) eehea, eewhea.
which of an ordered set? teehia.
whimper whakaingoingo.
whimpering kooingoingo, koroingoingo.
whine uene.
whip whiu.
whip a top kare, taa.
whip for a top taa.
whipping top hiitaka, kaihootaka, kaitaka, pootaka.
whiptail (a fish) hoki.
whirl karawhiu, kooripo, koromiomio, poohiri, poowhiri, taawhirowhiro, whirowhiro.
whirl or whisk about poowaiwai.
whirl round kooumuumu, koowhiri, taawhiri, taawhiuwhiu.
whirligig tararii.
whirling koomiro, miro, popoki.
whirling current of water miro.
whirling round takaaamiomio.

whiteskinned

whirlpool aawhiowhio, au, koomingomingo, kororipo, ripo, ririno, toiremi.
whirlwind aanewa o te rangi, aawhiowhio, ahumairangi, tuukauati, urupuhau.
whirr tuupereruu.
whirring pereruu.
whirring noise with lips, make whakatuupereruu.
whisk koheri, poohiri, poowhiri, whiuwhiu.
whisk about or whirl poowaiwai.
whisper kohimu, koohamuhamu, koohumuhumu, kookihi, koomuhu, koowhetewhete, kotete, kowhete, whetewhete.
whistle koowhio, korowhio, whio.
whistle, a wiihara (**Eng.**).
whistle, as the wind rorowhio.
whistle through a bent finger korohiti, korowhiti, whakahihii.
whistling or whizzing noise puurorohuu.
whistling sound ngoio.
white ahoaho, ari, kooreko, koorekoreko, maa, taitea, tea, teatea.
white, intensely puuaho.
white, of hair, feathers etc. reko.
white-faced mootea.
white of an egg whakakahu.
white pointer shark mangoo taniwha.
white spot tore.
whitebait inanga.
whitebait, adult mahitahi, maitai.
whitebait, earliest puukooareare.
whitebait migrating upstream arohi, karohe, koorohe.
whitebait returning to sea atutahi.
whitebait which have spawned kaaraha, kararaha.
whitehead (a bird) hore, horehore, mooriorio, mootengitengi, poopokotea, pooporoihewa, popotea, porihawa, poriporihewa, poupoutea, taataaeko, taataaeto, taataahore, taataangaeko, taataaiato, taataihore, taataranaeko, taatarangaeko, taatariheko, upokotea.
whiten whakamaa.
whitened katea.
whitened, as when coated with salt haatea.
whiteskinned kiri maa, kiri tea.

whither ki hea, ko hea.
whitish keha, koomaa, koorakorako, kootea, puumaa.
whizzing noise huhuu, mapu, puurorohuu, rorohuu.
who? wai.
whole katoa.
wholly katoa.
why? he aha ai.
wicker basket puutaaiki, taaiki.
wickerwork taaiki.
wide haunui, rapa, takiraha, takunui, tuuraha, umaraha, whaanui, whaarahi, whaararahi.
wide and shallow kaaraha, kararaha.
wide and shallow of a vessel pararaha.
wide angle, embracing a hookai.
wide apart mawhara, pirara, taatahi, taawhara, tiirara, tiiwaawaa, toiroa, tuhanga, tuuwhangawhanga, tuwhanga.
wide extent nuku.
wide opening tiirara.
widely separated tahiti, tawhiti.
widespread hira, horahora, mawhera, mooiriiri, paaraaweranui, rangiwhaawhaa, tukipuu, tukupuu.
widow pani, pouaru, puta, takahore.
widowed puutao.
widower pouaru, puta, takahore.
widowhood whare-pootae.
wield whakarere.
wife hoa, makau, puna, wahine, whaaereere.
wife, inferior or second murimanu, pinerua, punarua, punerua, wahine iti.
wife, obtain a kaitamahine.
wife of husband's brother hoahoa.
wild koowao, kuuwao, maakaa, matakaa, matakakaa, mohoao, mohowao, paawhara, rupahu, taewao.
wiles rauhanga.
wiles, full of hangahangarau.
wilful pokerenoa, takakino.
will, testament oohaakii, wira (**Eng.**).
will-o-the-wisp auku, inatore, tuututupoo, unahiroa.
willing pai.
wilt kautaka.
wilted paro, parohea, paroparo.
win or obtain by chance haarau.

wince maopo.
wind hau, koo, kooangiangi, kookoo, matangi, pongipongi, puhi, taa.
wind, a karimaranga, kookootea, matapu, monihi, ookiwa, pungawere.
wind, cold puuhuka.
wind, cold south kootonga.
wind, east marangai.
wind, eddying haupongi, pokipoki.
wind, fierce huripari.
wind, gust of popohau.
wind, head haupaauma, hautuumuu, paauma.
wind, land hauwhenua, pararaki, taawhenua.
wind, light koohengi, koohengihengi.
wind, north hauraro, kaarapu, kookooraro, kootiu, marangai, raro, taapaararo, tiu.
wind, north-east hau maakato, paakihiroa, paawhakarua.
wind, north-north-west angai.
wind, north or north-north-west kooraki.
wind, north-west hauaatiu, hauaauru maa raki, kapekape, kiwitaiki, maauru, mataeo, parera, tuupaatiu, uru maa raki, whakaari.
wind, south kookootonga, parawera, pootonga, pounui, tonga, tutakangaahau.
wind, south-east haupitonga, pitonga, puutongamarangai, tonga ngawii, tonga taawaha, tonga waho.
wind, south-west awanga, kapekape, paraawa, puaawanga, taamauru, tarakaka, taramaaroo, tonga maa uru.
wind, violent manu waero rua, paarerarera, tuupararaa.
wind, violent eddying haurokuroku.
wind, west hauaarahi, hauaauru, maauru, taauru, uru.
wind, west-north-west parera kotipu, tapaatiu, tapatapaatiu.
wind, west-south-west taarepo.
wind, westerly matakakaa, matatara.
wind about kookeke.
wind from the north, land paaraki.
wind from the sea raawaho, taawaha, taawaho.
wind from the sea, strong urukaaraerae.
wind from the south-east, changeable aheu.
wind from the stomach kuupaa.
wind in a ball pookai.

wind

wind in Hawke's Bay, north-north-east paawhare.
wind name hurimoana, korahi, mokohuruhuru.
wind round takai, whakawhiwhi, whiwhi.
wind round and round takatakai.
wind screen paahao, paahauhau, paaruru.
wind which blows along the shore paeroa.
wind with rain, south wiitaa.
windbreak aahau.
winding aawhio, koopikopiko.
winding about pikopiko.
window huhu, kotopihi, mataaho, mataao, matapihi, pihanga, wini (**Eng.**).
window opening puta auahi.
windpipe puukorokoro.
winds at the equinoxes raekihi.
wine waaina (**Eng.**).
wing of a bird hakikau, harirau, kapakapa, kiira, paakau, paakaukau, paihau, pakihau, pakikau, pakirau, parirau.
wing of an army kauae, kauwae.
wings, equip with whakaparirau.
wings, side of an eel-weir pakipaki.
wink kamo, kemo, kemokemo, kero, kiwa, manana, taukamo, tuurehu, whakakewa.
wink frequently kamokamo, kerokero.
wink significantly whakakikini, whakakini.
winkle, species of kuureherehe, maakerekere.
winnow koowhiuwhiu.
winter hautoke, hootoke, huutoke, maakeremumu, makariri, pipiri, takurua, uruao.
winter's tale koorero takurua.
wintry puuhuka.
wipe horoi, miri, muku, mukumuku, muru, uukui.
wipe out muru.
wipe the anus heeru, wheeru.
wipe up opeope.
wire waea (**Eng.**).
wire edged, of a blunted knife ngore.
wiry pakaua, tuakaka.
wisdom maatauranga, whakaaronui.
wise moohio.
wise man ruaanuku.
wise one puu.
wise person waananga.
wish hia, hiahia, mea, minamina piirangi.
wish anxiously for popore.
wistful koohau, wheenako, wheenakonako.

woman

witch wahine maakutu.
witchcraft kaiatua, kanakana, kanakanaia, koopiha, maakutu, maaui, taurarua, whaiwaiaa.
with hei, i, kei, ki, me.
withdraw kounu, paunu, unu.
withdraw from a place whakatahi.
wither kautaka, kuruki.
wither, cause to whakamaroke, whakamatiti.
withered huumengemenge, komeme, kongene, koomae, koongenengene, kooriorio, mae, maemae, matiti, memenge, menge, ngingio, ngongohe, paaroherohe, paro, parohe, paroparo, pohe, popohe, popoko, puututu, rio, ririo, whewhengi.
withered leaf of flax, tree fern, etc. pakawhaa.
withhold haakere, kaiponu, meko.
within i roto i.
within a little tahitahi, tootahi, waahi iti.
within one's power noa.
without authority poka noa.
without cause pokerehuu.
without disguise tuumatanui.
without energy waikauere.
without exception, altogether toki, tokitoki.
without fruit taataakau.
without hindrance kau.
without object maaori, noa.
without occupation, be noho noa.
without offspring matapaa.
without purpose pakoke.
without restraint maaori, noa.
without strength iwikore.
witness, a kaiwhakaatu.
witness, observe mataara.
wits end, at one's pooheehee.
witticism peha, pepeha.
witty kookoo tatakii.
witty speaker kookoo tatakii.
wives, having two pinerua, punarua, punerua.
wives in polygamous marriage, first two aumihi.
wizard ruaanuku, tohunga.
wizened rehe.
wobble huukokikoki, taangarangara, tiitaka, wheta.
wolf wuruhi (**Eng.**).
woman kui, uha, uwha, wahine.

woman

woman, old haakui, huungoingoi, huungongoi, huupeke, kuia, kuikui, nehe, ngoingoi, roiroi.
woman during first pregnancy rapoi, rapou.
woman introduced by marriage taapaakuuwhaa.
woman who has a husband wahine taane.
woman who takes part in ceremonies kaihau, wahine kairangi.
woman with an atua as husband tore atua.
woman with tattooed chin kauae tehe.
womb ewe, hanahana, kete, koopuu.
women waahine.
women, old kuikuia.
wonder inati, maaharo, miha, miiharo.
wonder, causing miiharo, whakamiiharo.
woo aruaru, maatoro, mootoro, whai, whakaipo.
wood raakau, weku.
wood, hard koiki.
wood, hard resinous kaapara.
wood, red taikura.
wood, tootara, of dark colour ate.
wood bug, black keekerenguu, keekereuu, paapapa.
wood etc. cast up by the sea tiitiitai.
wood louse kupakupa, paapapa.
wood rubbed to procure fire roororo.
wood saturated with resin maapara.
wood which has honeycombed appearance matakupenga.
wooden raakau.
woodhen hoaa, weka.
woof aho.
wool wuuru (**Eng.**).
woolly kapu piripiri.
woolshed wuuruheti (**Eng.**).
word kii, kupu.
words, in other araa.
work hanga, mahi, whakakunaawheke.
work, set to whakamahi.
work accomplished haumaauiui.
work as a volunteer tuuao.
work at mahi.
work at in crowds poke, pokepoke, popoke.
work hard whakariiraa.
work in a body on anything awheawhe.
work the soil taamata.
work up poi.

wren

work upon hangahanga.
work upon by a charm hoa.
worker kaimahi.
working bee ohu.
working intermittently waimori.
workmen, company of apa.
works hard, one who ihu oneone.
world ao maarama, ao, aotuuroa, taiao.
worm ngunu, noke, toke.
worm, parasitic ngaio.
worm-eaten hinamoa, kurupoopopo, kurupopo, poopopo, popo, popopopo, tunga.
worm, gordian engaio, ngaio.
worn taawekoweko.
worn away puunguru, tuunguru.
worn down puunguru.
worn out ngawhewhe, ngawhingawhi, nonewa, petapeta, ruha, ruharuha, ruwha, taiwheruu, waikauere, waitau.
worn with use nguture.
worry taakare, utiuti, whakataauteute.
worry about aweke.
worry persistently pikoni.
worrying maanatunatu.
worthless hakihakiaa, taitaahae.
wound, a mate, motu, tuunga.
wound, to kari.
wound or stab repeatedly okaoka.
wounded motu, taotuu, tuu.
wounded in a fight tuuaakuri.
wounded man kaiaakiko, puukeko, taotuu.
woven, loosely ngeki, ngekingeki, waawata.
wrangle riiriri, rure, taungaungau, waawau, wau, whakawaawaa.
wrangling tiipeha, tuupeha.
wrap koopaki, kope, pookai, takai, whakakopa, whakakopakopa.
wrap fish in leaves for cooking komehe.
wrap round rawe, takai, whiwhi.
wrap up clothes pua.
wrapped up tunahi.
wrapper takai.
wrath ngana, riri.
wreath pare, puapua.
wrecked pae.
wren piiwauwau, puano, tokepiripiri.
wren, bush hurupounamu, maatuhituhi, tiititipounamu.

wrest whakariro.
wrestle kaakari, mamau, momou, noonoke, taakaro.
wretched tuureikura.
wriggle kareu, kori, korikori, koropeka, mingoi, ngeungeu, oke, oni, onioni, takatuu, tiikorikori, whetau.
wriggling wekoki, whekoki.
wring whakawiri.
wring neck by whirling round taawhiri.
wrinkle haakorukoru, kooraherahe, korukoru, kurehe, pori, rehe.
wrinkle, fold ngene.
wrinkle up the cheeks memene, mene, menemene.
wrinkled haakorukorutia, haangorungoru, huumekemeke, komeme, kongene, koongenengene, kooriorio, kooruhe, kooruru, kopakopa, korehe, koruwhewhe, kuungenge, kuureherehe, kuuwhewhewhewhe, memenge, menge, mingo, ngenengene, ngingio, poouareherehe, puurehe, puureherehe, puuroku, puurokuroku, rehe, rio, ririo, taarehe, tuuwhengewhenge, tuwhenge, wheteke.
wrist kawititanga o te ringaringa.
wristlet tauri komore.
write tuhi, tuhituhi.
writhe aauta, hiikaikai, kapekapetaa, kapetaa, karapetapetau, karawheta, kaunoni, kooiriiri, koromingomingo, kowheta, ngaaoraora, ngeungeu, oke, rika, taawheta, takaoio, takaokeoke, takaoraora, takaoriori, takawheta, takawhetawheta, takawhitiwhiti, tiiweta, tiiwheta, wheta.
writhe, make to whakatiiwheta.
writhing whitirua.
wrong hee, heehee, papepape.
wrong, be hee, pape.
wrong-headed poorangi.
wrong impression, under amoehewa.
wry necked pane hapa.

X

Xenicus longipes hurupouamu, maatuhituhi,
    piiwauwau, puano.
Xeronema callistemon raupootaranga.
Xiphias gladius paea.

Y

yam ngangarangi, uhi, uwhi, uwhikaaho.
yard (measure) iaari (**Eng.**).
yaw about wherori.
yawn haamamamama, hiitako, kohera, koowaha, kowhera, tuuwaharoa.
yawn and stretch taiaroa.
yawn without restraint haamama popoia.
year houanga, tau.
year, last tauhouanga, tauhounga, teeraa tau.
year, next teeraa tau.
year of abundance tau humi.
year when fruit is scarce on the trees tau wehe.
year with an early winter tau kokotipuu, tau kotipuu.
yearn aawhiti, aawhitu, ingo, kaimomotu, komaingo, konau, koohau, kooingo, kooningo, koonohi, koonohinohi, koononohi, kuata, kuatau, kuuwata, maanakonako, murimuri aroha, puukoonohi, puukoonohinohi, taawhai, takuate, watawata, wheenako, wheenakonako.
yearn for food kohekohe.
yearning aaka, awata, kaawatawata, kanehe, kohengi, konatu, koohengihengi, maingo, moohukihuki, puuaroha, wawata, wheenako, wheenakonako.
yearning for absent friends aroha, poreirewa.
yell in accompaniment to war dance horu.
yellow koowhai, mangaeka, pungapunga, puunganangana, renga.
yellow, turned paraa.
yellow-eyed penguin hoiho.
yellowhead mohua, momohua, moohuahua.
yellowish kaho.
yelp ngawee, tuuwee, weewee.
yes aa, aana, aana koa, aana koia, aae, ati hoki.
yes, say whakaae.
yesterday inanahi, nanahi, noonanahi, raainahi, taainahi, taainanahi.
yesterday, of or from nonanahi, onanahi.
yet anoo.
yield something tuku.
yield to the touch ngaeki.
yielding hangore, mohe, ngehe, ngorungoru, piipii, poorohe, taakohekohe, taaoru, taaupe, tahoo, tihohe.
yoke ioka (**Eng.**).
yolk of an egg haakari, toene, tohena, toohua, tooua.
yonder araa, ira, koinaa, koraa, ra, raaina, teeraa.
yonder place koo.
you (singular) koe.
you (plural) kootou, koutou.
you, for maau.
you two koorua, koro, kourua.
young koohungahunga, puuhou, taiohi.
young fellow taahae, taahake.
young fighting men of an army piipii.
young man maaitiiti, taitaahae, taitaahake, taitama.
young of birds pii.
young of birds and animals punua, punuka.
young of land birds huukari, piikari.
young people maataatahi.
young person of either sex taitamariki.
young shoot taitamariki.
young shoot huri.
young woman taitamaahine.
younger branch of a family kauaemuri.
younger sibling same sex taina, teina.
younger siblings same sex taaina, teeina.
youngest child kauaeraro, kauwaeraro, kookoo iti, muringa, mutunga, pootiki, whakamutunga, whakaotinga, whakapaakanga.

youngster karekata.
your aau, aahau, oou, taau, taahau, toohou, toou.
yours naau, naahau, noohou, noou.

youth itinga, koohii, maaitiiti, ohinga, oinga, taiohinga, taitaahae, tuaititanga, whanaketanga.
youthful puuhou, taiohi.

Z

zealous ngaakau nui, ngangahau, whiwhita.
Zediloma aethiops puupuu, puupuu mai.
Zenati acinaces peraro.
zenith koomata o te rangi.
Zeus faber kuparu, pukeru.
Zostera novazelandica rimurehia.
***Zostera* sp.** karepoo.
Zosterops coerulescens mootingitingi.
Zosterops lateralis hiraka, iringatau, kanohi moowhiti, karu paatene, mootengitengi, pihipihi, piikaraihe, poporohe, tauhou.